编委会

主　编：吴志勇　张遵璐

副主编：李明斌　张婧文

编　委：高永亮　于　宁　曹静杰　王卓见

中国传媒大学中央高校基本科研业务费专项资金资助（项目编号：CUC24HQ10）

源起与共识

博物馆传播理论体系构建与探索

主　编　▲　吴志勇　张遵璐
副主编　▲　李明斌　张婧文

博物馆传播书系

中国传媒大学出版社

·北京·

前　言

博物馆：一种传播媒介

清朝学者龚自珍在一个半世纪以前提出了"灭人之国，必先去其史"的深刻洞见。当今世界进入剧烈动荡变革期，呈现出"百年未有之大变局"，大国竞争越来越深刻地体现为以思想、制度、习俗、伦理等为代表的文化竞争和浸染。博物馆作为一个国家、民族、区域的文化保存、保护重要机构，也是文化传播、传承、发展的重要媒介，在国家、民族和地区文化的保护、研究、阐释、传播、传承和发展等方面发挥着重要且不可替代的作用，也发展成为不同文明之间交流互鉴的重要节点。

长期以来，中国博物馆学界的关注点主要集中在收藏、保护、展示、教育等领域，而将博物馆视为一种媒介，并对其传播活动及其规律进行探讨、研究还不为学界所重视，这一点从国务院颁布的《博物馆条例》对博物馆的定义中也可略见一斑。因此，在知网数据库中以"博物馆传播学"为关键词进行学术论文检索时，可以追溯到最早的文献，即1987年董小军老师在《中国博物馆》上发表的《博物馆传播学浅议》。后续，相关主题研究大多是借用传播学相关理论、方法对博物馆活动进行的分析和解释，是传播学视野中的博物馆业务研究。迄今为止，博物馆学界仍未充分重视博物馆的媒介属性，缺乏对其传播活动的专业化、理论化、系统化的探讨和研究，从而也导致没能真正建构起系统的博物馆传播理论体系和话语体系，进而未能有效推动独立的博物馆传播学建设。

1946年，国际博物馆协会（ICOM）在巴黎成立，并在其章程中首次对博物馆进行了定义："博物馆是指向公众开放的美术、工艺、科学、历史以及考古学藏品的机构，也包括动物园和植物园，但图书馆如无常设陈列室者则除外。"①1974年，在丹麦首都哥本哈根召开的第11届国际博物馆协会大会对博物馆的定义又进行了修改，将其表述为：博物馆是一个不追求营利的、为社会和社会发展服务的、公开的永久性机构。它出于研究、教育和欣赏的目的，对人类和人类环境的见证物进行收集、保护、研究、传播和展览。②在此次修订的博物馆定义中，国际博物馆协会首次明确提出了博物馆的传播功能，使得博物馆的传媒属性得到了广泛的认识和认可，至少在博物馆业界是如此。在接下来的近半个世纪里，尽管国际博物馆协会对博物馆的定义进行了多次修订，但博物馆的"传播"功能始终得以保留。然而，在2022年8月24日于捷克首都布拉格举行的第26届国际博物馆协会大会上，发布了最新修改的博物馆定义。新定义中，以"收藏"（collects）一词取代了"征集"（acquires），在中文语境下，这一改动似乎强调了顺其自然、无为而治的超然态度，这一点尚可理解与接受；但同时删除了"传播"（communication）这一客观表述，转而使用了"阐释"（interprets）这一主观性更强的词汇，这不禁让人产生疑问，引发思考：这是否意味着在不为人知的情况下，新定义悄悄融入了某种意识形态的倾向呢？

我们认为，在新科技革命和时代变革的推动下，博物馆的智能化和智慧化已经成为一种历史的必然趋势。而国际博物馆协会2022年版博物馆的定义中删除了"传播"一词，确实是值得商榷的！从传播学视角来看，传播是信息流动的过程。③博物馆对文化遗产进行的收藏、保护、研究、展示，其最终目的是要将文化遗产中所蕴含、所隐含的政治、经济、文化、科技、艺术等方面的信息传播给现世的大众，传承给后代世人。所以我们认为，博物馆传播是博物馆对文化遗产所蕴含信息的解读、阐释、散布和传承的活动或过程。由此而论，博物馆不仅仅是一种传播形式而更是一种传播媒介，其存在形式即信息，也是主体的。而且在愈演愈烈的"媒介社会化，社会媒介化"的大背景下，博物馆的媒介性将越来越突出，也越来越重要。博物馆传播作为一种多媒介融合的传播活动，其传媒类型既包括人内传播，也包含群体传播；传播方式既有口语传播，也有网络传播乃至智能传播。

---

① 梅来思. 博物馆的定义：历史与议题[J]. 滕曼, 译. 国际博物馆（中文版），2021（1）：139-145.
② 严建强，梁晓艳. 博物馆（MUSEUM）的定义及其理解[J]. 中国博物馆，2001（1）.
③ 胡正荣. 传播学概论[M]. 北京：高等教育出版社，2017：19.

博物馆传播以其内容、形式和主体等方面的独特性，呈现出与其他传播活动的明显区别，具有以下主要特点：（1）挖掘性研究；（2）当下化阐释；（3）故事化叙事；（4）艺术化表达；（5）历时性报道；（6）准客观性宣传；（7）立体性传播；（8）官民结合路径。基于博物馆传播活动的独特性，及其在政治、经济、文化和社会生活中所发挥的重要作用，特别是在新时期的变革与挑战面前，学界和公众无法否认博物馆作为一种传播媒介的现实意义和作用。

因此，为了推动中国博物馆传播研究工作的开展，加强国内博物馆传播领域的学术交流，我们致力于探索并构建具有中国特色的博物馆传播自主知识体系，以形成服务中华文明传承发展和传播的理论体系和实践路径。

2024年7月，中国传媒大学传媒博物馆、上海大学博物馆、南开大学博物馆联合发起举办"首届博物馆传播学术工作坊"。本届工作坊以"源起与共识：博物馆传播自主知识体系探索与建构"为主题，希望通过对博物馆传播研究基本问题的探讨和交流，达成一些初步共识，以逐步推动博物馆传播研究工作的科学化、规范化、理论化，服务博物馆实际传播业务工作的有效开展。本届工作坊共征集到来自全国46所高校、博物馆和媒体机构的学者与研究人员提交的50多篇学术论文。这些论文从理论、业务、艺术、科技等方面对博物馆传播进行了深入的研究和探讨，不仅具有极高的理论价值，而且提供了强有力的实践参考和指导。我们从中遴选出20余篇优秀论文结集出版，这也是目前学术界首部以博物馆传播为主题和内容的学术论文集。

博物馆传播既是一项交叉学科的理论研究，其融合借鉴传播学、博物馆学、文化研究、艺术学、信息科技等多个学科的思想、理论和方法；也是一项有很强实践性的应用性研究，其成果需要被应用于博物馆工作，服务博物馆传播活动，需要汇集高校、博物馆、传媒等行业资源和力量。因此，博物馆传播研究工作需要跨学科、跨领域以及跨行业的专家、学者和一线工作者等通力合作、相互交流、共同推进，确保博物馆传播理论成果来自各类博物馆传播工作的具体实践和经验，并返回到各类博物馆的传播工作实践中进行不断检验、修正和发展，形成科学的理论和方法，从而更好地服务于国家、民族和地区的文化传播和传承工作的现实需要。

我们也期待未来能够加强和推动博物馆传播的国际学术交流与合作，积极借鉴和吸收国内外博物馆传播学术研究和业务实践方面的先进思想、理论、做法和经验，不断丰富和完善中国博物馆传播学的理论科学性、系统性、实践性。这不仅有助于提升中国博物馆传播学术理论在国际博物馆学术界的话语权也有助于提升中国话语、中国方案、中国智慧在世界范围的影响力。

《源起与共识：博物馆传播理论体系构建与探索》论文集的出版，是中国博物馆传播学术研究的一项初步成果，也是推动博物馆传播活动向理论化、科学化迈进的重要一步。同时我们也要特别感谢积极参与和支持"首届博物馆传播学术工作坊"的来自全国各地高校、博物馆和传媒业的学者、专家！因为大家的支持、参与和鼓励，使得我们有动力继续走下去。所以，我们也相信，未来随着更多优秀专家、学者的加入和支持，将会涌现更多、更高质量的学术成果，从而推动中国博物馆传播学研究的不断发展和进步，也必将更好地服务国家文化传播工作的开展，促进中华优秀文化的永续传承，增进中外文明交流互鉴。

吴志勇
于中国传媒大学
2024 年 12 月

目 录

● 博物馆传播理论

3　文旅融合背景下博物馆和谐传受关系的构建
　　段　颖

14　解码博物馆传播：三维度下的传播生态研究
　　柯　宁　胡　睿

28　共生关系下的博物馆学术研究与媒介传播：职能价值、互塑关系和融合路径
　　王业鑫

37　游戏化传播：从游戏范式看博物馆传播的人性化转向
　　刘　岩

50　框架理论视角下高校博物馆的叙事策略
　　蒋佳佳

61　展示过去：文化记忆视域下博物馆的当代传播机制
　　宋厚鹏

● 博物馆传播实务

79　从信出发：以"新青年"为中心的纪念馆互动传播
　　张　萌

91	从"走出去"到"走进去":基于文化认同的红色博物馆跨文化传播机制研究 胡畅平　江晓军　姜　倩
105	公共文化服务视域下的博物馆传播内容研究 ——以北京艺术博物馆为例 张石夕
117	新时代下博物馆文化元素应用路径的创新思考 张　婷
127	传播与教育:博物馆面向青少年的公共考古活动 曹　默
135	以设立分支机构促进博物馆文化传播的策略探析 高霄旭　张　峰
151	高校博物馆特展宣传策略探究 ——以"青铜之光:三星堆与罗丹的超时空对话"特展为例 李信之
161	上海大学博物馆展览传播途径的创新与实践 于　群
174	文创:博物馆文化传播的路径研究 薛文伟
186	"博物馆打卡"媒介景观的生成路径研究 许文圻

● 博物馆传播新技术

201	博物馆中空间媒介的声境转向 ——以中国近现代新闻出版博物馆音像出版馆为例 叶柏增　郑淑芬
215	多媒体展项在史前遗址博物馆中的信息传播模式探究 牟文星
230	文化传播之新变:中国文物遗存与游戏媒介 许家璇

| 245 | 在场与超越：后人类传播视角下智慧博物馆自然交互传播研究
——以中国国家博物馆为例
王馨蕊

| 258 | ChatGPT应用于博物馆解说词对外传播与翻译研究
刘诗语

| 274 | 智媒共生：VR-AI融合重构文化遗产的沉浸传播新范式
姜千寒

| 288 | 国内博物馆数字展项中知识图谱的应用研究
常心怡

| 300 | 多模态特征下文化遗产知识图谱的数据叙事
胡宸歌

| 313 | 人工智能背景下博物馆公众参与的机遇与挑战
沈雨萌

| 323 | 具身、沉浸、参与：严肃游戏作用于博物馆传播
朱彤

| 336 | 中英博物馆数字化面临的挑战：以线上展览为例
任雪玮

● 博物馆传播与艺术

| 357 | 被"凝视"的卢浮宫：视觉现代性视角下的传统视觉媒体叙事
沈述宜

| 374 | 当下纪录片中博物馆文物的影像传播研究
李子龙

| 384 | 跨媒介叙事与文化认同构建
——基于《何以中国》的叙事策略分析及传播路径研究
侯怡青

博物馆传播理论

文旅融合背景下博物馆和谐传受关系的构建

The Harmonious Construction of Communication Relationship in Museums under the Background of the Integration of Culture and Tourism

段 颖

Duan Ying

摘要：传受关系是建立在传播主体与收受主体之间的互动关系，是"传播者和受众互动的产物"。传受关系的和谐与否对传播效果的好坏有至关重要的影响。本文从传受关系的历史演变出发，分析文旅深度融合发展背景下博物馆传受关系存在对受众市场的研究不够充分、传者的供应不够适销对路、传受互动不够深入的问题，并在此基础上提出构建博物馆和谐传受关系的路径，包括专业化开展观众研究，博物馆定位和发展差异化，提升博物馆可及性、包容性，以多元化媒介传播多样化内容，促成从"我"到"我们"的互动等。

Abstract: The communication relationship is built on the interaction between communicator and the audience, and it is a "product of the interaction between the communicator and the audience". The harmony of the communication relationship has a crucial impact effects on the quality of communication.Starting from the evolution of the communication relationship, this paper analyzes the problems existing in the communication relationship of museums under the background of the integration of culture and tourism, which including inadequate research on the audience market, inadequate supply of communicators, and insufficient interaction between communicators and audience.Based on the analyzing of the existing problems, this paper proposes a path to build a harmonious communication relationship in museums, including conducting professional research of audience, differentiating position and development, enhancing accessibility and inclusiveness, disseminating the diversity of content through media pluralism, and facilitating the interaction from "I" to "we".

关键词：文旅融合；博物馆；传受关系

Keywords: The Integration of Culture and Tourism, Museum, The communication relationship between the communicator and the receiver

从传播学角度来看，博物馆作为一种特殊的传播媒体，利用展览、社教项目、数字产品、文创产品等，与观众进行信息交流、共享，以实现研究、教育和欣赏的目的。在此过程中，传者指的是博物馆组织及其工作人员，受众指的是博物馆的观众，包括到访者，以及通过数字产品、文创产品等获得博物馆信息的非到访者。传受关系即建立在传播主体与收受主体之间的互动关系，是"传播者和受众互动的产物"[①]。传者与受众之间的和谐互动对传播目的的达成及良好传播效果的取得有着正面积极的影响。

党的二十大报告提出，"坚持以文塑旅、以旅彰文，推进文化和旅游深度融合发展"。近年来，随着经济、社会、文化的不断发展及大众精神文化需求的持续提升，许多博物馆逐渐成为人们到访一座城市的旅游目的地甚至是旅游首站。在文旅深度融合发展背景下，受众需求呈现新变化，对传者践行使命也提出了更高的要求。如何构建和谐的传受关系，是中国博物馆必须面对的重要课题。

一、博物馆传受关系的历史演变

（一）传受关系演变

回顾人类社会传播发展历程，传受关系随传者和受众力量大小的博弈而转变。梳理过往文献可归纳为三个特征迥异的时期。

1. 口语传播时代：传受不分

以口语为最主要的信息载体和传播媒介的时代，传者与受众力量相对均衡，关系相对平等，两者面对面、近距离进行传播，轮换成为传者和受众。这一时期是少数人对少数人传播，传播门槛低、传播范围小、传播效率低，但它也是互动程度高的双向传播，反馈及时，双方实现信息交换的同时还能进行情感交流。

2. 大众传播时代：传受分离

以纸媒和广播电视为主角的大众传播时代，因传播媒介的更新，信息可复制、保存、快速传播，传者力量倍增，受众处于被动、弱势地位，对接收信息的时间、方式等没有过多的选择余地，同时不便于同传者互动。这一时期是专业化媒介组织针对社会大众，即少数人对多数人在较大范围的传播，传播效率极高、传播内容更丰富，但传者与受众角色分离，缺乏及时反馈，属于单向传播。

3. Web2.0时期：趋向传受合一

在以博客、微博、播客、社交网站、维基、TAG和RSS等应用为核心的Web2.0

---

① 王斌，李岸东. 隐蔽的"深后台"：开放式新闻生产中的传受关系［J］. 国际新闻界，2018（4）：144.

的支持下,传受双方,尤其是受众的力量得到极大加持,互联网信息传播由少数人控制的自上而下的模式,转变为由多数用户主导的自下而上的模式。受众不仅能及时反馈、即时互动,亦能成为内容生产者、传播者。这一时期,社会性媒介为普通大众所用,属于多数人对多数人的超越时空限制的传播,传播范围更广、效率更高,并且受众之间亦能传播互动,故相较于口语传播时代,呈现双向、多向传播。传受双方的关系正逐渐演变为更为平等的、双向互动的、充满人情味的"对话者"关系。① 传受关系趋向合一。

(二)博物馆传受关系演变

现代意义上的博物馆在17世纪后期出现。1682年,英国牛津大学阿什莫林博物馆成立并向公众开放,改变了博物馆私人收藏欣赏的属性,开创了博物馆对社会开放并提供文化服务的先河,成为引领近代博物馆转变功能的先驱。② 博物馆这一特殊的传播媒体,其传受关系也随传播技术的革新经历了由传受分离到趋向传受合一的演变。

在互联网、新媒体技术到来之前,博物馆的传者和受众是分离的。博物馆通常以展览、社教项目、文创产品等方式向观众进行文化传播,涉及展品和文创产品等实物,以及展览说明文字、讲解器、人工讲解等具体载体和形式。博物馆作为传者掌握着信息的组织规则和秩序,进行少数人对多数人的传播,即使在人工讲解和社教项目中涉及一定面对面的口语传播,某种程度上可实现传受双方角色的轮换,观众也依然主要处于被动接收的地位,难于反馈和参与。

妮娜·西蒙将Web2.0的理念借鉴到博物馆领域,使之博物馆化。"博客、微博、微信、播客、视频网站等应用的共同点就是网民不再是被动的消费者,他们可以主动地发布、分享、评论、写作。所以信息的流通渠道不再像Web1.0时代那样是单向传播,而是双向,甚至是多向。"③

在Web2.0时期,虽然博物馆传受关系具备传受合一的条件,但作为传者,博物馆较其他大众传播媒介相对更为强势。因为博物馆传播的信息源是藏品,藏品具有真实性及可感知性(观众可直观地看到其外形、结构、颜色、质地等)。其次,博物馆的非营利性(报刊、电视等大众传播媒介一般采取企业经营方式)以及学术研究职能,也使得其更具权威性和独立性。英国考古学家尼克·梅里曼曾指出,博物馆是有代表性的强大媒体,因为它们涉及的是据称带有身份认同和真理的真实材料。"它们的具体性、它们拥有的'证据'、它们正式而公共的地位,以及它们与学术的密切关系,给予

---

① 唐乐.从"传者—受者"到"对话者":Web2.0时代组织外部传播的传受关系分析[J].新闻大学,2011(2):51.
② 钱兆悦.文旅融合下的博物馆公众服务:新理念、新方法[J].东南文化,2018(3):90.
③ 西蒙.参与式博物馆:迈入博物馆2.0时代[M].喻翔,译.杭州:浙江大学出版社,2018:7.

了博物馆比许多其他代表性媒体更大的权威性和真理话语权。"①所以，构建和谐的博物馆传受关系还需考虑多重现实因素。

二、文旅深度融合发展背景下博物馆传受关系存在的问题

文旅深度融合发展既是旅游业向高质量发展的现实需要，也是国家促进文化和旅游繁荣发展的重要规划。根据1999年国际古迹遗址理事会在墨西哥通过的《国际文化旅游宪章》，文化是体现出一个社会或一个社会群体特点的那些精神的、物质的、理智的和感情的特征的完整复合体，可以表现社区、社会或社会团体的特色。它不仅包括艺术和文学，也包括生活模式、人类的基本权利、价值体系、传统和信仰。旅游，根据《现代汉语词典》释义，即"旅行游览"。旅行，是为了某一目的在空间上从一地到另一地的行进过程；游览，是在行进过程中观看、欣赏沿途风景、名胜，带有一定的体验、娱乐性质。②文旅深度融合，指的是文化和旅游业务工作的深度整合，意味着两项甚至多项文化产品或文化服务与旅游产品或旅游服务的结合。③文旅深度融合发展强调公众在旅游过程中对景观、文化、生活、历史的感知和体验，文化元素要深度融入场馆和景区景点、贯穿旅游活动的全过程，以具有体验感、参与性、娱乐性的方式，在旅游中实现文化传播和文化交流，实现游客与旅游目的地的互利共赢，推动文化和旅游的繁荣发展。当下我们正处于传受分离向传受合一的转型过渡阶段，综观我国博物馆发展，博物馆传受关系有了一定程度的转变，但仍有诸多不协调之处，不利于文旅深度融合发展的推进。

（一）对受众市场的研究不够充分

目前，"以观众为中心"的理念已成为中国博物馆界的共识，但在具体实践中，由于博物馆较受众更具权威性，以及受传统传播模式的影响，博物馆主要依循馆方的意愿、视角以及行业惯性开展传播，对受众需求不够关切，对新受众及其需求的觉察不够敏锐，对受众市场的细分缺乏广泛深入的科学研究。在Web2.0时代，受众对媒体的接近与使用是带有一定目的性的，在接受信息时，受众会根据自己的需求和兴趣选择信息内容，并且受众也并非如"魔弹论"所说，是静止和完全被动的，而是一个个分散的、互不联系的个体，只要传者不断发出信息就一定能达到预期目的。④在信息

---

① 曹兵武.作为媒介的博物馆：一个后新博物馆学的初步框架［J］.中国博物馆，2016（1）：80.
② 钱兆悦.文旅融合下的博物馆公众服务：新理念、新方法［J］.东南文化，2018（3）：90.
③ 李超平，杨剑.文旅融合之"融合点"及公共文化服务的原则［J］.图书与情报，2020（4）：74.
④ 周云倩."传者本位"与"受者本位"的博弈：网络语境下新闻宣传面临的冲击和应对策略［J］.山东视听，2004（11）：26.

爆炸导致信息过剩的时代，信息传播从传者处于强势的"卖方市场"转变为受众地位不断增强的"买方市场"。如果对受众研究不够重视，则会进一步导致传受关系的不平衡、传播效果不佳。

改革开放特别是党的十八大以来，我国旅游发展步入快车道，形成全球最大国内旅游市场，成为国际旅游最大客源国和主要目的地，旅游业从小到大、由弱渐强，日益成为新兴的战略性支柱产业和具有显著时代特征的民生产业、幸福产业。①在文旅深度融合发展背景下，受众本身及其需求发生了新变化，博物馆必须及时跟进。一是博物馆受众由小众变为大众，甚至是全球化的受众，需要解决多语种传播、特殊群体的特殊需求等问题。二是游客成为新受众，需要考虑博物馆对受众旅游体验的满足，如参与性、娱乐性等。三是博物馆受众差异化，需求多样化、个性化，且倾向于选择高品质的传播内容。

（二）传者的供应不够适销对路

当下受众市场细分，但博物馆传播的信息内容与受众需求是不够匹配的。

1. 宣传手段单一，传播内容不够多样化

博物馆提供的大多数传播内容不够多样化，往往是为数量庞大、缺乏个性的普通社会公众大规模生产的标准化产品，而非受众个体需求决定的差异化产品，并且这些传播活动是宣传式的、告知式的、说服式的、教育式的甚至是命令式的。②例如，博物馆为所有观众提供一样的展览参观路径和说明牌、讲解词，而不考虑不同年龄、兴趣、教育背景的受众的知识储备程度和主观需求。

2. 缺少针对特定群体的分众化传播

博物馆社会教育与服务的分众化趋势要求对社会教育与服务进行精细化划分，根据不同群体的需求提供有针对性的内容。目前，大多数博物馆已针对特定群体开展了分众化传播，但是与其受众整体结构相比，仅仅占其中一小部分。例如，作为终身学习的非正式教育场所，博物馆针对青少年开展的教育体验活动较多，针对成年人的较少，而针对老年人的则更少。

3. 文化创意不足，缺乏个性化传播方案

在传统观念的束缚下，许多博物馆在展览设计、文化活动、教育推广等方面缺乏创新和想象力，导致展览呈现的内容和形式较为单一、刻板。对于新的文化旅游形式及文化旅游中的新人群，博物馆缺乏成熟的个性化传播方案。例如，针对当下流行的

---

① 转引自：文平.把旅游业打造成为具有显著时代特征的民生产业、幸福产业［EB/OL］.（2024-11-13）［2025-03-04］. http://www.qstheory.cn/dukan/hqwg/2024-11/13/c_1130219025.htm.

② 唐乐.从"传者—受者"到"对话者"：Web2.0 时代组织外部传播的传受关系分析［J］. 新闻大学，2011（2）：52.

研学旅行、亲子游，大多数博物馆暂未自主研发出成熟的传播方案；同时对于社会机构组织的各类研学活动，博物馆尚停留在调研探索管理规范措施的阶段。又如，对于低龄但文旅消费高端的"90后""00后"和有钱有闲的"新老年人"，以及出游的农民等文化旅游中出现的新人群，没有在充分研究其特征和需求的基础上进行个性化传播。博物馆必须抛弃"以自我为中心"的惯性思维，更加尊重社会公众的真实的、个性化的、全面的需求①，提供适销对路的差异化产品、定制化产品。

当然，传受合一强调传受本位的协调。按照传者的意图和价值观选择新闻、生产新闻，还是按照受众的喜好和关注去从事新闻生产，是一个不断协调的过程，也是实践双方利益平衡的过程。②对博物馆来说也是如此。过度倾向于满足受众需求，不利于内容的高质量传播，与文旅深度融合发展的要求亦不相符。博物馆需要在传者意图和受众喜好之间找到平衡点，充分发挥其权威性和专业性，研发融知识性、娱乐性、体验性、享受性于一体的发展型、享受型高品质文旅产品和服务，并通过易于公众理解的阐释和展示手段，提高公众意识和体验。

（三）传受互动不够深入

在Web2.0时代，受众具有极强的主动性、选择性和社会性，他们不仅仅是被动的信息接受者，更是积极的大众传播参与者，可利用媒介阐述主张、表达意愿，并以相似的兴趣、态度、价值观念、利益甚至是特殊情境下的共同感受和情绪为主要纽带，形成某种可快速聚合或离散的特殊群体，③以此分享信息和情感，相互合作，采取集体行动。传受互动的这些新变化，要求博物馆将旧传播理念中以自我为主的单向信息传播模式，转变为尊重受众主观能动性的双向互动信息传播模式，为受众积极搭建交流互动平台，促进受众之间相互影响，推动受众群体思想、观念、态度、行为等方面的变化。留言簿、网站上的发言、社交媒体上的评论等都是博物馆获取受众反馈的常见形式，博物馆也会通过定期举办讲座等活动，促进与受众的交流。然而，这些互动依然由博物馆主导，并且形式较为单一，信息交换与情感交流停留在较浅层次。观众与网民相似，在博物馆的活跃程度是各不相同的，用户生成内容、评论、转发或者混合前几者都是互动的形式，博物馆应积极促成各种形式的互动。其次，应更多实现传受角色的轮换，让受众成为传播主体，甚至让其传播的内容或者其与博物馆互动的内容成为博物馆展示的内容。再就是促成兴趣、态度、价值观念、感受相似的受众之间

---

①③ 唐乐. 从"传者—受者"到"对话者"：Web2.0时代组织外部传播的传受关系分析[J]. 新闻大学，2011（2）：53.

② 徐炳健. 大众传媒时代的传受关系[J]. 新媒体研究，2020（7）：100.

的相互交流和影响，促进个人成长和社会变革。

三、构建博物馆和谐传受关系的路径

分众概念较早出现在传播领域，旨在针对特定目标人群，优化传媒信息，实现信息多元化，促使传播效果最大化。[①] 文旅深度融合发展背景下的受众市场，更需要博物馆变"一刀切"的大众传播为精细化、分类别、分层次的分众传播。同时，博物馆还需要发挥自身的传播引导力，促进传受之间双向、多向传播，提高传受互动的频率和深度。国内外一些博物馆的实践也为构建博物馆和谐传受关系提供了路径参考。

（一）专业化开展观众研究

只有细化分众，对新时期博物馆观众的构成、行为特点、文化需求、满意度等进行科学调查、分析和研究，才能更全面和精准地确定博物馆的发展路径，策划组织有针对性的分众化服务。一是实现观众研究工作的常态化、全面化。定期调研与随机调研、全面调研与专题调研相结合，全面、及时、深入了解观众需求、行为模式、意见反馈等信息。二是充分利用"文旅＋科技"手段开展观众调研，根据观众偏好和参观时间计划，提供客流提示、展览推荐、文创推送等智能导航服务。如上海天文馆已建设数字孪生可视化平台，通过孪生模型实时监测馆内整体客流情况和各个展厅的客流密度分布。上海博物馆提出智慧博物馆"3M"体系建设，通过覆盖全生命周期的藏品智慧保护（AIM）、基于场馆运营可视化的智慧管理（BIM）和基于观众体验度的智慧服务（CIM）一体化系统，尝试依靠展柜前传感器、人脸识别和轨迹识别等方式，大范围采集数据后交叉利用，进行大数据用户分析，进而向观众推荐个性化路线。

（二）博物馆的定位和发展差异化

受众需求是多元化的，博物馆的资源和所处地域也各具特点，从分众角度整体考虑博物馆传播，博物馆的定位和发展也应是差异化的，形成门类丰富齐全的博物馆整体结构，避免千馆一面，也在整体上解决发展不平衡不充分的问题。当下一些大型博物馆建立分馆，在顶层设计时即明确了各馆的差异化发展路径。例如，上海博物馆实施"大博物馆计划"，形成人民广场馆、东馆、北馆"三足鼎立"的新形态。东馆以"世界顶级的中国古代艺术博物馆"为主要定位，打造为"世界看中国"的重要文化窗口。人民广场馆以"世界文明馆"为主要定位，打造我国首个常态化展示"世界文明类型"的博物馆和全球文明交流互鉴的重要展示中心，成为"中国看世界"的重要枢

---

① 钱兆悦. 文旅融合下的博物馆公众服务：新理念、新方法［J］. 东南文化，2018（3）：92.

纽平台。北馆（长江口二号古船博物馆）以"考古博物馆"为主要定位，打造一座具有世界影响力的古船与考古博物馆、全球一流的水下考古研究中心、国际航运贸易中心的展示窗口和人民城市"生活秀带"的文化地标。

小型博物馆在文化资源、吸引力、号召力等方面难于与大型博物馆比较，但通过精准对接受众需求，找到差异化优势，亦能解决发展不足、潜力释放不够、发展中短板较多的问题，改变大馆门庭若市、小馆门可罗雀的现象。比如，围绕"15分钟生活圈""15分钟工作圈"，打通与市民连接的路径，使博物馆成为其日常汲取营养、休闲娱乐、放松心情和亲子互动、社交的空间。

（三）提升博物馆的可及性、包容性

博物馆向公众开放，应该在多语种服务、特殊人群服务等方面实施有效措施，提升博物馆的可及性、包容性，以应对大众旅游趋势带来的挑战。例如，日本将"观光立国"作为国家战略，要求博物馆通过多语种化、夜间开放、无障碍服务等方式提升服务质量。2017年，独立行政法人国立文化财机构所辖的东京国立博物馆、京都国立博物馆、奈良国立博物馆、九州国立博物馆宣布，今后所有常设展及临展均以日语、英语、汉语（简体）、韩语四种语言标记。考虑到旅游者和商务人士对夜生活的需求，日本还鼓励博物馆夜间开放。从2016年开始，每年的7、8、9三个月份，东京、京都等大都市圈的国立博物馆和美术馆会将周五、周六的闭馆时间推迟至21点。每年4月末至5月初的黄金周假期，位于上野公园的东京国立博物馆、国立西洋美术馆、国立科学博物馆等国立馆亦会推迟闭馆时间至21点。为加强博物馆无障碍建设，日本增加盲文导览手册和音频导览设施，培养学艺员无障碍服务的意识和技能。[①]

国内博物馆在促进空间和信息的无障碍上也有积极尝试。上海天文馆、上海世博会博物馆皆可携带导盲犬参观；上海天文馆设有盲文特色展区，视障群体可以在展区内触摸盲文，自助了解展览内容；上海世博会博物馆有较完善的无障碍服务，尤其是对视障人士有"口述影像"无障碍导览；故宫博物院、四川博物院针对听障群体推出手语短视频讲解，四川博物院针对视障群体还提供触觉、嗅觉等多感官体验。

（四）以多元化媒介传播多样化内容

博物馆可以从媒介及传播内容两方面挖掘潜力，促进博物馆传播的多样性和可持续性，为教育、欣赏、深思和知识共享提供多种体验。以"博物馆+"的跨界形式可极大丰富受众可接触的媒介种类，拓展博物馆传播的空间和人群范围，提升传播内容的多样性。故宫博物院在跨界融合方面收获颇丰，《国家宝藏》《上新了·故宫》《只此

---

① 刘阳.日本促进博物馆旅游发展新举措及其启示[J].东南文化，2021（6）：173，175.

青绿》《甪端》《故宫之声》以及"抖来云逛馆"分别是其"博物馆＋综艺""博物馆＋综艺＋文创""博物馆＋舞剧""博物馆＋儿童音乐剧""博物馆＋音乐作品""博物馆＋新媒体"的创新实践。

在传播内容上，博物馆需针对不同受众及受众不同层次的需求提供分类服务。其中，按照年龄等自然特征进行分众教育是一种较为常见的形式。例如，恭王府博物馆和故宫博物院共同主办了"喜溢华庭——清代宫中少年生活文物展"；成都博物馆打造周末儿童博物馆，每周五、周六晚延时开放，组织儿童教育活动。此外，有的博物馆还为老年人等少数群体进行针对性服务。例如，四川博物院每月最后一个周四组织老年人专题活动，提供参观导览和互动项目。

同时，博物馆还应对受众不同层次的需求进行回应。例如，针对近期兴起的研学旅游（主要为"低龄高端"类型受众），国内博物馆提供了三种服务模式。一是与其他机构合作推出研学课程，如上海博物馆与上海广播电视台合作创立上博学院，为报名观众提供研学服务；四川博物院与中国国旅合作，在成都地区和全国多地开展中小学研学课程。二是博物馆自主研发组织的研学服务，如南京博物院为青少年按年龄段设计研学活动，分为免费活动和收费夏令营。三是通过精心筛选，允许部分社会研学机构在博物馆内提供服务，如中国国家博物馆发布研学团白名单，明确部分可以入馆的研学团机构。

（五）促成从"我"到"我们"的互动

妮娜·西蒙根据观众在博物馆的活跃度为其设计了不同类型的参与模式，其理论在中国的适用性要具体分析，但有两点内容值得我们深思和实践。一是参与从"我"开始，将观众视为独立个体，构建观众的个人资料，针对不同观众提供定向服务。二是从"我"到"我们"，运用各种参与式技巧，设计社交平台，将每位观众的个人体验串联起来，构建社交网络，实现社交目的。

对于观众来说，如果博物馆能够提供一定的参与式项目，实现传受双方在信息交换和情感交流方面的深度互动，那么其将获得良好的观赏体验。在信息交换层面，观众参观博物馆展览时，若能依靠ChatGPT等人工智能技术对其感兴趣的信息进行检索或提问，并得到来自博物馆的专业回答，将能实现知识的有效获取和信息的有效传播。另外，以市场为导向的戏剧演出也在传受互动上做了许多大胆尝试，一定程度上促进了传受双方的情感交流，可供博物馆借鉴。例如，开心麻花首部餐厅主题体验式喜剧《偷心晚宴》，将戏剧与互动、餐饮结合，观众不仅是观众，也是寿宴的宾客，少数观众在正式演出前被演员"选中"，客串剧中的重要角色，其或热情大方或羞涩保守的参演成为其独特的观影体验和剧情别致的一部分，也营造出一种"大家一起玩"的和谐氛围。在这方面，国内博物馆其实已有一定尝试，比如安徽徽州历史博物馆以剧本杀情景创意的形式，让身着汉服的专业演出人员和非遗技艺传承人等与观众深度互动，深刻感受徽文化的魅力。

从"我"到"我们"意味着让参与社交化。妮娜·西蒙表示要把文化机构转换成一个社交枢纽，寻找每个个体之间的共同点，然后以此将他们联系起来。她将从个人到集体的参与式体验分为五个阶段。第一阶段让观众接触到他们想看的内容；第二阶段给观众提供内容咨询的机会；第三阶段让观众知道自己的兴趣适合哪个观众群；第四阶段是把有相同兴趣的观众和工作人员组合到一块儿；第五阶段就是把整个文化机构变成一个社交场所，让志同道合的人分享快乐、充实人生。① 依照此法，博物馆可做一些尝试。例如，根据展览主题设定问题，让观众在参观过程中进行选择，汇总统计结果，进行有针对性的分众传播。

结　语

在文旅深度融合发展背景下，受众群体的庞杂及其需求的多元化，使博物馆和谐传受关系的构建面临不小挑战。本文的视野和深度尚有局限，期待中国博物馆在理论研究和实践探索的助力下能尽快摆脱传统传播理念的影响，将博物馆的社会职责与大众需求紧密结合，大力推动文化和旅游的繁荣发展。

（作者单位：故宫博物院）

📖 参考文献

【1】王斌，李岸东．隐蔽的"深后台"：开放式新闻生产中的传受关系［J］．国际新闻界，2018（4）：144．

【2】唐乐．从"传者—受者"到"对话者"：Web2.0时代组织外部传播的传受关系分析［J］．新闻大学，2011（2）：51-53．

【3】钱兆悦．文旅融合下的博物馆公众服务：新理念、新方法［J］．东南文化，2018（3）：90，92．

【4】西蒙．参与式博物馆：迈入博物馆2.0时代［M］．喻翔，译．杭州：浙江大学出版社，2018：7，32-33．

---

① 西蒙．参与式博物馆：迈入博物馆2.0时代［M］．喻翔，译．杭州：浙江大学出版社，2018：32-33．

【5】刘阳.日本促进博物馆旅游发展新举措及其启示[J].东南文化,2021(6):173,175.

【6】徐炳健.大众传媒时代的传受关系[J].新媒体研究,2020(7):100.

【7】钱兆悦.文旅融合下的博物馆公众服务:新理念、新方法[J].东南文化,2018(3):90.

【8】李超平,杨剑.文旅融合之"融合点"及公共文化服务的原则[J].图书与情报,2020(4):74.

【9】周云倩."传者本位"与"受者本位"的博弈:网络语境下新闻宣传面临的冲击和应对策略[J].山东视听,2004(11):26.

【10】转引自:文平.把旅游业打造成为具有显著时代特征的民生产业、幸福产业[EB/OL].(2024-11-13)[2025-03-04].http://www.qstheory.cn/dukan/hqwg/2024-11/13/c_1130219025.htm.

解码博物馆传播：三维度下的传播生态研究

Decoding Museum Communication: A Study of the Communication Ecology through Three Dimensions

柯 宁　胡　睿
Ke Ning　Hu Rui

摘要：博物馆学是一门跨专业应用型学科，博物馆传播方面的研究需要博物馆学与传播学的融合积累。由于学科背景的差异性，研究者大都站在自己擅长的独立领域铺陈研究内容，鲜有学者对博物馆传播的研究范畴进行多维度的全面论述。通过对博物馆传播研究现状的梳理，本文尝试从博物馆传播的基础入手，借纵向的历史视角和横向的研究范畴归纳博物馆传播研究的三个维度：博物馆作为一个整体的维度、博物馆展览职能实现的维度以及博物馆传播职能构建的维度。其中，第三个维度属于时代变化场景下博物馆的全新职能。

Abstract: Museum studies is an interdisciplinary and application-oriented field, and research on museum communication necessitates the integration of museology and communication studies. Due to differences in disciplinary backgrounds, most researchers tend to structure their research within their areas of expertise, with few offering comprehensive, multi-dimensional discussions on museum communication. By reviewing the current state of research on museum communication, this paper aims to outline three dimensions of museum communication: the museum as a holistic entity, the dimension of fulfilling the exhibition function, and the dimension of constructing communication functions. The third dimension, in particular, represents a new function of museums in response to evolving societal contexts.

关键词：博物馆传播；传播学；博物馆学
Keywords: Museum Communication, Communication Studies, Museology

一、博物馆学与传播学的双向价值需求

20世纪80年代人们提及博物馆传播时，博物馆学还是一门新兴学科，传播学也

被看作边缘学科。随着媒体发展，历经纸媒、广播、电视、互联网的演进历程，传播学对人们生产生活的影响越来越大，其研究重点不断变化，传播学理论也不断延伸和拓展，并一度发展成为热门专业。相较而言，博物馆学在大众眼中可能相对冷门，其研究重点在于藏品的保管、修复、展示，而后才是社会教育以及文化传播。然而，随着我国社会发展进入新的阶段，以及世界范围内新博物馆学运动的影响和助推，博物馆社会化程度提升，掀起了"博物馆热"，博物馆传播呈现出许多新面貌，比如，大多数博物馆建设了新媒体矩阵，多媒体展览手段应用基本普及，博物馆 IP 化打造成为标配，等等。博物馆俨然成为文化传播的重要阵地。博物馆传播研究开始被重视，关于博物馆媒介化的讨论也越来越活跃，有学者甚至提出博物馆传播职能取代社会教育职能的趋势。至此，博物馆学与传播学的深度融合，既是时代的召唤，也具备学科融合的基础条件。

当前博物馆传播的研究大都聚焦于对博物馆新的传播现象的阐释和构建，例如 IP 文创、新媒体运营、多媒体展示手段等方面。而对于基础定义的阐释、研究范畴的梳理则相对匮乏，本文则着力于此。博物馆传播的研究涉及多个学科领域，具有典型的跨专业属性，其中主要关涉博物馆学和传播学两大学科。在知网总库中，以"博物馆传播"为主题词搜索到的相关文献共计1229篇（截至2024年6月15日），其计量可视化分析结果如图 1 所示。

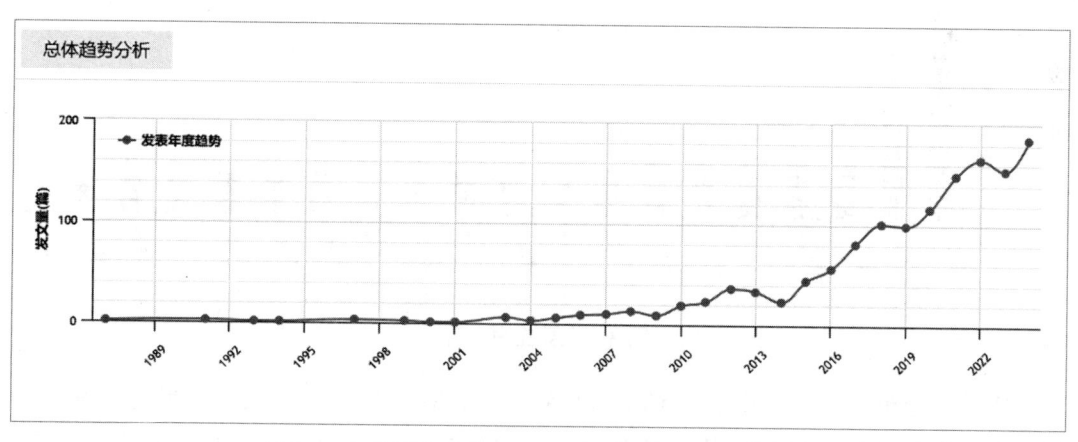

图 1　有关博物馆传播研究的论文发表总体趋势图

在一段较长时间内，博物馆传播研究并未引起学术界的足够重视，直至 2014 年，知网统计的相关论文发表总量仅为 23 篇，此后进入逐年增长的发展态势。自 2018 年起，有关博物馆传播研究的相关论文发表量突破三位数，达到 101 篇。

从主要主题（图 2）和次要主题（图 3）的词频分布来看，"博物馆"这一主题词占据首位，说明博物馆仍然是最重要的研究主体。其次是"文化传播"，"博物馆传播""新媒体""信息传播"代表了博物馆传播研究所属的专业领域即信息传播相关领域,而"传播策略""传播路径""传播模式""传播效果""科学传播"这几个主题词反映出研究关注的重点和具体问题。

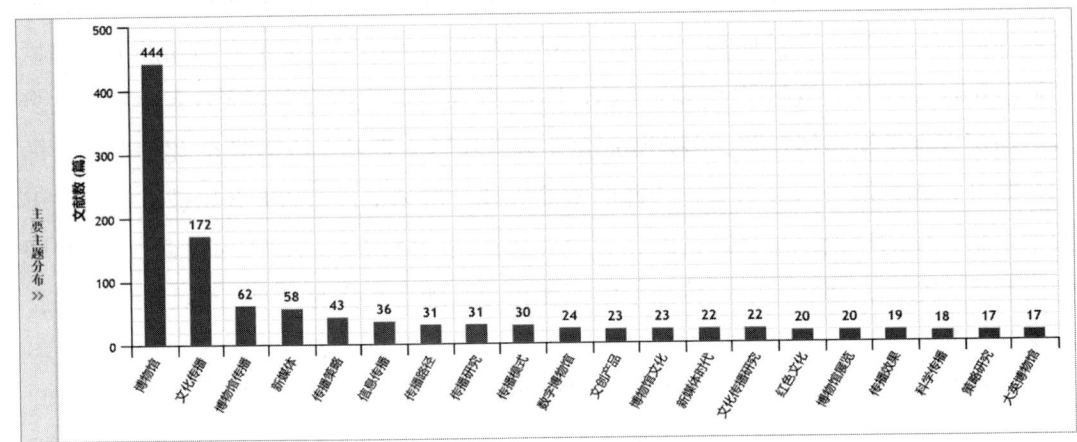

图 2　主要主题分布

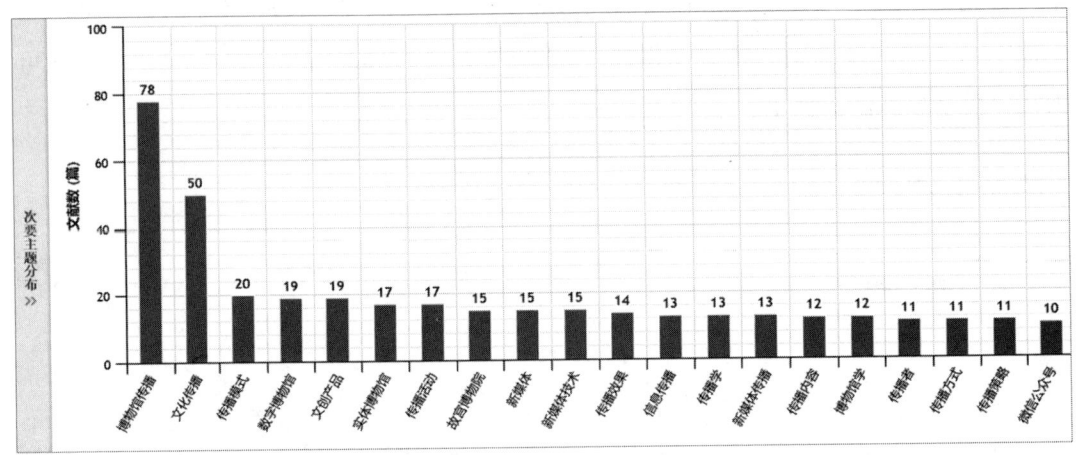

图 3　次要主题分布

从学科分布(图 4)来看,"档案及博物馆"专业占比 49%,接近一半的比重,说明博物馆专业领域对博物馆传播的研究仍占据最重要的地位;其次是"旅游"专业,占比 21%;然后是"新闻与媒体",占比 16%。从文献来源分布情况(图 5)来看,在 19 种统计期刊中,《东南文化》《文物鉴定与鉴赏》《博物馆》等均属于博物馆学领域;新闻传播方面的期刊占比紧随其后,以《新闻研究导刊》《科技传播》《传播力研究》《新媒体研究》《今传媒》《传播与版权》《新闻爱好者》这 7 种期刊为代表。由此可见,博物馆传播研究主要是博物馆学与传播学两个学科的融合研究。

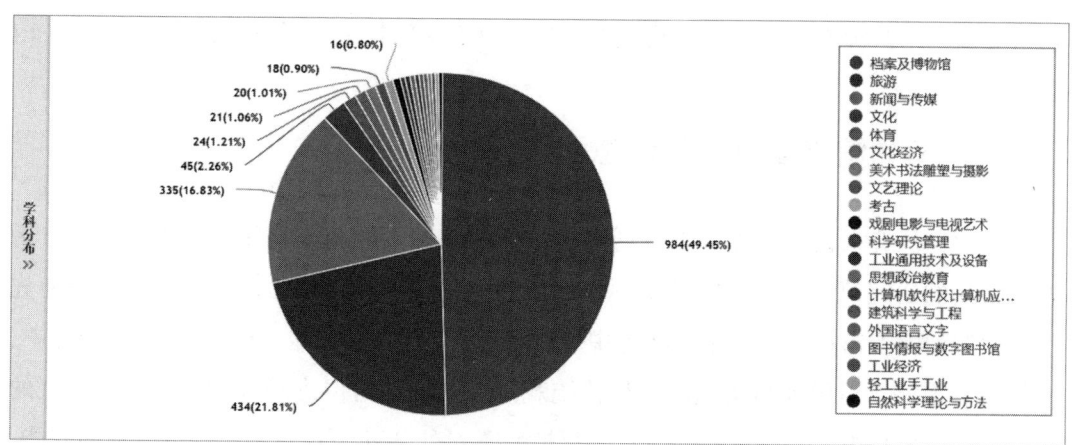

图 4　学科分布

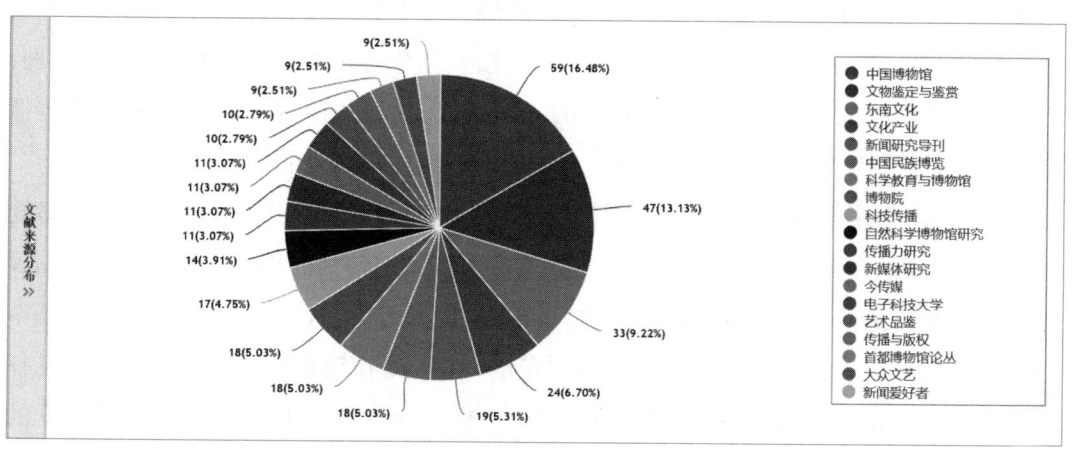

图 5　文献来源分布

我国博物馆学与历史学、考古学渊源颇深,传统的博物馆学更注重对藏品的收集、考证、研究工作。博物馆的从业者也大多来自历史学、考古文博、文化遗产等相关专业,他们对传播研究不甚熟悉。近些年,随着"博物馆热"成为一种文化现象,博物馆传播日益受到重视,传播学专业人员也开始进入博物馆行业。然而,由于大量的博物馆仍然将重心放在藏品的征集和研究上,博物馆行业对于传播的相关研究和实践也还在摸索之中,整个行业的传播人才依旧匮乏,与媒体机构相比,整体水平仍有待提升。这也凸显了博物馆界对传播人才的旺盛需求。对于博物馆界而言,与传播学的融合迫在眉睫。

从文化传播的角度来看,博物馆传播已成为时代背景下重要的研究节点。随着国家对优秀传统文化的日渐重视和人民物质生活水平的不断提升,居民对文化生活的需求日益多元化、高品位化,博物馆作为重要的社会文化服务机构和文化休闲场所,也迎来新的发展机遇。博物馆本身馆藏丰富,可以说我国几千年的文明都被浓缩和保存在博物馆中，其价值不容忽视，其传播与实践应该受到相关学者的重视。

二、博物馆传播研究的动态演进

跨学科研究极富挑战性，围绕博物馆传播的基础问题，如博物馆传播的定义、博物馆传播的研究范畴等，博物馆学领域和传播学领域的学者均做出过论述。苏东海先生多次谈到博物馆本身是一个"演进中"的状态，其定义与职能也在不断地演变之中，这似乎成为博物馆研究与实践的一种传统观点，不断与时俱进是博物馆生存与发展的基本课题。博物馆起源于珍品的收藏，早期并不对外公开，收藏是博物馆最早的职能。直至资产阶级革命敲开了博物馆的大门，博物馆才有限地对社会上层开放，由此开启了博物馆的社会化进程。20世纪上半叶进入现代博物馆时期，社会教育职能的崛起是继珍藏和展览之后博物馆的第三大职能。[①] 按照苏东海先生对博物馆演进史的梳理，几乎每一个职能的出现都意味着博物馆的一次重大变革。当前有学者提出博物馆传播职能，是对博物馆实践的观察与判断，也是对博物馆传播研究的肯定与重视。

知网以"博物馆传播"为主题词检索到的最早文献是1987年董小军在《中国博物馆》上发表的《博物馆传播学浅议》，这篇文章对博物馆传播的作用、博物馆传播的程序准备、传播途径和大众媒介以及博物馆传播的控制与反馈进行了归纳和总结，基本涵盖了后续研究者对于博物馆传播的探讨范畴：（1）博物馆如何对大众媒介进行选择与投放传播；（2）博物馆展览如何进行信息的准确有效传达；（3）如何对博物馆观众的意见进行充分尊重与影响。[②]

李文昌在2008年9月的《中国博物馆学》期刊上发表了文章《博物馆的传播学解读初探——传播学读书笔记》，其中明确指出"传播是博物馆的重要职能"，并进一步从传播学的角度对博物馆如何利用传播学理论提升博物馆传播效果进行了详尽阐述。众所周知，博物馆的三大职能是收藏、展览和教育，这是我国博物馆界乃至世界博物馆界对博物馆主体职能的统一认知。而李文昌指出"博物馆的教育职能实际上在不断弱化，教育只是博物馆传播的目的之一。换句话说，抱着受教育的目的去博物馆的人将越来越少"。这对于传统博物馆学来说无疑是一次批判和挑战，"社会发展必然会导致一些传统思维的转变，对于博物馆来说，教育职能转向传播职能的转变是当今博物馆面临的显著问题"。[③]

---

① 苏东海.博物馆演变史纲[J].中国博物馆，1988（4）：10–23.
② 董小军.博物馆传播学浅议[J].中国博物馆，1987（12）.
③ 李文昌.博物馆的传播学解读初探：传播学读书笔记[J].中国博物馆，2008（9）.

在这个追逐流量的时代，网红博物馆、网红馆长、网红展品、博物馆 IP 文创等大量涌现，博物馆也傍身流量成为媒体单位。关于博物馆媒介化的讨论也日渐增多，博物馆传播职能的研究恰逢其时。更深层次的探讨是从博物馆学的角度对博物馆传播职能的构建，以及从传播学的角度将博物馆视作知识、文化乃至娱乐内容生产装置的媒介化构建。

三、博物馆传播研究的三个维度

任何研究要走向深入都需要坚实的研究基础，对博物馆传播本身的认知即博物馆传播的界定及其研究范畴的探讨应该是所有研究的基石。纵观当前的博物馆传播研究，其学科跨度大，研究分支多，因此，对博物馆传播的界定应该更加全面和具有前瞻性。探讨博物馆传播定义，则既要从纵向的角度考虑时代发展对博物馆传播界定的影响，尤其是媒体（技术和内容两方面）、观众、社会休闲文化生活这三方面的变化，促使博物馆传播的内涵和重点也随之演变，又要从横向的角度充分拓展博物馆传播的外延。本文力求从宏观层面全面梳理当前博物馆传播研究的总体情况，归纳总结出博物馆传播研究的三个维度。

传播是指通过多种媒介或方式将信息、思想、知识等内容传递给他人，实现社会共享与交流的动态过程。其核心在于信息的扩散与接收。博物馆传播通常有三方面的诉求：首先是吸引更多的人来到博物馆，这取决于博物馆的知名度、博物馆的品牌效应、博物馆 IP 化等，即博物馆传播研究的第一个维度。其次，让观众爱上博物馆的展览。博物馆与大众进行信息交换的重点是博物馆举办的展览，而展览内容本身也是一套信息内容，博物馆通过物质与非物质的展品信息内容，向观众讲述故事、传播知识，使观众能够愉悦身心、启迪智慧，达到社会教育的目的。那么，如何将展品信息更好地进行传播，就是博物馆传播研究的第二个维度。最后，有学者提出博物馆传播职能将取代社会教育职能，博物馆媒介化的呼声日益高涨。博物馆作为传播媒介，与电视、广播、报纸有何不同？尤其是经历数字化洗礼后的博物馆，成为虚实结合的媒介，既有实体空间又有虚拟空间，博物馆的传播职能如何构建和实现？这是更为深入的博物馆传播研究的第三个维度。后文将从以上三个维度的具体研究要点和情况分别展开论述。

（一）将博物馆作为一个整体进行传播的维度

1. 传统媒体时代的博物馆传播

博物馆作为一个整体、一个无差别的广告主，进行大众传播以吸引参观者和投资人是博物馆最早的传播诉求之一。18世纪80年代，查尔斯·威尔逊·珀尔创立了美国最早的自然与艺术博物馆之一——费城博物馆。在开馆的前两年，珀尔召集了一群美国社会上层名流，其中包括美国哲学会的一些颇有影响力的会员，以募集资金。珀尔在那次募集会散发的传单上详细介绍了个人的收藏情况，以及将如何进行展出和面临的困难，并向所有人发起声情并茂的募捐："如果说它已经给我带来了收入，那也是微不足道的……希望各位成为博物馆顾问，给予支持与协助，以及希望带来公众对博物馆的更多关注，便是我恳求得到诸位慷慨支持的动机……我将竭尽所能地完成博物馆的构想……如果仅靠我个人的努力，它的进展会异常缓慢，最后可能无果而终……我的家人也不至于完全失去我过去这么多年辛劳所带来的回馈，而我的孩子们将来也能够为我这点小嗜好尽一份力。"① 这场募集会颇有如今会议营销的意味，可见美国的博物馆建立之初就是从传播开始的。董小军也谈到，"在美国，许多博物馆拥有自己的固定广播节目和电视节目，电台、电视台欢迎博物馆的报道，博物馆的专题节目具有科学性、知识性、趣味性"，并指出"在不断提高博物馆工作，增强传播能力的同时，博物馆应当结合其他传播事业，利用印刷、电话、电视、广播、电脑终端等传播手段开展工作、扩大影响，这是使博物馆传播事业得到较大提高的必由之路"。② 在这些论述中，博物馆被视为一个传播主体进行讨论，讨论的重点是如何利用大众媒体宣传博物馆的重点展览，目的是吸引观众，树立博物馆的品牌形象。从本质上来看，这一维度的博物馆传播研究属于博物馆的宣传研究范畴，近似于博物馆的品牌研究。

总的来说，传统媒体时代的博物馆传播是相对冷静和克制的，早期对博物馆传播不够重视，这从相关学术研究产出极少可见一斑。同时这也与我国传统博物馆更加注重藏品的征集、保管研究，对"物"的重视超越对"人"的重视有关，博物馆传播还欠缺生长发育的土壤及养分。

2. 新媒体时代的博物馆传播

经历了20世纪七八十年代世界范围内的新博物馆学运动，大批学者对博物馆社会化程度不够、价值发挥不足进行批判之后，新博物馆学思潮对博物馆及相关领域的影响开始渗透。加之互联网技术深刻变革了社会生产和生活方式，新媒体取代传统媒体成为新的主流媒体，此时的博物馆传播被卷入追逐流量的时代洪流之中，呈现出更加丰富的传播形态。这里我们仍然将博物馆作为一个整体来归纳总结新媒体时代的博物馆传播特征。

---

① 吉诺韦斯，安德烈.博物馆起源：早期博物馆史和博物馆理念读本[M].路旦俊，译.北京：译林出版社，2014：17.
② 董小军.博物馆传播学浅议[J].中国博物馆，1987（4）：31-34.

（1）构建新媒体矩阵追逐流量

近年来，有关博物馆新媒体矩阵方面的研究，几乎占据博物馆传播研究三分之一的内容量，博物馆公众号、抖音官方账号等社交媒体平台账号运营研究兴起，短视频也成为新媒体的先锋内容，在此基础上，博物馆短视频运营研究成为近几年博物馆学和传播学共同关注的焦点。2023年8月B站UP主"煎饼果子"和"夏天妹妹"联合制作的短剧《逃出大英博物馆》爆火之后，我们在知网上以"博物馆传播"为关键词进行检索发现，不到一年时间，关于《逃出大英博物馆》的相关研究就有15篇（见图6），且大多是从传播学视角展开的研究。这是因为，短剧本身与传播学关系更为密切，也是传播学与博物馆学在媒体内容上的一次研究与实践的融合。

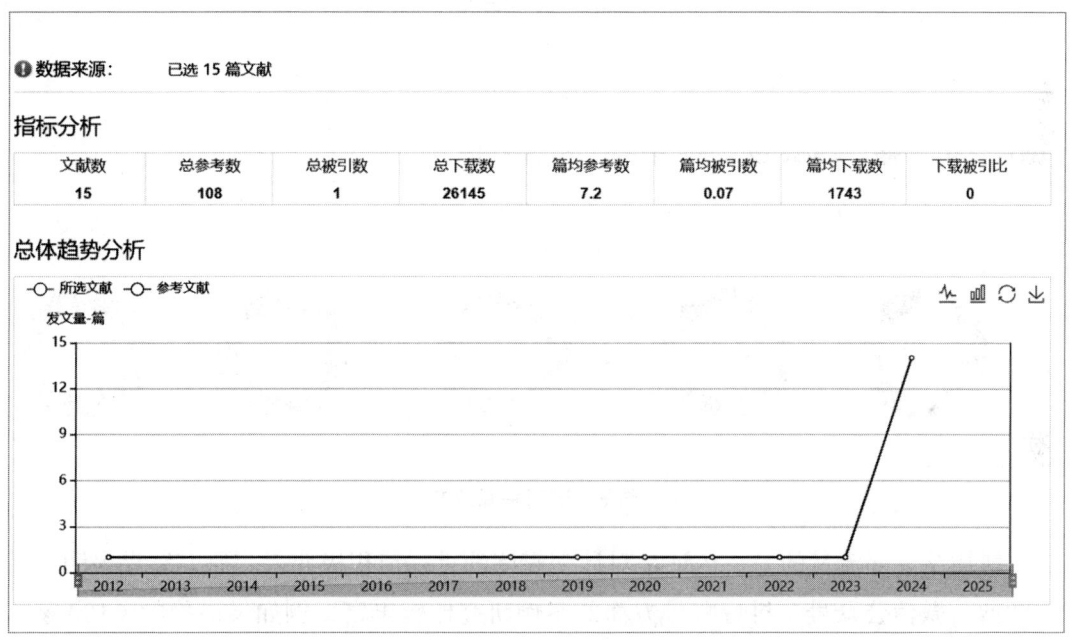

图6　关于《逃出大英博物馆》的相关研究总体趋势分析①

从学科分布（图7）和期刊来源（图8）情况来看，传播学相关学科对《逃出大英博物馆》的关注更多。然而需要注意的是，这里的《逃出大英博物馆》的研究有一个前置搜索关键词"博物馆传播"。

---

① 知网以"博物馆传播"为关键词搜索发现，不到一年时间，关于《逃出大英博物馆》的相关研究，2013年11月发表论文一篇，截至2024年6月3日统计发表论文14篇，总计15篇，总下载量已达26，145次。

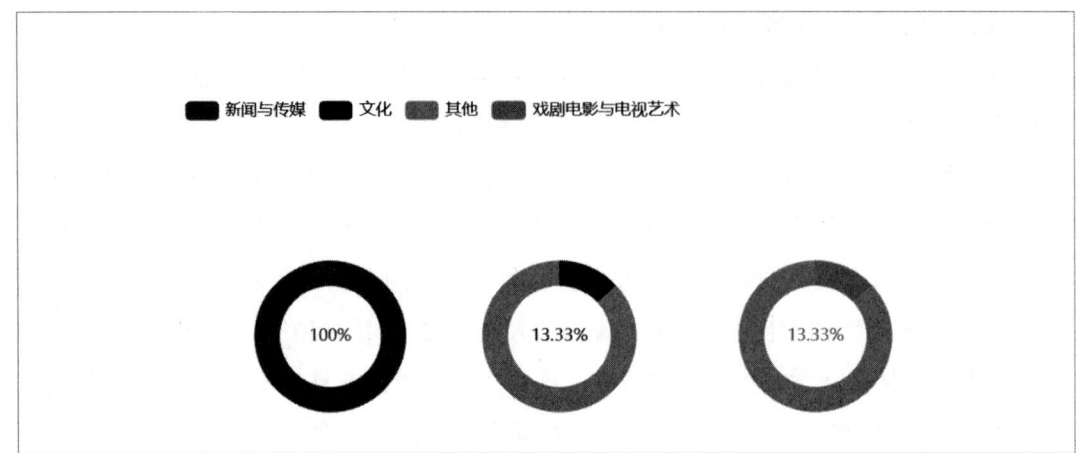

图 7 学科分布

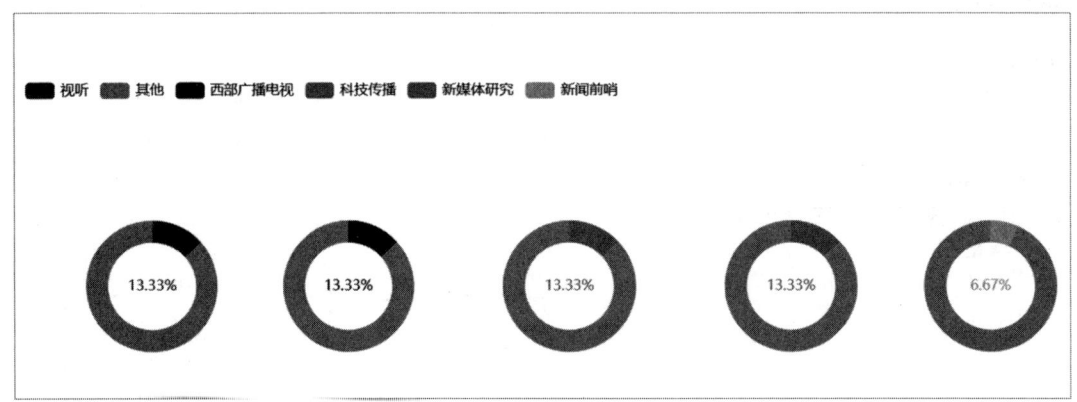

图 8 期刊来源分布

博物馆追逐流量的另一佐证是对社交媒体的重视与积极介入。研究结果表明,基于微博、微信公众号、抖音账号方面的案例研究比较丰富,例如吴昌稳的《100家国家一级博物馆新浪官方微博运营状况评估与分析》,浙江大学张鲁的《社交媒体时代的中国博物馆传播模式研究》,湘潭大学陈伊歆的《国家级重点博物馆微信公众号传播研究》等。

(2)打造 IP 文创追求收益

近年来,博物馆 IP(Intellectual Property)文创产品的风靡,已逐步演化为文化产业中一个不可忽视的趋势。这不仅标志着博物馆从传统的静态展示向多元化、互动性更强的文化传播模式转型,也体现了 IP 文创在激活博物馆文化资源、提升其社会影响力及经济效益方面的巨大潜力。博物馆 IP 文创产品的爆火,不仅仅是市场需求的自然流露,更是文化创新与科技融合下的必然产物。它们作为流量的磁石,有效吸引了社会各界的广泛关注与参与。随着这一趋势的深化,越来越多的博物馆通过打造独具特色的 IP 文创产品，实现了从"藏品在墙"到"文化在手"的转变，带动了博物馆知名度与访问量的双重提升。

IP 文创不仅成为博物馆吸引年轻群体、拓宽受众范围的重要手段，更凭借其独特的创意设计与文化内涵，成为推动博物馆自主经济发展的实际动力，为博物馆带来了可观的现实收益，增强了博物馆的自我造血能力。在此背景下，几乎每一座博物馆都设立了文创馆，将 IP 文创的开发与运营视为提升自身品牌价值与影响力的关键。其中，故宫博物院与苏州博物馆作为行业内的佼佼者，凭借各自深厚的文化底蕴、创新的开发理念以及精准的市场定位，打造了一系列备受瞩目的 IP 文创精品，不仅在国内市场赢得了广泛赞誉，更在国际上树立了中国博物馆文创产业的标杆。

因此，对于博物馆 IP 文创的深入研究，已不仅仅是单纯的产品设计或市场营销问题，而是涉及文化传播理论、文化创意产业、数字媒体技术等多个学科交叉融合的复杂课题。它要求研究者不仅要具备深厚的文化底蕴和艺术鉴赏力，还需掌握市场动态、消费者行为学及数字技术应用等多方面的知识，以便从多角度、多层次地剖析博物馆 IP 文创的成功要素，探索其可持续发展的路径，进而为博物馆传播研究贡献新的理论视角与实践经验。

（3）受众研究关注效果

受众研究一直是大众传播研究的重要范畴，是传播效果研究的关键。对于博物馆观众的研究，从博物馆传播研究伊始就是重点之一。董小军最早指出，"人的大众媒介作用，深入到社会各个层次和角落。一个人参观了博物馆，参加了博物馆举办的活动，得到了知识。这时接受传播的绝不是他一个人。他将要告诉他的妻子儿女、亲朋好友和同志，并鼓励他们也到博物馆去，而后者则可能考虑到博物馆去。如果博物馆拥有许多热心的朋友作为大众媒介，进行传播，就会有更多的观众到博物馆。"[1][2]。可见，早在 20 世纪 80 年代的博物馆传播研究中就提及对文博爱好者的关注与组织，谈到人际传播对博物馆传播的影响。而后一些学者如安来顺也发表了博物馆观众研究的成果《博物馆与公众——21 世纪博物馆的核心问题之一》，拓宽了博物馆观众研究的广度与深度，将观众视为博物馆与公众对话的桥梁，以及衡量博物馆社会价值与影响力的关键指标。这一系列研究成果，不仅巩固了观众研究在博物馆传播研究中的重要地位，也为后续博物馆实践中的观众导向策略、互动体验设计以及社区参与机制等提供了坚实的理论基础与方向指引。

---

[1] 董小军.博物馆传播学浅议[J].中国博物馆，1987（4）：31-34.
[2] 一些博物馆还利用"博物馆之友"，调动了社会力量的积极性。河北晋州市文化局、博物馆组织了各阶层人员参加的"博物馆、文物爱好者协会"和"魏征历史研究会"。董小军.博物馆传播学浅议[J].中国博物馆，1987（4）：31-34.

综上所述，将博物馆作为一个整体进行传播研究是从博物馆本体的思考角度展开的，博物馆如同广告主，将观众视作调研对象，在分析和发扬自身优势的过程中，匹配合理的媒体，采用合适的内容，紧跟新时代新媒体的发展特征，积极入驻社交媒体树立博物馆品牌形象，传播博物馆核心内容。而其中，关于博物馆新媒体矩阵方面的综述、案例研究以及博物馆IP文创的研究热度最高。

（二）博物馆展览传播的维度

博物馆的另一核心职能是展览。博物馆将馆藏文物进行知识生产和加工后，以展览的方式呈现给观众，最终达到传播知识的目的。对于博物馆展览的传播研究也呈现出一些新趋势。

1. 从以"物"为中心向以"人"为中心的转向

传统博物馆重视对"物"的研究，包括馆藏文物的征集、保管、修复、研究、定级定名，等等，这是博物馆早期最重要的职能。随着社会发展与博物馆演进，以及新博物馆学运动对传统博物馆的批判，博物馆更加重视观众的参与和体验，重视策展人对藏品的理解和策划。符号学理论被引入博物馆展览的传播研究中，成为博物馆展览阐释信息传播的重要理论依据，也是梳理"物人关系"重要的理论来源。陈曦在《博物馆传播中符号编译和控制》中最早对其进行了介绍和解释。[①] 严建强重点关注博物馆信息传播中展品的编码和解码的研究，指出"面对学习型社会建设的时代要求，博物馆必须致力于对展品进行更深入的阐释，使博物馆真正成为帮助公众理解历史与环境的大教室"[②]。曹兵武从物与人的关系视角对博物馆展品的"物"进行了深刻解读，他在《博物馆的媒介化趋势及其实践意义》一文中指出，"展览被整合成一个具有高度综合性和统一性的面向受众的叙事文本或者互动现场"[③]。值得注意的是，与前述整体博物馆中的受众研究不同，这里的"以人为中心"不只指代观众，还指代策展人等一切参与博物馆知识生产的工作人员。

2. 多感官博物馆的全新体验

博物馆在展览上不断尝试和使用新技术，展厅中多媒体使用已基本普及，随着博物馆数字化进程的展开，各种新型的博物馆、虚拟博物馆、云展览等也已被观众所接受。尤其是人工智能时代，新形态的展览形式不断涌现。王思怡在其博士论文中创造性地提出了"多感官博物馆"，这是博物馆展览未来趋势中最具想象力的论证，对博物馆展览提出了具有创造性的构建，指引了一条明确的发展路径。多感官也是体验的代

---

① 陈曦.博物馆传播中符号编译和控制[J].中国博物馆，2005（12）.
② 严建强.博物馆媒介化：目标、途径、方法[J].自然科学博物馆研究，2016（3）.
③ 曹兵武.博物馆的媒介化趋势及其实践意义[EB/OL].（2024-01-01）[2024-08-30].http://wenku.baidu.com/view/3d0a8e07a3116c175f0e7cd184254b35effd1a0b.html?_wkts_=1741235506961&bdQuery=博物馆的媒介化趋势及其实践意义&needWelcomeRecommand=1.

名词，用多感官的手段去策展、布展，是一个相对全面的策展思路和模型。

博物馆展览职能的实现，实际上是博物馆作为知识生产的装置，产出知识、传播知识的过程，也是策展人对博物馆的馆藏藏品进行研究、组合加工、策展、布展、传播知识文化、公开展览的过程。策展一直是博物馆学领域的重点研究内容。从传播学的角度，博物馆展览的实现也是知识生产和传播的过程。

（三）博物馆传播职能构建的维度

除了李文昌明确指出"传播是博物馆的重要职能"之外，曹兵武在《作为媒介的博物馆：一个后新博物馆学的初步框架》中也谈道："按照媒介的定义和特点，博物馆里的藏品和展品、博物馆展览及博物馆自身都完全符合信息存贮、加工、传播、交流等媒介特点。因此，媒介视角下的博物馆学将会为重新认识博物馆之物及博物馆的定位、功能、使命以及各项业务活动提供新的参照与启示。"① 他在《博物馆的媒介化趋势及其实践意义》一文中进一步指出："当今世界博物馆的传播和教育功能正在变得越来越突出和重要……博物馆以展示和宣传为导向的媒介化趋势越来越明显……博物馆展览已经成为一种高度综合性的媒介，除了传统的展品、说明牌、展柜、展板之外，几乎所有现代媒介形式都被引入其中。"②

在 2024 年 5 月 18 日国际博物馆日大湾区博物馆论坛上，安来顺在演讲中将教育传播放到与珍藏、科研职能并列的位置，并指出"博物馆的三个职能已经、正在并仍将不断调试。面对挑战和机遇，固本强基和创新拓展是博物馆机构和博物馆学科的生存之本在可持续发展中的理性选择"。

图 9　2024 大湾区博物馆发展大会主题背景

---

① 曹兵武. 作为媒介的博物馆：一个后新博物馆学的初步框架［J］. 中国博物馆，2016（1）：77-82.
② 曹兵武. 博物馆的媒介化趋势及其实践意义［EB/OL］.（2024-01-01）［2024-08-30］. http://wenku.baidu.com/view/3d0a8e07a3116c175f0e7cd184254b35effd1a0b.html?_wkts_=1741235506961&bdQuery=博物馆的媒介化趋势及其实践意义&needWelcomeRecommand=1.

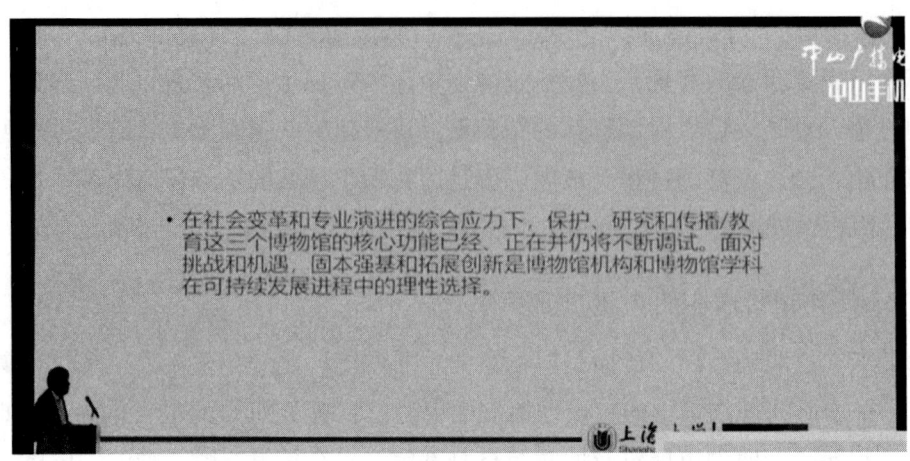

图 10　2024 大湾区博物馆发展大会相关演讲 PPT

博物馆传播职能的构建是将博物馆作为一个媒体来看待，是对博物馆传播前两个维度的兼容并包，是对博物馆属性的拓展。博物馆媒介化的结果是将博物馆视作一个媒体——与传统媒体、新媒体并列而成的"未来媒体"。它蕴藏着高价值的文物实物，具有不同于其他媒体的高贵属性与稀缺特征。而如何进行知识的生产与高质量内容的传播，则是博物馆与其他媒体所面临的共同课题。从博物馆作为一个媒体的角度探讨博物馆传播，是目前博物馆传播研究中较为复杂和深入的话题。

结　语

综上所述，博物馆传播是一个综合性的概念，它涵盖了博物馆为提升知名度、传递文化价值而进行的各种信息传播活动；既包含了博物馆品牌宣传的维度、博物馆展品信息传播的维度，也包含了博物馆作为未来媒介，实现其传播功能、发挥其文化价值的维度。博物馆学是一门跨学科的应用型学科，当下正处于一个传统形态与新形态甚至未来形态冲击与融合的时代，挑战与机遇共存。当前博物馆呈现出的面貌，已异于传统印象中那种正襟危坐、呆板单一的刻板形态，社会全面博物化、媒介化等趋势正链接至博物馆研究的新维度，其传播职能得到了前所未有的重视。一个新职能的提出，代表着博物馆某种维度的异化和变革，也是博物馆学与传播学等交叉学科融合碰撞出的新火花，叠加出学术想象的巨大空间。这是未来值得研究的新领域，需要更多志同道合的学者参与其中，共同努力。

（作者单位：柯宁，中国传媒大学广告学院；胡睿，西南交通大学人文学院）

📖 参考文献

【1】苏东海.博物馆演变史纲[J].中国博物馆,1988(4):10-23.

【2】董小军.博物馆传播学浅议[J].中国博物馆,1987(4):31-34.

【3】李文昌.博物馆的传播学解读初探:传播学读书笔记[J].中国博物馆,2008(9).

【4】吉诺韦斯,安德烈.博物馆起源:早期博物馆史和博物馆理念读本[M].路旦俊,译.北京:译林出版社,2014:17.

【5】陈曦.博物馆传播中符号编译和控制[J].中国博物馆,2005(12).

【6】严建强.博物馆媒介化:目标、途径、方法[J].自然科学博物馆研究,2016(3).

【7】曹兵武.作为媒介的博物馆:一个后新博物馆学的初步框架[J].中国博物馆,2016(1):77-82.

【8】曹兵武.博物馆的媒介化趋势及其实践意义[J].博物馆,2019(10).

共生关系下的博物馆学术研究与媒介传播：职能价值、互塑关系和融合路径

Symbiotic Relationship of Museum Academic Research and Media Communication: Functional Value, Mutual Shaping Relationship and Integration Paths

王业鑫

Wang Yexin

摘要：博物馆学术研究与媒介传播之间是紧密相连的互塑共生关系。本文系统解析博物馆学术研究与媒介传播两大核心职能，科学界定博物馆与科研教育机构的异质性与协同性。研究揭示了二者之间的双向建构关系：学术研究构成了媒介传播的知识基础，而媒介传播又成为学术研究成果转化的价值归宿。基于此，本文提出了四个主要的融合路径：首先，确立以教育传播为核心的学术立馆理念；其次，构建研究成果转化为教育资源的机制；再次，建立学术研究与媒介传播并重的双轨激励机制；最后，完善文博机构与高校院所之间的人才交流机制。通过这一创新的四位一体模式，我们能够有效地促进博物馆学术研究与媒介传播的深度融合。

Abstract: Museum academic research and media communication are closely connected in an symbiotic relationship.This paper systematically analyzes the two core functions of museum academic research and media communication, and scientifically defines the heterogeneity and synergy between museums and scientific research and education institutions. The research reveals a two-way relationship between the two: academic research constitutes the knowledge base of media communication, and media communication becomes the value destination of academic achievement transformation. Based on this, this paper puts forward four main integration paths: First, establish the concept of academic building with education communication as the core; Secondly, the mechanism of transforming research results into educational resources should be established. Thirdly, the dual incentive mechanism of academic research and communication should be established. Finally, improve the talent exchange mechanism between cultural institutions and colleges and universities.

关键词：共生关系；博物馆管理；学术研究；媒介传播

Keywords：Symbiotic relationship, museum management, academic research, media communication

引 论

2015年颁布的《博物馆条例》指出"博物馆是指以教育、研究和欣赏为目的，收藏、保护并向公众展示人类活动和自然环境的见证物"①。2022年国际博物馆协会（ICOM）公布了最新的博物馆定义："博物馆是研究、收藏、保护、阐释和展示物质与非物质遗产的公众开放机构，为教育、欣赏、深思和知识共享提供多种体验"②。由此可见，收藏、保护、研究、教育、欣赏、传播等是博物馆的基本职能，并得到了国内外博物馆界的一致认可。为进一步辨析博物馆的社会职能，日本博物馆学家田总一郎将博物馆的职能概括为含收集、整理、保管、研究的内部职能和含展览、教育普及的外部职能。复旦大学的陆建松教授提出了构建一个"四位一体、前后贯通"的博物馆传播利用体系，该体系强调收藏、研究、阐释和传播利用的紧密整合。③ 博物馆实现社会职能的信息源是藏品④，从藏品进入文物库房伊始，到基于藏品的学术研究成果，再到讲述藏品背后蕴含的文化传承，博物馆各项职能间围绕藏品发挥作用，呈现出互塑交融的共生关系。鉴于研究与阐释之间存在着紧密的联系，藏品史实研究的成果与阐释的对象高度一致，因此，在讨论博物馆的基本职能时，应当保留三项核心职能：收藏保护、学术研究以及媒介传播。

近年来，新博物馆学的研究焦点已从对"物的表达"转向对"人的关注"，基于对藏品史料的学术研究和着眼受众需求的媒介传播备受学术界关注。博物馆如何有效地整合学术研究与媒介传播的职能，并充分利用这两项职能之间的共生关系，对于明确博物馆与科研机构以及教育机构之间的差异与联系，具有重要的理论和现实意义。

一、博物馆的学术研究与媒介传播职能的价值

博物馆的学术研究与媒介传播是共生互融的两项业务职能。只有准确掌握作为学

---

① 博物馆条例［N］. 中国文物报，2015-03-03（02）.
② 《国际博协特别全体大会通过新版博物馆定义》［EB/OL］（2022-08-25）［2023-03-01］. https://www.chinamuseum.org.cn/cma/detail.html?id=12&content Id=12403.
③ 陆建松. 加强"四位一体"的博物馆传播利用体系建设［J］. 东南文化，2022（03）：6-12，191-192.
④ 李文昌. 博物馆的传播学解读：传播学读书笔记［J］. 中国博物馆，2008（3）：75-80.

术研究机构的博物馆的研究主题，以及博物馆在学术研究职能上与科研机构的差异与共性，深入理解博物馆在实现媒介传播职能时所使用的各种载体，以及精准辨析博物馆在媒介传播职能方面与教育机构的异同，我们才能更深入地理解博物馆的学术研究与媒介传播职能的价值。

（一）作为学术研究机构的博物馆

1. 博物馆学术研究的对象

博物馆学术研究的范畴极为广泛且多样，从广义上讲，任何针对博物馆相关主题的研究均可被视为博物馆学术研究的对象。有学者指出，博物馆研究对象包括藏品和博物馆，后者包括博物馆运作、理论和业务等。① 而笔者认为，将博物馆的研究对象归纳为史论研究和管理研究两个方面更为适宜。博物馆史论研究，特指对博物馆发展历史、理论、流派、观点等的基础学术领域的研究。博物馆史论研究，特指对博物馆发展历史、理论、流派、观点等的基础学术领域的研究。任何一门学科的产生与演进，都必须依托于对基础理论和发展史的深入梳理与总结。此类研究更多地聚焦于形而上的抽象理论辨析。博物馆管理研究，旨在针对微观博物馆实践进行深入探讨，属于形而下的实操性研究。具体而言，它可细分为业务管理研究与行政管理研究两大类。这种分类方法是根据博物馆的业务类型来划分的。业务管理研究主要聚焦于博物馆的核心专业技术性业务，如文物收藏保护、史料研究、展陈设计、社会教育、文创开发以及战略发展等领域的学术探讨。相对地，行政管理研究则关注博物馆的人事党建、财务审计、服务保障、安全保卫等行政管理方面的学术研究。值得注意的是，行政管理是博物馆顺利开展专业技术业务的重要前提。然而，目前在博物馆管理研究领域，对行政管理的重视程度普遍偏低，因此，我们有必要对这一领域进行适当的引导和加强。

2. 博物馆与科研机构的异同

博物馆和科研机构均承担着学术研究的职能，但它们在研究目标、内容以及成果转化方面各有不同。一是在研究目标方面，博物馆学术研究是链接藏品收藏保护和媒介传播的中间环节，通过学术研究解读阐释文物史料蕴藏的历史文化，其研究工作目的是为社会利用、展览和教育普及服务②；而科研机构的学术研究旨在申报横向和纵向研究课题项目，为政府或文博管理及服务机构提供决策咨询服务。二是在研究内容方面，博物馆的学术研究倾向于管理层面，属于实证研究范畴，多以微观案例分析的形式，提炼并总结具体博物馆实践中的经验与思考；而科研机构的学术研究则更侧重于学科理论层面，尤其关注博物馆学的理论、流派、重要人物的观点以及思潮等，对学

---

① 田军. 求真趋美：博物馆永恒的价值追求［J］. 中国博物馆，2013（1）：26-29.
② 陆建松. 从博物馆职能看如何经营博物馆［J］. 中国博物馆，1998（1）：24-27，43.

科的理解和认识更为宏观，擅长利用跨学科的理论框架来阐释博物馆现象。三是在成果转化方面，博物馆的学术研究通过管理者的总结、归纳和分享，不断提升博物馆的运营服务水平；而科研机构的博物馆研究成果将转化为教学成果，为培养博物馆专业人才提供了坚实的基础。

（二）作为媒介传播机构的博物馆

1. 博物馆媒介传播的载体

博物馆本质上是文明的传播媒介，而在更细致的层面上，博物馆的传播涉及工作人员、观众、藏品以及所使用的各种媒介之间的相互作用和互动，形成了一个信息流动的过程。[①] 通过展览展示、社会教育、研究成果、文创产品和宣传推广等多种方式，博物馆实现了其社会价值。其中，既有博物馆机构所特有的媒介形式，如主题展览、社教活动、文创产品等载体，也有常规媒介形式，如媒体宣传、博物馆 App 等，各种载体相互配合，形成了政府参与、自主运营、官媒合作、游客促进的多元化传播体系。[②] 深入分析上述传播媒介，展览展示的传统形式涵盖了文物、图片、表格、档案、地图、模型、沙盘、艺术品（包括绘画、雕塑、场景）、数字展品、装置艺术、音像资料等多种媒介传播方式。随着数字技术的持续进步，虚拟展览、虚拟人、数字文创等新兴元素正逐渐融入博物馆媒介传播的实践中。博物馆文化的媒介传播在技术革新和时代需求的推动下不断更新，以满足人民群众对博物馆文化日益增长的需求。

2. 博物馆与教育机构的异同

从宏观视角审视，博物馆和教育机构均在一定程度上扮演着传播媒介的角色，并致力于优秀文化遗产的传承与教育。然而，两者之间存在一些差异。首先，博物馆与教育机构在传播理念上有所区别。博物馆注重文化的传承，是素质教育的重要组成部分；而教育机构，无论是义务教育还是学历教育，都具有明确的目的性和功利性。其次，博物馆与教育机构在传播效果的评价标准上也有所不同。博物馆的教育强调文化的沉浸式体验，通过参观展览、聆听讲解、参与研学活动、购买文创产品等多种互动方式，实现文化的深入人心；相比之下，教育机构更侧重于知识和技能的培养，以考试成绩作为评价手段，以分数作为衡量标准，以达成既定的教学目标。

综上所述，通过对博物馆学术研究对象和媒介传播载体的分析，我们可以深入探讨博物馆在学术研究与媒介传播方面的职能。虽然博物馆与科研机构、教育机构在研究教育职能方面存在许多相似之处，但更应重视它们之间的差异性。具体来说，博物馆的学术研究职能与媒介传播职能都是建立在对藏品的收藏与保护基础之上，并形成

---

① 高晓芳. 略论我国博物馆的传播过程 [J]. 东南文化，2009（6）：106–109.
② 王玺涵. 基于施拉姆功能说探讨博物馆文化传播的责任与策略 [J]. 新闻文化建设，2023（14）：14–16.

了一个紧密且互塑的关系。

二、博物馆学术研究与媒介传播的互塑关系

博物馆学术研究与媒介传播是紧密结合的互塑关系，学术研究构成了媒介传播的知识基础，而媒介传播又成为学术研究成果转化的价值归宿。

（一）博物馆学术研究构成了媒介传播的知识基础

1. 博物馆学术研究为媒介传播提供内容素材

博物馆的运营以藏品和史料为核心，这些藏品和史料构成了博物馆学术研究的基础。基于此，对藏品和史料进行深入的学术研究和内容阐释，所产生的学术成果成为博物馆媒介传播的重要组成部分。这些成果全面展现了藏品和史料所蕴含的中华优秀传统文化、革命文化以及社会主义先进文化。博物馆通过展览、文化创意产品、社会教育等多种传播方式，有效地实现了其社会价值。以历史文物研究为例，研究者可从文物的物理特征入手，例如尺寸、材质、工艺等，这是理解其历史、文化和技术背景的基础；也可从历史背景出发，如特定历史时期、文化背景、社会制度等，这是揭示其历史意义的关键；还可以从制作工艺角度出发，揭示古代人类的技术能力和当时的社会生产力水平；此外，从文化意义角度探讨，可以深入了解文物丰富的文化内涵和象征意义；从艺术价值角度审视，可以发现其独特的艺术风格和审美价值，从而了解不同时期和地区艺术风格的发展趋势。而文物的基本形态、历史背景、制作工艺、文化意义、艺术价值等，均可作为博物馆传播媒介的内容素材，以适应不同知识背景受众的教育需求。

2. 博物馆学术研究是媒介科学传播的必要保证

学术研究构成了博物馆科学严谨地阐述和传播文化的基石。在博物馆媒介传播中，需特别关注三个核心要素：一是知识的准确性。博物馆作为媒介传播的历史事实和内容，必须保证其严谨性。因此，在传播和利用之前，必须依托扎实的研究工作来确保这一点。二是导向的政治性。博物馆媒介传播属于宣传思想文化的范畴，具有鲜明的意识形态特征。特别是涉及近现代革命史的内容，必须与党和国家的宣传方针保持一致。对于历史事件和人物的评价，必须严肃而全面，因此对相关主题的研究不容忽视。三是思想的深邃性。博物馆媒介传播的内容，包括展览、文化创意产品、社会教育活动等，都是文博机构独有的精神文化产品。作为作品，它们必须反映创作者的思想观点。不同类型的藏品应根据博物馆特有的媒介传播语言进行策划和组织，以展现藏品史料背后所蕴含的中华优秀传统文化、革命文化以及社会主义先进文化。因此，博物馆媒介传播必须建立在深厚的学术研究基础之上，以确保博物馆文化传承的科学性、

严谨性和严肃性。

（二）博物馆媒介传播是学术研究的价值归宿

1. 博物馆媒介传播是开展学术研究的动力引擎

博物馆的媒介传播是推动开展学术研究的直接动因。博物馆学研究是一门极具实践性的交叉学科。观察其发展历程，我们不难发现，博物馆学的诞生、发展和成熟与博物馆运营管理的基层实践紧密相连，并深深植根于具体的博物馆业务之中。例如，当博物馆计划举办某主题展览时，会基于策划的展览主题，有针对性地实施文物征集与修复、查阅资料档案、制定研究方案、举办展览设计研讨会等研究性活动。媒介传播不仅推动了博物馆实现其社会价值，还促进了博物馆学术研究水平的不断提升。再比如，为了提升某项业务实践，博物馆通过撰写研究成果、总结归纳业务经验、召开学术研讨会分享实践成果等方式，进一步提高学术研究水平。在某些特殊情况下，博物馆的媒介传播甚至可以倒逼博物馆加强学术研究能力，以满足人民群众日益增长的博物馆文化需求。

2. 博物馆学术研究的价值目标是实现文化传播

博物馆的学术研究与科研机构的学术研究侧重点存在细微差异。科研机构倾向于进行更为理论性的研究，而博物馆则专注于应用性研究，强调学术成果的普及与推广。博物馆学术研究的终极目标是产出能够满足公众需求的精神文化产品，因此，博物馆的学术研究本质上是一种以媒介传播为核心目标的业务实践。

博物馆的学术研究与媒介传播是融合互塑的关系，而非彼此独立、泾渭分明。在执行博物馆管理的过程中，一些博物馆的管理者错误地将学术研究与媒介传播视为互不相干的领域，未能准确把握两者之间的恰当联系。就个人职业发展而言，一些从业者仅仅将学术研究视为晋升职称的手段，忽视了将学术成果转化为实际应用的重要性，未能将论文和研究项目有效地应用于博物馆的日常运营之中。从机构业务指导的角度来看，一些文物和博物馆单位未能提供有效的机制来促进学术研究成果向媒介传播的转化，导致了学术与传播职能的实质分离。

三、博物馆学术研究与媒介传播的融合路径

为了更好地促进博物馆学术研究与媒介传播两大功能的融合，本文提出了以下融合路径：首先，确立以教育传播为核心的学术立馆理念；其次，构建研究成果转化为教育资源的机制；再次，建立学术研究与媒介传播并重的双轨激励机制；最后，完善文博机构与高校院所之间的人才交流机制。通过这一创新的四位一体模式，我们能够

有效地促进博物馆学术研究与媒介传播的深度融合。

（一）理念先行：确立以教育传播为核心的学术立馆理念

以博物馆教育传播为核心，推动学术立馆的建设。一是博物馆将学术研究视为加强场馆建设的最强有力支撑。学术研究能力代表着一个博物馆的学习动力和持续学习能力①，反映了博物馆的科研水平和创新实力。我国博物馆运行评估同样将学术研究水平视为关键因素，其中学术研究的评估指标权重达到15%，因此文博机构应给予高度重视。二是确立媒介传播的博物馆核心职能。媒介传播作为博物馆收藏与研究的成果展示平台，是实现博物馆社会职能的核心环节。因此，博物馆开展的所有业务实践都应以媒介传播为准绳，旨在讲好中华文明的故事以及地域文化的故事。三是打破博物馆学术研究与媒介传播的界限藩篱。研究型博物馆是以学术性收藏为基础，将学术研究及知识传播贯穿博物馆的基本业务及社会服务活动的博物馆。②将博物馆的学术研究从理论层面的探讨逐步转向实践应用的研究，可以解决博物馆日常运营中的实际问题，并增强公众参观博物馆时的文化体验。

（二）互塑交融：构建研究成果转化为教育资源的机制

深入研讨博物馆学术研究与媒介传播的融合互塑关系，推动学术研究成果向媒介传播成果转化。一是培育全员化媒介传播意识。博物馆作为传承中华优秀传统文化、革命文化以及社会主义先进文化的重要平台，应当培育全员化媒介传播意识，涵盖业务的各个方面、整个链条和流程。这包括史学研究、文物保护、展览陈列、文创产品开发以及资料出版等各个职能领域，都需要增强媒介传播的意识。我们不应仅将媒介传播的职责局限于社会教育和宣传推广等特定部门，而应鼓励专业技术人员积极参与，推动博物馆文化的广泛传播和应用。二是将博物馆学术研究成果转化为可落地的教育传播实践。博物馆学术研究成果往往呈现形式较为单一，学术论文、刊物、专著、科研项目等缺少落地支撑。只有将这些研究成果应用于媒介传播，才能真正实现学术研究的现实价值。例如，举办一场科普讲座，或以文物为载体创作一篇宣讲文稿，通过趣味横生的形式、生动幽默的语言以及沉浸式的深入体验，让博物馆的文化传承深入人心。

（三）内创机制：建立学术研究与媒介传播并重的双轨激励机制

博物馆应强化内部制度建设，积极鼓励并支持从业人员提升学术研究能力，创新工作方法，以促进博物馆文化的广泛传播。一是设立学术研究学科带头人制度。博物

---

① 吴昌稳.国家一级博物馆学术研究现状与能力建设研究：基于中国知网学术论文的检索结果［J］.中国博物馆，2019（1）：67–72.
② 宋向光.研究型博物馆的特点及意义［J］.科学教育与博物馆，2021（6）：497–503.

馆管理可以根据业务分工细分为多个学科领域，并设立学科领域的负责人。这样，从业务管理经验的积累，到学术研究成果的形成，再到业务管理的转型升级，最终营造出全员积极向上、充满学习热情和竞争活力的局面。二是建立平台，设立博物馆级的学术研究项目。引导从业人员重视学术研究实践，为热衷于博物馆相关研究的工作人员构建学术研究平台，特别注重提升博物馆文化传播类学术研究项目的比重，鼓励将博物馆学术研究成果转化为媒介传播成果。三是运用绩效激励研究人员从事媒介传播实践。通过将工资绩效与博物馆学术研究相结合，作为推动博物馆事业发展的杠杆，确保那些关心博物馆发展、致力于学术研究和媒介传播实践的员工能够得到应有的回报。四是加强对博物馆受众的研究力度。唯有博物馆深入探究其受众，特别是对受众的群体特征、观展行为等进行详尽的分析，才能推出满足广大人民群众需求的高质量精神文化产品。

（四）外拓交流：完善文博机构与高校院所之间的人才交流机制

疏通博物馆与科研教育机构的人才交流通道。一是鼓励博物馆工作人员进入高等院校继续深造。目前，博物馆从业者的教育背景普遍有待提高。为了更有效地履行文博机构的学术研究和媒介传播职责，提升团队的专业素质，构建研究型博物馆，博物馆应当鼓励员工前往高等院校深造，获取研究生学历。同时，博物馆管理层应为员工参与行业培训等继续教育活动提供便利。目前，博物馆管理领域的培训资源丰富，包括由博物馆行业协会组织的业务培训，以及国家艺术基金为博物馆从业者提供的专业培训课程。博物馆的管理者应为与培训主题相关的员工创造继续教育的机会，并积极支持他们外出参加业务学习。二是构建一个促进博物馆研究人员与科研教育机构研究人员之间双向挂职交流的平台。博物馆的研究人员与科研教育机构的研究者在学术领域内形成了互补的合作关系。博物馆的研究人员在文物史料和业务管理等实际操作层面的研究上具有专业优势，能够为科研教育机构的学术研究提供宝贵的第一手资料。与此同时，科研教育机构的研究者则对博物馆的理论、历史、流派以及学术前沿有着更为深入的关注和研究，他们具备较高的理论学术水平，能够为博物馆的管理和发展提供决策支持和咨询服务。三是借助博物馆的文化资源以及科研教育机构的专业资源，促进教育、研究、产业之间的相互转化与合作。博物馆、高等院校以及科研院所均承担着学术研究与信息传播的双重角色。博物馆凭借其丰富的馆藏资源、原始的历史资料以及管理研究的成果，而科研教育机构则以其深厚的理论基础和广泛的传播受众为支撑。通过强化博物馆与科研教育机构之间的紧密合作，我们能够促进文物和史料资源转化为学术研究成果，并进一步推动这些成果在教育领域的应用。这种教、学、研的互动合作，将有助于更好地发挥博物馆在学术研究和信息传播方面的潜力。

结　语

学术研究与媒介传播构成了博物馆的两项核心职能，它们彼此互塑且不可分割。博物馆肩负着传承发展中华优秀传统文化、革命文化、社会主义先进文化的重要使命。我们应当深入探讨博物馆与科研教育机构在学术研究和媒介传播方面的差异与共性，充分发挥各自的优势，探索博物馆实现学术研究与媒介传播职能的融合路径，以促进博物馆成为中华文化传承与发展的新质生产力。

（作者单位：中国人民抗日战争纪念馆）

参考文献

【1】博物馆条例［N］.中国文物报，2015-03-03（02）.

【2】《国际博协特别全体大会通过新版博物馆定义》［EB/OL］（2022-08-25）［2023-03-01］. https://www.chinamuseum.org.cn/cma/detail.html?id=12&content Id=12403.

【3】陆建松.加强"四位一体"的博物馆传播利用体系建设［J］.东南文化，2022（03）：6-12，191-192

【4】李文昌.博物馆的传播学解读：传播学读书笔记［J］.中国博物馆，2008（3）：75-80.

【5】田军.求真趋美：博物馆永恒的价值追求［J］.中国博物馆，2013（1）：26-29.

【6】陆建松.从博物馆职能看如何经营博物馆［J］.中国博物馆，1998（1）：24-27，43.

【7】高晓芳.略论我国博物馆的传播过程［J］.东南文化，2009（6）：106-109.

【8】王玺涵.基于施拉姆功能说探讨博物馆文化传播的责任与策略［J］.新闻文化建设，2023（14）：14-16.

【9】吴昌稳.国家一级博物馆学术研究现状与能力建设研究：基于中国知网学术论文的检索结果［J］.中国博物馆，2019（1）：67-72.

【10】宋向光.研究型博物馆的特点及意义［J］.科学教育与博物馆，2021（6）：497-503.

游戏化传播：从游戏范式看博物馆传播的人性化转向

Communication as a Game: Humanized Turn of the Museum in the Context of Technology

刘 岩

Liu Yan

摘要：随着社会的进步，参观博物馆逐渐演变成一种新兴的生活方式和休闲理念。但是，许多博物馆仍然面临着传播方式单一、技术手段落后、理念过时等问题，未能在实质上成为推动公众理解科学与艺术的关键场所，也未能充分发挥其作为丰富市民生活重要媒介的作用。游戏是人类天性中追求乐趣的体现，它拥有打破单调常规的潜力。通过采用游戏化的传播策略，并融合科技与创意，博物馆能够通过身体互动体验和独特的空间叙事，显著提升参观者的参与感和心理愉悦，满足他们的个性化需求，从而促进对优秀文化的感知记忆和情感联系。

Abstract: With the progress of society, visiting museums has gradually evolved into an emerging lifestyle and leisure concept. However, many museums are still faced with the problems of single communication methods, backward technical means, outdated concepts, etc., and fail to become the key place to promote public understanding of science and art in essence, and fail to give full play to their role as an important medium to enrich citizens' lives. Games are an expression of human nature's desire for fun, and they have the potential to break the monotony. By adopting gamified communication strategies and integrating technology and creativity, museums can significantly enhance visitors' sense of participation and psychological pleasure through physical interactive experiences and unique spatial narratives, and meet their individual needs, thereby promoting perceptual memory and emotional connection with outstanding cultures.

关键词：游戏化传播；博物馆；游戏；优秀传统文化

Keywords: Museums, Games, Gamification Communication, Chinese Culture

人性是人所具有的合乎常态的情感和理性，是人类有别于其他动物并以意识、精神、心理为表征自由开展活动的基础。① 人性化是一种理念，即遵循人的本质特征和行为自主性，运用各种方式满足人的物质、精神以及自我实现等需求。从这一意义来讲，博物馆的人性化转向是在博物馆展陈和传播中，确立人的主体地位，以人的生理、心理、行为和文化特质为出发点，依托"科技+文化"的方案，避免以往藏品一维化、布展雷同化的做法，通过赋予文化遗产更多的表现形式、传播方式和时代内涵，真正实现展览与观众之间知识、信息、感觉和价值的沟通。

这一转变的背后，是媒介技术、社会需求以及政策等多重因素共同推动的结果。一方面，以移动互联网、大数据、云计算、人工智能（AI）等为代表的信息技术（ICT）正在重塑我们所处的时空，数字化、智能化、场景化的生活环境，在需求"满足—挖掘—创造"的循环往复中，不断改变着人类的兴趣和感官构成。另一方面，得益于生产力水平的提升，人们"疲于奔命"的强度有所减轻，消费结构从物质生存逐渐向精神享受转变。时间和精力的盈余，促使人们对游戏的本真追求回归，快乐和趣味正逐渐成为未来生活的主旋律。更为重要的是，2022年11月1日，工业和信息化部、文化和旅游部、教育部等多部门联合发布了《虚拟现实与行业应用融合发展行动计划（2022—2026年）》。该计划着重强调利用虚拟现实技术开发文化展馆、博物馆和旅游场所的数字体验，旨在创新和激活文化及旅游资源。

"博物馆依附在社会发展下，有怎样的社会就有怎样的博物馆。"② 在新技术语境、社会环境以及政策的推动下，博物馆如何实现创新性转变，以更好地满足公众的精神文化需求，成为学术界和业界迫切需要探讨的议题。

一、范式创新：从游戏到游戏化传播

游戏展现了人类的自由天性，同时也是对完整人格的全面展现和有力证明。在历史上，众多智者和哲学家都对其进行了深入的探讨和论述。例如，亚里士多德基于哲学视角，将游戏看作一种无目的的行为活动，是人类劳作后的休息和消遣；德国诗人席勒从先验的唯心主义出发，认为游戏是始于人类本能的一种创造性活动。③ 在物资匮乏的年代，为了生存，人类不得不从事以"功利性"为导向的生产和劳动，游戏的价值因此受到压制和否定，甚至被贴上了懒惰的标签。而后随着生产力的发展及资本

---

① 马克思，恩格斯. 马克思恩格斯全集：第3卷[M]. 北京：人民出版社，2002：272.
② 迪克斯. 被展示的文化：当代"可参观性"的生产[M]. 冯悦，译. 北京：北京大学出版社，2012：154，189.
③ 席勒. 美育书简[M]. 徐恒醇，译. 北京：中国文联出版公司，1984：85.

积累方式的变革，以非物质产品（如知识、观念、情感等）生产为主的非物质劳动日趋勃兴。①至此，游戏作为一种本真诉求的正统地位得以确立，并被广泛用于训练、教育、说服等领域，与游戏相关的理论研究亦随之增多②。荷兰学者约翰·赫伊津哈在整合西方古代和近代游戏思想基础上提出"游戏论"。他认为，游戏是文化中的固有物，文化取决于游戏，即"游戏伴随着文化又渗透着文化"③。

在20世纪50年代，英国学者史蒂芬森将游戏理论引入传播学领域，首次提出"传播游戏理论"。在著作《作为游戏的传播》中，史蒂芬森阐述了一种观点：大众传播的精髓在于能让受众沉浸在一种主观性的游戏之中。④在其看来，传播本质上就是一种高度自主和自由的游戏，即使是在接收严肃信息的过程中，也不失游戏元素的存在。⑤传播作为游戏，涉及自我娱乐、体验与提升，注重游戏中主体的自由、投入与积极情绪，强调接受者立场的感性。⑥通过把传播活动视为一种游戏过程，传播游戏理论不仅开拓了传播学与心理学的交叉研究新领域，而且有助于从追求乐趣的人性心理机制出发，深入剖析媒介与受众、受众与内容及媒介形式与内容间的适配性问题，同时也能够有效阐释信息接收过程中的情感现象。传播游戏论的崛起与社会环境有着莫大关系。当前，互联网等媒介技术的迅猛发展改变了传统的受众样态——受众不再是被动、无差别的集合体，而是具有自我意识和参与意识的个体。在此背景下，个体不仅关注内容本身，还越来越关注信息产品的形态、渠道和体验等。新技术语境下的"受众变迁"使得无论何种传播，无论传播什么，都不应仅仅从功用、效率等角度来考量，还应把握个体在传播过程中的内在感受、自我认知等人文价值。

游戏化传播是从传播游戏论衍生的概念，目前就其定义而言，尚未形成一致意见。有学者认为，游戏化传播（也作传播游戏化），特指传播领域中的游戏化，⑦如新闻叙事游戏化、公益传播游戏化、体育传播游戏化等；也有学者基于游戏本体论视角，认为游戏化传播是游戏作为一种特殊形式的传播⑧。区别在于，前者将游戏化传播视为传

---

① 王水雄.从"游戏社会化"到"社会游戏化"：网络时代的游戏化社会来临［J］.探索与争鸣，2019（10）：148-156，160.
② 陈维超.传播游戏化视角下知识付费的媒介表征与发展策略［J］.中国编辑，2020（1）：21-26.
③ 赫津哈伊.游戏的人：文化的游戏要素研究［M］.傅存良，译.北京：北京大学出版社，2014：3.
④ STEPHENSON W. The play theory of mass communication［M］. Chicago：The University of Chicago Press，1967：3-21.
⑤ 蒋晓丽，贾瑞琪.后互联网时代的传播游戏化及其表征：一种符号学视角［J］.社会科学战线，2018（1）：149-156.
⑥ 高思远.游戏化传播：传播的新发展趋势［J］.青年记者，2019（3）：81-82.
⑦ 曾祥敏，方雪悦.新闻游戏：概念、意义、功能和交互叙事规律研究［J］.现代传播（中国传媒大学学报），2018，40（1）：70-77.
⑧ 喻国明，杨颖兮.参与、沉浸、反馈：盈余时代有效传播三要素：关于游戏范式作为未来传播主流范式的理论探讨［J］.中国出版，2018（8）：16-22.

播游戏论在实践中的具体应用；后者则重在探讨作为媒介的游戏对个体及社会的全面渗透与影响。为了更好地聚焦研究问题，在这里我们暂且定义为"游戏化传播是将游戏机制应用于传播实践之中，赋予传播过程近似于游戏般的自我参与式的理性认知和情感反馈"①。游戏机制，是构成游戏化呈现的基本要件，包括创意、科技、场景、规则等。游戏化传播则是在外部因素作用下对这些元素进行的变型与整合，游戏为传播赋予一种愉悦化的内在属性，游戏中主体的参与、沉浸和愉悦为其核心特征。若离开这些元素，游戏化传播则无法成立。还需指出的是，这里论及的"游戏化"与传统游戏不同：游戏本质上是一种玩乐活动，而游戏化是一种设计策略，其核心并非娱乐，更多是将游戏元素融入非游戏的场景中，以此吸引并激励用户主动参与，从而实现特定的目标或效果。概言之，游戏化传播的实质是用游戏化思维解决传播问题的一种路径。

博物馆是展示人类文明和自然遗产的核心场所，同时，它也是一种愉悦身心和探索历史的重要媒介。研究表明，除少数怀揣学术研究之意愿外，多数人是基于愉悦消遣目的参观博物馆，希冀从中获得有益的精神享受。②然而，就当前情况来看，囿于技术、观念、人才等诸多因素，博物馆并未完全履行其增进民众对科学艺术理解的使命，更遑论启蒙大众、点缀日常生活之工具。多数博物馆仅提供基本的标签和信息，内容单调、形式呆板，未能积极吸引更广泛的观众。鉴于游戏是文化的固有元素，也是人类的共有属性。因此博物馆与游戏勾连无疑具备内在耦合性。换言之，借鉴传播游戏理论，采用游戏化思维来解决博物馆在传播模式、手段及理念上的问题，既具有理论创新性，也具有现实迫切性。如实，博物馆游戏化传播是指通过引入游戏机制到展陈和传播中，遵循"游戏化元素＋智能技术"理念，利用丰富的馆藏资源构建活态历史场景，以营造多元体验，在此过程中，游客通过场景叙事和互动参与，形成对藏品的感知记忆，并在愉悦的体验中加深对古迹文物的理解、思考和情感联系。需要强调的是，引入创意、场景、角色等游戏化元素，并不仅仅是迎合观者口味或使文化遗产"变质"，而是旨在通过更为灵活多样的阐释方式，使内容更易感知、接受和认可，从而提高观者的参与度、投入度和获得感，进而实现文物展陈由单一的知识说教向兴趣培养、情感共鸣和文化认同的多维转变。

博物馆游戏化传播反映了在新技术语境和媒介生态中，以人为本、强调人的价值和本真追求的展陈理念的兴起。可以设想，当公众积极参与并享受这种体验，无论是

---

① 蒋晓丽，贾瑞琪. 游戏化：正在凸显的传播基因——以媒介演进的人性化趋势理论为视角[J]. 中国编辑，2017（8）：8-13.
② 陆建松. 博物馆展示需要更新和突破的几个理念[J]. 东南文化，2014（3）：98-101.

乐在其中还是积极传播,都将对中华优秀传统文化的传承与发展乃至社会文明的进步产生极其重要的影响。

二、被遮蔽的个体:博物馆中人性化元素的缺失

经过长期的观察和实地调研,我们发现当前大多数博物馆在传播模式、展陈手段、思维理念等方面与现实需求存在脱节,这导致游客在参与度、体验感和记忆留存方面受到限制。

(一)传播模式单向线性,受众参与受限

传统博物馆通常沿用单向、线性的传播模式,游客按照博物馆设计与策划的空间布局或展览顺序参观。藏品通常依据它们之间的正式关系,例如知识分类或年代顺序,采用经典的墙报展示或橱窗布置技巧进行摆放。这样,无论是跟随讲解员,还是借助导览器,观者所获取的皆是一种经过组织序列化之后的知识或信息。由于缺乏灵活且有趣的解释方式以及互动反馈机制,受众失去了主动性,他们更多地成为倾听者和参观者,而非积极的参与者,只能被动地接受博物馆单向传递的信息,"不便于观众学习与记忆"[1]。另外,这种线性历史叙事虽提供清晰框架,却可能掩盖历史复杂性,表现出单一视角的局限性。

(二)传播手段陈旧,受众体验感不强

近年来,在国家政策的引导和财政资助下,博物馆通过引入多媒体、触摸屏、自助导览器等多种传播方式,提升了参观的趣味性和新鲜感。然而,从实际应用情况来看,效果却不尽如人意。以甘肃省博物馆为例,尽管多媒体视频能提供视听上的享受,但它们通常基于传统的二维影像叙事框架,这在一定程度上限制了观众的视野和视角。在这种传播过程中,叙事者占据主导地位,涉及对信息的"选择"和"强化"。久而久之,受众容易产生视觉疲劳,播放厅则更多沦为游客歇脚、闲聊之处。另外,网络速度缓慢导致官方网站页面加载迟缓,以及系统维护或更新不及时引起的触摸屏故障或系统崩溃等问题,同样严重损害了游客的体验感和满意度,并影响了他们获取信息和知识的积极性;尽管讲解机或导览器为用户提供了缩放、快进、回看等自由度,但必须预先支付押金,并且解说内容往往过于刻板,缺乏灵活性,这使得文化和科技的体验感并不理想。

---

[1] 张江龙.博物馆数字化展示技术及虚拟展览研究[J].中国博物馆,2017(4):88-92.

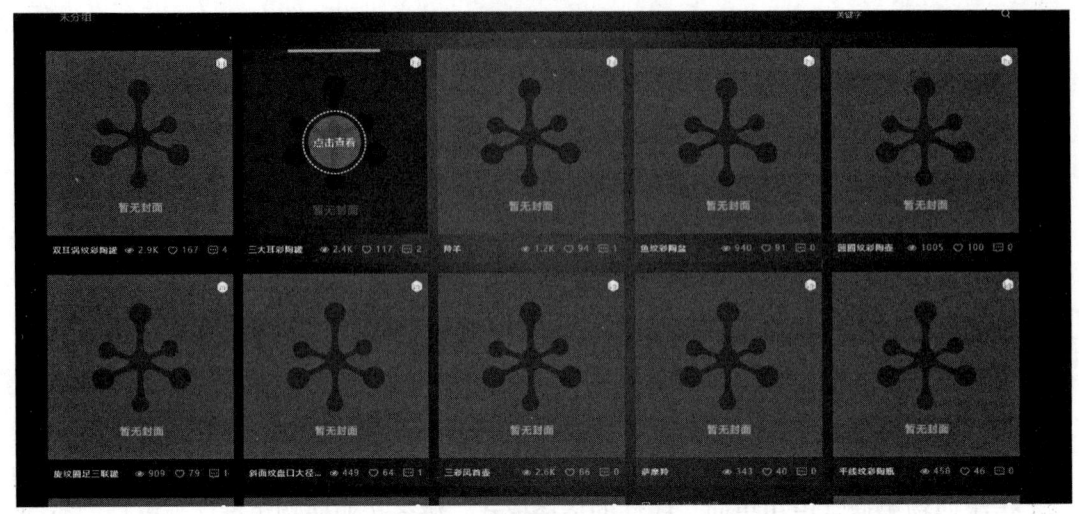

图 1 甘肃省博物馆官网的文物展示平台

图 2 藏品"羚羊"的数字展示页面

（三）传播理念亟待更新，受众地位弱化

长期以来，博物馆以物品作为展示的核心，空间布局、展柜设计、情境营造、灯光等元素均旨在更佳地呈现物品。"以物为主"的传播理念造成对观众缺乏深入且精细化的调查和分析（如观展特点、需求、体验、反馈等），多数情况下，策展人是按照过往经验和既存环境来布置场馆，并将观众视为意料之中。由此带来的结果便是传播内容以"实体＋标签"形式呈现，置于观众面前的物件多为静态、瞬间的非耗时表达，对于那些识读能力有限的人来说，理解起来较为困难。高度专业性在一定程度上还制约着展览的可接近性。观众无法与藏品进行实时交互，由此产生的距离感和隔膜感，使其难以全心投入，更遑论同理心或共鸣。另外，某些"明星文物"外出展览的原因，也使观者一睹为快的愿望无法实现。

参观博物馆是一项挑战体力与耐力的活动,只有当观众感到舒适、自在、快乐和满足时,才能更好地培养共同的文化心理和情感纽带。对个体需求和情感的细致关怀,必将推动博物馆在传播内容和形式上实现更加人性化的发展。

三、凸显个体:博物馆人性化转向的创新路径

游戏化传播的逻辑指归在于游戏并非纯粹为了娱乐而玩,即游戏环节理应产生不同于娱乐的有意义的效果,如传递知识、改变态度、启发灵感等。

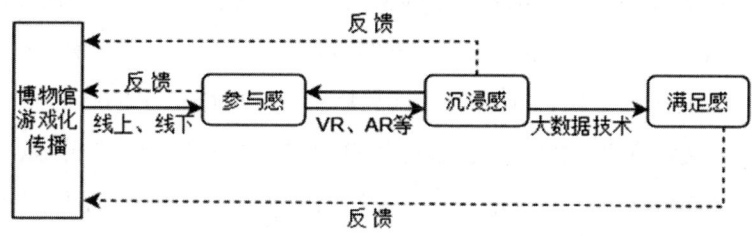

图 3 博物馆人性化转向的路径建构

(一)提升参与感:线上线下联动,激活个体价值

在史蒂芬森看来,游戏是一种超脱日常生活的自我实践活动。因此,自主参与成为游戏化传播的必要条件。在博物馆游戏化传播中,主体参与可从线上和线下两方面入手。

如今,新媒体以其低门槛、低成本和草根特性,让每个个体都能根据个人喜好自由选择和创造信息。这意味着个体正逐渐成为信息流通的中心节点,拥有控制信息流量和流向的能力与潜力。然而,在纷繁复杂的信息海洋中,人们的注意力极为有限,其留意、讨论或分享的动力在于内容是否新奇、有趣,是否能够满足其追求视听享受和感官愉悦的本能欲望。这就要求博物馆在游戏化传播实践中,必须竭力激发民众求知、求真、求新的兴趣,唤起积极的情感。一方面,我们可以通过利用微博、知乎、小红书等社交平台,采用话题创建、有奖问答、文案征集、软文营销等策略,提高文博展览的知名度和可见度,吸引那些原本持观望态度或对博物馆感兴趣但缺乏信息获取途径的潜在观众,参与博物馆的相关活动。例如,2023 年 1 月 19 日,农历春节即将来临之际,中国文博与微博文博共同发起了#博物馆里过大年#话题征集活动。该活动旨在邀请民众在春节假期期间走进博物馆,主动分享各地春节展览的精彩瞬间和文物背后的故事,让"年味儿"更加充满文化气息。话题一经发布,迅速引发了舆论

热潮，网友们纷纷分享了他们的文博之旅，包括打卡照片、个人感悟、温馨故事等。一些人甚至在原有话题的基础上进行了创新，提出了＃春节休闲去哪儿＃＃博物馆里过大年＃等新的讨论标签。截至2023年1月28日，该话题的总阅读次数已超过2.2亿人次，讨论量达到8.1万。再比如，疫情期间，国家文物局携手全国40余家文博机构，联合新浪旅游、微博文博以及超话社区，共同发起了＃云游博物馆＃系列活动，网友足不出户即可上"云"观展，通过发帖参与文物竞猜，还有机会赢得精美文创品。截至目前，话题阅读量已累积达到7.2亿人次。俏皮卖萌的官微，亦庄亦谐的话语，总是能够引来众多网友的转发、评论或点赞。另一方面，我们可以通过抖音、快手、秒拍等平台，利用简短而有趣的视频激发公众对藏品的热情。2018年5月，中国国家博物馆、湖南省博物馆与南京博物院携手合作，联合抖音平台推出首届"文物戏精大会"，借助动画特效与新媒体技术，并结合经典游戏台词，使得国宝级文物在视频中栩栩如生。国宝文物与流行元素（如拍灰舞、98K电眼等）的巧妙融合，扩大了受众范围，使馆藏文物突破时空局限，以一种更加崭新的姿态向公众开放，更贴近社会、更吸引大众。微博网友的热烈讨论以及"文物戏精大会"在知乎和朋友圈的广泛传播，充分表明一旦建立起互动关系并激发情感，公众便会积极参与在线信息的传播。这种参与不仅限于网络上，也可能激发公众进行线下的参观、浏览和体验活动。

参与还体现在通过活动设计或场景塑造，增加观展的知识性和新鲜感。简言之，就是在展厅中安排装置，让观众通过体感操作获得相应的知识和体验。例如，南京博物院的数字博物馆在展览中植入了诸如文物修复、找茬等互动游戏，游客参与游戏后，会出现与游戏内容相关的历史知识。这样在营造愉悦体验的同时，也让受众获得一定的知识成就感。浙江自然博物院率先引入众创理念，在"酉年生肖贺岁展"上，不仅展示了馆藏的珍贵标本，还特别引入了民众的创意作品。通过这种方式，我们不仅丰富了展品的内容，同时也培养了观众的参与意识。此外，参与性体验还应涵盖观览过程中的互动环节，包括在展示期间设置互动评论、官网留言、微信公众号等平台，以便游客进行在线交流、撰写心得和提供意见反馈，从而增强受众的黏性。

人们对事物的记忆与其认知方式和参与程度密切相关：参与越深，记忆越牢固。博物馆采用游戏化的传播策略，通过丰富的互动方式，促进观众在感知、情感与记忆之间的融合，使他们能够以互动和体验的方式深入解读和分享文物信息或个人经历，从而展现出人作为行为主体的自主性和能动性。当观众积极地运用其认知、表达和记忆的能力，并与展示的客体进行直接或间接的互动时，他们便实现了从"被动接受"到"主动参与"的转变。这一过程进一步促进了他们对藏品内涵的深入理解和个性化诠释，最终实现了从认知主体到认同主体，再到传承主体的质的飞跃。由是观之，参与是博物馆游戏化传播的重要一环,博物馆游戏化传播正是一种人际交互、人机交互、人与文化亲密接触的过程。

(二)营造沉浸感:借助 VR、AR 技术,营造沉浸式体验

游戏之所以引人入胜,在于其能创造一个虚拟世界,让玩家摆脱日常生活的束缚,沉浸在丰富的体验和成就感中。这种"仿生交互"的沉浸式场景无疑是博物馆游戏化传播的魅力所在。所谓沉浸式体验,是指个体完全投入于某项活动中,忽视外界干扰和时间流逝,达到一种全身心投入的状态,是融合意识和行为的整体感受,形成深刻感知的实践经历。[①] 如前文所述,当前以 VR、AR 等为代表的新媒体技术,通过营造多维立体空间或交互场景,作用于用户的视、听、触、味、嗅等多感官通道,创造出一种身临其境的沉浸式体验。二者区别在于,VR 旨在构建完全虚拟的世界,而 AR 侧重于将虚拟场景叠加到真实世界中。

在物质和精神资源丰富的时代,随着观众期望的不断攀升,他们渴望与更多情境互动,并与文化对象建立情感联系。在这种背景下,利用 VR、AR 等技术的情境性和叙事性设计,将文物知识或优秀文化元素融入具体场景,不仅提升了观览的故事性和趣味性,还增强了观众的愉悦感和体验感。这正是博物馆游戏化传播的真正意义所在。且有证据显示,博物馆使用的沉浸式叙事方式有助于增强同理心。具身认知理论也强调,环境是认知系统的组成部分,只有当观众身处于展览环境中并与之形成互动,认知活动才得以发生。通常情况下,当观众漫步于橱窗前,他们的注意力容易被外界"噪声"所干扰,而基于 AR、VR 等技术构建的虚拟场景不仅满足了观众的视听需求,更因其高度的参与性和强烈的沉浸感,常常能够激发心理或情感上的共鸣,进而引发深刻的移情效应。2019 年 5 月,湖北省博物馆利用 5G 网络技术,成功实现了对大量珍贵文物的"毫米级"精细呈现。当观众敲击"曾侯乙编钟"体验古代音乐的魅力时,他们能够产生一种场景化的即时共情。在短短三天的试运营期间,游客人数已超过 4 万人次。这也意味着,未来博物馆可通过技术合作或技术外包形式,有条件地在某些历史类、艺术类等主题场馆展开尝试。例如,在科教性质浓厚的自然博物馆中,让参观者佩戴头戴显示设备,从动物的视角近距离观察捕食、求偶、孵化等行为。通过引导游客深入这个奇妙而有趣的世界,激发他们观察和探索自然的兴趣,这正是情境式和移情式叙事艺术的典型应用。可见,AR、VR 所建构的立体化叙事时空,不仅关注身体参与,更注重认知和情感的融入。

AR、VR 的应用还有助于打破传统线性叙事的束缚,通过众多传感器构建的多维环境,使观众能够超越时空限制,从任意角度深入事件并与之进行互动。这种模式更

---

① 常江. 虚拟现实新闻:范式革命与观念困境 [J]. 中国出版,2016(10):8-11.

贴合人脑处理信息时的随机性和跳跃性，提供了一种更为自然的视角，以及全方位的视觉、听觉和触觉体验。例如，2022年12月，陕西旅游集团的壶口瀑布景区推出了"九曲黄河"元宇宙沉浸式数字漫游馆。该馆采用了视享科技的"AR+"解决方案，融合了智能定位、AI图像识别以及智能讲解等多项技术，实现了与展馆场景的交互，提供了一种层次丰富且互为补充的观展体验。游客只需戴上一副VR眼镜，便能沉浸式地俯瞰黄河的全貌，亲身感受从源头到入海口的文化与自然景观，在光影变幻中享受一次跨越千里的黄河之旅。

博物馆通过整合增强现实（AR）和虚拟现实（VR）等前沿科技，并借助其丰富的馆藏资源，能够在保持科学性和真实性的前提下，提升展览的创新性、审美价值和观赏愉悦感。这种策略不仅加强了与观众之间的互动，还提高了文化展示的感染力、传播速度和社会影响力，使得参观体验既富有趣味性又充满教育意义，让观众能够同时感受到历史的深度与现代的活力。更为关键的是，在这种虚拟与现实交织的叙事方式中，观众不再是被动的接受者，而是以自己的情感、个性和自由意志作为参与的基础。

（三）增强满足感：依托大数据技术，满足个性化需求

当下，现实生活与线上空间的日渐勾连与耦合使得数据越发成为新的生产要素，成为价值创造的基本单元。所谓大数据技术，是对大量的、种类多样的、增长较快且内容真实的海量数据进行剖析，进而找出辅助决策的隐藏模式、未知的相关关系以及其他有用信息的技术，主要包括深度学习、可视化、知识计算等。[1]在博物馆游戏化传播的景观构建中，大数据技术为满足用户差异化需求、设计个性化体验以及提升愉悦感和获得感提供了可能。

作为公共性文化机构，博物馆无疑具有数据收集的优势与潜力。在踏入博物馆之前，游客必须完成身份登记程序（例如通过微信扫码或刷身份证等方式），以便于对访客信息进行有效读取、存储和分析。此外，移动导览器、网络平台和可穿戴设备的使用也提高了数据收集和汇总的便利性，例如VR头盔、VR眼镜、智能手环等设备能够准确记录和呈现用户的停留轨迹、视线焦点、情绪波动等信息。因此，借助大数据技术能够实现更加精细的观者特征分析，如性格、兴趣、偏好、社群关系等，进而提供定制化、个性化的信息服务或文化产品，以便更好地满足观众多元化、差异化的需求和诉求。未来，博物馆可尝试为每位入馆游客佩戴智慧手环。一则通过采集访客身高、体重、心率等数据并记录其于馆内的所有活动，来评估观者的个性、喜好、风险承受

---

[1] 孙大为，张广艳，郑纬民. 大数据流式计算：关键技术及系统实例[J]. 软件学报，2014，25（4）：839-862.

能力，进而为其推荐适宜挑战的体感游戏或适合扮演的人物角色等；二来对参观路线与停留时间等数据的归纳与分析，还能够实时把握和预见博物馆观众关注的焦点，以便制定或调整传播策略，进而达到服务与需求匹配、决策与反馈对接、成效与预期一致的近悦远来的传播效果。在这方面，南京博物院堪称典范。在"法老·王"和"帝国盛世"两个特展中，该博物院通过智慧导览器收集了用户的性别、年龄、观赏时间等信息，并对各文物的浏览次数与参观时间等数据进行了分析。结果表明，博物馆的观众更倾向于视觉化和故事化的展示内容。因此，通过调整文物的阐释方式，可以精准地引导观众的偏好或关注点。有趣的是，通过特展热点图的对比分析，我们发现互动游戏显著提升了儿童在博物馆的参与度。[①]

除了满足个性化和差异化的需求之外，大数据技术还可应用于博物馆场景设计或展览主题的选择，从而让游客享受到更为全面和深入的观展体验。传统"以物至上"的传播理念，造成"千馆一面"，展览选题缺乏新意，不仅不能吸引广大观众尤其是青少年的眼球，更难以激发人们持续参观或重复参观的欲望。随着技术的不断进步，未来将能够利用边缘计算、人脸识别、表情捕捉等先进技术来获取高质量的信息，并通过大数据进行直观展示。基于观众对文物的关注度或审美偏好，我们可以预先筛选出主题和内容，为不同的用户创造个性化的优质体验。这将使博物馆的设计更加人性化，更加充满温情。例如，提供定制化的灯光效果、个性化的方言讲解以及 AI 导游等智能服务。参观者总是带着兴趣与期许走进博物馆，希冀开启一场探索之旅。通过大数据技术的应用，我们致力于为观众营造一种多维度、个性化的体验，这与传统的橱窗展示和单一的观赏方式形成鲜明对比。这样的转变标志着传播理念从"以物为中心"向"以人为中心"的升级。诚如福尔克教授所强调的，"我们需要欣赏并认同每一位游客都是独特个体，每一个都应具有与众不同、宽泛的游客体验"[②]。

展品与阐释构成了博物馆展现文化魅力的核心。随着互动式彩屏、裸眼 3D 技术、5K 沉浸式体验室等创新技术的引入，文博机构正逐步打造以观众或潜在访客为中心的沉浸式游戏盛宴。通过构建互动式历史场景，游客得以沉浸在历史的长河中，实现"与古人居、与古人谋"的愿望，进而实现从认知层面到态度、情感、记忆等层面的传播效果转变。

---

① 郑晶.基于智慧导览的博物馆观众调查、分析与探索：以南京博物院"法老·王""帝国盛世"特展为例［J］.东南文化，2019（3）：110–117，127–128.

② FALK J H. Identity and the museum visitor experience［M］. London & New York：Routledge，2016.

结　语

在这个以传播彰显存在、通过游戏寻找自我的时代[①]，若博物馆仍坚持传统的展览模式，则显得有些不合时宜。唯有积极融入科技、创意和场景等游戏化元素，才能真正实现推陈出新。从这一角度来看，游戏化传播所营造的参与感、沉浸感、愉悦感和获得感，不仅巧妙契合了盈余时代公众的多感官偏好和互动参与的游戏欲，同时也符合国家的政策导向和发展规划，必将成为博物馆人性化转向的主导范式。然而，我们仍需深思，尽管游戏化传播能带给观众一种放松、投入乃至忘我的体验，但过度追求艺术性和审美感可能导致认知偏差。这种偏差表现为一种"仅作娱乐，无需认真"的游戏心态，进而使得内容显得"无关价值"，削弱了其历史深度和学术严谨性。此外，对某些场景或灾难事件的复原，或涉及伦理问题或造成心理不适感。因此，必须通过政策规制和行业自律，在规则的框架内，在确保真实性和科学性的基础上，坚持"内容为王"的原则，深入研究和分析馆藏资源，挖掘藏品背后的学理知识、文化内涵与历史意义。然后，通过灵活且有趣的方式，真实、准确、客观地向观众传达这些信息，以吸引并留住观众，同时避免走向过度游戏化的极端。

（作者单位：深圳大学）

📖 参考文献

【1】马克思，恩格斯. 马克思恩格斯全集：第3卷[M]. 北京：人民出版社，2002：272.

【2】迪克斯. 被展示的文化：当代"可参观性"的生产[M]. 冯悦，译. 北京：北京大学出版社，2012：154，189.

【3】席勒. 美育书简[M]. 徐恒醇，译. 北京：中国文联出版公司，1984：85.

【4】王水雄. 从"游戏社会化"到"社会游戏化"：网络时代的游戏化社会来临[J]. 探索与争鸣，2019（10）：148-156，160.

【5】陈维超. 传播游戏化视角下知识付费的媒介表征与发展策略[J]. 中国编辑，2020（1）：21-26.

【6】赫津哈伊. 游戏的人：文化的游戏要素研究[M]. 傅存良，译. 北京：北京

[①] 柯泽. 斯蒂芬孙传播游戏理论的思想史背景[J]. 新闻大学，2017（3）：107-113，121，151-152.

大学出版社,2014:3.

【7】STEPHENSON W. The play theory of mass communication［M］. Chicago：The University of Chicago Press, 1967：3-21.

【8】蒋晓丽,贾瑞琪.后互联网时代的传播游戏化及其表征:一种符号学视角［J］.社会科学战线,2018（1）:149-156.

【9】高思远.游戏化传播:传播的新发展趋势［J］.青年记者,2019（3）:81-82.

【10】曾祥敏,方雪悦.新闻游戏:概念、意义、功能和交互叙事规律研究［J］.现代传播（中国传媒大学学报）,2018,40（1）:70-77.

【11】喻国明,杨颖兮.参与、沉浸、反馈:盈余时代有效传播三要素:关于游戏范式作为未来传播主流范式的理论探讨［J］.中国出版,2018（8）:16-22.

【12】蒋晓丽,贾瑞琪.游戏化:正在凸显的传播基因——以媒介演进的人性化趋势理论为视角［J］.中国编辑,2017（8）:8-13.

【13】陆建松.博物馆展示需要更新和突破的几个理念［J］.东南文化,2014（3）:98-101.

【14】张江龙.博物馆数字化展示技术及虚拟展览研究［J］.中国博物馆,2017（4）:88-92.

【15】常江.虚拟现实新闻:范式革命与观念困境［J］.中国出版,2016(10):8-11.

【16】孙大为,张广艳,郑纬民.大数据流式计算:关键技术及系统实例［J］.软件学报,2014,25（4）:839-862.

【17】郑晶.基于智慧导览的博物馆观众调查、分析与探索:以南京博物院"法老·王""帝国盛世"特展为例［J］.东南文化,2019（3）:110-117,127-128.

【18】FALK J H. Identity and the museum visitor experience［M］. London & New York Routledge, 2016.

【19】柯泽.斯蒂芬孙传播游戏理论的思想史背景［J］.新闻大学,2017（3）:107-113,121,151-152.

框架理论视角下高校博物馆的叙事策略
Narrative Strategies of University Museums from the Perspective of Frame Theory

蒋佳佳
Jiang Jiajia

摘要：作为致力于教育和研究的代表，高校博物馆是重要的故事讲述者。本文从框架理论视角出发，将作为名词和动词复合体的"框架"置于博物馆叙事研究范围内，基于讲解导览的实践思考，探讨高校博物馆叙事中生产出了何种特定框架，又是以什么样的机制和策略实现建构与呈现的。分析认为，高校博物馆叙事框架由宏观的组织框架和讲解员的个人框架共同构成。一方面，高校博物馆通过确立叙事主题、重塑叙事结构以及统一叙事话语，确立组织框架，从而发挥框定和导向作用。在此基础上，讲解员在实际导览中通过运用个人框架化策略，如话语通俗化、增强受众互动性、应用叙事艺术技巧等，实现有效传播。借由两种框架交互作用，高校博物馆能够讲好故事，实现更有效的博物馆叙事和文化传播。

Abstract: As representatives of education and research, university museums are important storytellers. From the perspective of frame theory, this paper puts 'frame' as a noun and verb complex in the study of museum narratives, and based on the practice and thinking of interpretive guided tours, explores what specific frames are produced in university museum narratives, and through what mechanisms and strategies they are constructed and presented. The analysis suggests that the narrative framework of university museums consists of both the macro organizational framework and the individual framework of the docents. On the one hand, university museums establish an organizational framework through establishing narrative themes, reshaping narrative structures and unifying narrative discourses, thus playing a framing and guiding role. On this basis, the docents use personal framing strategies in the actual guided tours, such as the popularization of discourse, enhancement of audience interactivity, and application of narrative art techniques. Through the interaction of the two frames, university museums are able to tell good stories and achieve more effective museum narratives and cultural communication.

关键词：高校博物馆；叙事；框架理论；讲解导览

Keywords: University Museum, Narrative, Frame Theory, Interpretive Guides

  2024年5月，国际博物馆协会发布的年度国际博物馆日主题为"博物馆致力于教育和研究"（Museums for Education and Research），强调了文化机构在提供全面教育体验方面的关键作用。①该主题聚焦博物馆与教育研究的关联，而兼具"高等教育"和"博物馆"双重身份属性的高校博物馆恰好与这一主题内涵高度契合，再次引发学界和业界关注。作为"致力于服务高等教育发展和社会文化发展的社会公益性组织"②，高校博物馆早已不再是诞生发展之初囿于象牙塔的"高岭之花"。近十年来持续升温的"博物馆热"已成为一种社会文化现象，作为博物馆重要分支的高校博物馆也随着这股热度居高不下的浪潮顺势而上，逐渐从高校内部走向大众视野，迈入了新的发展黄金期。

  博物馆的叙事功能在博物馆研究和实践中都是重要课题之一，其在网络化、数字化背景下的延伸和转向更持续引发学界热议。比如英国文化学者珍妮·基德（Jenny Kidd）就指出："无论作为物理建筑还是机构场所，博物馆都是要讲故事的"，博物馆应该成为展开集体记忆和情感认同的历史叙事空间。③美国学者斯蒂芬·威尔（Stephen E. Weil）也提出博物馆在动态的发展过程中"要通过叙事激发观众的思考，实现博物馆与观众之间沟通与交流"④。在此情况下，国内外学者将社会学、人类学、传播学等多学科视域及方法应用到博物馆叙事研究，不断拓展其理论研究范畴，为博物馆传播的叙事实践提供思路。

  高校博物馆作为传播主体，同样是要讲故事、讲好故事的叙事者。早在1953年，曼德尔鲍姆（David G. Mandelbaum）就指出高校博物馆可以是生动的教学研究手段（means）和对象（object），藏品对其更重要的意义在于工作人员和学生可以利用它们发展自己的想法并用于教学，而高校博物馆"想说什么"比"要展示什么"更重要。⑤

  综合上述背景，本文聚焦高校博物馆传播中的叙事，借助传播学经典的框架理论

---

① 参见：https://icom.museum/en/international-museum-day-2/.
② 国家文物局，教育部. 国家文物局、教育部关于加强高校博物馆建设与发展的通知［EB/OL］.［2011-06-01］（2025-03-04）.http://www.moe.gov.cn/jyb_xxgk/moe_1777/moe_1779/201106/t20110601_120370.html.
③ M SUZANNE, H LAURAHOURSTON, H JONATHAN. Museum making: narratives, achitectures, exhibitions［M］. London, New York: Routledge, 2012: 81.
④ E W STEPHEN. From being about something to being for somebody: the ongoing transformation of the American museum［J］. Daedalus, 1999, 128（3）: 229-258.
⑤ M G DAVID. University museums［J］. American anthropologist, New Series, 1953, 55（5）: 755-759.

视角，同时基于自身在馆内进行讲解导览的实践与思考，对上海大学博物馆这一个案进行考察剖析，并力图回答以下问题：作为高校博物馆，上海大学博物馆在讲解导览这一传播环节中建构了什么样的叙事框架？其框架具有哪些主要特征？讲解员在实际导览中又运用了哪些叙事策略？

一、框架理论概述

框架理论由社会学家欧文·戈夫曼（E. Goffman）在1974年出版的《框架分析》（*Frame Analysis: An Essay on the Organization of Experience*）一书中正式创立，他将人类学家贝特森（Bateson）的"框架"概念引入文化社会学，就框架概念的内涵和理论范式等问题作出系统性阐释："框架指的是人们用来认识和阐释外在客观世界的认知结构，人们对于现实生活经验的归纳、结构与阐释都依赖于一定的框架，框架使得人们能够定位、感知、理解、归纳众多具体信息。"[①] 在此基础上，吉特林（Gitlin）对框架作出了更明确的定义，即"关于存在着什么、发生了什么和有什么意义这些问题上进行选择、强调和表现时所使用的准则"[②]。框架理论最重要的研究者之一加姆森（Gamson）则认为框架包含两层含义：一是"界限"（boundary），主要使用选择策略框定取材范围，选择不同事实或事物的不同属性加以强调；二是"内在结构"（frame as a latent structure），主要使用重组策略建构文本意义，将选择好的内容按一定逻辑进行联系组合。[③]

发端于人类学和社会学的框架理论提供了一种解构意义生产的全新视角和研究范式，进而逐步被引入包括新闻传播学在内的多学科领域。不同学科背景的多维阐释导致框架概念难以有统一定论，但整体上可以将其作为一个名词和动词的复合体。[④] 作为名词的框架（frame）指代已经形成的框架，由此延伸出的研究领域是从内容角度对已有框架进行的文本分析；作为动词的框架（framing）指建构框架或称为"框架化"的动态过程，相应的研究领域则是从生产角度考察框架如何被建构起来。

本文从框架理论视角出发，将作为名词和动词复合体的"框架"置于博物馆叙事

---

① E GOFFMAN. Framing analysis: an essay on the organization of experience [M]. New York: Harper and Row, 1974: 21.
② T GITLIN. The whole world is watching: mass media in the making and (un) making of the New Left [M]. Berkeley: university of California press, 1980: 6-7.
③ G A WILLIAM, C DAVID, H WILLIAM, etc. Media images and the social construction of reality [J]. Annual review of sociology, 1992 (18): 373-393.
④ 张洪忠. 大众传播学的议程设置理论与框架理论关系探讨 [J]. 西南民族学院学报（哲学社会科学版），2001 (10).

研究范围内，基于讲解导览的实践思考，探讨高校博物馆叙事中生产出了何种特定框架，又是以什么样的机制和策略实现建构与呈现的。在本文语境中，探究的正是高校博物馆传播的叙事框架，更具体来说是高校博物馆讲解导览中的叙事框架。根据框架理论的含义，笔者认为，高校博物馆的组织框架与讲解员的个人框架，二者相互关联作用，从静态和动态两个维度共同建构起了高校博物馆的叙事框架。

二、高校博物馆叙事的组织框架及其特征

作为故事讲述者，高校博物馆叙事首先要确立一套整体性的组织框架，经过协商、创作、选择、修改、表现等程序，最终形成具有导向作用的宏观叙事框架，而后讲解员的导览叙事也应遵循这一大框架展开。从内容角度解析已形成的叙事框架，可知这一框架主要由主题、结构和话语组成，这些构成要素特征各异，在高校博物馆叙事的组织框架中发挥着不同作用。

（一）叙事主题：框定界限，确立中心思想

根据加姆森的框架内涵，叙事主题正是高校博物馆叙事框架的第一层级，亦是最核心的前提部分——确立中心思想，为文物展陈及导览框定界限。后续无论叙事结构、话语还是讲解员的个人叙事框架，都紧紧围绕叙事主题展开。以上海大学博物馆的常设展和特展为例，每个展览都有明确的叙事主题，主要呈现以下特征：

1. 扎根文化，立足专业性与特色化

高校博物馆兼具"高校"和"博物馆"双重属性，自诞生之日起便肩负着服务教育与研究的功能。因此，专业性、精细化是高校博物馆区别于其他公共博物馆的重要特征。高校博物馆框定的叙事主题扎根于其所在高校和城市，以高校文化和城市文化为根基，以文物为媒介，充分展现该博物馆的专业性与特色化。例如，上海大学博物馆二楼常设三大海派文化专题陈列，主题分别为"海阔天空——海派文化的当代遐想""海上明月轻裾随风——江南望族与海派旗袍特展""海潮的回响——上海方言文化展示体验馆"。这些叙事主题与上海这座城市的文化血脉紧密相连，建构起作为目前国内唯一的海派文化博物馆的叙事框架，继而在框定的海派文化选材范畴内选择、呈现相关特色藏品及专业成果。

校史及相关纪念型主题作为一所高校最具代表性的特色化表征，也常见于高校博物馆叙事框架。纵观高校博物馆的发展历程，很多高校博物馆最初都是以校史馆、档案馆的形式存在的。校史是高校赖以存在的文化基底，承载着每所高校独属的发展脉络和专业特色，而高校博物馆恰好是记录、保存、展现校史的最佳载体。如上海大学

博物馆常设的"上海大学校史展"和"钱伟长纪念展",正是以校史及重要人物为核心展开叙事的,通过文物选取和展览陈设勾勒出上海大学的历史文化源流。

2. 拓宽视野,转向公共性与多元化

高校博物馆虽以专业性为特色,却不能一味追求专业而忽视公共需求,体现在叙事主题上便是要注重专业性与公共性的平衡。笔者认为,高校博物馆传播的公共性对应的正是其作为"博物馆"身份的一面,即高校博物馆本质上是面向公众开放的文化组织,其叙事框架必然要考量公众因素,确保公共层面的可行性和接受度。具体举例而言,上海大学博物馆叙事框架的一个核心是海派文化,但现实中,大部分普通观众对"海派文化"其实了解甚少。如果叙事主题单纯落脚于海派文化的专业性方面,则很容易陷入"曲高和寡"的困境。因此,上海大学博物馆选择"海派旗袍"这一落脚点,以大众更熟知、更感兴趣的旗袍作为叙事核心,将海派文化和旗袍进行融合,从主题上为整个叙事框架创造了专业性与公共性的一种平衡。换言之,"旗袍"这一具有公共性的概念能够吸引大众注意力,人们在参观过程中获得了视觉体验,而具体的文物选择、展览陈设和讲解导览则能让观众在欣赏旗袍的同时进一步获取海派文化相关知识。

注重公共性会促使叙事主题同时转向多元化,这在高校博物馆举办的各种特展中尤为突出。自2020年起,上海大学博物馆选择三星堆、龙门石窟这类大众耳熟能详的叙事主题,先后举办了"三星堆:人与神的世界""铭心妙相:龙门石窟艺术对话""青铜之光:三星堆与罗丹的超时空对话"(以下简称"青铜之光")特展,既作为打破高校与公众界限的突破口,也成为高校博物馆在展览多元化路径上的积极尝试。高校博物馆正是抓住了大众对三星堆这种热门文博IP的关注和兴趣,借由IP知名度引起公众注意,促使校内外的人们愿意走进高校博物馆一探究竟。网络化、信息化的时代发展趋势决定了高校博物馆选取确立的叙事主题将持续向公众喜闻乐见的方向靠近,实现多元化创新。

3. 以人为本,凸显人文内核

博物馆收藏展出的文物本质上是一种折射人及其生活的媒介。如果只将其作为纯粹的器物进行展陈叙事,观众难以产生共鸣与认同感,文物也失去了灵魂。因此,包括高校博物馆在内的所有博物馆在建构叙事框架,尤其是确立叙事主题时都会遵循以人为本的准则,以器物为载体呈现"人"的精神价值。如前述上海大学博物馆的"青铜之光"特展,在"三星堆与罗丹的超时空对话"中重点突出古蜀先民的生活风貌和精神世界,以及罗丹作品中的人物形象及生活故事。同样,海派旗袍展也不仅仅停留在展现"海派旗袍"的服饰之美,还通过旗袍呈现出"江南望族"尤其是20世纪上海滩名媛们视野开阔、融贯中西、敢为人先的女性风采。在叙事主题上注重以人为本,为整体叙事框架确立人文内核,在此基础上展开的叙事传播才会具备人文价值,而这

正是高校博物馆展览的题中应有之义。

（二）叙事结构：重塑关联，建构文物意义

特定的主题为高校博物馆叙事框定了中心思想和延伸范围，如何在框架内部重塑文物间的内在联系进而建构起文本意义，是高校博物馆叙事的第二个重要环节，这便涉及叙事结构分析。"在参观博物馆时，人们面对孤立的展板和刻板的文字很难产生联想，物与物关联与组合所形成的结构才是展览叙事的关键。"[①] 因此，高校博物馆要深入发掘文物承载的文化内涵以及文物之间的逻辑关联，找到适宜的串联线索，围绕主题这一"灵魂"搭建起叙事的结构"骨架"。

高校博物馆展览通常采用最普遍的板块式叙事结构，围绕叙事主题将相对独立的几大内容板块并列组织起来，形成非线性的并联式整体。以上海大学博物馆常设的"海派旗袍展"为例，紧扣"江南望族与海派旗袍"的核心主题，设置"上海的'面粉大王'和'棉纱大王'""族望江南""衣装海上霞"三大板块，分别以人物及时代背景导入、江南望族简介、海派旗袍群像为内在逻辑，把不同人物和旗袍整合在一个板块中，从多个角度拆解和呼应展览核心主题。此外，连缀式叙事结构在博物馆展览中也十分常见，其主要特征是按照时间顺序、空间格局、发展因果等逻辑展开，具有清晰的"起承转合"故事线。但很多高校博物馆受限于自身体量，藏品数量难以支撑起完整的故事线，因此连缀式结构的使用相对较少，具体要视不同展览及展品情况而定。

对话式叙事结构近年来颇受博物馆青睐，这类结构通过重塑时空逻辑，建构对话场景。具体来说就是打破传统的线性逻辑，并不按照常规的时间顺序或空间布局叙事，而是按照新建构的逻辑线索将时空上错位的文物组织在同一叙事框架里，在对话场景中激发两者的化学反应。上海大学博物馆的"青铜之光"特展就是对话式叙事结构的一个代表案例，从巴山蜀水到塞纳河畔，从远古蜀地先民到现代艺术巨匠，空间跨越东西方、时间相隔三千年的三星堆和罗丹被置于同一场域。对话式叙事结构通常并不单独存在，而是内嵌于板块式结构或与其他类型叙事结构融合。"青铜之光"特展就是在"崇尚自然""以人传神""敬天通神""继往开来""艺·术"几大独立板块中分别展开对话，不同主题的多条叙事线交叉并行，最终共同完成三星堆与罗丹的超时空对话，为观众提供多重对话视角的可能。

（三）叙事话语：咬文嚼字，统一语言调性

所谓叙事话语，即叙事中使用的语句文字，在博物馆导览中主要指展品介绍、展

---

① 蔡骐，刘瑞麒．文本叙事与认同建构：解析湖南博物院的公共传播［J］．湖南师范大学社会科学学报，2023，52（2）．

板文字和讲解词。这些文字语言并非随意即兴产生，而是要经过博物馆方深思熟虑的创作、选取、调整、更新等一系列流程，确定出一套切合主题、表达准确且调性统一的叙事话语。高校博物馆区别于其他博物馆的另一个重要特点就是运作团队由教师和学生共同组成，校内学生能够参与从策展到落地的几乎全过程，影响整体叙事框架尤其是叙事话语的生成。本文通过梳理上海大学博物馆展览讲解词和展厅文字，归纳出其所用话语的主要特征，同时也是高校博物馆生产叙事话语的常见准则。

1. 准确性为先

博物馆是为教育、思考、知识共享提供体验的文化组织，它所传播的信息特别是客观事实和知识性内容应当准确无误，谬误信息会误导观众甚至引发更深远的社会影响。因此，博物馆叙事话语以追求准确性为先，尤其是涉及重要的历史时间节点、人物、事件、特定词等绝不能出现差错，陈述性内容的语句用词以客观中立的名词为主，尽量减少带有主观色彩的形容词。

2. 准确性存疑时不作确定性表述，留有空间

正如三星堆的考古发掘与研究仍在进行时，围绕三星堆文化及其器物的探讨尚未定论，博物馆也无法做出确切论断。在这种文物本身相关史实尚且存疑的情况下，博物馆叙事话语中会采用"可能""应该""大约""推测是"等表不确定性的词汇，不误导观众并留有思考、探讨和研究空间，这种话语策略在讲解词和实际讲解导览中相当常见。

3. 具备流畅性和连贯性，发挥衔接作用

语句流畅连贯是公开性叙事话语的必然要求，博物馆讲解员在前期准备和实际导览中都会自觉或不自觉地修改调整所用词句及顺序，以确保能自然流畅地完成讲解。在此基础上更重要的是，话语的连贯性还要服务于整体叙事结构，在不同段落、不同板块之间发挥衔接作用。无论是板块式、对话式抑或其他类型的叙事结构，观众从展厅固有陈设中获取的信息大都是独立分散的，于是讲解员的重要作用之一就是利用语言进行串联衔接，帮助观众搭建起整个展览内部的各种逻辑联系。以"青铜之光"特展这种对话式展览为例，观众会困惑于三星堆和罗丹这两个看似毫无关联的主体如何产生对话，因此讲解词中就需要在不同部分插入衔接性话语。比如，"罗丹说：生活中并不缺乏美，只是缺乏发现美的眼睛；而三星堆先民也正是通过眼睛来发现光明万象。"再比如，"第二部分——以人传神是此次展览的重头戏，我们能在这部分看到来自三星堆的人像、头像、面具以及罗丹的人物像，感受到两者关于'人'这一永恒主题的超时空对话……"讲解员通过在段落和章节的开头、中间和结尾处插入此类衔接性话语，可以起到承上启下的过渡作用，清晰地呈现出内在的逻辑关联。

4. 适时适度使用情感性话语

在展览高密度的信息输出中，如果有契合的点，则可以选择融入一些情感化内容，

从而实现点睛之笔的效果。这种凸显文物和展览蕴含的深层情感价值、满足大众情感需求的话语，在博物馆展板文字特别是前言和结束语中较为常见。在高校博物馆叙事中，对情感性话语的使用要充分考量实际情况，误用、滥用、强行和生硬使用，效果只会适得其反。

三、高校博物馆叙事中的个人框架策略

文物的陈列展览属于博物馆传播中相对固定的"静态"部分，而讲解导览则构成了灵活变通的"动态"部分，优质的讲解服务是博物馆叙事中不可或缺的配置。面对处于静态的文物，讲解员的诠释会在一定程度上影响观众的信息解读与判断。而讲解员并非机械的传达工具，不会原封不动地按照固有的展品信息文本进行转述，而是会在博物馆建构起的组织框架内进行自我消化和理解，对不同信息及其属性进行选取和再处理后展开讲解。这一过程就涉及讲解员的个人框架，即讲解导览这一叙事环节会经过讲解员的个人框架化处理（受专业背景、认知体系、价值观等多方面影响），组织和个人两种叙事框架就此交叠融合。

相较大型公共博物馆能够组建起具有一定规模的多层次专业化讲解团队，高校博物馆的讲解服务通常由学生团队完成，在本校范围内征集不同学科专业的学生，经过培训后上岗服务。以高校学生为主力的年轻化讲解团队构成了高校博物馆的"鲜活血液"，他们是伴随互联网迅速成长起来的一代，思维观念贴合新媒体时代的传播逻辑，擅长捕捉时代潮流及其变化。因此，高校博物馆讲解员在实际的讲解导览中会采取多样化的叙事策略，建构起具有高校学生特质的独特叙事框架。

（一）个人框架化处理的基本准则

"框架"是进行信息处理的一种准则，而博物馆讲解员的首要准则是遵循整体的组织框架，如上述博物馆设置好的叙事主题、结构、话语等。一般来说，高校博物馆给予学生讲解员的自由度相对较高，只要严格遵循历史事实，确保讲解话语中不出现史实谬误和原则性问题即可，在此基础上允许个人充分发挥主观能动性。高校博物馆讲解团队不局限于文博专业，还有其他文科、理工科等不同专业的学生，他们对文物和展览的认知框架会受到自身专业背景、知识体系、价值观念、个人偏好等因素影响。比如，文博专业学生可能更擅长文物考古和展览设计等专业知识领域；历史专业学生可能更关注文物承载的历史背景及意义；播音、表演等专业的学生比起专业性知识也许更重视语言和视觉传达。总之，在组织界定好的叙事框架内，以遵循客观事实为前

提，允许讲解员根据个人认知框架对文物及展览的叙事文本进行再处理，是高校博物馆在传播过程中可以积极应用的叙事策略。

（二）话语通俗化，突出贴近性

高校博物馆在很长一段时间内都被认为是晦涩难懂的学术派代表，是高校师生用于教学研究的场所。为了打破这种刻板印象进而更有效地实现大众传播，讲解员的作用不可或缺，其导览工作的一个重难点便是叙事话语的通俗化处理，使之贴近普通观众能够接受的理解框架。为了让讲解员能比较准确全面地掌握展览及展品信息，讲解员最初获取的讲解稿及其他相关信息都是博物馆方依照组织框架给出的叙事文本，所蕴含的内容及所使用的话语偏向全面且专业，甚至可能达到复杂晦涩的程度。而实际的讲解导览不可能也不应该按照初始文本逐字逐句进行，一定是讲解员在熟悉讲解词的基础上，对其进行内容取舍、话语转换、细节润色乃至结构重塑，最终呈现给观众便于理解的通俗版本。

例如，"海派旗袍展"的原始讲解资料中包含面料（绉、绡、烂花绒等）、工艺（提花、珠绣、三蓝绣等）以及其他专业服装名词（绲边、袖窿等)，讲解员要提前理解吸收这些信息，却不会全部用于实际讲解。讲解员通常会根据个人判断推测的内容重要度、复杂度、难度和观众可能存在的知识需求程度，对讲解稿进行调整重组。比如：排除过于专业难懂又不太重要的部分，将其作为观众提问的备用性补充内容；稍显复杂晦涩但对于观众欣赏理解又比较重要的部分，则尽可能将其转换为简单形象的通俗话语。

（三）注重受众参与，增强互动性

博物馆不只是文物收藏陈列的场所，更是游客置身其中的互动空间，展品、讲解员和观众三方在同一场域内展开交流互动。因此，高校博物馆叙事也必须注重受众需求和参与体验，这在讲解员与观众直接面对面传播的讲解导览中格外重要。讲解员的工作要求之一就是讲解时不能自顾自地看着文物，要重视与观众的眼神交流，在适当时机采取不同形式的互动。

受众是影响讲解员个人叙事框架的重要因素，在实际讲解中具有动态变化的不确定性。除了占大多数的普通观众外，从知识层次区分还可以分为相关领域的专家学者、专业内学生以及不同情况的爱好者等，从年龄区分主要有未成年（小、初、高等不同学段亦有分别）和老年观众，从数量区分则有不同体量的团体、散客和个人……不同群体的受众能够接受的叙事框架不尽相同。讲解员要根据面对的观众类型及其特点灵活选取不同叙事策略，包括所用的话语、风格、互动形式都应有所区别。

举例来说，如果参观者恰好是相关领域专家学者，那么讲解员就可以适当删减讲解内容，将话语权转交给对方，转而采取倾听学习的策略；当面对未成年观众时，讲解员要进一步简化文本，选择对应年龄感兴趣且听得懂的内容和话语，采用反复、强调、提问等手法保持未成年观众的注意力；当接待人数较多的参观团队时，讲解员基本参照预设好的叙事文本即可；而当接待少数甚至一两位观众时，讲解员则可以根据对方的反应随时调整叙事框架和导览节奏，还可以适时展开轻松日常的对话。诸如此类都是讲解员在叙事的动态过程中所应用的受众导向策略，以受众参与体验感为导向，根据不同受众的特征实时调整具体叙事方法，增强文物、讲解员和观众三者之间的有机互动。

（四）适当的叙事艺术与技巧

叙事艺术是为讲解导览"锦上添花"的技巧性策略。讲解员在熟练掌握叙事文本的前提下，通过打磨叙事技巧，可以使讲解导览更具观赏性和人文价值。

首先，语音、语调、语速等口语表达技巧在博物馆讲解中被普遍应用，是每个讲解员都应熟练掌握的听觉性叙事策略。不同的语音语调能增强叙事的层次感，突出讲解员想要强调的重点内容，同时提升叙事感染力；语速调整主要用于控制讲解节奏，适应不同观众群体的接受能力。

其次，适当的动作语言能在视觉上有效引导观众的注意力。高校博物馆的展览讲解时长通常在20至40分钟之间，观众的注意力一般难以专注全程。在讲解过程中融入适当的动作语言，可以唤起观众的视觉注意力。比如，通过手部动作引导观众看向文物或展板；利用手势比画使大小、高低、宽窄这类抽象概念具象化；有时与观众的面对面互动，也会自然而然地使用点头、伸手、点赞等肢体语言。

最后，塑造和发挥个人风格作为最具个体特性的叙事策略，是讲解员个人框架在叙事中的直观表征。或理性有条理，或激情有活力，抑或知性细致，讲解风格的塑造取决于讲解员的个人性格、生活环境、喜恶偏好、价值观念等综合因素的影响。高校博物馆以学生为讲解主体，在其个人风格的养成及发挥上具有天然优势，在讲解叙事中利用好这一策略，不仅能增强与观众的交流联结，还有助于塑造高校博物馆专业化和年轻化的特色形象。

综上所述，这一部分探讨的是高校博物馆叙事中作为动词的框架，即从讲解员视角出发探讨其在实际讲解导览中常用的叙事策略。在当下的信息化社会中，注意力已成为宝贵资源，高校博物馆的策展、宣传、导览等一系列传播行为都以获取大众注意力为重要目标。而博物馆讲解虽然是以信息传达为主导的传播行为，但一场讲解中如果全都是单向的信息输出，则很容易丧失观众的注意力。由此，讲解员会在动态叙事的过程中充分发挥个人框架的能动性，在严格遵照历史事实的基本原则下，运用个人框架化策略，如话语通俗化、增强受众互动性、应用叙事艺术技巧等，力图在传递信息、引导注意力的同时引起共鸣与共情，从而与宏观的组织框架一道构建起高校博物馆叙事的完整框架。

习近平总书记曾指出："让收藏在博物馆里的文物、陈列在广阔大地上的遗产、书写在古籍里的文字都活起来"，而叙事正是博物馆让文物"活起来"的重要手段和路径之一。借助传播学的框架理论视角探讨高校博物馆的叙事策略，解析高校博物馆在讲解导览中形成的组织框架和讲解员使用的个人框架策略，有助于高校博物馆以文物为媒介，讲好高校故事、城市故事、中国故事，实现更有效的叙事传播。

（作者单位：上海大学）

参考文献

【1】参见：https://icom.museum/en/international-museum-day-2/.

【2】国家文物局，教育部.国家文物局、教育部关于加强高校博物馆建设与发展的通知［EB/OL］.［2011-06-01］（2025-03-04）.http://www.moe.gov.cn/jyb_xxgk/moe_1777/moe_1779/201106/t20110601_120370.html.

【3】M SUZANNE，H LAURAHOURSTON，H JONATHAN. Museum making：narratives，achitectures，exhibitions［M］. London，New York：Routledge，2012：81.

【4】E W STEPHEN. From being about something to being for somebody：the ongoing transformation of the American museum［J］. Daedalus，1999，128（3）：229-258.

【5】M G DAVID. University museums［J］. American anthropologist，New Series，1953，55（5）：755-759.

【6】E GOFFMAN. Framing analysis：an essay on the organization of experience［M］. New York：Harper and Row，1974：21.

【7】T GITLIN. The whole world is watching：mass media in the making and（un）making of the New Left［M］. Berkeley：university of California press，1980：6-7.

【8】G A WILLIAM，C DAVID，H WILLIAM，etc. Media images and the social construction of reality［J］. Annual review of sociology，1992（18）：373-393.

【9】张洪忠.大众传播学的议程设置理论与框架理论关系探讨［J］.西南民族学院学报（哲学社会科学版），2001（10）.

【10】蔡骐，刘瑞麒.文本叙事与认同建构：解析湖南博物院的公共传播［J］.湖南师范大学社会科学学报，2023，52（2）.

展示过去：文化记忆视域下博物馆的当代传播机制
Exhibiting the Past: The Contemporary Communication Mechanism of Museums under the Perspective of Cultural Memory

宋厚鹏

Song Houpeng

摘要：记忆的介入使博物馆的当代功能、建设和运作方式发生了巨大转变。现代博物馆紧紧围绕保存记忆，以传承文化为使命，通过沟通当代人与过去的对话，使大众认识自己、认识国家、认识世界，从而在生活中更自觉地铸牢共同体意识。作为"记忆的殿堂"，博物馆的展示初衷在于通过物品展现宏大叙事，讲述与记忆紧密相连的广阔故事，反映宽广的现实世界。它旨在让人们通过物品所蕴含的意义来理解展览内容。然而，由于物品的价值往往被过度强调为观念和精神的象征，这反而导致了物品本身逐渐被公众所忽略。无论展示如何新潮，外在多么美观，主题多么深刻，物的本真及其在记忆形构中的变化都是不可忽视的。如何定位确定物以及它在多元视觉媒介冲击下的地位，依旧是新时代博物馆发展的本源性问题。

Abstract: The intervention of memory has dramatically changed the contemporary function, construction and operation of museum. Around the preservation of memory and cultural transmission, the modern museum, through building a bridge which links current people to past, is directing people to know themselves, state, and the world so as to more consciously strengthen a sense of community in life. As a "temple of memory", the museum's original intention is to tell a grand narrative through objects, to tell a broad story that is closely linked to memory, and to reflect the broad reality of the world. It aims to make people understand the contents of the exhibition through the meaning of the objects. However, because the value of objects is often overemphasized as a symbol of ideas and spirits, this has led to the gradual neglect of the objects themselves by the public.. No matter how trendy the exhibition is, how beautiful the exterior is, and how profound the theme is, the authenticity of object and its changes in memory formation cannot be neglected. How to define object and its status under the impact of multiple visual media is still the original problem of the advancement of museum in the new era.

关键词：博物馆；展示；文化记忆；表征；视觉美学

Keywords：Museum，Display，Cultural Memory，Representation，Visual Aesthetic

  2019 年，"作为文化中枢的博物馆：传统的未来"（Museums as Cultural Hubs：The Future of Tradition）被设定为国际博物馆日的主题。它明确地表明，博物馆具有连接过去、现在和未来的功能。它的存在并非孤立的，而是同所处时代相互融合，连通着人与物、人与社会、人与国家。就中国而言，自改革开放以来，博物馆的数量持续增长，其建设在进入 21 世纪后更是迎来了新的高潮。根据国家文物局的统计数据，从 2010 年至 2019 年，全国博物馆的数量增长至 5535 家，共举办了 2.86 万个展览，接待了 12.27 亿人次的观众。然而，在 2020 年，由于新冠疫情的影响，全国的博物馆不得不暂时关闭。尽管如此，博物馆界通过线上平台推出了超过 2000 个展览，吸引了超过 50 亿人次的在线浏览。这说明，中国博物馆正在以更加多元的姿态发展，参观博物馆已成为当代人的一种生活方式，且博物馆与记忆也形成了互构关系。

  记忆的介入使博物馆的当代功能、建设和运作方式发生了巨大转变。现代博物馆紧紧围绕保存记忆，以传承文化为使命，通过沟通当代人与过去的对话，使大众认识自己、认识国家、认识世界，从而在生活中更自觉地铸牢共同体意识。从这一层面来看，作为回顾和展示历史的公共空间，博物馆实属一种带有"触媒"功能的"记忆场所"（lieux de mémoire），它以特殊的逻辑生产意义，通过记忆的重构与再现推进文化认同。因此，这里要探讨的核心问题就具体落实为博物馆的当代传播机制问题，即思考博物馆作为记忆场所的展示设计，是否已经偏离了将物之本真作为第一要旨的轨道。

一、博物馆作为建构记忆的一种场所

  自尼采（Friedrich Wilhelm Nietzsche）宣称"上帝已死"，物欲横流的花花世界似乎不再需要宗教般的虔诚与庄严。在这个背离传统的过程中，人类社会仿佛陷入了现代机械发条齿轮的无情运转，永世不得逃离。随着现代性的演进，人们越来越渴望一个能够重新融合精神探索与现实世界的空间。在这种形而上的空间范式中，博物馆从传统意义上讲，便是一个神圣的场所，因为它"给我们提供了直面过去的一种方式，与别的时代和其他模式的生活形成意义隽远的交流"[1]。的确，随着物质追求成为社会

---

[1] MUMFORD L. The culture of cities [M]. San Diego, New York and London: Harcourt Brace Jovanovich, 1970: 446.

中具有决定性影响的因素,并且这一趋势已经改变了上层建筑的结构,博物馆的功能已经从传统的收藏和展示演变为多层次的空间生产,即通过新的价值和功能重塑了各种规模的记忆空间。当然,现时代所面临的不是记忆难题的消解,而是对它的强化,因为若不希望时代的记忆消失于未来,就势必要将其形构为文化记忆,以供后世相传。这样一来,由博物馆书写的记忆便代替了鲜活的记忆。

美国未来学家阿尔温·托夫勒(Alvin Toffler)曾提出,博物馆、图书馆和档案馆都是制度化的记忆保存机构。①但与后两者不同的是,博物馆这种有意识保存记忆的使命并非与生俱来,而是社会化进程演变的结果。历史地看,博物馆曾经是皇家、贵族和教会储藏珍宝的场所,到17世纪,它仍被定义为一种"奇珍室"(cabinet of curiosities),甚至在大英博物馆(The British Museum)的早期,参观活动仍是由引导员带领观众在藏品库房中进行一次巡视。随着自然科学的发展,博物馆的科学功能不断壮大。自19世纪下半叶起,在多种社会运动的推动下,其教育功能逐渐显现。到了20世纪,这种服务社会的理念已经成为博物馆最显著的发展特征。1972年,国际博物馆协会(ICOM)在智利举行了"圣地亚哥圆桌会议",旨在探讨博物馆如何更好地融入社会。在会议上,"整体博物馆",一个突破博物馆固有认识的概念被提出,这一概念旨在将社会与博物馆相整合。②对此,宋向光先生评论道:"作为博物馆服务对象的社会不是一个抽象的概念,而是包括地理、环境、生态、居民、社会形态、社会发展状况等具体因素,也包括传统、文化、价值观、社会关系、信仰、人地关系等非物质因素。"③可以这样理解,在生存环境的演进和变迁下,过去的物质、现下的生活和未来的憧憬,经常同时出现在当代社会。因此,秉承"为社会及社会发展服务"的理念,博物馆不仅为社会秩序提供了有力的论证,而且通过记忆的文化表征,规范并弘扬了一种特定的价值观念。

针对博物馆与记忆的关系,俄亥俄州立大学教授邓腾克(Kirk Alexander Denton)有这样一番论述:"博物馆既是现代记忆危机的产物,也是对这场危机的回应。它们旨在将过去具体化,以应对历史因现代性而遭受的割裂。在努力与消逝的过去重建联系的同时,博物馆也成为过去的一个完美体现。"④据此,博物馆作为"记忆场所"的典范是无可厚非的,它的现代意义就在于引导人们追溯生命的源头、探寻历史的根据。那么何为"记忆场所"?1978年,法国历史学家皮埃尔·诺拉(Pierre Nora)在为《新

---

① 托夫勒.第三次浪潮[M].朱志炎,潘琪,张炎,译.北京:生活·读书·新知三联书店,1983:237-240.
② 单霁翔.从"馆舍天地"走向"大千世界":关于广义博物馆的思考[M].天津:天津大学出版社,2011:17.
③ 宋向光.物与识:当代中国博物馆理论与实践辨析[M].北京:科学出版社,2009:5.
④ DENTON A K. Exhibiting the past: historical memory and the politics of museums in Postsocialist China[M]. Honolulu: University of Hawai'i Press, 2014: 11.

史学》（*La Nouvelle Histoire*）编写"集体记忆"词条时写道："集体记忆的研究应从'场所'出发，这些场所是社会（不论是何种社会）、民族、家庭、种族、政党自愿寄放它们记忆内容的地方，是作为它们的人格必要组成部分而可以找寻到它们记忆的地方。"① 从构词角度来说，"记忆场所"是一个生造的术语，它由"场所"（lieu）和"记忆"（mémoire）两个词构成，相比较弗朗西斯·叶芝（Frances A.Yates）谈及的拉丁语"loci mémoire"，"记忆场所"的含义显得更加宽泛。直至1993年，它作为词条被正式收录《罗贝尔法语大辞典》（*Le Grand Robert de la langue française*），界定为"任何具有物质或思想意义的集合，它可以体现人类的意志或时间的工作，是社群记忆遗产的象征元素"②。提及"遗产"，博物馆从内到外都被其固有的"光环"（aura）所环绕，仿佛一种"万灵药"，抵御着当代人对历史的忽视和遗忘。然而，这一现象并非仅停留在表面，"更多是证实了一种与历史文物真实的、情感上的联系，而人们耗费大量物力和财力保护文物免遭破坏，目的便是为了使之成为重现不可逆转的历史时代的见证者"。或许，这也是为什么2018年当巴西国家博物馆（National Museum of Brazil）的九成藏品毁于一场大火后，人们不禁热议，巴西长达两个世纪的文明和记忆是否已经随之消逝。

具体到当代中国，博物馆的构成十分丰富，这种丰富性体现了它在社会中占有不可替代的地位。随着中国社会快速发展的步伐，博物馆作为一种关键的治理工具，承担着重要的任务。它必须能够对公共事件进行即时和历史性的展示，以满足人们对记忆获取的渴望，从而促进社会稳定和民族团结。客观地讲，当今博物馆工作的诸多环节都是围绕记忆而展开的，包括"记忆载体的搜集，记忆的确认、梳理和整合，以及记忆的叙事和再现"③。"保存记忆"的介入在整体上丰富了博物馆的使命和工作目标，同时转变了其收藏理念和展示方式。首先，在物品的收藏方面，这种新任务改变了以往以个人偏好和市场价值为标准的传统收藏方式。取而代之的是，将物品所蕴含的时间、空间和社会属性作为价值评估的关键，即考量物品是否能够阐明过去某些尚不清晰的现象。"保存记忆"这一概念，由于涉及与宇宙、自然、人类及社会相关的多个方面，博物馆收藏的范围也因此得以拓展，收藏的范畴不再仅限于具有审美和经济价值的物品，任何能够作为文明演变见证的物品乃至事件，都有可能成为博物馆收藏的对象。此外，物品之间内在的联系也是收藏时的关注焦点。其次，在展览建设上，当博物馆讲述历史故事时，设计者除了强调物的属性外，更多会考虑与所设主题相匹配的

---

① NORA P. La mémoire collective［M］// La Nouvelle Histoire. Paris：Retz-Cepl，1978：401. 转引自：沈坚. 记忆与历史的博弈：法国记忆史的建构［J］. 中国社会科学，2010（3）：205-219，224.
② 王玉珏，许佳欣. 皮埃尔·诺拉"记忆之场"理论及其档案学思想［J］. 档案学研究，2021（3）：10-17.
③ 严建强. 缪斯之声：博物馆展览理论探索［M］. 杭州：浙江大学出版社，2020：5.

问题，与此同时，为了使馆内重构的记忆与大众形成共鸣，设计者还会精雕细琢于如何让内容易懂，通过美学将往昔的亲切感带入人们的日常生活。

这样看来，对当今博物馆的传播而言，物本身是否重要，要看它与展览主题的相关性及表达的典型性，要看设计者在文化领导权（cultural hegemony）下如何诠释物品。换言之，尽管博物馆汇聚了从各种途径搜集、发掘并经过辨识和分类的物品，但记忆之所以能够构建、塑形、传递的关键，在于其构建的"物体系"，以及由此衍生的一个融合了文字、图片、音视频等多种视觉媒介的现代"互文本空间"。

二、符号化预设：以物言说与叙事性表达

博物馆之所以能规范和传承记忆，首先归功于其现代属性。所收藏的物品不仅仅是身份和财富的象征，更是连接现代人与过去的桥梁。在这一过程中，物品的知识生产超越了简单的分类、描述和命名。更为关键的是，在展示中构建的叙事脉络，前者将物品视为承载特定信息的容器，而后者则使这些信息中的意义得以在公共领域流通，为记忆的叙述提供了一种有序的编码方式。

关于博物馆的本质，目前最权威的定义来自国际博物馆协会在2022年发布的第九次修订版，即"博物馆是一个为社会服务的非营利性常设机构，致力于研究、收藏、保护、阐释和展示物质与非物质遗产。它向公众开放，具有可及性和包容性……"①从这一界定来看，"研究""收藏""物质""遗产"——这些位于句首的关键词，无不揭示了博物馆与物品之间密不可分的哲学联系。博物馆一直被认为是唤醒记忆的圣地，其权威性源自藏品的真实性，同时也得益于这些物品作为客观素材的价值。诚如世界文化博物馆（Nationaal Museum van Wereldculturen）首席专家亨里埃塔·利奇（Henrietta Lidchi）在一篇卓文中所强调的："博物馆里来自过去的物，通常以文献和证据的姿态出现，并被视作文化本质的原始物质化身，能够超越时间、地点的变迁和历史的偶然性。为确保稳定性和客观性，它们的物质性提供了一种允诺；暗示了一个稳定的清晰的世界。"②显而易见，物是博物馆真实性的根基，博物馆内的一切精神现象均是物质存在的映射。然而，随着博物馆获得现代意义，其对物品的使用和与物品的关系经历了双重发展：一方面自我进化，另一方面自我批判。这一过程决定了陈列在现代博物馆中的物品，与古代和近代的物品相比，呈现出截然不同的面貌。

---

① International council of museums [EB/OL]. （2024-06-03）[2024-08-30]. https://icom.museum/en/resources/standards-guidelines/museum-definition/.
② LIDCHI H. The poetics and the politics of exhibiting other cultures [M]//Representation：cultural representation and signifying practices. London，Thousand Oaks and New Delhi：Sage Publications，1997：162.

现代博物馆的诞生，可以说是"一系列新学科知识、新社会关系和新时代秩序的体现，也是现代民族国家表征其文化功能、实施其文化治理的一种重要手段"①。所谓的"文化治理"，它蕴含着浓厚的现代性色彩，彰显了权力运作模式的转变。英国文化研究学者托尼·本尼特（Tony Bennett）认为："当把文化看作一系列通过历史特定的制度形成的治理关系，目标是为转变广大人口的思想和行为，这部分地是通过审美智性文化的形式、技术和规则的社会体系来实现的，文化就会更加让人信服地加以构想。"②由此来看，文化的治理一方面依赖于客体，另一方面，其本身也是实施治理的工具。而就博物馆来说，它自18世纪末就成为两种性质的机构：既是艺术精华的殿堂，又是民主教育的功利主义工具。针对后者这一特性，为了用一套明确的价值体系整合社会的集体记忆，现代博物馆中的展品均会按照一定的秩序进行排列。而在福柯（Michel Foucault）眼中，"秩序既是作为物的内在规律、作为物在某种程度上据以相互凝视的隐蔽网络而在物中被给定的，又只是通过注视、检验和语言的网络而存在"③。因此，物的分类暗含着某种"符号化"的预设，是"各个功能要素按一定的语法关系构成的运作系统，且每个要素都涉及'词'与'物'的关系"④。在这里，"词"是用来表征某个对象的语言或言语；物指的是被表征的物，是依特定目的使其在使用中生产知识。当然，作为话语的产物，物中的"知识"可能是中立的、客观的，但它不可避免地会受到"意志"的影响。

今天，当人们步入博物馆的回忆空间，往往会认为看到的是纯净和权威的东西，但物的在场绝非完全的"所见即所信"，无论是源自非洲的黑人雕刻、古代中国的礼器与配饰，还是源自文艺复兴时期教堂的壁画，它们经"去语境化"后，都成为恋物化的膜拜对象。事实上，早在19世纪，卡尔·马克思（Karl Heinrich Marx）就曾解析过物是如何被人为打造成商品的。他曾以木桌为例写道：

> 很明显，人通过自己的活动按照对自己有用的方式来改变自然物质的形态。例如，用木头做桌子，木头的形状就改变了。可是桌子还是木头，还是一个普通的可以感觉的物。但是桌子一旦作为商品出现，就转化为一个可感觉而又超感觉的物。它不仅用它的脚站在地上，而且在对其他一切商品的关系上用头倒立着，从它的木脑袋里生出比它自动跳舞还奇怪得多的狂想。⑤

---

① 赵静蓉.国家记忆与文化表征［M］.北京：生活·读书·新知三联书店，2023：150.
② 本尼特.文化、治理与社会：托尼·本尼特自选集［M］.王杰，强东红，等译.上海：东方出版中心，2016：210.
③ 福柯.词与物：人文科学的考古学（修订译本）［M］.莫伟民，译.上海：上海三联书店，2016：前言6.
④ 吴琼.博物馆中的词与物［J］.文艺研究，2013（10）：99-111.
⑤ 马克思.资本论：政治经济学批判［M］//中共中央马克思恩格斯列宁斯大林著作编译局，编译.马克思恩格斯文集（第五卷）.北京：人民出版社，2009：88.

他揭示了物经人为活动所发生的改变，即物的价值会在社会安排中发生变化。同理，在现代博物馆中陈列展品，也好似一个从"眼中之竹"到"手中之竹"的表演，更何况在实施启蒙和集体记忆的社会分配时，在场的实物需要被转换为一种具有意指功能的符号性所在，从而为一段历史能在观众的脑海中形成，以及依托想象的填充连缀而起提供有据可查的线索。正所谓"有图有真相"倒不如"实物即存在"。

透过罗兰·巴特（Roland Gérard Barthes）的理论视角，物作为记忆符号组成的表意系统，赋予了现代博物馆在结构上文本（text）的特性，而文本的意义则通过展示中的叙事性表达得以实现。"叙事性"（narrativity）是对文艺理论研究中"叙事学"（narratology）在实践特征上的一种表述，它在博物馆展示中的体现，是能够将没有边界的物组织为一个连贯的整体，以更清晰的脉络引出背后一系列有趣的事件。换言之，叙事作为诠释和重构世界的一种路径，其功能就是讲述一件个事情的来龙去脉，无论是以教育还是娱乐为目的，讲故事都是在嫁接过去和现在、生存与死亡。就像罗杰·尚克（Roger Carl Schank）和罗伯特·阿贝尔森（Robert Paul Abelson）等认知心理学家指出的，"即使不是全部记忆，也可以说大部分记忆实际上是以故事的形式储存"[①]。就此而言，博物馆对记忆的建构需要与叙事的联姻，因为它代表一种可通过行为的偶然性来获取知识和信息的方式：既是工具，又是方法；既是故事，又是讲述。

按照结构主义的说法，"故事"和"讲述"是叙事的两个基本要素，而叙事的外化形式就是这两者的融合。在文学作品中，作者和受述者之间隐含着"编码—解码"的系统，其中，编码的规则是根据主旨和读者的心理来制定的。与之相似，在博物馆的叙事架构中，不管展览意在回溯哪一段历史或书写怎样的记忆，起点都始于一个特定的视角：要么先拟定一个主题和子主题，之后寻找素材；要么先收录一批藏品，之后再构想出一个主题和子主题。但是，所采用的方式无论为何，都首先要将物置于预设的脚本中去开启一段故事，并使这段故事按设定的单元构成展览的顶层框架。深入微观层面，单元在展示中通常以若干组的形式展开，而每个单元在构成一个完整体系后，便确立了主题型展览的故事线索。在此，单元具有明显的"意向性"，它由物体系编码的意义构成，与实践活动中的"意向性"息息相关。也就是说，与单个物不同，物体系不仅指向意向对象，而且还能创造表意"句群"的意义对应物，从而影响观众的意向性投射。鲍德里亚（Jean Baudrillard）说过："只有一系列互相指涉的物品，以或多或少的复杂度组织起来，才能使其中每一件物品都成为有足够抽象程度的对象物，同时也只有如此，主体才能在'拥有'这项情感中来回收它。"[②]

归根结底，物的价值并不仅仅源自其本身，而更多地体现在与主题的一致性和相

---

① RYAN M R. Avatars of story [M]. Minneapolis and London: University of Minnesota Press, 2006: 10.

② BAUDRILLARD J. The system of objects [M]. London and New York: Verso, 1996: 86.

互呼应上。依照故事情节所展示的物是"基于一种假设(重复的、转喻性的替代),它们在某种程度上构建了一个连贯的具象世界(representational universe)"①,然则在这个物体系中,展示的结果最终取决于意义的"具体化"。然而,这种"具体化"的实现源于观众对它的认知和理解,亦即斯图亚特·霍尔(Stuart Henry McPhail Hall)所言:"话语一旦完成,接着就必须转译——改造成社会实践。"②故此对充当记忆符号的物而言,从故事的构思到脚本的创作,再到空间的规划,按主题编码的意义从始至终贯穿于观看的理解和理解的观看中,即与参观者达成一种密切交织的叙事过程,从而言说、传承那些尘封于遗产内的历史和记忆。

三、图像化生成:视觉美学驾驭的文化表征

不同于文学的记忆行为,博物馆对记忆的叙事属于一种空间化的动态实践,在设计者的操作下,它按照主题统一了所需要的素材,并引导人们回溯某一历史时期的文明之光。鉴于此,在故事文本的搭建中,展示设计作为材料布局的指挥棒,既调动遗产在结构化空间营造了诱人回忆的氛围,又充当着激发大众回忆的催化剂。谈到"设计",它属于创造性活动,是构思和解决问题的方法;设计却非"突发奇想",而是有着丰厚的文化资源作支撑。如此来讲,设计实质是对文化的改造,于是带有文化积淀的遗产成为当代设计取之不尽、用之不竭的素材。从这个角度来看,博物馆之所以能够构建记忆,正是因为它利用了遗产资源属性中的衍生性特点。

所谓"衍生",亦称"取向连生"③,可引申为经演变而产生,这是一种从原物质过滤出新物质的程序。在博物馆里,这一动作是指在维护遗产本态的前提下,将其外观和所承载的文化内涵进行提炼、复制、移植和加工到既成熟又具有美感的程度,再将它同基于现代技术媒介的多元符号相结合,生成新产品的过程。如此在形式上,这一产品可界定为博物馆所绘制的图像,即历史与记忆中所牵涉的文化要素被转换为形象,表征为可见可感的物象、意象、景象和表象等。而这种图像的生成,既是大众解码过去的重要方法,也是人类文明的重要表征物。参照《牛津英语词典》(*Oxford English Dictionary*)的解释,"表征"(representation)是一个触及形象构成的概念,亦指"通

---

① CRIMP D. On the museum's ruins [M]. Cambridge, Massachusetts and London, England: The MIT Press, 1993: 53.
② 霍尔. 编码,解码 [G] // 罗钢,刘象愚. 文化研究读本. 王广州,译. 北京:中国社会科学出版社,2000:346.
③ 夏征农. 辞海1999年版普及本音序·附词目四角号码索引 [Z]. 上海:上海辞书出版社,2002:4233.

过特殊方式来对某人或某物进行描述或描绘"①。此外，陆谷孙先生在《英汉大词典》中对"represent"的释义，还带有"集中地体现"与"典型地反映"之意，简单地说，就是"再次呈现"之意②。鉴于遗产这一资源的独特性，结合现代博物馆根据主题用其形构记忆的方式，并参照殷曼楟教授的论证，展示设计的实践具体可以划分为"知识型表征"和"体验型表征"。

（一）知识型表征

知识型表征是博物馆用于突出其专业主义的一种图像生成，采用的叙事范式主要以文字和形象为主。前者是在一个相对有限的空间内汇集各历史阶段的实物遗存，并按照时代的发展，配以文字、标签对这些物品进行说明。正如中国国家博物馆耗时五年精心策划的展览"古代中国"，在这个以王朝更迭为脉络的大型历史主题展中，重点并不在于突出物品的特性，而是在于构建一个整体的氛围，通过年代顺序来叙述中国古代的历史变迁。无论是远古时期的工具、武器、陶器，还是古代的瓷器、玉器、青铜器等，它们都是通过文字来展开叙述的。在这里，语词是表情达意、传播信息的媒介，没有它与物的互相佐证，人们对历史的实体撰述是不可想象的，对过去的追忆也难以实现。对于后者而言，它将那些从过去流传至今的历史遗迹或文物视为能够赋予文化意义的形象。对这些形象的编排，既是在讲述故事，也是在让人们直观地看到"故事"。例如，首都博物馆推出的经典主题展览"读城——探秘北京中轴线"就充分展现了通过形象来叙述的意识。在展览中，原始的中轴线遗址被转化为"见证物"，并在现代艺术的再现下被塑造为"形象"。在这里，遗产不仅仅是文献资料，而是与语词、装饰元素等共同构成的形象，用以唤起对北京城市脊梁的文化记忆。

（二）体验型表征

体验型表征是博物馆用于迎合消费市场和大众品味的一种图像生成，所采用的叙事范式多以景观和虚拟现实为特征。对于前者来说，景观重塑和环境的多媒体呈现为游客打造了一个易于游览的"风情街区"。以南京博物院的民国馆为例，这种直观且逼真的体验环境非常适合引导观众参与的记忆叙事。在下沉式空间里，模拟的建筑、街道、路灯等元素逼真地复原了民国时期的风貌。此外，通过复原设计，民国馆重建了器物的产生和使用背景，使游客能够更加生动地体验到民国时期南京的日常生活和商业活动。至于后者，随着虚拟现实艺术的兴起，许多遗产已从不可触碰的物质状态转变为非物质状态。在此范式中，一种"新视觉时尚"（The New Image Vogue）最大

---

① Oxford English and Spanish Dictionary [EB/OL]. (2024-06-03) [2024-08-30]. .. https://www.dictionary.com/browse/representation.

② 陆谷孙. 英汉大词典（第2版）[Z]. 上海：上海译文出版社，2007：1676.

限度地营造了沉浸感。具体表现为，通过考古和历史数据，对遥远的遗迹进行数字化重建，或是模拟现实中无法移动的景象。例如，2023年12月9日，中国国家博物馆展出的"华彩万象——石窟艺术沉浸体验"，它利用AI算法、数字交互应用等技术手段，让克孜尔石窟、敦煌莫高窟、麦积山石窟、云冈石窟和龙门石窟等文化珍品"齐聚一堂"。展览对历史遗存进行了数字化再创作，打开了石窟艺术全新的解析和观赏视角，让不可再生、不可移动的遗产及背后的文化记忆"活"了起来。

总体而言，尽管设计中的表征类型各不相同，叙事范式千差万别，但它们之间的相似之处依然十分明显。其一，普遍使用了物质的或非物质的历史文化元素；其二，多是按分题、专题将遗产形象化，使之与当代审美相协调；其三，赋予和充实了展览的叙事形态；其四，从视觉上实现了文化记忆在流通场域中的传承。

显而易见，当今博物馆的展示设计并非仅是将物品按类别放置于展示容器中，其实更普遍的情况很像社会学家约翰·厄里（John Urry）所描述的："博物馆通常是以'写实'的手法布置、陈列物品，好让观众了解过去的房屋、作坊和工厂是什么样的。"① 因此，设计势必要帮助博物馆完成文化记忆传承的使命，而为履行这一任务，博物馆形成了以叙事为导向的展示。这种设计以提升信息的有效性为核心目标，因为当代社会中视觉媒介已成为人们获取信息的主要方式，人们更多地通过图像而非文字来认识世界。然则在此处，"'信息'就是《巴拉宪章》所说的构成遗产的'文化意义'，其实质正是关于过去的各种'记忆'"②。简言之，激活与遗产相关的故事已成为博物馆展示设计的潜在规定。

在新芝加哥学派代表人物特里·克拉克（Terry Nichols Clark）对场景理论的应用拓展下③，"场景"已被视作博物馆不可或缺的重要美学特质。因此，对环境的设计也常作为文化表征的重要着眼点加以考虑，反映在设计上，即体现为空间品质的构筑。显然，展厅内的陈设与设施共同构筑了特定的场景，且物质和非物质要素"综合在一起形成了场景象征意义的表达，即共同的价值观"④。这种做法虽因过度强调体验感而招致部分质疑，但也从侧面反映出物的陈列实际更多是在平衡形象与功能业态间的关系。

从这一视角来看，博物馆作为记忆的展示场所，其设计的基本原则是遵循视觉美

---

① URRY J, LARSEN J. The tourist gaze 3.0 [M]. Los Angeles and Washington D.C: Sage Publications, 2011: 16.
② 严建强. 缪斯之声：博物馆展览理论探索 [M]. 杭州：浙江大学出版社，2020: 10.
③ "场景"（Scenes）最早专指戏剧或影视作品中的场面或情境，指包括对白、场地、道具、音乐、服装和演员等在内的用于传递信息和感觉的元素。鉴于场景里各元素是有机关联的，克拉克及其研究团队将场景运用到后工业社会关于城市社会学的研究中，即用此概念分析地方文化风格或美学特征。
④ 克拉克. 场景理论的概念与分析：多国研究对中国的启示 [J]. 李鹭，译. 东岳论丛，2017，38（1）：16-24.

学的逻辑。具体而言，可以分为形式、气氛和意境三个美感层次。第一是形式的美感。按照乔治·桑塔耶纳（George Santayana）的说法，在美学上，形式美的问题是最显著和最有特色的问题①。这种美也就是构成事物外观的材料的属性，以及它们彼此间组合的法则和规律。它是打造高品质空间的首要条件，例如恰当的陈设、和谐的色彩等，这些要素为人们在其中的第一印象提供了依据。第二是气氛的美感。这种美是环境赋予人们的一种非凡感受，它随着形式美的展现，进一步激发了人们的审美愉悦。最后是意境的美感。相较于氛围，这种美不仅能够被人感知，还能引人深思，赋予人们一种更高级的审美体验。②一言以蔽之，展示设计实际上是利用视觉美学完成博物馆对记忆的形构，让人经参观推动"当下"与"过去"的相互建构。

归根结底，博物馆的当代展示，就是基于遗产按主题架构起一套"将过去带入当下并提供一种仍能体味到的过去"的体系。在此基础上，设计经视觉美学制定出相应策略来加固某个记忆的文化隐喻，进而透过感觉的符号和空间的邂逅，引导大众在回忆中组织现在和未来的经验。

四、弥散在视觉消费中的"真实"

在今天这样一个视觉消费盛行的时代，博物馆外显的艺术性和技术性无疑是合理的，毕竟纯粹的实物型展示显得复杂、乏味，不利于文化记忆的传承和普通观众的理解，而且即使再罕见、再奇特的物，对于不知其价值的眼睛也毫无意义。通览近10年国内博物馆推出的主题展，由视觉美学驾驭的文化表征使绝对的过去在现实空间清晰可见。不过批判地讲，在展陈强烈的视效冲击下，博物馆自诞生后最应本职服务的真实代言——物，尤其是每个物的个性、气度则几乎被同化，湮没在了纷乱杂陈的喧嚣里。为此，史蒂芬·康恩（Steven Conn）向学界抛出了一个"博物馆是否还需要物"的议题："如果19世纪末的博物馆被视作陈列物品的场所，我们便可以想象21世纪的博物馆不再需要物了。"③当然，史蒂芬的洞见并非在否定物的价值，而是认为当下博物馆已不再仅仰仗物去满足自身功能和社会需求。那么顺着这一思路，我们有必要论

---

① 桑塔耶纳. 美感：美学大纲［M］. 缪灵珠，译. 北京：中国社会科学出版社，1982：55.
② 审美感兴是一个过程。当心灵与物质世界相遇（人与世界相遇）的那一刻，一种难以言喻的感动油然而生，进而引发一种感性的兴奋。主体在对象的感性外貌上徘徊，仿佛直观地捕捉到了一个整体（象），它在感性光芒的闪烁中显现出某种意蕴，激发了主体的知觉、想象、领悟的协调运动，达到了一种振奋的人格状态，并伴随着强烈的情感反应。在"目所绸缪，身所盘桓"的感性观照与体验中，主体创造出一个属于他的"世界"（存留于他的心中，或者实现于艺术作品中）。这个被审美感性活动创造出来的"世界"，便是"意象"。详见：叶朗. 现代美学体系（第2版）［M］. 北京：北京大学出版社，1999：161.
③ CONN S. *Do museum still need object*［M］. Philadelphia：University of Pennsylvania Press，2010：22.

述一下博物馆建构记忆过程中物之嬗变所带来的真实性问题。

物在博物馆里究竟为何？这是一个很难回答的问题。一般来说，博物馆的藏品大部分是来自过去某一时刻的东西，这类物记载着它产生和存在时期的"世事变化"。爱德华·亚历山大（Edward P. Alexander）曾指出："大多数博物馆收藏物品的理念，即物是文明的重要证据，能唤起人们对历史的回忆。这些物无论具有美学价值、文献价值抑或科学价值，总能传递无穷的信息。"[①] 据此能够断定，博物馆征集的物扮演了凝固过去的角色，作为记忆的客体，发挥着不可替代的作用。然而，从现代的角度来看，物品之所以被博物馆收藏，是因为它们在今天依然被人们所认识和珍视。因此，博物馆在评判这些物品时，并非仅仅依据历史价值，而是更多地参照当代的价值观念。对此，《中国大百科全书》中有这样一段话：

> "藏品"一词内容非常广泛。博物馆藏品系博物馆收藏物的总称，它具有特殊含义，不是任何实物都能成为博物馆的藏品，只有那种能反映人类和人类环境的具有历史、艺术、科学价值的实物才能成为博物馆藏品。[②]

在以上这段文字里，国内学界常用于描述博物馆物之基本属性的"文物"和"标本"被广义的"实物"所取代，这表明，国内的界定已不再局限于文物，而是将"属性和范畴拓展为'供研究和社会教育之用的有价值的历史遗产、自然标本和科技成果及有关的一切资料'，以及自然界和人类社会物质文明及精神文明发展的见证物"[③]。也就是说，收藏物指的不只是原始的物，也包括文献、视听资料和特别制作的模型等。对应国际的界定，国内同西方国家关于博物馆的功能理念也形成了一定呼应，即《不列颠百科全书》（Encyclopedia Britannica）所表述的：

> 博物馆以一种特殊具体的语言——"实物"来向观众讲话……通过其藏品在自然史、艺术、考古学、人类学或人种学等方面表现过去，表现那些已经消失的或正在消失的社会价值，或把重点放在因现代进步而面临危险的永久的自然价值上面。[④]

由此而论，博物馆在今天收藏的物，酷肖一个能和谐融合自然与人文、现实与历

---

① ALEXANDER P E，ALEXANDER M. Museum in Motion: an introduction to the history and functions of museums (second edition) [M]. Lanham，New York，Toronto and Plymouth U.K: AltaMira Press，2008: 188.
② 中国大百科全书出版社编辑部. 中国大百科全书：文物·博物馆 [Z]. 北京：中国大百科全书出版社，1993: 21.
③ 宋向光. 博物馆藏品概念的思考 [J]. 中国博物馆，1996（2）: 17-24.
④ 美国不列颠百科全书公司. 不列颠百科全书·国际中文版（第11卷）[Z]. 北京：中国大百科全书出版社，1999: 469.

史的"百宝囊",它实际是大自然与人类社会的"物证",本质上有一个"遗产"身份。这就回到了起初提及的现象,物在博物馆这种空间化的记忆里,已不再是中立地存在,而是叙事中的构成要素,设若用弗洛伊德(Sigmund Freud)的心理学说将其人格化,那就是物从无意识的"本我"(id)变为了按现实原则行事的"自我"(ego)。

物于当下虽以各种方式被展示在博物馆中,但视觉上往往是反概念、反思辨的,它更多用于调动过去和当前世界的表象。因此,物之"本我"在展示中的弱化,意味着博物馆正在越发偏离传统和遗产的轨道,开始成为精神、理想的避难所。或者换一种表述:倘若以前的博物馆有着定义较为明确且用之不尽的物的话,那么这些属于历史的宝藏正在逐渐消耗殆尽。然而,博物馆作为记忆的殿堂,其职责不仅限于搜集和复制历史的遗物,它还必须根据自己的判断,借助设计将默默无闻的物规训为组织当下和未来的"事物"。而公众之所以信赖"事物",就是"因为这种物是人们互相间的物化的关系,是物化的交换价值"①。回过头来,在今天备受大众好评的各种主题展中,除了物以外,还有更多复杂的要素,大体可分为造型物系统和信息传达系统:前者包括为帮助人们理解物、系统阐述事件与过程而用工艺制作的形象体系,比如沙盘、静态或动态模型、人物雕塑、立体地图及绘画作品等;后者也包含多种类型,如电子图文板、互动操作装置、数字系统,而数字系统又涉及展厅型、图书馆型及影院型数字化装置。可见,记忆的重构与再现必须号召多种媒介集聚空间共同进行表达,而物在此只不过是被赋予新身份的、将人引向过去的一颗棋子。

当博物馆留给大众最深刻的印象莫过于图像外显的故事时,物实则将其本真让渡给了艺术和科技制造的一种"虚设"的现实和魅力。这就意味着,通过视觉美学,我们赋予过往故事形象化的、生动的记忆,这并非对事实的忠实再现,相反,它借用富有气势的外在形态,将按主流话语所需而截取和改编真实的行为巧妙地遮蔽起来。雷吉斯·德布雷(Jules Régis Debray)言道:"视觉交流的神秘性掩盖了人们精神上、思想上那些看不到的因素。"② 所以这样来看,博物馆的当代展示就是在力求把自身从文化向度形构的记忆封闭在大众的视觉美学之中,通过引导参观者审美地阅读、凝视、认知和体验所谓"客观"的形象,让他们遗忘、忽视其内部权力和资本所造就的欲望与权威的空间内涵,将完整性叙事中的片段性记忆和碎片化知识看作绝对的真实。

(作者单位:南开大学文学院)

---

① 马克思.1857–1858年经济学手稿[M]//中共中央马克思恩格斯列宁斯大林著作编译局,编译.马克思恩格斯文集(第八卷).北京:人民出版社,2009:54.
② 德布雷.媒介学引论[M].刘文玲,译.北京:中国传媒大学出版社,2013:94.

参考文献

【1】MUMFORD L. The culture of cities［M］. San Diego，New York and London：Harcourt Brace Jovanovich，1970：446.

【2】托夫勒. 第三次浪潮［M］. 朱志炎，潘琪，张炎，译. 北京：生活·读书·新知三联书店，1983：237–240.

【3】单霁翔. 从"馆舍天地"走向"大千世界"：关于广义博物馆的思考［M］. 天津：天津大学出版社，2011：17.

【4】宋向光. 物与识：当代中国博物馆理论与实践辨析［M］. 北京：科学出版社，2009：5.

【5】DENTON A K. Exhibiting the past: historical memory and the politics of museums in Postsocialist China［M］. Honolulu：University of Hawai'i Press，2014：11.

【6】NORA P. La mémoire collective［M］. *La Nouvelle Histoire*. Paris：Retz–Cepl，1978：401. 转引自：沈坚. 记忆与历史的博弈：法国记忆史的建构［J］. 中国社会科学，2010，(3)：205–219，224.

【7】王玉珏，许佳欣. 皮埃尔·诺拉"记忆之场"理论及其档案学思想［J］. 档案学研究，2021，(3)：10–17.

【8】严建强. 缪斯之声：博物馆展览理论探索［M］. 杭州：浙江大学出版社，2020：5.

【9】International council of museums［EB/OL］.（2024–06–03）[2024–08–30]. https://icom.museum/en/resources/standards–guidelines/museum–definition/.

【10】LIDCHI H. The poetics and the politics of exhibiting other cultures［M］// Representation：cultural representation and signifying practices. London，Thousand Oaks and New Delhi：Sage Publications，1997：162.

【11】赵静蓉. 国家记忆与文化表征［M］. 北京：生活·读书·新知三联书店，2023：150.

【12】本尼特. 文化、治理与社会：托尼·本尼特自选集［M］. 王杰，强东红，等译. 上海：东方出版中心，2016：210.

【13】福柯. 词与物：人文科学的考古学（修订译本）［M］. 莫伟民，译. 上海：上海三联书店，2016：前言6.

【14】吴琼. 博物馆中的词与物［J］. 文艺研究，2013（10）：99–111.

【15】马克思.资本论：政治经济学批判［M］// 中共中央马克思恩格斯列宁斯大林著作编译局, 编译.马克思恩格斯文集（第五卷）.北京：人民出版社，2009：88.

【16】RYAN M R. Avatars of story［M］. Minneapolis and London：University of Minnesota Press，2006：10.

【17】BAUDRILLARD J. The system of objects［M］. London and New York：Verso，1996：86.

【18】CRIMP D. On the museum's ruins［M］. Cambridge，Massachusetts and London，England：The MIT Press，1993：53.

【19】霍尔.编码，解码［G］// 罗钢，刘象愚.文化研究读本.王广州，译.北京：中国社会科学出版社，2000：346.

【20】阿斯曼.回忆空间：文化记忆的形式与变迁［M］.潘璐，译.北京：北京大学出版社，2016：174.

【21】夏征农.辞海1999年版普及本音序·附词目四角号码索引［Z］.上海：上海辞书出版社，2002：4233.

【22】Oxford English and Spanish Dictionary［EB/OL］.（2024-06-03）［2024-08-30］. https://www.dictionary.com/browse/representation.

【23】陆谷孙.英汉大词典（第2版）［Z］.上海：上海译文出版社，2007：1676.

【24】URRY J，LARSEN J. The tourist gaze 3.0［M］. Los Angeles and Washington D.C：Sage Publications，2011：16.

【25】严建强.缪斯之声：博物馆展览理论探索［M］.杭州：浙江大学出版社，2020：10.

【26】克拉克.场景理论的概念与分析：多国研究对中国的启示［J］.李鹭，译.东岳论丛，2017，38（1）：16-24.

【27】桑塔耶纳.美感：美学大纲［M］.缪灵珠，译.北京：中国社会科学出版社，1982：55.

【28】叶朗.现代美学体系（第2版）［M］.北京：北京大学出版社，1999：161.

【29】CONN S. Do museum still need object［M］. Philadelphia：University of Pennsylvania Press，2010：22.

【30】ALEXANDER P E，ALEXANDER M. Museum in Motion: an introduction to the history and functions of museums (second edition)［M］. Lanham，New York，Toronto and Plymouth U.K：AltaMira Press，2008：188.

【31】中国大百科全书出版社编辑部.中国大百科全书：文物·博物馆［Z］.北京：中国大百科全书出版社，1993：21.

【32】宋向光.博物馆藏品概念的思考[J].中国博物馆,1996(2):17-24.

【33】美国不列颠百科全书公司.不列颠百科全书·国际中文版(第11卷)[Z].北京:中国大百科全书出版社,1999:469.

【34】马克思.1857–1858年经济学手稿[M]//中共中央马克思恩格斯列宁斯大林著作编译局,编译.马克思恩格斯文集(第八卷).北京:人民出版社,2009:54.

【35】德布雷.媒介学引论[M].刘文玲,译.北京:中国传媒大学出版社,2013:94.

博物馆传播实务

从信出发：以"新青年"为中心的纪念馆互动传播

Letters Begin: Interactive Communication Centered on "New Youth" in the Memorial Hall

张 萌

Zhang Meng

摘要：随着全国"博物馆热"的兴起，博物馆行业迎来了前所未有的发展机遇与挑战。在这一背景下，革命纪念馆作为传承红色基因的重要载体，面临着如何有效利用社交媒体和数字技术来推动红色文化广泛传播的重大课题。龙华烈士纪念馆在接收到众多署名"新青年"的来信后，采取了积极措施，通过与受众持续的双向互动，策划并实施了一系列线上线下活动。他们从把握机遇、内容创新到线下反哺，成功构建了一个以"新青年"为核心的特色互动传播模式和品牌。本文旨在通过对龙华烈士纪念馆互动传播过程和策略的分析，探讨其成功之处与潜在问题，以期为新时代革命纪念馆在红色文化传播方面的创新提供借鉴。

Abstract: The nationwide surging popularity of museums has brought unprecedented opportunities and challenges, for which revolutionary memorial halls have been shouldering the heavy responsibility of passing on the revolutionary legacy. It has become an essential method to optimize the channels of CPC revolutionary education by making good use of technologies such as social media. After receiving a large number of letters signed by "New Youth", Longhua Martyrs Memorial has created a distinctive communication model and brand centered on "New Youth" by maintaining circular, two-way interactions with its audience, organizing online and offline events, and seizing opportunities to convert this content into actual campaigns offline. This paper, based on an exposition of its interactive process and communication strategies, analyzes both its highlights and potential issues, providing a reference for memorial halls to innovate in the dissemination of revolutionary legacy against the backdrop of the new era.

关键词：纪念馆；博物馆传播；互动传播；社交媒体

Keywords: Memorial Hall, Museum Communication, Interactive Communication, Social Media

博物馆是现代文明的产物和重要代表。新时期以来，历经百年发展的中国博物馆呈现加速发展良好态势。① 在博物馆数量快速增长、供给不断丰富、功能不断拓展的同时，公众对于博物馆的期待与需求也在攀升。不断迭代中的传播媒介和传播方式正深刻改变着博物馆传播格局，也为博物馆提供更高水平的公共服务创造了条件。

作为我国博物馆事业的重要组成部分，革命纪念馆是为纪念近、现代革命史上重大事件或杰出人物，依托于有关的革命遗址、纪念建筑而建立的纪念性博物馆。② 因其承担着开展爱国主义教育、传播红色文化、弘扬伟大建党精神的重要使命，相比综合性、专门性博物馆底色更为庄重，在工作实践中天然具有突出的严肃性和政治性，意识形态属性鲜明。

在当下的博物馆热潮中，革命纪念馆如何抓住机遇，将革命历史中蕴含的宝贵精神传承好、发扬好，需要扩大受众辐射面，提升传播影响力，守好红色文化传播阵地。本文基于对革命纪念馆传播现状的分析，以龙华烈士纪念馆"新青年来信"特色模式为例，探讨纪念馆在新时代的传播策略和传播效果，以期为同类纪念馆的发展提供参考和建议。

一、新时代革命纪念馆传播的背景

（一）政策制度背景

"红色资源是我们党艰辛而辉煌奋斗历程的见证，是最宝贵的精神财富，一定要用心用情用力保护好、管理好、运用好。"党的十八大以来，习近平总书记在地方考察时遍访革命故地、红色热土，围绕传承红色基因发表系列重要讲话，强调对于红色资源，要加强科学保护，开展系统研究、打造精品展陈、强化教育功能；要讲好党的故事、革命的故事、根据地的故事、英雄和烈士的故事，加强革命传统教育、爱国主义教育、青少年思想道德教育，把红色基因传承好，确保红色江山永不变色。

"理想之光不灭，信念之光不灭。我们一定要铭记烈士们的遗愿，永志不忘他们为之流血牺牲的伟大理想。"习近平总书记的重要指示为开展英烈褒扬工作提供了根本

---

① 何晓雷. 新时期我国博物馆发展特征及博物馆强国建设思考［J］. 中国博物馆，2024（2）：16-27，131.
② 安廷山. 中国纪念馆概论［M］. 北京：文物出版社，1996：10.

遵循。《中华人民共和国英雄烈士保护法》《中华人民共和国爱国主义教育法》等法律法规相继颁布施行，与《关于进一步加强文物类烈士纪念设施保护管理工作的通知》等政策文件共同组成体系保障，为纪念馆讲好英雄烈士故事提供了强有力的依据。

在党和国家的高度重视下，在习近平文化思想和系列指示批示的指导下，革命纪念馆承担起传承红色基因的重要职责。通过宣传展示英烈事迹和崇高精神，发挥革命文物在党史学习教育、革命传统教育、爱国主义教育等方面的重要作用，革命纪念馆让观众深入了解了红色的"人、物、事、魂"，感悟先辈一路走来的艰辛历程，从而迸发出昂扬奋进的精神力量。

（二）社会背景

近年来，"博物馆热"成为文化现象，"到博物馆去"成为生活方式，博物馆发展活力不断释放。[①]这反映了全社会对精神生活的多样化追求，亦体现出人民"文化自觉、文化自信、文化自强"的观念正逐渐内化于心、外化于行。

博物馆行业珍视观众热情，因时而动，顺势而为，为观众提供更为丰富、便捷的文化选择和给养：优化预约体验，打造精品展览，创新传播方式，联合社会各界推出形式多样的社教活动，提升数字化服务水平，开发特色鲜明的文创产品。人们从走进博物馆到热爱博物馆，再到利用博物馆的资源，博物馆内的文化资源成为创造性转化、创新性发展的源头活水。[②]在与观众的双向奔赴中，博物馆行业迎来新的发展机遇。

具体到纪念馆领域，热爱祖国、崇尚英烈的社会氛围为革命纪念馆传播创造了良好的基础。一方面，各级政府和教育机构组织各类纪念活动、开展主题教育激发人民爱国情怀，使更多人有机会走进纪念馆触摸历史、接受教育；另一方面，大量优秀革命历史题材的文艺作品以生动的情节、细腻的演绎吸引了大量年轻观众的关注，其中塑造的人物形象深入人心，有效激发了青少年对百年党史的关注热情，促使他们主动参观纪念馆，了解英烈事迹。

（三）技术背景

数字技术的蓬勃发展正在深刻改变着博物馆行业的面貌，例如虚拟现实、增强现实、全息投影等技术能够为参观者营造身临其境的感受；智能导览系统为参观者预约、观展、聆听讲解搭建了即时快捷的平台；三维重建技术等手段为珍贵藏品留下永久资料，实现文物的创造性转化。

传播技术的革新也拆除了博物馆文化传播的壁垒，使博物馆文化的传播方式呈现

---

① 杨湛菲. "博物馆热"值得被珍视［N］. 新华每日电讯，2023-08-04（002）.
② 刘海红. 当我们谈论博物馆时，观众在谈论什么［N］. 中国文化报，2024-04-11（002）.

出跨越式发展的趋势。①新媒体不仅突破了传统博物馆活动的时空限制，提高了传播效率和覆盖率，更促使博物馆与观众间的关系发生转变，观众不仅是倾听者、接受者，更是参与者、创造者。

因此，在媒体生态和传播格局发生剧变的互联网时代，博物馆需要借助数字化平台和手段满足公众的感知互动需求，更生动地讲述文物故事，扩大传播影响力。②革命纪念馆蕴含着众多珍贵红色资源，在数字技术的加成下，宣传教育效率将显著提升，让更多人能够随时接触到鲜活的红色文化，而通过官方网站、微博、微信、短视频等平台矩阵的建设运营，馆方能够与公众保持实时互动和交流，及时获取反馈建议，为提升公共服务水平提供有力支持。

二、文献综述

关于博物馆传播的研究，多数是基于各馆的实务经验和发展需求展开的。周瑞、李卓（2024）强调博物馆传播应"以公众为中心"，根据受传方需求来确定传播内容，通过分析陕西历史博物馆在携程旅行网和大众点评网的评价，提出由浅入深展现文物价值、拓宽渠道、回应舆情、构建社群等传播策略。③朱建军、王丽娜（2023）基于博物馆即媒介的论述，提出新媒体视域下博物馆传播要以内容为王、加强渠道融合、注意以人为本的传播叙事、加强交流互鉴。④

吴昌稳（2014）较早聚焦于博物馆的社交媒体运营，对当时开通微博的64家国家一级博物馆的发布数据进行统计分析，研究发现，此时纪念性博物馆开通微博的比例低于综合类、遗址类和科技类，作者推测该情况与工作人员不足、知识结构单一有关。⑤田卉（2019）基于国内外文博机构官博的年度运行数据，从受众画像、应用特点、存在问题等方面进行分析，解读微博链接受众、意见领袖、文博机构的功能，从构建全方位传播体系、深化圈层运营、搭建开源平台层面给出讲好中国文物故事的对策建议。⑥

---

① 单霁翔.从馆舍天地走向大千世界：关于广义博物馆的思考［M］.天津：天津大学出版社，2011：414.
② 潘力，王仲.智能媒体时代，打造文博行业有效传播的"破圈"之路：以第九届"博博会"构筑融媒传播生态链为例［J］.中国博物馆，2022（6）：51-56，128.
③ 周瑞，李卓.以"公众关切"为导向的博物馆线上文化传播策略：基于网络用户评价的语料分析［J］.中国博物馆，2024（1）：62-68.
④ 朱建军，王丽娜.场景·共享·认同：新媒体视域下博物馆传播路径探索［J］.中国博物馆，2023（4）：69-73，136.
⑤ 吴昌稳.100家国家一级博物馆新浪官方微博运营状况评估与分析［J］.文物世界，2014（4）：69-71.
⑥ 田卉.移动社交媒体讲好中国文物故事研究：以新浪微博为例［J］.现代传播（中国传媒大学学报），2019，41（5）：24-28.

在纪念馆新媒体传播领域，学者也多采用案例分析法，对一家或多家场馆的传播现状进行梳理，结合其存在的问题提出建议。杨帆、余晓钰（2021）基于对重庆红岩革命历史博物馆新媒体建设成果和问题的分析，提出加强内容建设、构建立体传播模式、创新宣教形式、警惕泛娱乐化等建设举措。① 李晓（2019）通过分析刘少奇同志纪念馆新媒体传播所处的语境，论述其传播内容、形式、渠道特色，指出其存在红色文化内涵淡化、话语力量薄弱、互动匮乏三点缺失。② 李婧婷（2023）选择中共一大纪念馆等12家代表性纪念馆的网络传播情况进行分析，得出传播信息发布少、更新慢、以工作动态为主、受众反馈不佳等结论。③

从研究者结论不难看出，在当下的媒介环境中，纪念馆传播存在诸多共性问题。王思雨、陈圆圆、陈淑丽（2024）认为新媒体环境下红色文化传播存在人才队伍建设不足、传播形式较为陈旧、传播渠道相对匮乏、传播环境亟须改善的问题。④ 刘燕（2023）从传播者、受众和传播渠道三个层面讨论"内容为王"，指出纪念馆必须坚持意识形态的正确导向，深度挖掘革命文物内涵，加强业务研究、满足受众需求、以现代科技为支撑实现高质量传播。⑤

为了科学地制定传播策略，我们应当采用更加直观和具体的方法来分析纪念馆传播效果的产生过程，聚焦传播者与受众之间的关系，并关注他们之间的互动反馈机制，为解决现存问题、提升传播效果以及推广成功经验提供有力支持。下面将围绕龙华烈士纪念馆的传播工作实际进行论述。

三、龙华烈士纪念馆传播工作概况

上海市龙华烈士陵园（龙华烈士纪念馆、上海市烈士纪念设施保护中心）是上海规模最大的红色革命纪念地，于1997年正式开馆，2020年被评为国家一级博物馆。陵园内安葬着1700多位革命先烈，纪念馆内的基本陈列《英雄壮歌》展示了与上海有着深厚联系的257位英烈的英勇事迹。目前，纪念馆已建立了包括官方网站、微信公众号、视频号、微博、抖音、哔哩哔哩、阿基米德等平台在内的多元化的传播矩阵。

长期以来，纪念馆的传播活动主要集中在特定时间节点（如清明节、上海解放纪

---

① 杨帆，余晓钰.红色场馆新媒体建设研究：以重庆"红岩革命历史博物馆"为例[J].中国广播电视学刊，2021（12）：17-20.
② 李晓.红色旅游景区的新媒体传播研究[D].长沙：湖南师范大学，2019.
③ 李婧婷.红色纪念馆的网络传播现状及优化策略研究[D].上海：华东政法大学，2023.
④ 王思雨，陈圆圆，陈淑丽.新媒体环境下红色文化传播的现状、问题及对策研究：以遵义会议纪念馆为例[J].传播与版权，2024（7）：84-87.
⑤ 刘燕.新时代背景下革命纪念馆实现高质量传播的探索与思考[J].中国博物馆，2023（6）：33-38.

念日、建党节、烈士纪念日等)举办的大型纪念活动上,这些活动通常依赖主流媒体进行宣传报道。然而,在非纪念日时段,纪念馆的传播热度往往不高,主题较为单一,形式也趋于雷同。鉴于纪念馆的性质,馆方在传播活动中必须保持高度的政治敏锐性,确保信息的正确导向和真实性。在涉及历史事实时,必须做到准确无误。这在一定程度上导致了传播内容的学术性过强,人物形象不够立体,故事叙述缺乏吸引力,难以触动受众的情感,使得受众感到纪念馆的传播带有浓重的说教色彩,内容老生常谈。

因此,打破刻板印象,吸引更多人关注、喜爱革命历史与红色文化是新时代背景下纪念馆职能有效发挥的突破口和努力方向。①龙华烈士纪念馆拓展呈现渠道,革新传播语态,创新表现形式,在实践中探索新媒体平台规律,推出包括短视频、动态漫、H5、慢直播、专栏文章等在内的文化产品:《初识札记》以新员工视角探访纪念馆,以烈士间的关联为逻辑脉络,讲述他们在时代浮沉中选择信仰、投身革命直至牺牲于龙华的人生经历;《半生归来仍少年》对陈延年、陈乔年烈士的生平进行了动漫化呈现;《龙华TV》邀请参观者介绍印象最深刻的英烈与文物,以最质朴的语言表达敬意;《守护记》将镜头对准保管、接待、物业等岗位,挖掘纪念馆职工与烈属、文物、观众背后的故事……多元化的内容有效提升了龙华英烈事迹和英烈精神的传播效果。以官方微博账号"龙华英烈"为例,自2016年开通以来,该账号的粉丝数量已超过60万,视频累计播放量更是突破了8000万。它发起的诸如"你从未远离""你若记得他便活着"等话题,阅读量均突破了1亿大关,获得了微博政务2023年度正能量优秀微博等奖项。

四、以"新青年"为中心的互动传播模式构建过程

(一)把握契机:文艺作品激发来信热情

2021年,《觉醒年代》等主旋律题材剧集的热播,生动展现了陈延年、陈乔年、赵世炎等龙华英烈的青春风采,激发了各年龄层受众,特别是青少年群体对烈士的敬仰之情,导致龙华烈士纪念馆的参观人数显著增加。许多观众带着手写的信件前来致敬,将信件与鲜花、糖果等物品一同摆放在烈士墓前,以表达他们对烈士的崇高敬意和深切的怀念。写信者年龄、职业各异,以学生为主体,信中称呼烈士为"哥哥""同志""先生",落款则常常是"百年后的新青年"。仅2021年建党节前后,写给陈延年、陈乔年、赵世炎三位烈士的信件就有近三百封。这些信件呈现多元化、个性化的特征。

---

① 周景春.传承与创新:革命类纪念馆宣教工作思考[J].中国博物馆,2021(3):7-11.

从主题内容来看，来信不仅限于追忆和致谢，具体可分为三个类别：一是回溯烈士的英勇事迹，对其无私奉献、不怕牺牲的精神表示崇敬。二是告知近期国家大事，如建党百年庆祝大会举行、神舟飞船发射、杭州举办亚运会等，用"这盛世如您所愿"的好消息告慰英灵。三是讲述个人成长的困惑、挫折与收获。写信者将烈士视为跨越时空的同龄人，倾诉心声和理想，由个人的迷惘踌躇联想到英烈短暂而伟大的一生，表达对烈士年少立志、投身革命的钦佩。

从表现形式来看，大多数信件为新青年亲笔书写，有的写信者特意选择牛皮纸信封、红格宣纸等材料，用烈士生活年代的书写阅读习惯写作。除信件外，还会附上手绘画像、手工礼物、自制书签徽章、报纸书籍、烈士家乡特产等物品。

经新华社、澎湃新闻等媒体报道后，"新青年来信"成为龙华烈士纪念馆的新标志，纪念馆在全国范围内的知名度随之提升，越来越多的新青年自发写信与烈士隔空对话，形成良性循环。许多无法到场参观的新青年通过快递寄送或网络渠道来信，由工作人员代为将信件放置到烈士墓前。四年来，龙华烈士纪念馆已收到新青年来信超过两千封。

（二）内容转化：微博互动延续传播活力

正如前文所述，纪念馆传播需要突破高高在上、说教感强的刻板印象。"新青年来信"在纪念馆原有的英烈故事、馆藏文物、展览设计外，创造了数量庞大的可传播内容。为维持这一群体稳定的内容输出和积极的反馈互动，馆方通过策划征集活动、共创文化产品等手段调动其参与热情，创造对话机会，使新青年在彼此交流中感受到强烈共鸣，个人价值得到肯定。

1. 被理解：官方回应与群体共鸣

为持续发挥"新青年来信"的生命力，纪念馆微博账号"龙华英烈"创建话题"穿越百年的来信"，将扫描后的信件图片和摘录的精彩段落对外发布，将"新青年来信"作为纪念馆社交媒体日常运营中的一个重要版块。

为保护写信者的隐私，信件在发布前会对过于详尽的个人信息和经历进行隐匿处理，但写信者仍能识别自己的来信。对于新青年而言，信由纪念馆官方对外发布，意味着它已成功送达烈士墓前并得到了妥善保存，即"心意被知晓、被尊重"，从而主动加深与纪念馆间的联系，密切关注账号发布的其他信息，并积极点赞、转发、评论。在长期的互动中，纪念馆不仅延续了新青年的参与热情，深化了这一群体对英烈文化的认知，也推动了馆内活动、展览等内容的传播。纪念馆的发布让新青年的心声得以被更多志同道合的人所了解和肯定。这种新青年群体间的互动伴随着强烈的情感共鸣和精神满足，使他们保持了旺盛的表达欲。

2. 被需要：双方共创与建言献策

纪念馆作为传播者，需要洞察受众深度参与需求，尊重其作为主体的价值，帮助其加入循环双向的传播过程。在龙华24烈士牺牲91周年纪念日到来之际，纪念馆发起"跨越百年和你说"活动，新青年手持馆方寄送的主题徽章与所在地的标志性景点合影，朗读鲁迅《为了忘却的记念》一文，由馆方汇总制作视频后在纪念日发布。在龙华24烈士牺牲93周年纪念日前夕，纪念馆发起了名为"当春来时我想到了你"的活动。该活动通过社交媒体征集了未能亲临现场的新青年对烈士们的寄语。工作人员将这些征集到的话语抄写在桃花签上，并将它们放置于纪念馆内的展板和雕塑前。同时，他们将带有这些桃花签的图片反馈给相应的网友，并将活动的流程和成果作为牺牲纪念日的宣传内容对外发布。通过这一系列的互动，新青年与纪念馆方共同创造了这一纪念活动。

换言之，要让受众不只作为产品的欣赏者和获益者，还要做产出的参与者和传播者，与馆方共同形成良好的再传播与口碑效应。[①]2024年清明节期间，龙华英烈微博账号发起了"英魂永驻，思念常新"话题活动，邀请公众分享参观纪念馆时的留影、个人经历和深刻感悟。活动收到了来自新青年的数千字分享，他们以文字记录了对英烈的缅怀之情。尽管节前未能亲自到访纪念馆，但这些新青年依然通过网络积极参与话题互动。活动结束后，纪念品发放完毕，他们仍继续发布博文表达对英烈的敬意："当我在桃树上系上桃花书签的那一刻，仿佛穿越了百年时光，将我最深的感激之情留在了这里，留在了你们的身边。"还有新青年特意前往龙华英烈彭湃、杨殷、杨匏安、苏兆征的故乡，参观红色教育场馆："在广东汕尾的红宫红场、在翠亨村，我仿佛与你们相遇……默默念着你们的名字，心中充满了对你们的无尽感激。"

在此次话题互动过程中，受众以龙华英烈微博账号作为中心点，与观点、兴趣相近的网友进行交流，分享参观纪念馆的感受。在强烈的共情作用下，参观者回忆起那些原本已经淡忘的经历，深入挖掘展陈中隐藏的细节，互相补充关于烈士生平和陈列文物的知识，从而获得更加完整的参观体验。同时，通过微博这一平台，博物馆能够实时掌握公众对于馆内展览、环境绿化、祭扫接待等服务的反馈，进而做出适当的调整以满足观众的期待。

（三）反哺线下：以"信"为名打响特色品牌

2023年清明节期间，龙华烈士纪念馆在正门广场精心打造了一片以"新青年来信"为主题的绿化景观。该景观包括一个巨型信封形状的绿雕，上面刻有"新青年来信"以及纪念馆的地址和邮编；此外，还设有主题信箱和龙华桃花等装饰元素。到了

---

① 迟强，朱炜静．我国博物馆官方微博运营的统计与分析［J］．东南传播，2015（3）：57-60．

2024年清明节，纪念馆继续沿用这一主题，将印有"我们来看望您"的信纸绿雕竖立在正门，象征着英烈与新时代青年之间超越时空的深厚联系，吸引了大量观众前来打卡留念。

针对新青年群体的线上互动传播，为纪念馆线下活动的策划与实施提供了宝贵的参考。在红色动漫大赛百强发布会、巡展启动仪式等大型活动中，均设置了朗读新青年来信的环节，通过真挚的表达和深情的文字，成功引发了现场的强烈共鸣。

与新青年群体的持续互动亦为线下活动积累了人气。《半生归来仍少年》发布会等活动为踊跃参与社交媒体互动的新青年们预留席位，进一步拓展了其对龙华英烈事迹的接触面，更提升了新青年群体对龙华烈士纪念馆的认同与归属。参加线下活动后，新青年主动在社交媒体上分享体验，激起未在场者的思考与共情，进而引发二次传播。

基于上述实践，龙华烈士纪念馆成功打造了具有时代特色的"新青年来信"传播品牌，将一封封书信作为传承发扬红色文化、革命传统的重要载体，展示新时代的新青年以英烈精神为指引，锻造品格、坚定信仰的受教育过程，形成了具有持续活力的传受双方互动模式。

五、"新青年来信"传播模式可能存在的问题与风险

尽管龙华烈士纪念馆以"新青年来信"为主题的互动传播取得了显著成效，但在快速变化的媒介环境和不断增长的受众文化需求面前，如何充分、有效地利用社交媒体平台的功能，以促进纪念馆红色文化的传播，仍需持续地总结与反思。在构建以"新青年"为核心的特色传播模式时，以下问题和风险不容忽视。

（一）关注失衡和不当的情感投射

新青年群体大部分因《觉醒年代》等影视作品开始了解龙华烈士纪念馆。近年来，该馆收集的信件中，绝大多数为写给陈延年、陈乔年、赵世炎烈士的信，仅有少量写给"全体龙华英烈"或其他烈士的信。这种现象与文艺作品的演绎和媒体后续报道的力度密切相关。如果纪念馆仅仅迎合受众，专注于几位代表性人物的事迹宣传，那么无疑会进一步加剧公众关注度的不均衡。

同样值得注意的是，一些年轻观众可能会将对影视演员的崇拜与对烈士的缅怀混为一谈，这种情感的转移导致他们更多地关注演员而非烈士的精神，有时甚至会将戏剧化的剧情误认为是历史事实。随着时间的推移，这可能会削弱龙华英烈本身的英勇形象和历史价值，使得诸如写信等纪念活动变得表面化、娱乐化。

（二）信息失真和负面舆情

以微博为代表的社交媒体信息传播速度快、范围广，具有开放性，可能导致一些不实言论或负面情绪的蔓延发酵。例如，当观众在网络上对纪念馆的展览、服务或管理方式提出疑问，甚至发布不实信息或恶意攻击时，如果不及时回应处理，就会对纪念馆的形象和声誉造成损害；如果在回应质疑和批评时处理不当，也可能激化矛盾。作为官方账号，如果发布的信息不准确、不完整或存在歧义，容易引发误解和争议。在线上活动过程中，若未能严格审核受众的原创内容、评论及转发，且未能及时纠正错误信息、引导正确的讨论方向，可能会引发严重的舆论危机。

（三）单一平台的局限性

经过对中博热搜榜百强纪念馆的逐一检索，我们发现超过80%的纪念馆并未将微博作为其主要的传播途径。部分纪念馆的微博账号已停止更新，甚至尚未开通。与其他类型的博物馆相比，它们在运营水平上存在明显的差距。分析其原因，微博用户普遍较为年轻，他们的使用习惯和信息需求主要集中在娱乐和休闲领域，这与纪念馆的性质存在偏差。此外，微博平台信息量庞大且碎片化，用户的注意力容易被分散，因此在资源有限的情况下，难以取得显著的传播效果。虽然龙华烈士纪念馆凭借8年的运营经验，在与年轻一代互动方面已经积累了坚实的受众基础和成功经验，但随着社交媒体使用习惯的演变，拓展新的传播阵地势在必行。

结语：策略与展望

综上所述，龙华烈士纪念馆抓住了《觉醒年代》等剧集热播的传播契机，充分尊重受众的主体性，激发了受众的热情，并为他们提供了参与英烈事迹宣传的平台。纪念馆成功打造了以新青年群体为核心的"新青年来信"特色传播模式和品牌。在探索如何利用新媒体规律以及与受众共同传播红色文化的过程中，纪念馆应坚持其所代表的红色文化内涵和价值主张，以高度的政治敏锐性、社会责任感和可持续发展的视角来开展传播工作。

（一）正确引导，丰富教育内涵

在传播过程中，龙华烈士纪念馆需明确区分剧中角色与烈士，对经过艺术化处理的人物关系、生平事迹进行历史知识的普及，通过举办讲座、设计专题展览等方法，帮助观众深入了解烈士的真实故事和精神实质，引导观众正确地理解和表达对烈士的情感，确保烈士及其精神得到应有的尊重和传承。在管理与运营方面，应有效整合资源，促进对众多英烈事迹的传播，将观众对几位典型人物的兴趣延伸至更多同样值得尊敬和纪念的先烈身上，从而提升龙华英烈的整体知名度和影响力。

（二）严格审核，防范舆情风险

第一，馆方在对外发布信息时，必须经过严格审核，确保信息的准确性和完整性。第二，要保持与受众的沟通渠道畅通，积极回应其质疑和批评，在充分听取意见的基础上，提升服务和传播水平。第三，馆方需要建立专门的舆情监测机制，及时掌握与本馆相关的言论和动态。当负面舆情发生时，应迅速做出回应，说明事实真相。回应内容要准确、客观、公正，避免使用模糊、带有情绪色彩的言辞。

（三）拓宽渠道，打造多元传播

在保持微博运营特色的同时，馆方需要积极拓宽传播渠道，进行多元化的内容传播。通过短视频、播客、直播等形式覆盖更广泛的受众群体，提高纪念馆本身和"新青年来信"的知名度；策划与纪念馆和平台定位相符的活动，积极回复受众评论，提高受众黏性和参与度。基于过往成功案例，宽渠道、多方式、广维度地进行更具精准性、话题性和互动性的传播，打造更响亮、更有生命力的红色文化传播品牌，讲好"新青年来信"的故事。

（作者单位：龙华烈士纪念馆）

参考文献

【1】何晓雷. 新时期我国博物馆发展特征及博物馆强国建设思考[J]. 中国博物馆，2024（2）：16-27，131.

【2】安廷山. 中国纪念馆概论[M]. 北京：文物出版社，1996：10.

【3】杨湛菲. "博物馆热"值得被珍视[N]. 新华每日电讯，2023-08-04（002）.

【4】刘海红. 当我们谈论博物馆时，观众在谈论什么[N]. 中国文化报，2024-04-11（002）.

【5】单霁翔. 从馆舍天地走向大千世界：关于广义博物馆的思考[M]. 天津：天津大学出版社：2011：414.

【6】潘力，王仲. 智能媒体时代，打造文博行业有效传播的"破圈"之路：以第九届"博博会"构筑融媒传播生态链为例[J]. 中国博物馆，2022（6）：51-56，128.

【7】周瑞，李卓.以"公众关切"为导向的博物馆线上文化传播策略：基于网络用户评价的语料分析[J].中国博物馆，2024（1）：62-68.

【8】朱建军，王丽娜.场景·共享·认同：新媒体视域下博物馆传播路径探索[J].中国博物馆，2023（4）：69-73，136.

【9】吴昌稳.100家国家一级博物馆新浪官方微博运营状况评估与分析[J].文物世界，2014（4）：69-71.

【10】田卉.移动社交媒体讲好中国文物故事研究：以新浪微博为例[J].现代传播（中国传媒大学学报），2019，41（5）：24-28.

【11】杨帆，余晓钰.红色场馆新媒体建设研究：以重庆"红岩革命历史博物馆"为例[J].中国广播电视学刊，2021（12）：17-20.

【12】李晓.红色旅游景区的新媒体传播研究[D].长沙：湖南师范大学，2019.

【13】李婧婷.红色纪念馆的网络传播现状及优化策略研究[D].上海：华东政法大学，2023.

【14】王思雨，陈圆圆，陈淑丽.新媒体环境下红色文化传播的现状、问题及对策研究：以遵义会议纪念馆为例[J].传播与版权，2024（7）：84-87.

【15】刘燕.新时代背景下革命纪念馆实现高质量传播的探索与思考[J].中国博物馆，2023（6）：33-38.

【16】周景春.传承与创新：革命类纪念馆宣教工作思考[J].中国博物馆，2021（3）：7-11.

【17】迟强，朱炜静.我国博物馆官方微博运营的统计与分析[J].东南传播，2015（3）：57-60.

从"走出去"到"走进去":基于文化认同的红色博物馆跨文化传播机制研究*

From "Going out" to "Going in": Research on the Cross-cultural Communication Mechanism of the Red Museums Based on Cultural Characteristics

胡畅平　江晓军　姜　倩

Hu Changping, Jiang Xiaojun, Jiang Qian

摘要：如何实现从文化"走出去"到文化"走进去",是我国对外文化传播的重要难题。红色博物馆作为促进文化交流、推动国际传播的重要平台,现有的对外传播模式存在主体间性的话语失衡和文本间性的媒介固化导致的传播效率低下的现实困境。本研究以文化认同为视角,专注于在华外国人这一桥梁人群,以两级传播理论为框架,深入探讨了由双螺旋互动机制、"意见领袖式"红色跨文化认同机制、跨文化传播叙事机制共同构成的红色博物馆跨文化传播体系。研究提出了创新叙事策略、拓展文化接触点、推动红色研学、培育意见领袖、降低文化折扣、整合传播矩阵等优化策略建议。

Abstract: How to realize from culture "going out" to culture "going in" is an important problem of our country's foreign cultural communication. As an important platform to promote cultural exchange and international communication, the existing external communication mode has a realistic dilemma of low communication efficiency caused by intersubjective discourse imbalance and intertextual media solidification. From the perspective of cultural identity, this study focuses on the bridge group of foreigners in China, and takes the two-level communication theory as the framework to deeply explore the intercultural communication system of red Museum, which is composed of the double helix interaction mechanism, the red intercultural identity mechanism of "opinion leadership"

---

* 本文系湖南省哲学社会科学基金湖湘文化青年传承学者培育项目重点项目"湖南红色博物馆对外传播研究"(24ZDBQ008)、湖南省自然科学基金区域联合项目"文化和科技融合背景下湖南非遗文化国际传播机理与引导机制研究"(2025JJ70079)成果。

and the intercultural communication narrative mechanism. The research puts forward some optimization strategies, such as innovating narrative strategies, expanding cultural touch points, promoting red research, cultivating opinion leaders, reducing cultural discounts, and integrating communication matrix.

关键词：文化认同；红色博物馆；跨文化传播；传播机制；桥梁人群

Keywords：cultural identity, red museum, cross-cultural communication, communication mechanism, bridge group

引 言

文化应当是沟通交流的媒介，但传播往往是一个竞争的过程，更是一个"斗争场域"。① 习近平在党的二十大报告中对"增强中华文明传播力影响力"作出重要部署，强调"要采用贴近不同区域、不同国家、不同群体受众的精准传播方式，推进中国故事和中国声音的全球化表达、区域化表达、分众化表达，增强国际传播的亲和力和实效性"。具体到国际跨文化传播层面，就是积极利用新兴技术手段，推进中国故事和中国声音的精准传播，让国外民众了解中国共产党，提高传播亲和力。② 作为展示革命文物承载红色精神的革命博物馆、纪念馆、抗战遗址等红色博物馆，既是传承红色基因的场域，也是加强文化沟通、推动国际化传播的重要桥梁。在新时代背景下，我们如何更有效地利用革命文物在国际舞台上"讲述中国红色故事"？如何在多元的世界文化中脱颖而出，赢得更普遍的文化共鸣？存在哪些障碍？又该如何突破这些困境？面对这些亟须解决的问题和挑战，我们需要超越"媒介技术中心"的表层研究，深入反思红色博物馆跨文化传播的核心本质。

一、红色博物馆跨文化传播困境透视

我国博物馆事业长期以来一直致力于国际跨文化传播体系建设，积累了丰富的文化"走出去"实践经验。然而，如何实现文化的"走进去"，已成为跨文化传播中的痛点与难点。跨文化传播研究可以从其主体间性和文本间性方面体现。③ 红色博物馆跨文化传播的主体间性突出了传者中心性，一方面将其他文化主体视作"他者"，利用自

---

① 洪恩美，段慧. 文化作为斗争场域：文化研究的特殊性［J］. 文艺研究，2013（6）：98-104.
② 习近平在中共中央政治局第三十次集体学习时强调 加强和改进国际传播工作 展示真实立体全面的中国［N］. 人民日报，2021-06-02.
③ 罗雯. 论跨文化传播的主体间性与文本间性及话语层面［J］. 国际新闻界，2006（10）：34-38.

我文化认同的话语体系来诠释、构建红色文化符码，并展开博物馆叙事策略；另一方面，将有红色文化解码诉求的跨文化受众客体视作强化自我话语认同和隐喻性表达的对象。而其文本间性主要突出传播媒介和受众的能动影响，强调红色文化的传播话语一旦被博物馆"自我"编码构建出来，就会与社会化的跨文化传播机制以及其他文化阐释话语发生联系。

（一）跨文化传播主体间性的话语失衡

根据我国于2015年发布的《博物馆条例》，博物馆事业将教育功能置于首位，是公共文化服务体系的一个重要组成部分。因此，以革命历史、抗战遗址、英雄人物等为主题的红色博物馆大多为国有性质，它们主要致力于满足本国人民的精神文化需求，但在跨文化传播方面存在明显的不足。红色博物馆在跨文化传播方面显现出以下两个主要问题：

1. 跨文化话语的权威唯一性

红色博物馆作为诠释权威，常基于自我红色文化认同，主导红色文化的博物馆叙事与转译内容。虽以"将心比心"的形式，通过研究跨文化传播对象的需求喜好，采用类比、联想和结对等途径，构造红色文化符码叙事，据此调整展示内容和陈设方案，将红色文化编码并传述给跨文化传播受众，实现自我统觉（Apperception）到跨文化的他者共呈（Appresentation）转向，然而，在整个过程中，仍是持续强调传播内容的主导话语权，附加主体意志于博物馆受众，并希望他们充分理解、体会、领悟红色文化的实质内涵。实际上，博物馆的编码者难以掌握跨文化受众在体验博物馆过程中的内在意识反馈与信息传播成效，而作为权威的单一信息源，红色博物馆也并没有充分考虑到受众对红色文化的"他者"解码权，所构造的红色跨文化信息流本质上杂糅了较多的"自我"意识流，缺乏对博物馆跨文化传播的宏观定位和语权重构。

2. 文化转译的主体支配性

目前，博物馆的跨文化传播服务主要包括语音导览、译文海报等非人际接触型服务，以及以外文导游为主的人际接触型服务。在非人际接触型服务的实施过程中，博物馆主导预设的转译服务，往往难以满足不可预测的受众需求，无法产生恰当的话语意义。在进行博物馆文本的跨文化转译时，难以充分考虑其情境变量，如体验情境的语场、传播受众的语旨、转译文本的语式等。因此，即使是高质量的博物馆转译文本，不同受众的解读也必然存在相当大的差异，更无法确保跨文化传播的转译精准性与意义本真性。而以外文导游为主的人际接触型服务，作为博物馆跨文化传播的最佳途径之一，一方面受限于导游语种不全、人力资源不足、投入成本过高等客观困境，无法真正意义上实现跨文化传播服务全覆盖；另一方面，外文导游作为博物馆话事人和编码者，基于红色文化自信而进行"自我"编码，亦决定了其在转译服务进行时对红色文化编码的支配性地位，成为影响红色博物馆受众跨文化信息获得、时空体验价值、红色记忆生成等跨文化传播进程的重要变量。

（二）跨文化传播文本间性的媒介固化

媒介是跨文化传播不可缺少的组成部分。以往跨文化传播研究多表现为"媒介中心主义"，过分强调大众媒介而忽视了人际传播在跨文化传播中的桥梁作用。① 媒介人对传播主体提供的信息通过选择、组织、诠释形成文化间关联，对新文化进行能动作用后，产生文化记忆和认知判断。因此，那些克服了时空障碍、跨越了文化边界、来往于中外文化环境的跨文化人群，成为红色博物馆跨文化传播的重要桥梁，而文化语境的不对称性也成为跨文化释义解码的最大障碍②，主要存在如下问题：

1. 认同缺失，失真严重

在国际话语的建构过程中，"中国"多是"沉默的对话者"③，外国人缺乏与中华文化的互动与了解，导致博物馆的跨文化参观者当面对中西方文化碰撞和红色文化时，往往感到文化不适，甚至产生"文化休克"。他们无法完全按照博物馆编码者的预期来解读红色信息流，甚至可能放弃追求文化原真性的努力。他们既无法明晰跨文化互动的深层次意义，又难以保持跨文化界限，从而催生出对红色故事的误读、误解、误判等跨文化传播负面现象。加之部分西方媒体长期对中华文化的"他塑型"不实宣传，在华外国人的原本文化认同中可能被植入了对中华文化"定型化"的负面认知，难以正确恰当地完成跨文化传播的解码，甚至可能采取"对抗式立场"，使用自己选择的符码（固有观念）将编码信息非总体化，并基于自身文化认同的参照框架将红色文化信息再次总体化，从而以一种完全不同甚至截然相反的方式进行"对抗式解读"。这就要求我们提供一种易于跨文化理解和催生跨文化认同的"亲近性文本"④，这样可以有助于缓解"游而不学""文化偏见""边界阻隔"等跨文化认同障碍与低效传播的现实困境。

2. 内容同质，范式乏陈

红色博物馆主要以满足我国人民精神文化需求而进行红色文化传播，跨文化受众在此场域所得到的媒介服务和文本设计存在一定不足。

首先，同质宣传偏多，文化交流弱化。红色故事构成了文化吸引力的关键元素，

---

① 张晓鹏. 文化认同视角下博物馆跨文化研学旅行研究［J］. 博物馆管理，2021（1）：42–48.
② 陈开举. 文化语境、释义障碍与阐释效度［J］. 中国社会科学，2023（2）：184–203，208.
③ 董军. "国家形象建构与跨文化传播战略研究"开题会综述［J］. 现代传播（中国传媒大学学报），2012，34（1）：121–123.
④ 杨保军. 创制亲近性文本：跨文化有效传播的重要基础［J］. 国际新闻界，2001（6）：59–63.

深入研究不同文化背景下的受众对这些故事的看法，以及探讨红色主题图像和情感如何在社交平台上被分享和传播，对于促进广泛而明确的意见交流具有重要意义。这些研究有助于拓展跨文化传播的文本间性。然而，目前红色博物馆的跨文化传播，一方面由于红色文化的时代性及红色故事的革命性，与国外受众之间存在较大的文化隔阂，难以促成对红色文化的信任与理解；另一方面由于目前红色跨文化传播的内容同质化、主体参与缺失等，难以实现红色情感共鸣，常常被贴上带有负面含义的"外宣"标签。

其次，单向传播为主，缺乏双向互动。近年来，数字媒体技术日新月异，博物馆的编码者大举引用并持续关注技术中介在用户体验及其文化传播方面的显著作用，出现了"新媒体研究热"，通过虚拟博物馆、云看展、线上展览直播等多样数字媒介，打破了时空限制，使海外受众能够远程体验。但其本质仍是以博物馆为传播主体的辐射式传播，红色文化的跨文化价值流向，多呈现出单向、递减、杂糅的趋势，缺少了文化交互、意见交换、认知反馈等红色跨文化的理解验证。

最后，趋向西方文化输出模式，中国式传播模式创新动能不足。资本主义现代性强调物竞天择，而文化输出的"软权力"带有一定的对抗式色彩和文化扩张主义倾向[①]，不利于文化命运共同体的构建。因此，红色博物馆的跨文化中国式现代化传播，应在追求相互尊重、求同存异的基础上，重塑价值基石，探索适合我国文化基因的特色跨文化传播模式。

二、基于文化认同的红色博物馆跨文化传播模式解构

依据传播学家保罗·拉扎斯菲尔德（Paul Lazarsfeld）提出的"两级流动传播理论"，在信息传播过程中，作为中介的意见领袖对所接收信息的影响颇大。因此，红色博物馆的跨文化传播效果主要受桥梁人群的影响（见图1）。

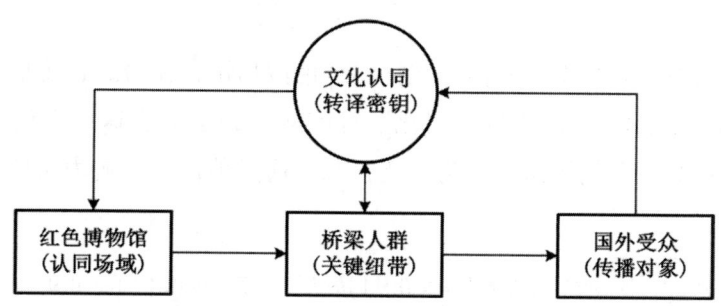

图1　文化认同视角下红色博物馆跨文化传播

---

① 王沪宁. 文化扩张与文化主权：对主权观念的挑战 [J]. 复旦学报（社会科学版），1994（3）：9-15.

（一）文化认同：跨文化传播的"转译密钥"

文化认同是指对人们之间或个人同群体之间的共同文化的确认。不同文化在接触、碰撞、比较的交互场域，面对另一种异于自身的存在时，将会构建自我身份确认，保持自我同一性，也会审视异种文化，产生排他抗拒性。美国跨文化传播专家爱德华·霍尔（Edward Hall）指出："文化中最重要的心理要素是认同作用。"当面对具有诸多差异性的文化场景时，文化传递者必然会重构现实关系和符号关系，构建新的文化认知和文化认同，而文化认同的建构"不仅仅局限于对自身文化的认同，或对于异文化传入的认同，更在于对全人类文化的广泛认同"①。因此，文化认同作为所有认同的核心，是开启心灵、匹配彼此文化符码的转译密钥。它需要借助多模态跨文化传播媒介和多渠道跨文化身份识别，以国外受众对我国文化的深度认同为基本目标和核心任务，构建一个可持续、高效、正向引导的跨文化传播链，这将有助于解决红色跨文化传播的难题。

红色跨文化传播是实施文化"走出去"、构建世界文化共同体的重要任务。尽管国外受众不易与我国红色故事直接产生联系，但其所属文化群体可以通过彼此文化相似性的联想与想象，推动跨文化情感互动，激活认知情感共鸣。②近年来，红色影视的出口以及边境地区的红色旅游等多种形式的红色跨文化传播已经取得了显著成效，但仍难以弥补多年欠账，主要面临着语言沟通、价值认同、风俗习惯等关键障碍。③

（二）红色博物馆：跨文化传播的"认同场域"

2015年2月15日，习近平总书记在参观西安市博物院后强调："一个博物院就是一所大学校，要把凝结着中华民族传统文化的文物保护好，管理好，同时加强研究和利用，让历史说话，让文物说话。"这一重要论述为我国博物馆助力中华文化"走出去"发展道路，为如何构建有效、有利的国际红色舆论场这一跨文化传播重要任务明确了方向。④

然而，承载中国共产党革命精神文化的红色博物馆，在跨文化传播过程中常常遭遇"无效转译""文化折扣""叙事固化"等问题。为了克服这些障碍，我们可以将提升桥梁人群对红色文化的认同作为主要目标，通过他们的影响力讲好"中国红色故

---

① 张恒军，吴秀峰."一带一路"视域下中华文化认同的内涵、原则和策略［J］. 出版发行研究，2019（1）：10-15.
② 李鲤，石琪隆. 从影像触达到文化认同：短视频跨文化传播的情感互动机制——基于互动仪式链的视角［J］. 传媒观察，2023（6）：97-103.
③ 马瑞贤，张楠楠. 推动红色文化走向世界［J］. 人民论坛，2018（27）：134-135.
④ 宋向光. 促进"认同"是当代博物馆的重要任务［J］. 东南文化，2011（4）：9-13.

事"，借助他们的力量传播红色文化，从而构建全球红色跨文化人际传播网络，实现从文化"走出去"到"走进去"的转变。

博物馆是最具国际共识性和传播力的可持续媒介[①]，拥有普通媒介所不具备的特定文化体验空间，而空间，就像语言一样，能够传达信息。博物馆的编码者可以通过提供具有前瞻性和感性的、能够引起情感共鸣的、富含多种文化元素的"时间、体验、记忆"融合叙事，以真实、即时、交互的直观获得，取代间接、外在、符号化的一般媒介传达，使桥梁人群在吸收中华文化的同时，能够将其融入自身的文化体系中，逐渐内化并形成超越性的身份认同，从而实现全球文化认同的象征性构建。因此，红色博物馆是向在华外国人传递红色文化精髓、促进产生红色文化认同、培养跨文化意见领袖的重要"认同场域"。

（三）桥梁人群：跨文化传播的"关键纽带"

党的十九大报告强调"以我为主、兼收并蓄，推进国际传播能力建设，讲好中国故事"，揭示了以在华外国人为代表的"桥梁人群"对于提升我国国际传播能力、增进国际理解和认同具有重要作用。早在2019年，在我国境内就业、定居的外国人数就已突破90万[②]。随着自媒体的蓬勃发展，一些桥梁人群成为"洋网红"，活跃于抖音、Bilibili、Youtube、TikTok等国内外热门社交平台。他们主要以用户生成内容（UGC）为主、专业生成内容（PGC）为辅的内容生产模式，从语言环境和价值观层面寻找共同点，促进交流与融合。基于各自的文化认同，他们努力地、尽可能真实地向世界讲述他们眼中的中国，展现立体、多维、真实的中国故事。

根据英国学者斯图尔特·霍尔（Stuart Hall）提出的"编码—解码"理论，由于在跨文化传播中存在着传者和受众语言体系、文化背景、风俗习惯等方面的差异，难以实现编码与解码的有效转换，这就需要桥梁人群借助其文化上的相似性发挥调节作用，将中华文化的符号信息进行解码和转译，以便通过人际传播转化为适合其母国人群的包容性文化"影响流"。于是，这些桥梁人群成为中国文化对外传播的天然"文化译介者"，是化解文化隔阂的关键环节[③]。桥梁人群对中华文化的认同是产生有效传播效果、发挥"意见领袖"作用的基本前提。

---

① 郭斐珺，马凌.以博物馆为媒介：新时代国际传播的一种方法［J］.当代传播，2022（1）：39-43.
② 俞陶然.逾21万外国人在沪工作［N］.解放日报，2019-1-16（1）.
③ 赵云泽，滕沐颖，赵菡婷，等."桥梁人群"对中国品牌的跨文化传播的影响研究［J］.国际新闻界，2015，37（10）：65-78.

三、互动与认同：红色博物馆跨文化传播机制

红色博物馆以其独特的编码叙事和时空限制，展现了一种与其他媒介截然不同的跨文化传播方式。它主要通过双螺旋互动机制、意见领袖引导的红色跨文化认同机制以及跨文化传播叙事机制等多维度动力，构建了红色博物馆的跨文化传播链（见图2）。

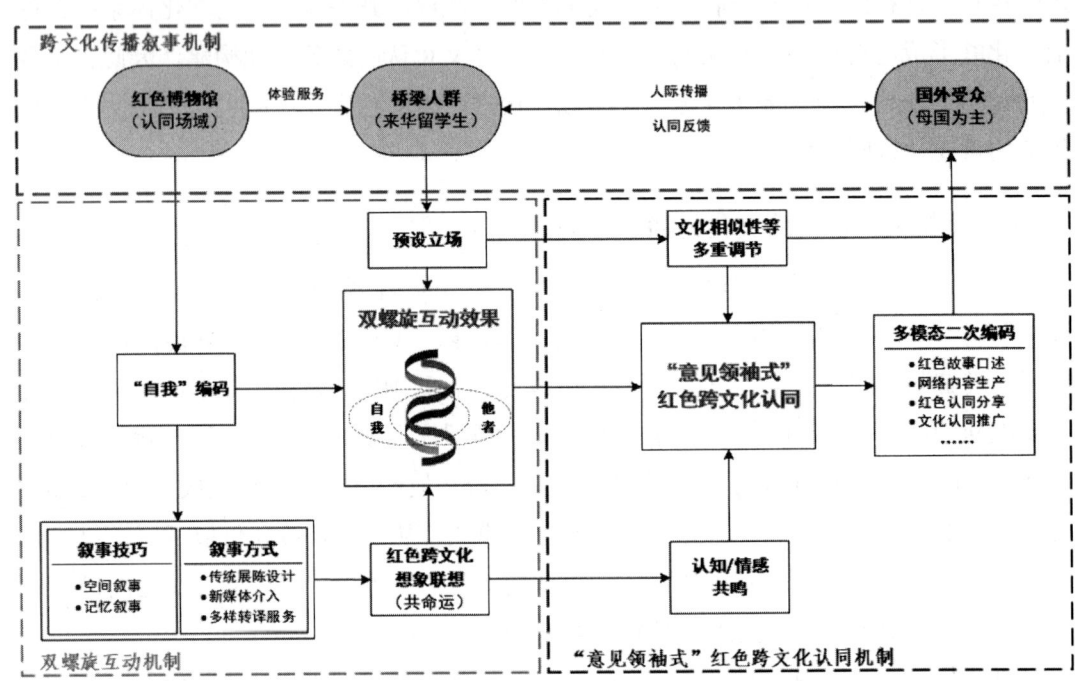

图2　文化认同视角下红色博物馆跨文化传播机制

（一）双螺旋互动机制

红色博物馆的视觉和空间特征对认同具有重要的积极意义[①]，编码者运用时空、记忆等叙事手法构思博物馆展陈设计方案，通过可视化、叙事化、符号化的视知觉设计，深入剖析并精准定位所要传达的核心文化精粹，创造一个充满历史追溯、故事体验和文化感悟的沉浸式空间。这样的设计对红色文化进行"主导－霸权式"的解读和"自我"编码，旨在形成一个以桥梁人群为目标的跨文化信息流。

与传统传播媒介不同，博物馆所展示的文化信息不易被压缩在有限的时空内，参观者需在展示空间内经历一定的时间跨度和空间移动。这导致了博物馆体验的连续性

---

① 麦克唐纳.博物馆：民族、后民族和跨文化认同［J］.尹庆红，译.马克思主义美学研究，2010，13（2）：72-90.

（时空、记忆）与间歇性（解码、行为）并存。因此，桥梁人群对红色文化的接受和理解往往呈现出非连续性和不稳定性。只有通过维持红色博物馆文化传播服务的"持续断点式"接触，结合参观者的教育背景、认知水平、预设立场等文化认同特征框架，以及参观动机、心情、情绪等体验状态变量的多重因素，才能实现以桥梁人群为主体的对红色跨文化"他者"的解码。因此，红色博物馆编码者的个体记忆叙事逻辑，必须根据桥梁人群的个体差异进行定制化设计与安排，确保与他们的主体性文化意识相契合。这样，个体才能真正理解红色文化及其与自身文化、生活的内在联系，提升对红色文化的合理认知和主观感受，进而构建一个亲近、适宜的红色文化认同环境。基于此，红色博物馆场域内的"服务体验式"跨文化传播的典型特征主要表现为，在博物馆场域内的各个信息服务接触点上，"自我"编码（博物馆）与"他者"解码（桥梁人群）之间的反复交互与持续深入，逐步实现红色记忆的巩固和文化认同的强化。与那些缺乏体验、缺少场域、减少次数的大众媒介传播机制相比，红色博物馆展现了明显的差异性，产生了具有迭代性、沉浸感和持续性的独特跨文化"双螺旋互动效果"。

"双螺旋互动效果"不仅受到红色博物馆服务体验式文化传播特性的影响，还因双重文化认同主导的跨文化传播差异而产生变化。首先，博物馆作为红色文化的传播者和诠释者，其自我文化认同起着主导作用。基于这一双重身份，博物馆以强烈的红色文化认同感，展现出一种主导性和权威性的身份标识。它依据"自我"信息偏好对红色文化进行解读，确保博物馆的"自我"编码与红色文化在意义上保持一致，实现"完全明晰的传播"。然而，博物馆受众大多是"主动的、有主见的"[①]，尤其是桥梁人群对红色文化的距离感，需要充分考虑接收者的认知结构、兴趣需求等主体性差异特征，需要基于"他者"的认同解码逻辑，将红色文化进行柔性调节，避免其产生文化不适，从而提高红色跨文化传播效度。

其次是主导桥梁人群"他者"解码的红色文化认同。桥梁人群会基于对红色文化的认同程度，自发地寻找红色文化与自身文化的相似之处，并通过选择主导霸权式、协商式和对抗式三种预设立场，对所获得的博物馆"自我"编码内容进行不同模式的"他者"解码。其中，全然认同红色文化的桥梁人群将会以博物馆相近的认同身份，进行主导霸权式解码；而对红色文化存有保留认同空间的桥梁人群，则会选择对信息流持一种矛盾协商的态度，融合相容与对抗的因素，制定并执行一套红色文化的"他者"解码基本规则；对于那些质疑红色文化的人，他们往往将自身的意识形态置于首要位置，主观上故意采取一种对抗的态度，偏离甚至忽视博物馆的叙事。他们被自己"主

---

① HOOPER-GREENHILL E. The educational role of the museum［M］. London：Psychology Press，1999：1.

导的感知、认识、情感、意识形态或者行为结果等复杂结构"所束缚①，混淆或颠倒"他者"与"自我"，构建了一套符合他们身份认同的"对抗式"解码逻辑。

（二）"意见领袖式"红色跨文化认同机制

随着对红色博物馆文化信息流的深入了解，桥梁人群将基于价值共识，以传播形态和规则的价值准则为衡量标准，通过想象与联想，逐步构建起共命运的红色跨文化认同，产生对红色文化的深刻理解和情感共鸣，从而促成桥梁人群对红色文化解读的认同新立场。

一部分具有传播意愿和传播能力的桥梁人群，对解码自红色博物馆的信息流进行"他者"二次编码，主要针对其母国受众进行传播。基于对红色文化的认同程度，结合其个人喜好、网络平台、编码能力等主客观因素，以多模态传播形式，将红色信息流转变为"意见领袖式"的红色跨文化认同影响流。虽然无法避免"文化折扣"现象的存在，但桥梁人群以适宜其同文化、同身份、同语言、同认同的叙事逻辑进行总体化转译，可以减少红色跨文化传播带来的文化冲击和文化不适，降低国外受众对中国红色文化的解码门槛，为国外受众创造更多认同中国红色文化的机会。因此，通过以桥梁人群意见领袖式的人际传播，有助于境外红色跨文化认同的指数级增长。

"意见领袖式"的红色跨文化认同，不仅确保了红色文化信息传递的本真性，更关键的是，它通过桥梁人群连接了红色博物馆与国际受众对红色文化的多元文化认同。这种认同既继承了"双螺旋互动效果"中对红色信息流的"他者"解码，又开启了为国际受众提供恰当、准确信息的"他者"编码，成为红色博物馆跨文化传播的核心。

（三）跨文化传播叙事机制

文化的认同程度造成了意义的断裂，编码与解码之间并没有构成一种"直接的同一性"，造成了传播者与接收者之间传播符码的不对称性。②红色文化每经过一次转译传播环节，都可能产生一定的文化折扣或文化杂糅现象，这意味着相同符号在不同情境下的外延与内涵亦是不尽相同的。虽然这在一定程度上增加了红色文化的亲近性，却也容易弱化红色文化的本真性。根据文化认同的演变过程，红色博物馆的跨文化传播可以划分为三个阶段：前期的"体验式"认同、中期的"意见领袖式"认同，以及后期的"渐进式"认同。

在前期"体验式"认同阶段，博物馆叙事信息具有时滞性、积累性，编码者必须预设桥梁人群的红色跨文化需求，才能通过"双螺旋互动效果"充分发挥博物馆的沉

---

① 霍尔. 编码，解码 [M] // 罗钢，刘象愚. 文化研究读本. 王广州，译. 北京：中国社会科学出版社，2000：348–349，357–358.
② 李媛媛. 斯图亚特·霍尔的传媒理论研究 [J]. 中国社会科学院研究生院学报，2004（6）：64–67，142.

浸性、故事性、具身性、体验性等传播功能。博物馆编码者通过检视红色博物馆的文化符号性资源（历史、记忆、语言等）和桥梁人群的内在社会性差异（种族、国籍、文化等），研究构建符合红色跨文化传播桥梁人群的红色文化认知、解码立场、自我身份界定的动态认同体系。红色博物馆通过"图文—体验""单向—双向""传授—认同"等跨文化传播思维范式的转换，运用文物展示、历史重现、故事演绎、环境模拟等体验性叙事服务，构建了一个双向交互、情感共鸣、无损转译的多模态传播叙事模式。此举旨在增强体验价值、构建记忆叙事、培育红色文化认同感，以避免红色文化传播过程中常见的简单形式主义、口号化、视觉化、碎片化以及表层体验等问题，加强桥梁人群在红色博物馆场域的沉浸式文化认同和记忆。

中期"意见领袖式"认同，主要强调作为核心传播纽带的桥梁人群在人际传播中的重要作用。特别是在新媒体技术的推动下，一种以数字媒介多样性、网络技术支持和内容服务增值为特征的数字跨文化传播模式应运而生。这种模式赋予了桥梁人群选择线下人际交往或线上网络社交的自由，并允许他们根据自身的编码能力，采用多媒体组合叙事的方式，创造出具有时代感、艺术性和多样性的红色跨文化影响流。此外，借助数字手段，基于桥梁人群的语言、情绪、表情、行为等个人特质，以红色故事口述、网络内容生产、红色认同分享、文化认同推广等多模态叙事，将中国红色文化再度编码"媒介化"[①]，创造出包含"意见领袖式"红色文化认同的亲近性传播文本。这有助于更好地构建红色跨文化传播价值共同体，并实现"文化增值"。

在跨文化传播链后期的"渐进式"认同阶段，我们需借助海浪般连续的迭代刺激，以激发海外受众对红色文化的认同。通过逐步加深理解，红色文化得以在受众的自我文化认同体系中找到一个合理的文化定位，从而逐渐培养出能够解读红色跨文化影响流内涵的解码能力。一旦红色文化在海外受众的跨文化认同体系中内化并扎根，它可能催生出减少对抗态度的新预设立场，为海外受众在解码时提供新的选择，这将有助于国际红色舆论场的建设。为了实现这一目标，必须通过媒介或桥梁人群持续地、有效地、易于理解且有趣地提供内容，丰富红色跨文化服务的接触点，增加海外受众与红色文化的互动机会，从而缩短跨文化距离。

四、文化认同视角下红色博物馆跨文化传播建议

（一）革新叙事手段，丰富文化触点

红色博物馆是编码者实施认同教育的核心场域，需要以促进文化认同为核心目标，

---

① 薛翔，高贵武. 再媒介化：中华优秀传统文化在当代社会的理解与传播[J]. 新闻爱好者，2024（10）：23-27.

开发一系列易被桥梁人群解码的叙事符码。以红色文化故事为核心，融合新媒体技术，借助跨文化受众的情感共鸣，拓展博物馆的跨文化叙事维度。因此，我们需深入分析桥梁人群的文化价值观等特征，以掌握红色博物馆跨文化转译效果的限制因素。从红色文物的展示到红色文创产品的开发，从线下研学活动到线上虚拟漫游，我们必须创新性地运用"大智移云"等新媒体技术，并对传统叙事手段进行优化。我们致力于制定有效的跨文化传播和叙事转译策略，以构建多样化的红色文化"走出去"渠道、创新的转译方法和易于理解的内容。这将启动红色博物馆数字化的"跨文化新表达"策略，持续降低国外受众对中国红色文化的理解难度和接受门槛，从而缩短红色文化与国外受众之间的文化距离。

除了利用数字技术在博物馆中实现红色文化的跨文化叙事，以精准传播增强桥梁人群的沉浸式体验价值外，还应推动红色博物馆与文创产品运营（文化消费）、文博内容创新（文化融合）、创新文旅经营（文化共享）等跨文化创新传播的整合式建设。这将拓展文化传播的路径，丰富跨文化受众与红色文化的互动机会。通过多模态、新体验的红色文化记忆的持续生成，我们能够拉近文化距离，提高跨文化受众的文化认同度和忠诚度。在国际文化领域，我们致力于培养有利于我国的红色舆论场，逐步提升我国红色文化的国际影响力。

（二）推进红色研学，培养意见领袖

桥梁人群的红色文化认同是红色博物馆跨文化传播的重要前提，推进红色教育则是其获得红色认同的关键。红色博物馆作为跨文化认同教育和跨文化传播的新领域、新途径、新空间，对于推动跨文化教育具有重要意义。它考虑到了桥梁人群在语言和思维上的差异，突出了克服"文化适应"这一教育目标。红色博物馆积极组织跨文化研学旅行活动，探索以馆校合作为机制、红色资源开发为纽带、探究式体验学习为原则、数智化博物馆为拓展平台的创新研学方式。通过教育渠道的拓宽和教育成果的评比等激励政策，激发桥梁人群对红色博物馆的主动研学热情，深植红色文化认同的种子，提高他们在红色博物馆研学体验中的文化认同感、红色解码能力以及跨文化传播的效果。

红色研学作为博物馆跨文化传播的核心途径和初步任务，关键在于如何增强桥梁人群在红色文化传播中的影响力和动力。此外，结合数字技术赋能的虚拟平台，可以吸引并聚集那些具备优秀"解码—编码"能力的跨文化转译人才，创建"红色云社区"和"红色舆论场"。利用网络叙事媒介，发挥桥梁人群作为主要传播主体的重复性"遍历"（Ergodic）作用，推动具有相似红色话语意义的群体扩散效应。通过网络征集、文化交流、红色故事讲述等线上线下红色主题活动，研究如何促进桥梁人群对红色文化的认知、情感共鸣、高效跨文化转译以及多模态叙事能力的提升，制定促进红色跨文化认同的方案。培养并激励那些在各传播渠道推广红色文化、传播红色精神的"洋网红"，保护并发扬这一星星之火，实现借助他们的力量"讲好中国红色故事"，从而打破跨文化传播中的转译障碍。

（三）减少文化折扣，整合传播矩阵

针对当前红色博物馆在跨文化传播中内容呈现碎片化的问题，我们应深入挖掘和整合博物馆内那些能够触动人心、激发希望、反映人类对美好生活的共同追求的普遍情感资源，构建一个跨文化的红色图文数字库。通过提炼红色文化中的"和平与发展""公平与正义""民主与自由"等构建人类命运共同体的文化元素，寻找与目标受众文化背景相似的"亲和型"红色记忆资源，增强红色文化与不同国家受众之间的沟通共鸣。此外，我们还应归纳和提炼可复制、可推广、可借鉴的红色博物馆跨文化传播的成功案例和先进策略，以打造一个减少文化差异影响的红色博物馆跨文化传播模式。

此外，为了实现高效的红色跨文化传播，降低翻译过程中的文化损失，我们应避免采用传统媒介逐层转译的线性模式，转而采用多接触点、少曲折、共认同的矩阵式跨文化传播方式。通过"官产学研"协同合作，推进红色博物馆官方与融媒体"微平台"的跨文化传播矩阵整合。联合政府部门、互联网企业、关键传播者、红色博物馆以及国际受众等多方力量，形成纵横交错的合作网络。致力于研究并构建一个促进人际传播的红色跨文化分享平台和传播渠道，为关键传播者提供持续的红色文化教育和文化交流机会。构建一个多主体协作、高效且高质量的红色博物馆跨文化传播链，以分享促教育、以传播促认同，建立一个有利且有效的国际红色舆论场。

（作者单位：湘潭大学）

参考文献

【1】洪恩美，段慧.文化作为斗争场域：文化研究的特殊性［J］.文艺研究，2013（6）：98-104.

【2】习近平在中共中央政治局第三十次集体学习时强调 加强和改进国际传播工作 展示真实立体全面的中国［N］.人民日报，2021-06-02.

【3】罗雯.论跨文化传播的主体间性与文本间性及话语层面［J］.国际新闻界，2006（10）：34-38.

［4］张晓鹏.文化认同视角下博物馆跨文化研学旅行研究［J］.博物馆管理，2021（1）：42-48.

［5］陈开举.文化语境、释义障碍与阐释效度［J］.中国社会科学，2023（2）：184-203，208.

［6］董军."国家形象建构与跨文化传播战略研究"开题会综述［J］.现代传播（中国传媒大学学报），2012，34（1）：121-123.

［7］杨保军.创制亲近性文本：跨文化有效传播的重要基础［J］.国际新闻界，2001（6）：59-63.

［8］王沪宁.文化扩张与文化主权：对主权观念的挑战［J］.复旦学报（社会科学版），1994（3）：9-15.

［9］张恒军，吴秀峰."一带一路"视域下中华文化认同的内涵、原则和策略［J］.出版发行研究，2019（1）：10-15.

［10］李鲤，石琪隆.从影像触达到文化认同：短视频跨文化传播的情感互动机制——基于互动仪式链的视角［J］.传媒观察，2023（6）：97-103.

［11］马瑞贤，张楠楠.推动红色文化走向世界［J］.人民论坛，2018（27）：134-135.

［12］宋向光.促进"认同"是当代博物馆的重要任务［J］.东南文化，2011（4）：9-13.

［13］郭斐珺，马凌.以博物馆为媒介：新时代国际传播的一种方法［J］.当代传播，2022（1）：39-43.

［14］俞陶然.逾21万外国人在沪工作［N］.解放日报，2019-1-16（1）.

［15］赵云泽，滕沐颖，赵菡婷，等."桥梁人群"对中国品牌的跨文化传播的影响研究［J］.国际新闻界，2015，37（10）：65-78.

［16］麦克唐纳.博物馆：民族、后民族和跨文化认同［J］.尹庆红，译.马克思主义美学研究，2010，13（2）：72-90.

［17］HOOPER-GREENHILL E. The educational role of the museum［M］. London：Psychology Press，1999：1.

［18］霍尔.编码，解码［M］//罗钢，刘象愚.文化研究读本.王广州，译.北京：中国社会科学出版社，2000：348-349，357-358.

［19］李媛媛.斯图亚特·霍尔的传媒理论研究［J］.中国社会科学院研究生院学报，2004（6）：64-67，142.

［20］薛翔，高贵武.再媒介化：中华优秀传统文化在当代社会的理解与传播［J］.新闻爱好者，2024（10）：23-27.

公共文化服务视域下的博物馆传播内容研究
——以北京艺术博物馆为例

张石夕
Zhang Shixi

摘要:"博物馆热"的兴起,对博物馆的内容传播和效果呈现提出了新的要求。当前,北京博物馆之城建设的现实目标是满足观众的多层次文化需求。基于此目标,博物馆工作人员作为文化遗产和知识的传递者,有责任对博物馆的传播内容进行梳理和深入研究,深入分析影响博物馆传播效果的因素,并据此提出有效的策略。这不仅是职业要求,也是提升公共文化服务质量的迫切需要,同时在公众教育和文化普及方面发挥着至关重要的作用。本文以北京艺术博物馆为案例,通过问卷调查、案例分析和深度访谈等研究方法,从观众调查入手,探讨博物馆传播内容的特征和规律,旨在分析公共文化服务背景下博物馆传播内容的现状和存在的问题,并提出相应的改进建议。

Abstract: The emergence of a "museum boom" has raised new demands for the dissemination of museum content and the presentation of its effects. Currently, the practical objective of Beijing's Museum City initiative is to fulfill the multifaceted cultural needs of the audience. Based on this goal, for museum practitioners, as transmitters of cultural heritage and knowledge, sorting out and conducting in-depth research on museum dissemination content, profoundly analyzing the influencing factors of museum dissemination effects and proposing corresponding strategies are not only the needs of their work, but also the practical requirements for improving the quality of public cultural services, and they also play a crucial role in public education and cultural popularization. Taking the Beijing Art Museum as a specific example, this paper adopts methods such as questionnaire surveys, case studies, and in-depth interviews, starting from the analysis of audience surveys to explore the characteristics and laws of museum dissemination content, aiming to analyze the current situation and problems of museum dissemination content from the perspective of public cultural services and put forward suggestions.

关键词：博物馆；公共文化服务；文化传播

Keywords：Museum，Public Cultural Services，Cultural Communication

引 言

灿若星辰的文化瑰宝，是中华文明的金色名片。在习近平新时代中国特色社会主义思想的指引下，我国文化和自然遗产保护事业前景广阔。近年来，博物馆事业发展如火如荼，观众人数呈"井喷式"增长，博物馆"打卡"日益成为公众休闲娱乐的重要方式，同时也成为公共文化服务中不可或缺的重要组成部分。这种发展不仅体现在数量的增加，更体现在质量的提升。在 2024 年国际博物馆日中国主会场活动开幕式上，国家文物局发布了 2023 年我国博物馆事业发展的最新统计数据：全年新增备案博物馆 268 家，全国备案博物馆达到 6833 家，举办了超过 4 万个陈列展览和 38 万余场教育活动，接待观众人数高达 12.9 亿人次，博物馆已成为新时代人民美好生活的重要组成部分。

本文选取北京艺术博物馆作为研究对象，深入分析该馆如何利用其古建筑特色进行内容传播，包括定位策略、内容规划以及展示手法等方面的创新举措。文章旨在探讨如何通过多样化的传播手段，拓展服务范围，提高服务质量，以满足不同年龄层和需求的观众，激发公众对博物馆的兴趣，增强其在大众文化生活中的存在感。同时，本文还探讨了如何通过这些努力更好地服务于公共文化事业，有效应对日益增长的"博物馆热"，持续提升服务水平，并为北京博物馆及文化中心的建设贡献力量。

一、博物馆传播现状

从基本定义来看，博物馆是一个兼具社会性和文化性的交流教育平台，它不仅服务于新时代的精神文明建设，还承担着提升公民思想道德和科学文化素质的重任，致力于培养有理想、有道德、有文化、有纪律的公民。作为文化基础设施的重要组成部分，博物馆在提供公共文化服务方面扮演着关键角色，它负责营造积极向上的文化氛围，促进社会文明程度的提升。此外，博物馆在传播传统文化、服务大众方面的作用，也是现代文明城市构建的一个重要标志。

近年来，随着社会对文物重视程度的提升，关于博物馆学和传播学的研究逐渐增多。郑州大学的覃覃《博物馆大众传播模式研究》[①]一文系统梳理了博物馆大众传播发

---

① 覃覃. 博物馆大众传播模式研究［J］. 东方收藏，2021（1）：95-96.

展阶段和传播现状，探索新媒体时代的传播新模式。大连博物馆的马骞《公共文化服务视域下博物馆教育工作的思考》[①]一文深入分析了博物馆在社会教育方面的特点与优势，并据此提出了相应的建议。栖霞市工人文化宫的汪晓阳《公共文化服务视域下群众文化建设的内在逻辑、优化路径与实践价值》[②]一文对群众文化建设进行了全面阐释。首都师范大学的谢雨婷《试论公共文化服务视域下的博物馆学研究》[③]一文对2005—2020年间公共文化服务视域下的博物馆学研究文章进行了分析，并提出了自己的思考。广西壮族自治区博物馆的邹颖《新媒体背景下文博类政务微博内容构建与传播研究——以广西博物馆为例》一文对文博政务类微博这一独特的传播媒介的定义、定位、发展以及内容运营策略进行了深入的分析。业内已有的研究多是针对博物馆学的核心概念与理论框架进行延展讨论，或者从传播学的基本原理与模型出发，选择特定案例进行研究，对于博物馆学与传播学的交叉融合的讨论不足，针对博物馆在公共文化服务环境中传播内容的特点和受众反馈研究还有待进一步梳理。

（一）博物馆传播的主要类型

博物馆的传播内容丰富多样，形式也各具特色。例如，通过展览来传播文化，从实体展览的角度来看，文物展品是核心元素。各类展品在展厅内通过精心策划的陈列布局，辅以恰当的照明和详尽的文字解说，以直观的方式展示，传递着文化的魅力。教育活动作为博物馆传播知识的关键方式之一，涵盖了各类讲座、工作坊以及培训课程等。讲座深入传递文化内涵，使观众在聆听的过程中加深对历史脉络的理解；而手工制作工作坊则以趣味性为核心，引导观众亲自参与传统工艺品的制作，让他们在实践中深刻体验传统文化技艺的精妙，从而增强对传统文化的认同感和传承意识。在媒体传播领域，博物馆借助现代信息技术不断拓展其影响力。信息技术的迅猛发展，使得观众足不出户便能知晓天下事。博物馆官方网站成为全天候展示平台，详细介绍博物馆的馆藏文物、展览信息、学术研究成果等，同时还提供线上虚拟展览和精美文物图片，让无法亲临现场的观众也能身临其境地领略文物之美与展览的魅力。博物馆亦致力于利用各种社交媒体平台提升其影响力，通过展示精美的文物图片、分享有趣的历史小故事以及发布生动的科普短视频，成功吸引了大量网民的关注和互动。此外，一些博物馆还与电视台合作制作纪录片、电视节目等，深入挖掘馆藏文物背后的故事以及其蕴含的文化价值，通过生动的画面和翔实的讲述，在大众媒体上展现博物馆文化的独特魅力，让历史与文化的价值得以传承延续。这些多样化的传播方式，助力博

---

① 马骞.公共文化服务视域下博物馆教育工作的思考［J］.大连城市历史文化研究，2022（00）：197-203.
② 汪晓阳.公共文化服务视域下群众文化建设的内在逻辑、优化路径与实践价值［J］.参花，2024（15）：113-115.
③ 谢雨婷.试论公共文化服务视域下的博物馆学研究.［J］.中国博物馆，2021（2）：8-13，125.

物馆发挥启迪智慧与培养审美的作用。

（二）博物馆内容传播的选择与渠道

通过比较国内外博物馆官方网站的展览宣传内容，我们可以发现，国内博物馆在内容选择上主要侧重于传统历史文化，但在多元化和创新性方面略显不足。与国外博物馆注重跨文化和跨学科内容整合的做法不同，我国博物馆的传播内容主要以传统历史文化为主轴，但在特色发掘方面尚显不足，未能将艺术品与科学、历史、文学等多领域有效结合，以提供更全面的视角。此外，博物馆在将艺术与当代社会议题相融合方面也存在欠缺，这限制了其吸引不同观众群体的能力。目前，我国博物馆在数字技术的应用上相对落后，亟须加强。与国外博物馆擅长运用数字技术和多媒体手段，例如虚拟现实（VR）、增强现实（AR）等，为观众创造沉浸式参观体验不同，国内博物馆在数字化应用方面尚显不足。同时，尽管国内博物馆在社交媒体平台上的活跃度正在逐步提升，但推广力度和渠道拓展仍需加强。

二、研究方法

（一）案例研究法

本研究运用了质性研究方法中的案例研究法，选定的研究对象为北京艺术博物馆。该案例位于北京市，属于以古建筑为特色的博物馆，其类型为藏品丰富、种类繁多的综合性博物馆，隶属于北京市文物局，是一个提供公共服务的场所。

北京艺术博物馆位于历史悠久的明清古刹万寿寺内，自 1987 年正式成立并对外开放以来，始终致力于服务社会发展，向公众敞开大门。自 2017 年起，博物馆闭馆进行大规模修缮，直至 2022 年 9 月 16 日，经过五年的精心修缮，重新向公众开放。此次重开，博物馆以"平安艺博""学术艺博""活力艺博""数字艺博"四大板块为核心，以文物工作为根基，以展览陈列为平台，以社会教育和公众服务为导向，逐步塑造了独特的办馆理念和特色。这不仅是对多年来文物保护和利用成果的展示，也是在文博事业迅猛发展的当下，对传统文化传播和公共文化服务提升进行的新探索和再实践。

（二）深度访谈法

本研究采用深度访谈法，即由访谈者对受访者进行一对一访谈，在访谈提纲的整体框架下，根据现场访谈的情况，对访谈问题进行适当调整。通过深入访谈一线服务人员、馆内观众以及线上观众等不同群体，我们旨在全面了解我馆的接待服务现状和文化传播成效，同时识别存在的问题，并积极倾听他们的观点和建议。

（三）问卷调查法

本研究采用问卷调查法，对北京艺术博物馆的一线服务人员、职工代表以及观众进行了问卷调查。问卷内容涵盖了公共文化服务质量、服务设施、展览体验以及收集其他意见建议等方面。目的是为本研究提供更加科学和全面的数据支持，深入了解服务差异化需求和传播内容测评的整体状况。

三、从博物馆观众需求分析看当前博物馆传播面临的问题与挑战

（一）博物馆传播案例分析——以北京艺术博物馆为例

1. 观众

（1）观众基本情况

截至2024年5月31日，北京艺术博物馆已对外开放503天（周一除外，且受疫情影响闭馆情况不计），累计接待观众近45万人次。在这些观众中，约有一半享受了免费或其他优惠待遇。老年观众群体表现出极高的参与度，占总参观人数的30%。未成年人和大学生群体的参与度也不容小觑，占16%。此外，社教活动的免费入馆群体占0.84%。

自重新开馆以来，北京艺术博物馆的入馆流程经历了多次调整。最初，我们仅通过单一平台售票，而现在已扩展至多个平台。此外，原先需要提前购票并预约参观的制度，已经转变为现场购票且无需预约即可入馆。为了确保数据的准确性和稳定性，我们截取了从2022年9月16日重新开馆至2023年7月10日的参观数据，以便进行进一步的分析。

北京艺术博物馆的访客主要来自北京本地，占总观众的83.12%，而外省观众则占16.88%。在客源地排名中，北京、上海、天津位列前三，三者累计占比高达85.46%。

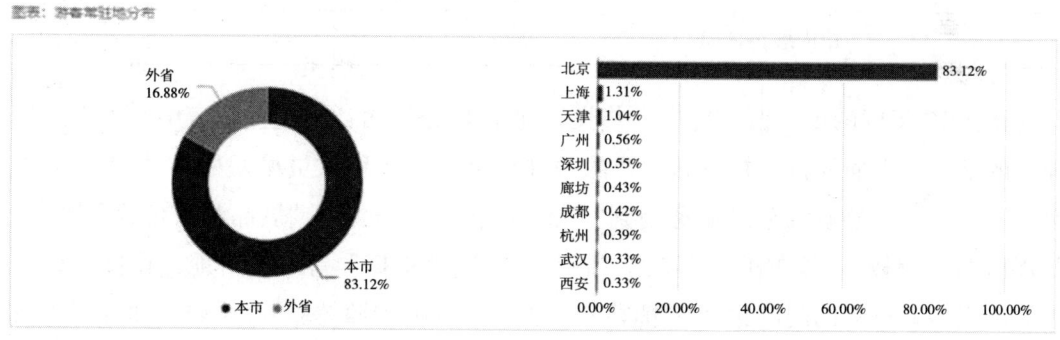

图1 北京艺术博物馆观众来源分布

北京艺术博物馆观众以青年观众为主，年龄段集中在31岁—40岁间；女性用户高出男性用户26.62%；亲子群体占比为51.94%；学生群体占比为8.26%。

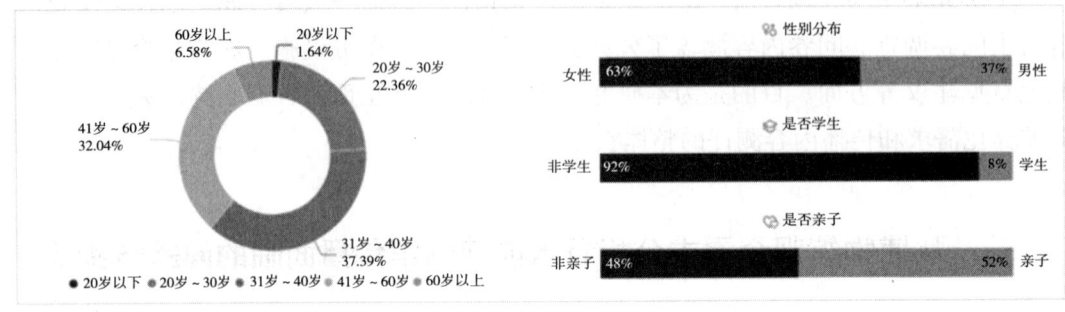

注：亲子用户拥有小孩且年龄在12岁及以下的用户群体

图 2　北京艺术博物馆观众画像统计

（2）观众对传播内容的反馈情况

为了更优质地提供开放接待服务并满足观众的需求，北京艺术博物馆在多个方面做出了不懈努力，得到了观众的普遍好评。自重新开放以来，该馆通过多种渠道积极收集观众反馈，包括在展厅设置意见簿，以及通过微信、美团、抖音等平台及时监控并分析关注评论的数据变化。

调查问卷分析：在展厅共发放了100份调查问卷，并在全部收回后进行了深入的分析和统计。

表 1　观众反馈调查问卷

序号	题目内容	评价维度			
		满意	较满意	一般	不满意
1	馆内服务质量	96%	4%		
2	馆内服务设施	90%	10%		
3	馆内展览体验	94%	6%		

在2023年度的展厅留言簿中，共收集到4243条留言。在这些留言中，关于意见建议的部分，正面评价中被频繁提及的关键词包括："工作人员尽职尽责""工作人员热心""无障碍设施完善""服务周到""古建筑与展览之美""展品具有价值""展品与展区布置超棒""策展非常喜欢""展览与文创都很棒"等。相对地，在反面评价中，出现频率较高的问题包括："屏幕和展柜反光影响拍照体验""希望增加院落指引手册""建议调整说明牌位置以便观看""期望学者书屋能有更多开放时间"等。

在进行意见和建议类电话回访时，共收集到 21 条反馈。以下是其中的一个典型案例：观众冯某某在参观《万几余暇——清代皇室书画艺术展》（展览日期为 2022 年 9 月 16 日至 2023 年 5 月 10 日，现已结束）期间，对展品《民国溥僩（xiàn）苍松八哥图轴》提出了意见。其指出，画作的标识存在错误，根据鸟类学的专业辨识，画中的鸟并非八哥，因此他强烈建议更正这一错误。这一建议反映出，部分观众希望博物馆在传播内容时能更加注重科学性和准确性，同时也展示了不同文化背景的观众对于博物馆展示内容的不同理解和需求。

根据合作平台美团 2022 年 9 月 16 日至 2023 年 7 月 31 日期间的观众反馈数据，我们进行了深入分析。结果显示，共收集到评论 3632 条，其中平均每条评论包含 115 个字。在这些评论中，有 1816 条属于攻略型评论，字数超过 100 字，占新增评论总数的 50%。此外，平均每条评论的浏览量达到 2411 次。其中，一条好评的曝光量最高，浏览次数高达 887927 次，而一条差评的浏览次数仅为 205 次。

表 2 入馆类热词名称及提及次数

入馆类 热词名称及提及次数	占比
支持线上购票（137）	23.80%
购票方式多（22）	3.80%
支持扫码购票（2）	0.30%
支持票口购票（1）	0.20%
门票库存充足（1）	0.20%

表 3 热词名称及提及次数

热词名称及提及次数	占比
具有文化特色（207）	68.80%
营销活动安排合理（75）	24.90%
营销活动宣传效果好（17）	5.60%

经过对观众反馈内容的深入分析，可以明确看出，观众对万寿寺（北京艺术博物馆）的整体评价是积极的。在入馆购票体验、服务质量以及展览相关的文创产品等方面，观众都给出了较高的评价。

2. 博物馆传播内容及方式

（1）展览传播

北京艺术博物馆致力于传承和弘扬传统文化，通过讲述文物背后的故事，向公众传播历史智慧。在展览形式上，它主要沿袭了传统的器物展示方式，同时在展示手段上进行了创新，力求让文物本身成为讲述者。自重新开放以来，博物馆推出了多个展览项目，包括《缘岸梵刹——万寿寺历史沿革展》《吉物咏寿——吉寿文物专题展》《云落佳木——中国传统家具展》等常设展览，以及《万几余暇——清代皇室书画艺术展》《瓶花落砚香——明清文房雅器展》《苍山秀水——山水主题文物展》等临时展览。此外，还有《万历文物特展》《长物·居园》等合作巡展，以及假山、三大士殿、乾隆御碑亭、无量寿佛殿、西洋门、光绪御碑亭等建筑景观的展示。

（2）社会教育品牌活动传播

① "物上记忆"非遗社教活动品牌

北京艺术博物馆汲取文化传承与记忆的精髓，创新性地运用博物馆资源，强化其教育功能。依托其丰富的馆藏，推出了以非物质文化遗产技艺传承为主题的"物上记忆——传统非遗技艺体验"社会教育活动品牌。通过将馆藏中的木工坊、女红坊等文物与文化服务相结合，我们打造了独特的非遗体验课程。这些课程为观众提供了沉浸式体验中国传统技艺的平台，旨在通过参与体验活动，增进公众对传统文化的理解，促进传统技艺的传承。同时，我们鼓励观众在创作过程中融入个人的美学和艺术感知，使文化传播更加栩栩如生，进一步强化博物馆在公众教育和文化传承方面的重要角色。

② "中华好家风——寻福纳吉迎家和"青少年社教活动品牌

北京艺术博物馆致力于为青少年构建一个多元且层次丰富的博物馆课程体系，旨在深化青少年对中华传统文化的认同与自豪。我们精心策划了一条以"洪福齐天—祈寿延年—和合共生—千古名篇"为主题的路线，将万寿寺的吉祥文化与博物馆的教学活动紧密结合。通过实地考察、体验式打卡等互动形式，让孩子们与历史进行亲密的对话，从而继承并弘扬优秀的家风。我们组织学生和家长一起探索古建筑与文物中的吉祥图案，感受古建筑匾额、房梁彩画所蕴含的传统文化魅力，领略文物展品的"雅韵"与"趣味"，共同创造一个充满喜悦与和谐的家庭互动环境。通过这样的活动，我们旨在传承中华优秀传统文化，弘扬中华民族尊老爱幼、家庭和谐的美德。

③ "北岸讲坛"讲座学术品牌

"北岸讲坛"文化讲座是由北京市文物保护协会与北京艺术博物馆携手打造的年度系列讲座，2023年共计划举办7场。该系列讲座致力于搭建一个平台，邀请来自不同领域的文化学者和知名专家与公众进行深入对话。通过这一平台，我们期望促进中华传统文化和历史研究的交流与传播，展示学术成果。同时，我们希望借此机会让公众更深入地了解历史文化的价值以及文物背后的故事,从而认识到博物馆在社会变迁和城市发展中的重要角色。我们期待观众在聆听的过程中,能够对博物馆和这座城市产生更深的情感联结。

④"学者书屋"文化活动品牌

2022年,北京艺术博物馆特开辟学者书屋,馆藏中国著名陶瓷学家叶喆民先生、权奎山先生向北京艺术博物馆遗赠的书籍、手稿等,门类涵盖陶瓷研究、历史学、纺织学、考古学、书法艺术、古诗词等领域,将部分书籍向公众开放阅读,不仅是为了纪念两位先生,更是为了激励年轻学者们追求卓越,勇于攀登学术的高峰。

⑤"艺彩飞扬"志愿团队品牌

为了促进博物馆事业的繁荣和增强其社会教育功能,北京艺术博物馆秉承志愿服务的精神,向社会公开招募并组建了具有公益性质的"艺彩飞扬"志愿者团队。我们欢迎来自各行各业、对艺术和博物馆充满热情的朋友们加入,共同参与社会公益项目,提升个人的综合素质。通过在博物馆内外开展多样化的文化教育志愿服务活动,如志愿讲解、展览策划、摄影摄像和文化传播等,我们旨在促进高品质艺术与文化的共享。同时,志愿者们将在传播博物馆文化、推动文化交流、讲述北京故事、塑造北京形象等方面发挥关键作用。

(3)文化创意产业传播

文化创意产业是实现"让文物活起来"并打造博物馆最后一个展厅的关键举措,它不仅传承了历史文化,还促进了社会经济的发展。北京艺术博物馆依托其馆藏的精品文物和古建筑,通过展览深入挖掘万寿寺的历史文化内涵,并与现代文化创意相结合,设计并创造了一系列集艺术性、观赏性和实用性于一体的特色创意产品。这些文创产品进一步丰富了人民群众的精神文化生活需求,使人们能够感受到博物馆厚重历史文化的熏陶。我们的目标是通过艺术的魅力激发城市的活力,让观众在欣赏展览的同时,能够将文物与日常生活用品相结合,为使用者带来美的享受,并将博物馆文化带入千家万户。

(4)新媒体文化传播矩阵

北京艺术博物馆坚持正面发声,通过官方网站、微博、微信、抖音等组建了新媒体文化传播矩阵,不仅用于展示馆藏艺术品的研究成果、展览回顾、最新资讯和社教活动,还设有资讯、服务、藏品、展览、学术和互动等多个栏目。在新媒体平台上,我们详细介绍了北京艺术博物馆的基本情况,并定期更新馆内动态,公开了开放时间、联系方式等实用信息。此外,它还提供了常设展览、临时展览以及线上展览的详细图文介绍,包括80件文物的3D模型或高清图片。博物馆还通过图文和视频资料普及文物知识,介绍特色藏品,并介绍了文创空间、体验工坊等互动区域。自2023年起,北京艺术博物馆将原有的"每周一品"图文展示升级为"品·艺"视频系列。2023年，北京艺术博物馆通过微博、微信和抖音等平台发布了478条宣传信息和87个宣传视频，并成功接待了28场新闻报道，覆盖了电视、报纸以及各类新媒体渠道。

（二）当前博物馆传播面临的问题与挑战

通过分析观众数据、现场访谈以及电话收集的观众反馈，结合北京艺术博物馆的参观数据、经济效益、社会效益和文化效益的综合分析，我们可以推断出公众对博物馆传播内容的需求和偏好。同时，这些信息也有助于我们识别当前博物馆传播内容在内容质量、传播渠道、互动性等方面可能存在的问题，从而为制定后续策略提供有力的依据。

1. 内容同质化严重

目前，无论是从业者还是观众，对博物馆的理解仍然相对传统，主要关注于其保存和研究文物的功能，而未能深入认识到博物馆在多元文化开发和文化传播方面的深远意义[①]，即没有意识到博物馆内的教育价值、情感价值、审美价值和文化价值多元文化的传播延伸，因而，缺乏对博物馆多元文化传播的宏观战略性布局和思考。这种陈旧的观念直接导致了博物馆展陈内容的单一和缺乏创新，难以满足观众日益增长的文化需求。

2. 年轻观众缺席

博物馆的主要受众依然以中老年人和学生为主，年轻观众的关注和参与度较低。博物馆的展示内容通常聚焦于历史、文化和艺术等领域，这与年轻观众更偏好的现代社会、科技进展以及与个人兴趣紧密相连的主题存在差异。年轻观众作为社会的关键力量，他们的缺席不仅削弱了博物馆的活力，还限制了博物馆在文化传承和创新方面的发展潜力。

3. 传播渠道单一

博物馆的文化传播渠道存在严重的同质化问题，主要依赖于传统媒体进行传播，而未能充分利用新媒体平台来增强其影响力。在传播内容方面，通常采用传统的形式，例如文字说明和图片展示。此外，传播渠道主要局限于展览、出版书籍、网站、微博和公众号等传统基础渠道。尽管这些方式可以实现基本的文化传播，但在普遍的传播背景下，博物馆文化的传播效率并不高。

---

① 崔维新. 我国博物馆多元文化传播存在的问题及提升建议. [J]. 文物鉴定与鉴赏，2022（15）：94-97.

四、基于公共文化服务的博物馆传播内容建议

（一）内容定位策略

在策划传播内容时，博物馆应明确其目标受众：依据博物馆的定位与特色，识别出主要的目标群体，例如学生、家庭、历史文化爱好者等，并针对这些不同群体的特征与需求，量身定制传播内容。同时，选择与博物馆定位和传播目标相契合的主题，如历史文化、艺术鉴赏、科学探索等，确保内容既具有针对性又充满吸引力。强调历史文化传承的重要性，提升内容的吸引力和时代感，以满足公共文化服务需求。

（二）内容创新策略

在传承历史文化的基础上，融入数字化技术，利用新技术手段（如虚拟现实、增强现实等）创新展览形式，提供沉浸式体验，或使用现代科技手段展示文物、开发互动体验项目等，使传播内容更加新颖和有趣。同时，将复杂的历史文化知识以故事化的形式呈现，增加内容的可读性和趣味性，提高受众的接受度。将跨学科的知识与元素，例如艺术、历史、科学等，融入博物馆的传播内容中，以拓展观众的视野和知识面。

（三）渠道拓展策略

线上线下融合，利用互联网和社交媒体等线上平台，拓展博物馆的传播渠道，同时结合线下展览和活动，形成线上线下互动的传播模式。活化利用区域内文化资源，形成联动机制，与其他文化机构、学区、街道等单位等开展合作与互动，共同策划并推广博物馆的传播内容，以扩大其影响力。进一步拓展传播渠道，借助互联网和社交媒体平台，拓宽线上传播途径，提升传播效率。

结　语

随着新时代"博物馆热"的持续升温，博物馆从业者不仅获得了前所未有的关注，同时也面临着巨大的压力。站在时代的风口浪尖，博物馆更应坚持正面宣传，积极发声，传播正能量，并在文化传播方面进一步加强力度。首先，通过深化和细化传播内容，进一步明确自身定位；其次，利用科技赋能，提升业务研究水平，探索技术革新与文化传播的协同效应；最后，充分利用区域资源优势，拓宽传播渠道，结合本馆特

色和藏品优势，积极寻求跨界合作和馆际交流，传承和展示中华传统文化，让文物"活"起来。通过与观众的积极互动和交流，以开放和共享的精神，博物馆能够发挥其独特的作用，在北京悠久的历史文化长河中，绽放出耀眼的光芒。

（作者单位：北京艺术博物馆）

参考文献

【1】覃覃.博物馆大众传播模式研究［J］.东方收藏，2021（1）：95-96.

【2】马骞.公共文化服务视域下博物馆教育工作的思考［J］.大连城市历史文化研究，2022（00）：197-203.

【3】汪晓阳.公共文化服务视域下群众文化建设的内在逻辑、优化路径与实践价值［J］.参花，2024（15）：113-115.

【4】谢雨婷.试论公共文化服务视域下的博物馆学研究.［J］.中国博物馆，2021（2）：8-13，125.

【5】崔维新.我国博物馆多元文化传播存在的问题及提升建议.［J］.文物鉴定与鉴赏，2022（15）：94-97.

新时代下博物馆文化元素应用路径的创新思考
Innovative Thinking on the Application Path of Museum Cultural Elements in the New Era

张 婷

Zhang Ting

摘要：新时代下，博物馆的功能在日益多元的文化背景下逐渐趋向完善。在此过程中，博物馆文化元素的创新性应用价值也逐步显现。通过多种新途径和新手段，我们能够有效提升文化传播的效率，拓展社会教育的范围，加深对中华优秀传统文化的理解，并推动社会效益与经济效益的同步增长，从而促进区域经济的发展。本文首先分析了博物馆文化元素传统应用的现有局限和制约因素，随后探讨了在新时代背景下创新应用的可行路径。目的是为众多博物馆的功能改进和提升提供有益的参考，并以公众需求为核心，吸引更多的人走进博物馆，体验文化、传承文化、推广文化，进一步丰富人们的精神文化生活。

Abstract：In the new era, the functions of museums are gradually improving under the increasingly diversified cultural background. In this process, the innovative application value of museum cultural elements has gradually emerged. Through a variety of new ways and means, we can effectively improve the efficiency of cultural communication, expand the scope of social education, deepen the understanding of the excellent traditional Chinese culture, and promote the simultaneous growth of social and economic benefits, so as to promote the development of regional economy. This paper first analyzes the existing limitations and constraints of the traditional application of museum cultural elements, and then discusses the feasible path of innovative application in the new era. The purpose is to provide useful references for the functional improvement and promotion of many museums, and to take the public demand as the core, attract more people to enter the museum, experience culture, inherit culture, promote culture, and further enrich people's spiritual and cultural life.

关键词：博物馆；文化元素；创新应用；推广途径

Keywords：Museum, Cultural Elements, Innovative Application, Promotion Path

引　言

随着我国经济社会的迅猛发展，人民的物质生活水平持续提升，同时对精神文化生活的需求也日益增长。博物馆作为承载我国文化传承的重要场所，承担着传播民族文化和教育公众的重要职责。为了更有效地发挥博物馆的社会功能，创新博物馆文化元素的应用变得尤为关键。博物馆文化元素构成了博物馆艺术形象和文化内涵的核心，其创新应用不仅能够丰富博物馆的文化内涵，还能激发公众的参与热情，传播民族文化的精髓，并促进区域经济的发展。近年来，部分博物馆已经开始重视文化元素的创新运用，并取得了一定的成效。然而，从整体上看，我国博物馆在文化元素创新应用方面仍有较大的提升空间，迫切需要进一步的探索和研究。本文旨在通过探讨博物馆文化元素创新应用的重要性、传统应用的局限性以及在新时代背景下文化元素创新应用的路径，为我国博物馆文化元素的广泛和深入传播提供借鉴。

一、博物馆文化元素创新应用的意义

（一）有利于文化传播

创新地应用博物馆的文化元素，有助于促进文化的广泛传播。作为历史文化的宝库，博物馆通过展览活动，以视觉艺术的形式，结合实物、文字、图片等多种媒介，生动地复原历史，传播知识，极大地满足了公众对文化知识的渴望。若博物馆能在保持传统特色的同时，融入一些创意文化元素，例如运用互联网技术、提供新颖的参观体验等，便能吸引更多访客前来学习和探索，从而扩大文化的影响范围。以故宫博物院为例，其网站上运用了"宫"字视觉标志，并以红色为主色调，彰显了中国传统文化的独特魅力。此外，故宫还推出了网络全景展览，实现了文化的虚拟传播，这些措施显著增强了博物馆文化的传播效果。泉州市博物馆的世界闽南文化展示中心，通过引入互动游戏、触摸屏操作等互动体验，使得复杂的闽南文化更易于公众理解，同时也拓展了文化传播的新途径。可以说，博物馆文化元素的创新对于丰富展览形式、拓宽文化传播渠道、推动中华文化的广泛传播，都发挥着至关重要的作用。

（二）有利于教育社会大众

创新地应用博物馆文化元素，有助于更有效地发挥其公众教育职能。作为非营利性的公共文化机构，博物馆肩负着向公众传授知识的重要使命。通过收藏、研究和展示文物，博物馆能够以生动的形式展现历史的演进，协助公众理解人类文明的发展。若博物馆能采纳富有创意的展示技术，例如互动游戏和虚拟展览，这将使复杂的历史知识变得更加易于公众理解、接受和掌握。例如，泉州市博物馆的世界闽南文化展示中心设有互动游戏体验区，通过打破传统展览的严肃性，以互动方式加深观众对闽南文化的认识。此外，博物馆还可以举办各种形式多样的公共教育活动，如夏令营、讲座交流和课程学习，通过这些活动的举办，进一步推动知识的传播。记忆与遗忘主题展览就采用了讲解与情景剧表演相结合的方式，提升了展览的趣味性和知识传播的效率。因此，博物馆文化元素的创新应用，将更充分地发挥其教育功能，提升公众的历史文化素养，并对社会文明的进步产生积极影响。

（三）有利于弘扬中华民族精神

创新地应用博物馆文化元素，有助于推广中华民族的优秀传统文化和精神。在悠久的历史长河中，中华民族孕育了辉煌的文化遗产，其中的核心理念和价值观念，是中华民族精神的重要构成。博物馆通过保护和展示民族文化遗产，有效地传承了这些优秀的传统文化。若博物馆能融入富有民族特色的创新元素，如中国红的符号、中国画等，不仅能提升展览的艺术魅力，还能让观众深刻体验到中华民族坚韧不拔、勇往直前的民族精神，从而激发民族自豪感和自信心。以中国电影博物馆的"红色革命"主题展览为例，它大量使用红色视觉符号，并结合音乐效果，极大地彰显了中国人民在革命斗争中的英雄气概。因此，博物馆文化元素的创新对于挖掘民族文化精髓、展现民族精神面貌、激励民族精神具有不可估量的价值。

（四）有利于推动区域经济发展

博物馆文化的创新应用对于推动社会效益与经济效益的同步增长具有重要作用。在新时代，文化传播的焦点已超越博物馆本身，而是以博物馆为核心，向周边地区辐射影响力，通过文化纽带将相关地点或邻近区域连接起来，形成文化产业集群或特定空间，从而促进区域经济的发展，并将博物馆展柜和文物中蕴含的文化元素通过市场化运营的途径传播到更广阔的领域。以北京民俗博物馆为例，该馆深入探索了北京千年漕运古村高碑店的丰富历史文化资源，结合当地发展民俗文化产业的需求，致力于通过产业化和市场化运作，构建一个保护和展示村落传统民俗及其文化内涵的活态民俗文化保护区。在这一文化保护区的框架内，相关文化得以通过产业运作得到传承和发展。同时，市场化运营模式也为传统文化注入了新的活力，进一步丰富了民俗文化的内涵，展现了古老文化与新时代风貌相互融合、相互促进的新业态。

二、博物馆文化元素传统传播的局限

（一）局限于展陈内容的表述

在参观博物馆的过程中，大多数观众通常只是被动接受展览所呈现的内容。然而，在缺乏预先知识储备的情况下，观众在尝试理解展览内容时，尤其是对于那些专业性较强的部分，会感到特别困难。而从展品本身出发，其所传递的信息除了表层的显性信息外，还包含多层隐性信息。这些隐性信息通常与其本身原有的文化语境和情景语境密切相关，观众脱离情境观展往往只能接收到表层的显性信息，其他层次的隐性信息则可能被自动过滤，这无疑是对遗产利用的一种极大浪费。[1] 而隐形信息在横向上包括展品在其所在时代的意义、作用、反映出的自然与社会情状，在纵向上则包括展品在时间流逝中被重新赋予的深刻含义。如苏珊·皮尔斯以参加滑铁卢战争的军官的夹克为例，指出仅仅客观描述"这是一件红色的夹克，有几枚肩章……"远远不够，它象征着取得胜利的英国人和理想化的法国革命者。[2]

人们需要透过展品本身触及历史甚至情感，才能了解展品及展览想表达的全貌。而以上内容在有限展陈的框架下难以被完整解读，这也对工作人员的策展思路和方法提出了较高的要求。除此之外，当展品传递给观众的直观感知信息特征不明显时，如果不在展览中加以强调，则很容易被观众误读或忽略，这无疑不利于文化元素在展览中的有效传达。

（二）局限于展览空间的固化

展览的呈现不仅局限于展厅之内，其空间布局与运用在无形中塑造着参观者的体验。展厅的空间结构是动线设计的重要考量之一。在传统展览中，所有展品必须在展厅既定的空间和场地内展示，同时需依据空间结构合理安排展览布局，只有这样，才能在两者之间找到平衡，从而最大限度地提升整体的视觉效果。此外，灯光、位置、色调、方向等展览元素的空间表现同样至关重要。展览的布置必须综合考虑空间的特性，这在展览设计的初期阶段就需要进行周密的规划。然而，即便如此，由于参观者个体的差异，他们的观展体验仍然会存在显著差异。举例来说，如果展览在布展时仅考虑成年人的身高和视角来设定展柜的高度和灯光的投射，那么儿童观众在参观时可

---

[1] 周婧景. 博物馆以"物"为载体的信息传播：局限、困境与对策[J]. 东南文化，2021（2）：136–145.
[2] PEARCE M S. Museum object：in interpreting objects and collection[M]. London and New York：Routledge，1994：19–25.

能会因为无法完全接触内容而体验不佳。这是传统展览在空间展示上难以完全克服的问题,而空间的固定性也限制了展览所传达的文化元素被更广泛观众群体所理解和感受。

(三)局限于传播路径的单一

受限于传统博物馆以传播者为中心的思维模式,博物馆传播的初衷仅在于将想要传达的内容进行简单加工后传递出去,忽略了受众的接受情况。这导致了在选择传播路径时,主要采取了单一的线性传播方式,使得传播范围、影响力度和延续效果都不尽如人意。另一方面,博物馆缺乏专业的传播力量和传播手段,难以建立、运行和维护新的传播路径,这使得博物馆文化元素的传播效率相当有限。特别是对于那些规模较小、专业性较强的中小型专题类博物馆,它们本身就面临着受众群体较少的客观挑战,而其有限的资源又无法支持传播途径的进一步拓展或迭代更新,因此文化元素的传播过程也更为艰难。

三、博物馆文化元素创新应用的路径

(一)突出博物馆的地域特色和文化价值

为了实现博物馆文化元素的创新应用,必须凸显博物馆的地域特色和文化价值。中国是一个多民族国家,各个地区孕育了独特的地域文化,这为博物馆文化元素的创新提供了丰富的素材。博物馆可以依据其所在地的人文历史和风土人情,深入挖掘具有地域特色的文化内涵。在展览内容和形式的设计中,可以融入富有本地特色的视觉元素,例如地方建筑、民间工艺、方言词汇等,以增强展览和产品的文化韵味。同时,博物馆还可以围绕本地的历史名人、历史事件以及非物质文化遗产等举办主题展览,展示地方独特的历史文化,吸引公众的兴趣。此外,博物馆可以组织各种形式多样、内容丰富的文化教育活动,深入挖掘地方文化的精髓。比如,泉州市博物馆依托丰富的闽南地域文化资源,举办设计营活动开发文创产品,策划世界闽南文化展,推动地方文化创新应用。可以说,立足地域发掘特色文化,是博物馆实现文化元素创新应用的重要途径。[1]

(二)文化产品体现创新和创意

为了实现博物馆文化元素的创新应用,文化产品的设计同样需要展现出创新与创

---

[1] 张佳佳. 地域文化元素融入博物馆文创产品的设计策略[J]. 文物鉴定与鉴赏,2021(1):126-128.

意。博物馆可以依据其所在地区的文化底蕴，开发具有鲜明地域特色的文创产品。在产品设计过程中，可以融入新颖的视觉元素，并结合现代人的审美偏好和实际需求，创造出既具创意又实用的商品。例如，苏州博物馆与多家茶品牌合作，推出了以苏州地域文化为背景的春日游系列茶叶产品，将苏州的文人雅趣与现代商品巧妙融合，赢得了广泛好评。此外，博物馆还可以举办设计竞赛，邀请设计师提交创意方案，从中挑选出最具创意的作品进行生产。比如，泉州市博物馆举办的两岸大学生文创设计营活动，就充分调动了艺术院校学生的创造力，设计出许多融入闽南地域文化元素的文创品。可以看出，在文化产品开发中体现创新和创意，是博物馆实现文化元素创新应用的重要途径之一。①

（三）利用互联网进行文化宣传

互联网的飞速发展为博物馆文化元素的创新应用开辟了新的天地。博物馆能够通过建立官方网站、开通新媒体账号等多种方式，在线上展示数字化的文物藏品、举办虚拟展览、发布馆藏学术信息等。以故宫博物院为例，它在微博、微信、抖音等平台开通了多个新媒体账号，广泛传播故宫文化。同时，故宫还推出了多款手机 App，实现了文化资源的网络化。网络平台以其强大的互动性和快速的传播速度，为博物馆提供了根据用户需求定制的丰富新媒体内容，如生动的文字、图片、音频、视频等，使得文化资源更加多样化、更易于接受。此外，博物馆还可以建立网络社区，组织线上交流活动，推动文化资源的普及。综上所述，利用互联网手段进行文化宣传，是博物馆实现文化创新的关键途径之一。这不仅拓宽了文化传播的范围，也使得公众更便捷地接触和了解了博物馆文化。以泉州市博物馆为例，该馆在抖音、微信公众号上大力传播世界闽南文化展览内容，还举办线上文化讲座，吸引了众多网民关注和参与，充分发挥了互联网在博物馆文化传播中的优势作用。②

（四）优化提升参观体验

参观体验是观众在博物馆游览的最直观感受。③博物馆在打造馆内氛围和提升观众服务方面应深入思考，可将文化元素融入整体环境布局和景观序列中，以实现展览内容与展馆环境的和谐统一。这不仅有助于观众更直观地理解展览内容，还能提供更

---

① 王莹.基于文化元素的博物馆文创产品设计研究：以敦煌研究院为例［J］.收藏与投资，2023，14（6）：125-127.
② 刘一芳，刘源.浅谈湘楚文化元素的数字化传承：以湖南、湖北省博物馆为例［J］.新楚文化，2022（6）：78-82.
③ 于晶，陈韵竹.博物馆展示空间设计中地域文化元素应用研究［J］.轻纺工业与技术，2020，49（9）：138-139.

加愉悦的参观体验。鉴于游客参观博物馆时往往有打卡的需求，展厅可划分为不同区域，设置专门的互动拍照点，集中展示代表性文化元素。这样既满足了游客的参观愿望，又能在不知不觉中强化博物馆的文化特色，加深游客的印象。例如，中国国家博物馆的《中国古代钱币》展厅，以"清泉蓝"作为主色调，呼应了钱币在中国古代的别称"泉"。展厅中泉水的意象被巧妙地融入环境布置，而展厅中部的过渡区域，特别设计了蓝色墙壁，并点缀了中国历代的代表性古钱币模型。钱币仿佛在历史长河中悠然漂浮，成为展览中最具吸引力的区域之一。

四、博物馆文化元素创新应用的策略

（一）传统的公共教育宣传手段

博物馆可以采用一些传统而有效的公共教育手段，促进文化元素的创新应用。其一，博物馆可以依托专业的讲解员团队，通过生动形象的讲解向观众介绍博物馆的展品及其背后的文化内涵。讲解员既是展览的解读者，也是博物馆文化的传播者。他们的专业讲解可以增强展览的趣味性和知识传播效果。[①] 其二，博物馆可以举办各类丰富多彩的公共教育活动，如主题讲座、夏令营、民俗展演等。这些活动往往具有很强的趣味性和互动性，可以提高公众对博物馆文化的认知度和参与度。例如，泉州市博物馆就开展了各种形式的世界闽南文化教育活动，取得了良好的传播效果。其三，博物馆可以推出具有创新形式的展览，如情景剧展览、沉浸式展览等，以创新抓住公众眼球，达到文化传播的目的。可以看出，传统而多样的公共教育手段，依然是博物馆进行文化推广的重要途径。

（二）媒体传播助力宣传推广

一是可以借助传统媒体，包括电视、报纸、杂志等，通过宣传报道扩大博物馆展览活动的影响力，推广文化元素。博物馆可与媒体建立战略合作关系，提供丰富的新闻素材，以换取更广泛的宣传。例如，在重要展览开幕前，可以向媒体发送新闻稿件，详细介绍展览的背景和亮点；而在展览正式开幕时，举办新闻发布会，以吸引众多媒体的关注和报道。二是要积极运用新兴的网络媒体和自媒体平台。博物馆可以借助抖音、微博、微信公众号等新媒体平台，传播具有创意的音视频内容，分享博物馆文化元素的应用实例。建议指派专人负责管理这些新媒体账号，及时与网民互动，制作有

---

① 刘一喆.归化异化视角下汉语旅游文本中文化元素的英译研究：以陕西历史博物馆中英讲解稿为例[J].英语广场，2023（1）：24-28.

趣的图片和短视频,以吸引更多人的关注。三是可采用"明星+IP"的营销模式。博物馆可以与热门网红、意见领袖进行合作,借助其人气进行文化推广。四是利用综艺节目的传播展示。博物馆可以自身资源为核心,打造一系列文化综艺节目,借助综艺节目的娱乐效果和广泛的影响力,推广和普及文化元素。例如:曾经掀起热议的《国家宝藏》《我在故宫修文物》《最美中轴线》等,均是博物馆文化与综艺节目效果相互借力的有力尝试。

(三)应用新技术丰富展览体验

博物馆应积极采纳新技术,以丰富展览体验并加强文化元素的创新运用。一是采用数字技术建设虚拟展览和数字博物馆。虚拟展览通过运用3D建模、全息成像等先进技术,精确地再现了实物的每一个细节,突破了空间的界限,使得人们能够随时随地通过网络欣赏展品。而数字博物馆则借助数字扫描、图像处理等技术手段,实现了对实物的数字化保存,同时也为文化元素的创新再利用和新颖展示方式的探索提供了无限可能。二是使用扩增实境和混合实境技术,给用户带来沉浸式的展览体验。观众可以通过AR眼镜、可交互的多屏幕等设备,实现与展品的沉浸式多维互动和探索。三是建设互动式电子导览系统。观众可以通过触摸屏操作、语音提示、文字解说、图片展示以及音视频资料等多种方式,自主地探索和了解展览内容。此外,系统支持设置互动问答和游戏环节,以增强参观体验。四是开发博物馆移动App。应用程序能够提供展览预约、自动语音导览以及虚拟现实展厅等功能,使人们能够随时随地获取博物馆的相关信息。以故宫博物院开发的多款手机应用程序为例,它们极大地丰富了公众体验博物馆文化的方式。显而易见,新技术的运用为博物馆文化元素的创新开辟了更多途径,并且提升了和丰富了观众的参观体验。

(四)联动社会力量促进深入传播

博物馆还应充分利用社会各群体力量的加持,整合资源优势,形成联动,促进文化元素深入传播。一是在馆校之间搭建桥梁。教育部在《中华优秀传统文化进中小学课程教材指南》中强调,将中华优秀传统文化融入中小学教育内容,是实现中华优秀传统文化传承发展系统化、长效化、制度化的重要举措。博物馆可以通过提炼文化内涵,从教学角度编排传统文化课程,走进学校课堂授课;也可以向学校充分开放博物馆的数字文化资源,打破物理距离的局限,让学生在课上获取和感知文化之美;还可以邀请学生到馆内专场学习,体验互动,近距离体悟文化内涵。如史家小学和国家博物馆合作开设的博物馆综合实践课程,实行展厅、教室"双师制"教学,由博物馆教师完成展厅内授课任务,教学内容以帮助学生寻找、发现、探究为主;学校教师完成课堂内授课任务，教学内容以总结、归纳、体验为主。两段教学相互呼应、互为补充，既体现专业性，又彰显教育意义。[①] 二是吸引社会群体力量主动宣传。博物馆可组织"打卡、集章"等志愿性质的社会活动，设置相应任务目标，号召社会公众亲身体验，赋予参与者以文化守护者、传承人等身份，引导他们自发了解、推广文化元素。以"北京中轴线数字打更人"项目为例，博物馆鼓励中小学生通过"云上中轴"小程序报名参与。学生们在线学习北京中轴线的基础知识后，将实地探访北京中轴线的地标性建筑，执行"拍照监测"任务，并将照片上传提交。经过审核的相关数据将同步至遗产监测平台，成为遗产监测的重要数据，并作为记录永久保存。

（五）联合博物馆周边打造文化遗产游径

"游径"一词最早由美国国家公园管理局提出，是为了步行、骑马、直排轮、自行车、滑雪等游憩活动而设置的通道。2018年，该理念中国化后提出了"文化遗产游径"的新概念，指依托于保存较好、价值突出的历史文化遗产和自然资源景观，通过有效串联沿线历史线路的陆路和水路，打造历史空间的游憩与动态展示通道，对于实现文化遗产的动态保护，并进一步通过文旅融合带动地方经济发展具有重要意义。[②]

博物馆，特别是遗址类博物馆，在进行文化传播时可以连点成线，借助线性空间的延展性与多样性，依托文旅融合的独特背景，打造新时代文化遗产游径。如中国长城博物馆作为全面反映长城历史、军事、建筑、经济、文化艺术及现状的专题性博物馆，其文化元素的传播远不止于馆内的展览内容，更多是以博物馆为文化元素的具象集合，融入整个长城文化带的保护传承，借助文旅融合的突出成果带动长城这条文化遗产游径的永续发展。核心元素鲜明的文化遗产游径，不仅提升了体验感，强调观众与环境的相互作用，同时也让抽象、晦涩的文化元素变得立体、生动、鲜活。可触、可看、可感的新时代文化遗产游径，是以公众需求为导向，强化文化传播效能的有益探索。

结　语

综上所述，通过创新地应用博物馆的文化元素，我们能够提升博物馆的吸引力，有助于推广中华民族的优秀传统文化，发挥其教育功能，促进文化的传播与消费，并且实现文化价值的创新性挖掘。鉴于传统博物馆在内容和形式上存在的局限性，推动文化元素的创新应用变得尤为迫切。为了实现博物馆文化元素的有效创新，可以从以

---

① 潘亦宁，巩玮，彭敏.中华优秀传统文化进初中校园的路径探索［J］.教育科学论坛，2022（23）：18-21.
② 杜煜瑶.古道活化利用目标下的杭州市临安区文化遗产游径选线研究［D］.杭州：浙江农林大学，2024.

下几个方面着手：一是突出博物馆的地域特色，深入挖掘当地独特的人文历史；二是让文化产品设计体现创新与创意，满足现代审美需求；三是运用互联网进行文化推广；四是优化展厅环境布置，提升观众的参观体验，让文化元素在不知不觉中传递给观众；五是发挥传统公共教育手段的作用；六是依托各类媒体进行传播助力；七是应用新技术实现沉浸式体验；八是联动社会力量，多点发力促进深入传播；九是带动博物馆周边打造文旅融合地标。目前，我国正迈入构建社会主义现代化国家的新征程，博物馆作为承载文化传承的关键场所，迫切需要创新其文化元素的应用。期望博物馆能够把握数字化时代的机遇，融合传统与现代元素，运用创新思维来规划文化建设为我国文化强国建设作出新贡献。

（作者单位：北京中轴线遗产保护中心）

参考文献

【1】周婧景.博物馆以"物"为载体的信息传播：局限、困境与对策［J］.东南文化，2021（2）：136-145.

【2】PEARCE M S. Museum object: in interpreting objects and collection［M］. London and New York: Routledge, 1994: 19-25.

【3】张佳佳.地域文化元素融入博物馆文创产品的设计策略［J］.文物鉴定与鉴赏，2021（1）：126-128.

【4】王莹.基于文化元素的博物馆文创产品设计研究：以敦煌研究院为例［J］.收藏与投资，2023，14（6）：125-127.

【5】刘一芳，刘源.浅谈湘楚文化元素的数字化传承：以湖南、湖北省博物馆为例［J］.新楚文化，2022（6）：78-82.

【6】于晶，陈韵竹.博物馆展示空间设计中地域文化元素应用研究［J］.轻纺工业与技术，2020，49（9）：138-139.

【7】刘一喆.归化异化视角下汉语旅游文本中文化元素的英译研究：以陕西历史博物馆中英讲解稿为例［J］.英语广场，2023（1）：24-28.

【8】潘亦宁，巩玮，彭敏.中华优秀传统文化进初中校园的路径探索［J］.教育科学论坛，2022（23）：18-21.

【9】杜煜瑶.古道活化利用目标下的杭州市临安区文化遗产游径选线研究［D］.杭州：浙江农林大学，2024.

传播与教育：博物馆面向青少年的公共考古活动

Communication and Education: Public Archaeological Activities for Young People in Museums

曹 默

Cao Mo

摘要： 作为考古学的重要利益相关者，博物馆应积极履行其教育职责，针对青少年群体，深入了解他们对考古学的认知程度。通过举办内容充实、形式多样的公众考古活动，博物馆可以消除青少年对考古学的误解，传播考古学和文化遗产保护的核心理念。这些活动旨在引导青少年在实践中体验考古工作，学习并掌握考古学知识，从而赢得他们对考古工作的理解、支持，甚至激发他们参与考古和文化遗产保护的热情。此外，博物馆还应致力于提供美好的学习体验，以促进公众考古学的进一步发展。

Abstract: As an important stakeholder in archaeology, museums should actively fulfill their educational responsibilities and target young people to gain an in-depth understanding of their knowledge of archaeology. By organizing informative and diverse public archaeological activities, museums can eliminate young people's misunderstanding of archaeology and spread the core concepts of archaeology and cultural heritage protection. These activities aim to guide young people to experience archaeological work in practice, learn and master archaeological knowledge, so as to win their understanding and support for archaeological work, and even stimulate their enthusiasm to participate in archaeology and cultural heritage protection. In addition, museums should also aim to provide a wonderful learning experience to promote the further development of public archaeology.

关键词： 博物馆教育；公众考古学；传播学

Keywords: Museum Education, Public archaeology, Communication

近年来，"考古热"蔚然成风，吸引着人们更深入地了解中华优秀传统文化。考古学的大众化传播是考古学发展的结果，也是考古成果共享的社会属性使然，更是提升国民文化自信的必然。

早期考古学者出于知识普及的自觉向民众介绍学科，20世纪50年代苏秉琦先生首倡"考古学的大众化"理念，60年代美国学术界定义了"公众考古"，即"为保护考古资源，在诸如学校、公园和博物馆等公共场合进行的公众教育和公众解释"[①]。20世纪90年代"公众考古"的概念被引入中国。进入21世纪，随着中国经济的高速发展，公众考古才逐渐引起了中国考古学者的关注，之后"实现了由'分享'到'共享'的转变……公众和考古学家拥有平等的知情权，同时，媒体也享有舆论监督和传播的权利"[②]。

公众考古学的核心理念聚焦于"交流"、"解释"以及"考古学利益相关者"的参与。这些利益相关者涵盖了政府机构、文物部门、考古学家以及广大公众。在这些要素中，"交流"与"解释"不仅是公众考古学的理论基础，也是其开展社会实践活动的关键手段。"交流"是一种双向互动，旨在相互理解，并排除彼此误解。考古学家在做好考古发掘和文物保护工作的同时，应该树立和公众联系沟通的意识，把考古信息、考古成果及时有效地传递给公众，最大限度地实现社会共享。[③]"解释"不仅包括考古学家对考古工作目的和意义的解释，还有对考古学资料和文化遗产的解释，使公众对其有充分的认识和理解。[④]

一、博物馆与青少年：公共考古学的传播者与受传者

受传者即所谓的受众。公众对考古认知的需求是开展公众考古活动的出发点。青少年作为博物馆的重要观众群体，或潜在的访客，其背后是为数更为庞大的学校团体和家庭观众。这些青少年不仅是未来考古工作的潜在力量，更是文化遗产保护的未来守护者。将青少年作为受众群体，体现了博物馆作为社会教育机构的使命，可以让博物馆考古大众化传播效果最大化。博物馆应基于青少年的认知水平和特点，开展公众考古教育，参与中小学素质教育改革，吸引青少年利用博物馆资源学习，提升他们的文化遗产保护意识。同时，博物馆也能通过这些活动完善自身的教育品牌，并通过实践推动我国公众考古学理论研究的发展。

考古成果在博物馆中的传播是实现考古知识普及的关键途径之一。中国的博物馆，特别是历史类博物馆，通常通过文物展示来叙述国史或地方史，它们不仅是考古学的

---

① 姚伟钧，张国超．中国公众考古基本模式论略［J］．浙江学刊，2011（1）：43–48．
② 杨雯，莫扬．中国公众考古传播理念及形式分析［J］．科普研究，2013（3）：12–18．
③ 张士坤，王志华．略论大众传媒与考古共享的互动关系［J］．东南传播，2009（5）：173–174．
④ 郭立新，魏敏．初论公众考古学［J］．东南文化，2006（4）：55．

利益相关者,而且由于博物馆所承担的保护、研究、展示和教育等社会职能,它们自然而然地成为公共考古学的重要传播媒介,尤其是那些以遗址为主题的博物馆更是如此。

从宏观视角审视,博物馆作为考古学领域的重要利益相关者,承担着普及考古学知识的不可推卸的责任。博物馆的各项工作,包括文物的征集、收藏、研究、陈列以及教育推广等,都蕴含着深厚的教育意义,并肩负着传承文化的使命。因此,博物馆应围绕其展览主题和办馆宗旨,依托展览内容,积极调动和整合博物馆资源,策划并开展一系列相关活动,以此充分发挥其教育功能,向公众普及考古学知识。

从微观层面来看,负责推广考古学普及教育的主要是博物馆教育工作者和考古研究专家。然而,他们并非唯一的教育者和传播者。参与公众考古活动的博物馆志愿者,他们首先是学习者,需要掌握考古学的相关知识,随后才转变为传播者,协助博物馆教育工作者举办各类活动。此外,青少年的家长和学校教师,特别是儿童观众的父母,他们作为直接的受教育者,同时也扮演着潜在的传播者角色,在参观博物馆前后,他们能够引导青少年深入认识和学习考古学。

有时候,青少年观众作为受传者的同时,也是传播者。美国休斯敦自然科学博物馆曾策划了一系列校外活动,邀请了多所中学的学生参与。这些活动在得克萨斯州考古协会的田野学校举行,学生们在该协会网站的指定区域创建了网页,并制作了在线杂志。他们还制作了介绍田野工作的视频节目,这些节目和网址不仅让同龄人和成年人有机会深入了解考古学家的工作,还激发了其他学生对考古学的兴趣。[①]

二、去伪存真:公共考古的传播内容

博物馆的公众考古活动旨在传播正确的考古学知识,首要任务是消除公众对考古学的误解,并对社会上流行的伪考古学进行批判。这些活动应致力于教育观众(特别是知识体系尚在构建中的青少年)如何质疑和辨别真伪。此外,考古题材的商业影视作品常常迎合大众对考古神秘感和寻宝猎奇心理,对考古工作进行夸张甚至扭曲的描绘。网络上走红的文学作品也往往对考古工作进行了不真实地描述。博物馆的教育工作者应当深入研究这些考古学主题的文艺作品,通过调查分析青少年受众的基本特征,针对不同群体设计并实施多样化的教育活动。特别是通过讲座形式,对这些文艺作品进行"去伪"。

其次是"存真"。积极推广考古学知识体系和文化遗产保护理念,涵盖考古学的各

---

① 崔玉范.美国的公众考古教育[J].南京社会科学,2007(8):125.

个领域，如考古学的基础概念与方法、发掘过程的实施、出土文物的阐释、考古成果的深入研究以及相关学科的知识等。同时，让公众意识到考古发掘的重要性，并理解考古工作者工作的深远意义。在与青少年观众的互动中，我们了解到他们对考古学的认知、兴趣所在以及对博物馆考古公众教育的期待。我们的目标是将考古学、文物学、文化遗产保护、博物馆学以及历史与青少年的日常学习体系相结合，从而全面推动考古学的普及化传播。台湾史前文化博物馆推出了"直击！文物修复现场———一日文物修复营""直击！博物馆后台""Hello！科学考古"①等一系列活动，旨在让中学生通过亲身体验学习考古与修复相关的专业知识，以及了解田野工作的背后研究。

三、博物馆教育活动：公众考古传播方式示例

目前公众考古学在国内的实践形式主要包括"公众考古传媒、公众考古教育、公众考古活动、公众考古展示等"②，公众考古传媒利用传统与新兴媒体作为传播渠道，而公众考古教育则涉及在通识教育中为非考古专业的学生开设相关课程。公众考古展示指的是以考古为主题的陈列展览。本文将探讨的是公众考古活动的各个方面。

根据受众对考古学认识的不同程度，公众考古活动可分为普及型、文化型、准专业型三大类③。针对高校学生、跨学科研究者以及科研人员的准专业型公众考古活动，旨在提供系统的考古教育，为跨学科合作奠定基础。本文聚焦于普及型和文化型公众考古活动，这两种活动主要面向青少年和一般公众。普及型活动致力于消除对考古学的误解，向缺乏相关知识的民众，尤其是多数青少年，普及正确的考古学知识，并培养他们对文化遗产保护的意识。而文化型活动则针对那些对考古学有一定了解或兴趣的高学历者，他们可能已经阅读过考古书籍、观看过相关纪录片，或参加过公众考古讲座。这类活动的目的是将文化遗产保护的理念融入他们的知识体系，并激励他们影响周围人，共同关注考古学和文化遗产。

博物馆的公众考古活动，可以视为博物馆教育部门依托于馆藏考古出土文物、考古学术资料的研究成果，以及观众对考古文化的需求，策划并实施的面向公众的考古学教育活动。这些活动旨在满足特定的考古学教育目标，拥有明确的主题、内容、受众以及时间、地点和所需设备。在活动过程中，教育人员应与特定观众进行面对面的交流、解释、沟通和互动。此外，为了确保教育效果，这类活动应定期举行。每次活动结束后，博物馆的教育工作人员应及时总结经验教训，并将反馈提供给社会及同

---

① 参见：https://event.culture.tw/NMP/portal/Registration/C0108MAction.
② 高蒙河，崔淑妍．公众考古传媒举要［N］．中国文物报，2015-07-31.
③ 马启展．公众考古活动的分类与传播策略［J］．文博，2015（2）：48.

行。① 多样化的活动形式展现了教育推广的丰富性，但同时要保持连贯性和统一性，以确保公众参与考古活动的成效以及对考古学知识体系的完整掌握。同时，鉴于青少年儿童的认知特点，活动必须兼顾可操作性和趣味性，并持续创新其形式和方法。

示范表演通常由博物馆的教育工作人员或考古专家在展厅或教室进行，他们利用各种道具生动地演示和解释考古发掘过程以及文物的制作技巧。美国博克博物馆的史前印第安人部落展区，陈列着反映史前印第安人日常生活的生产工具。尽管展品以石器为主，内容可能对一些观众来说显得较为单调，但博物馆的考古部研究人员通过扮演表演者的角色，在展厅内生动地演示石器的制作过程，或穿着传统民族服饰，向观众讲述印第安人的历史，并教授学生观众一些基础的民族传统工艺。② 这种深入浅出的教育活动，适合各个年龄段的观众，加深了观众对知识的理解，提升了学习的兴趣，使历史类展览变得栩栩如生。

与示范表演相辅相成的是"动手做"活动，通常会设立器物制作作坊，让参与者亲自动手制作古人类生活用品、生产工具的工艺品、标本等。台湾史前文化博物馆旗下的卑南文化公园推出了"史前玉工坊"和"史前制陶活动"，让参与者亲身体验史前时期的制作工艺③；而英国约克考古学基金会的附属机构——考古学资源中心，在其考古学活动区设置了古代罗马鞋的制作体验④。这些活动使得我们对古代人文历史、传统工艺以及生活状态的理解变得更加容易。

博物馆内设有"探索室"或称作博物馆学习教室，陈列着各类考古标本、工具、图片、模型以及可供触摸的文物复制品。这里提供了丰富的考古学、器物学、历史学等领域的出版物，旨在营造一个充满学习氛围的环境。此外，博物馆还设计了一系列既有趣又富有教育意义的考古学活动，旨在激发观众的动手能力，让他们在亲身体验中感受到成就感和探索的快乐。同时有专业的工作人员提供指导。位于大阪历史博物馆8楼的"NANIWA考古研究所"学习教室，特别设计了一系列室内考古活动。以考古学侦探为主题的漫画形象引导观众，参与从发掘到分析的考古全过程。此外，展板上关于考古学的详细解释和知识问答，配合考古地层遗物分类、陶器修复、遗址拼图、微生物实验观察以及电脑游戏等多样化的互动形式，让参与者在享受乐趣的同时学习了考古知识。

除了馆内的教育活动，博物馆还可以将公众考古活动拓展至户外。

"模拟考古"是遗址类博物馆比较常用的一种公众考古活动形式。北京大葆台西

---

① 张誉腾. 科学博物馆教育活动之理论与实际[M]. 台北：文史哲出版社，1987：26.
　黄淑芳. 现代博物馆教育理念与实务[M]. 台北：台湾省立博物馆，1997：42.
② 王晓芬. 浅谈现代博物馆的娱乐功能[J]. 沧桑，2009（3）：156-158.
③ 参见：https://event.culture.tw/NMP/portal/Registration/C0108MAction.
④ 黄淑芳. 现代博物馆教育理念与实务[M]. 台北：台湾省立博物馆，1997：59.

汉墓博物馆,作为北京地区唯一一座在原址上建设并展示汉代出土文物的博物馆,同时也是国内保存最完好的大型汉墓遗址之一,自 2001 年起,该馆汲取先前模拟考古活动的经验,并借鉴国内外的成功案例,成功策划了"考古小奇兵"项目。博物馆特别举办了与教师的研讨会和座谈会,共同探讨了中小学生在生理和心理上的特性,旨在满足学校素质教育的需求。同时,博物馆开辟了专门的活动区域,包括活动室、工具室和考古厅,并设置了六个不同历史时期的探方,每个探方都配备了专业的考古工具;编写了《考古小奇兵》活动手册、家长手册,制作了大型器物挂图和"考古小奇兵"证书。经过历史考古知识培训的博物馆工作人员,按照发掘前的准备、发掘过程中的指导以及发掘后的相关活动三个阶段,分步实施并提供现场指导和帮助。每个探方都安排了四名"考古队员"来体验实地考古发掘的过程,清理出土的"文物",并根据现场展板的提示,探究"文物"的名称、时代和用途。在"考古"活动结束之前,各探方小组成员与现场工作人员进行了交流,分享了学习经验并得出了最终的结论。活动结束后,工作人员通过个别采访、电话联系、信件咨询等多种方式,收集了学生、家长、教师对活动的反馈信息,为丰富活动内容提供了有力依据,受到了学生、家长和学校的热烈欢迎。① 各地的遗址类博物馆都会定期举办类似的教育活动。美国波士顿儿童博物馆深信"我听到的容易忘记,我看到的容易记得,我亲手做的才真正了解"②,模拟考古寓教于乐,让少年儿童在自由轻松的"考古发掘"体验中,不仅领略考古的乐趣,学习相关的知识,还能够培养自主学习的能力,从而将考古知识和文物保护的意识内化为自己的知识结构。

　　实地考察考古遗址、参与考古发掘工作更适合那些有自理能力、学习意愿较强的高中生,如今,以中国考古为主题的研学项目正在各地蓬勃发展。早在 1985 年,苏州博物馆组织 50 名高中学生、教师参加了"苏州市青年学生历史仿古夏令营"活动,还邀请苏州博物馆考古部钱公麟老师带领活动成员参观苏州上方山吴城遗址、越城遗址、烽火墩遗址,采集碎陶片,学习陶器基本知识,了解考古遗址的历史渊源、保护情况、学术价值。③ 在遗址的实际环境中,我们能够从多个角度获取考古学知识和文物保护信息,构建全面的知识体系。

四、一些思考

　　博物馆应构建长期机制,对活动成效进行系统评估。调查显示,众多参与考古活

---

① 白岩. 遗址博物馆的存在和发展 [J]. 北京文博,2002(3):55.
② FEBER S. 美国波士顿儿童博物馆 [J]. 董丽娟,译. 博物馆学季刊,1987(10):69.
③ 程美珍. 历史访古夏令营 [J]. 博物馆研究,1986(1):90-93.

动的公众表示获益匪浅，并表现出强烈的再次参与意愿。①这表明我们已经实现了考古普及和教育的初衷。同时，传播者需要汲取来自各个领域的观点和反馈，以重构自身的知识体系，优化公众考古教育的策略和方法，推动公众考古学研究的进步。评估不应仅限于活动效果，还应包括活动前的评估和活动过程中的评估，了解青少年对考古学的认知以及可能存在的误解、活动前的需求，为活动的开展做好充分准备。此外，在活动期间，我们应密切观察青少年的行为举止和面部表情，记录他们对考古认知的演变过程，从而提升博物馆针对青少年群体的考古教育普及和传播效果。

青少年公共考古活动不应仅限于博物馆和考古现场，而应扩展至学校领域，使公共考古的普及成为青少年的常态和日常。这将有助于推动中小学校基础教育的改革，促使青少年将课堂所学与现实生活相结合。通过实施"馆校合作"项目，深入挖掘统编教材中的考古学元素，并利用博物馆丰富的公共考古资源开展项目式学习，我们最终能够构建起以考古和文博为核心的主题课程学习体系，使博物馆转变为全方位教育的基地。在策划活动时，我们应当在考古学的专业深度与活动的趣味性、可操作性之间找到平衡点。我们的目标不仅仅是传播考古知识和文化遗产保护的理念，更是要激发青少年内心的希望，鼓励他们关注、热爱并享受考古的乐趣，甚至可能的话，引导他们投身于考古专业。

（作者单位：上海大学博物馆）

📖 参考文献

【1】曹默.浅谈博物馆教育中手工活动的教学设计：以中小学生的考古学普及教育为例［J］.博物馆研究，2009（2）：82-85.

【2】高蒙河，等.笔谈：公共考古/公众考古概念下的考古学教育思辨［J］.中国文化遗产，2022（2）：4-20.

【3】邵培仁.传播学（第三版）［M］.北京：高等教育出版社，2015.

【4】孙蒙蒙.公众考古的传播要素分析：基于传播学"5W模式"［J］.文物鉴定与鉴赏，2018（11）：108-110.

【5】张春杰.考古学的大众传播研究［D］.长春：吉林大学，2021.

【6】姚伟钧，张国超.中国公众考古基本模式论略［J］.浙江学刊，2011（1）：43-48.

---

① 郑媛.试论在中国建立"公众考古学"的必要性［J］.文物世界，2010（4）：49-53.

【7】杨雯，莫扬.中国公众考古传播理念及形式分析［J］.科普研究，2013（3）：12-18.

【8】张士坤，王志华.略论大众传媒与考古共享的互动关系［J］.东南传播，2009（5）：173-174.

【9】郭立新，魏敏.初论公众考古学［J］.东南文化，2006（4）：55.

【10】崔玉范.美国的公众考古教育［J］.南京社会科学，2007（8）：125.

【11】高蒙河，崔淑妍：公众考古传媒举要［N］.中国文物报，2015-07-31.

【12】马启展.公众考古活动的分类与传播策略［J］.文博，2015（2）：48.

【13】张誉腾.科学博物馆教育活动之理论与实际［M］.台北：文史哲出版社，1987：26.

【14】黄淑芳.现代博物馆教育理念与实务［M］.台北：台湾省立博物馆，1997.

【15】王晓芬.浅谈现代博物馆的娱乐功能［J］.沧桑，2009（3）：156-158.

【16】白岩.遗址博物馆的存在和发展［J］.北京文博，2002（3）：55.

【17】FEBER S.美国波士顿儿童博物馆［J］.董丽娟，译.博物馆学季刊，1987（10）：69.

【18】程美珍.历史访古夏令营［J］.博物馆研究，1986（1）：90-93.

【19】郑媛.试论在中国建立"公众考古学"的必要性［J］.文物世界，2010（4）：49-53.

以设立分支机构促进博物馆文化传播的策略探析
Exploring Strategies for Enhancing Museum Cultural Dissemination through the Establishment of Branches

高霄旭　张　峰

Gao Xiaoxu，Zhang Feng

摘要：博物馆作为面向公众的文化服务设施，自主建立或以授权等模式设立分支机构正在成为博物馆弘扬文化和创新发展的一种策略，也是提升机构社会影响力、强化文化传播推广功能以及增加经济收入的重要手段。不同国家、地区、行业以及不同属性的博物馆在开设分支机构时，其"出发点"各有不同，导致它们的机构属性、管理方式和运营模式存在显著差异。通过研究国内外具有代表性的案例，对比分析不同机构和项目采用的"总分馆制""品牌授权""联盟合作"策略的特点，所得出的相关结论和讨论对于我国博物馆设立分馆或其他分支机构、探索共建共管机制、提升文化传播推广能力以及持续释放发展活力等方面具有一定的参考价值。

Abstract: As a cultural service facility facing the public, the independent establishment of museums or the establishment of authorized branches is becoming a strategy for museums to promote culture and innovative development, as well as an important means to enhance the social influence of museums, strengthen the function of cultural communication and promotion, and increase economic income. Different countries, regions, industries and museums with different attributes have different "starting points" when opening branches, which leads to significant differences in their institutional attributes, management methods and operation models. By studying the representative cases at home and abroad, the characteristics of the strategies of "main branch library system""brand authorization""alliance cooperation" adopted by different institutions and projects are compared and analyzed. The relevant conclusions and discussions have certain reference value for the establishment of branches or other branches of museums in China, the exploration of co-construction and co-management mechanism, the enhancement of cultural communication and promotion ability, and the continuous release of development vitality..

关键词：博物馆；分支机构；文化传播；运行管理
Keywords：Museum，Branch，Cultural Dissemination，Operation Management

一、博物馆设立分支机构的趋势、问题与机遇

博物馆作为公共服务设施，通过实体形式向外界拓展，是其发展到成熟阶段后的自然产物。这种空间上的延伸在形式上日趋丰富多元：它可以是临时性的，例如举办临时性的馆际交流展览，开设与博物馆藏品或主题相关的"快闪店"以促进文化创意产品的销售和博物馆文化的传播，甚至是一次短暂的教育研学活动；也可以是更长期、固定且持续产生效益的形式，比如在外地建设并运营一座分馆，或是创建具有博物馆内涵的文化品牌、开展市场营销的专门空间等。

国际上众多知名博物馆和文化艺术机构已经采纳了多样化的"总馆—分馆/分支机构"运营模式。例如，泰特美术馆、大英博物馆、维多利亚与艾伯特博物馆、法国卢浮宫以及纽约大都会博物馆等，都已成功实践了这一模式。纽约现代艺术博物馆（MoMA）通过其附属商店（MoMA Store）打造了标准化的商业空间产品，并将其推广至全球多个城市的商业街区。古根海姆博物馆则通过连锁化的经营策略，实现了更广泛的社会效益和经济价值。此外，英国的维多利亚与艾伯特博物馆、法国的乔治·蓬皮杜国家艺术文化中心等国外文博机构，也已经成功地在我们国家设立了分支机构。

在国内，据不完全统计，共有近 200 家博物馆拥有下属分馆或馆区。[①] 其中，既有中国民族博物馆的合作分馆模式，重庆中国三峡博物馆直属总分馆体系和合作总分馆体系并存模式等国有博物馆主体分支机构设立模式；也有观复博物馆、建川博物馆等非国有博物馆通过建立群落、分馆实现跨区域连锁运营的实例；博物馆以设立分支机构为形式的空间与运营外延，已成为全球博物馆行业不可忽视的趋势之一，并在国内外机构间以及区域竞争中呈现出显著的马太效应。从我国博物馆设立分支机构的实践来看，可以发现它们在地理位置、隶属行业以及运营模式等多个方面展现出显著的差异性。一部分博物馆的分馆、分支机构基础条件欠佳、运营困难，甚至个别的分支机构名不副实，未能充分发挥其应有的功能和价值。总体来说，我国博物馆设立分支机构的探索缺乏体系性、规划性[②]，目前暂未形成相对完善的机构组织形态和成熟的管理运营模式。

中宣部、文旅部、国家文物局等九部委在《关于推进博物馆改革发展的指导意见》

---

① 王春法. 打造新时代博物馆新型智库 推动博物馆高质量发展［J］. 博物馆管理，2019（1）：11.
② 王小明，宋娴. 重构与发展：博物馆集群化运营研究［M］. 上海：上海科技教育出版社，2015：8.

（文物博发〔2021〕16号）中明确提出探索管办分离，赋予博物馆更大的自主权，并在博物馆内部激励机制健全和社会参与等方面予以支持和鼓励，这为中国博物馆探索设立分支机构、开展连锁化经营提供了更加务实的政策和机制保障。本文通过梳理国内外博物馆领域具有代表性的案例，归纳博物馆异地设立分支机构的主要模式并分析重点项目的实施策略，对我国博物馆未来通过设立分支机构提升文化传播和运营能力提出几点思考与建议。

二、国内外博物馆设立分支机构的概述

近年来，国内对博物馆"集群化""连锁化""联盟化"的理论探讨不断加深，特别是关于博物馆通过建立分支机构来扩大文化传播的创新实践的讨论越来越活跃。在具体实践方面，尽管各馆采取的实施策略与具体传播方式有一定差异，但是其最终目的都是为了提升博物馆的社会效益和经济收益。

博物馆异地设立分馆或其他类型的分支机构，是博物馆拓展并链接周边资源、开展宣传推广以树立品牌形象、促进馆际交流与跨界融合的有效策略之一本文的研究与探讨范围限定于那些基于博物馆整体或其内部组织、部门而衍生出的具有独立空间且持续运营的实体机构，不涵盖临时性项目或虚拟博物馆等线上媒介内容。

2011年，由南通博物院牵头、联合近20家文博单位共同参与设立的"环濠河博物馆群"入选我国首批国家公共文化服务体系示范项目，并推动形成了合作理事会管理机制。在集群化运营过程中出现了多头管理、分散经营等阻碍形成合力的问题[1]，南通市政府与环濠河博物馆群合作理事会联合发布政策，旨在解决难题并有效激发博物馆集群化发展的活力。

2014年，南京市对市内的多个文博机构实施了统一管理，并成立了南京市博物馆总馆；2018年，沈阳市也采取了类似的策略，将沈阳故宫博物院等10家博物馆和陈列馆整合，成立了沈阳博物院（沈阳故宫博物院）。上述这种先有独立分馆，后组建为总馆的模式，属于"文化综合体"的直接体现。[2]

重庆中国三峡博物馆则采取了另外一种策略，自2015年12月开设首个分馆"巫山分馆"以来，该馆一直秉持"资源整合、风险共担、利益共享、联合发展"的理念和原则，在重庆市遴选了部分区县博物馆进行培育，在条件逐步成熟的基础上，将较合格的基层博物馆吸纳为分馆。[3] 这是该馆作为区域性功能完善的综合性龙头博物馆，

---

[1] 王烁. 我国博物馆集群化发展初探：以建川博物馆聚落为例[D]. 南京：南京师范大学，2019：32-33
[2] 胡锐韬. 作为文化综合体的博物馆：无边界组织理论视野下的探索[J]. 文博学刊，2019（3）：37.
[3] 程彦武. 重庆中国三峡博物馆总分馆制的探索[N]. 中国文物报，2019-3-26（5）.

契合重庆市发展战略的总体要求，借鉴图书馆行业经验，探索博物馆行业总分馆制的有益实践。

故宫博物院是我国博物馆行业中跨区域设立分支机构的典范。凭借其丰富的藏品资源和具有巨大社会影响力的知名品牌，故宫博物院建立了多种形态的分支运行机构，显著提升了博物馆的文化传播效力。现将相关情况梳理归纳如下（见表1）：

表1 故宫博物院设立的部分分支机构

分支机构名称	建设运营周期	机构概况
故宫博物院北院区[①]（简称"北院区"）	2018年10月启动，2021年3月批准立项	项目建设地点位于北京市海淀区西北旺镇西玉河村，项目总建筑面积将控制在10.2万平方米以内。北院区将融文物保护修复中心、文物修复展示中心、文物展厅、宫廷园艺中心、非物质文化遗产展示空间等于一体
故宫鼓浪屿外国文物馆[②]（简称"外国文物馆"）	2017年5月正式开馆运行	故宫博物院在地方设立的第一个主题分馆。该馆由厦门市政府与故宫博物院合作建设，旨在集中展示故宫博物院所收藏的、流传至今的明清两代外国文物
重庆故宫文物南迁纪念馆[③]（简称"南迁纪念馆"）	2021年6月正式开馆运行	中国首个在故宫文物南迁遗迹内设立的主题历史纪念馆，整体面积为2800多平方米，包括角楼咖啡、临时陈列厅、故宫教育中心、紫禁书院（重庆分院）等业态，并设有游客接待中心及特色餐饮区
澳门故宫文化遗产保护传承中心[④]（简称"澳门中心"）	2019年12月17日签署合作备忘录	设于澳门回归贺礼陈列馆，具有三大主要功能，包括文物保护、文创研发及教育推广，并设有文物展示区、教育推广演示区，以及故宫文创产品展示区和文物修复区等
香港故宫文化博物馆[⑤]（简称"香港故宫"）	2022年7月正式开馆运行	由故宫博物院与香港特别行政区西九文化区管理局合作建立，并不属于故宫博物院的分院，可视为故宫博物院在香港特别行政区设立的一处旨在传播中华优秀传统文化、践行文明交流互鉴的文化艺术机构

---

① 国家发展和改革委员会.《关于故宫博物院北院区项目可行性研究报告的批复》（发改社会〔2021〕304号）[EB/OL].（2021-03-03）[2024-06-15]. https://www.ndrc.gov.cn/xxgk/zcfb/tz/202103/t20210319_1269835.html?code=&state=123.

② 张孳璇.鼓浪屿外国文物馆资源在初中美术课程中的开发与利用：以馆藏陶瓷文物为例[D].厦门：集美大学，2020：7-10.

③ 周文冲，陈国洲.重庆故宫文物南迁纪念馆开馆.[EB/OL].（2021-06-12）[2024-06-15]. http://www.xinhuanet.com/culture/2021/06/15/c_1127562307.htm.

④ 马思伟.《关于建设"澳门故宫文化遗产保护传承中心"合作备忘录》在澳门签署[EB/OL].（2019-12-18）[2024-06-15]. https://www.mct.gov.cn/whzx/whyw/201912/t20191218_849655.htm.

⑤ 娄玮.携手共进 传承弘扬中华优秀传统文化[N].光明日报，2021-11-10.
张亚雄.讲好故宫文物故事 让世界更好地了解中国[N].光明日报，2021-11-10.

续表

分支机构名称	建设运营周期	机构概况
福建省世茂海上丝绸之路博物馆①（简称"海丝馆"）	2018年10月奠基，2021年1月正式开馆	在故宫博物院的大力支持下，由世茂集团倾力建设的大型综合类博物馆，位于海上丝绸之路的起点——福建省泉州市。馆内设置了故宫专题展厅、海上丝绸之路展厅、丝路山水地图数字展厅及紫禁书院（泉州分院）
故宫学院②	2013年11月在北京成立，后辐射至苏州、沈阳、开封、景德镇等地	隶属于故宫博物院的一所家业务培训和教育机构，也是国内首家以博物馆办学的模式成立的"学院"。其宗旨在于为博物馆事业的发展培养专业人才，并致力于实现公众教育和社会服务的使命
紫禁书院③	2013年创建品牌，后在苏州、福州、泉州、长春、广州等地设立分院	紫禁书院，被誉为"行走的故宫"，汲取紫禁城六百年的文化精髓，整合故宫出版物和文创产品的当代文化艺术空间。它以通俗易懂的形式，在全国范围内持续传播故宫文化，为人们带来传统文化的精神共鸣

作为世界文化遗产和公共文化设施的故宫博物院，蕴含着丰富多维的价值内涵。表1中所列项目，仅为故宫博物院通过品牌授权、合作共建、资源共享等方式设立的一部分分支机构，它们展示了故宫博物院多元化的运营策略：北院区作为在同一城市建设的大型分支机构，与故宫博物院共同承担博物馆的基本功能；外国文物馆和南迁纪念馆则通过与地方政府合作共建的形式，彰显故宫特色文化或特殊历史记忆；澳门中心和香港故宫是故宫博物院在特别行政区开展文物保护、中华优秀传统文化传播及文明交流互鉴的重要阵地；海丝馆反映了故宫博物院通过与非国有博物馆合作，助力城市文化产业发展、实现区域文化赋能的社会和经济价值；故宫学院、紫禁书院及其在全国各地设立的分院，属于故宫博物院下属机构开发的基于空间实体的文化传播型分支，有助于故宫博物院实现其文化品牌的高效辐射。此外，故宫博物院还与社会企业联合打造了"清明上河图3.0"等实体数字体验产品并进行拓展。这些公共文化服务"产品"共同构建起故宫博物院"文化空间拓展"和"文化品牌传播"两大文化价值体系。

---

① 福建省世茂海上丝绸之路博物馆. 春华秋荣：世茂海上丝绸之路博物馆文物集萃［M］. 上海：上海书画出版社，2020：9-14.
② 故宫博物院. 故宫学院［EB/OL］.（2021-03-30）［2024-06-15］. https://www.dpm.org.cn/science/platform.
③ 王宇彤. 符号介入型城市文化空间生产的解析研究：基于故宫紫禁书院的实证［D］. 南京：南京大学，2020：22-42.

三、外国博物馆典型案例

（一）古根海姆博物馆

古根海姆博物馆及其分布于世界各地的分馆，均由古根海姆基金会负责运营。得益于其独特的商业特性，该机构率先引入了"文化产业"这一概念，并通过建立藏品共享体系与连锁经营模式，实现了社会效益与经济效益的双重提升。在这一连锁发展策略下，地方分馆借助总馆丰富的文化资源，不仅提升了藏品的展出比例，还在周转过程中实现了激活效应，并积极地融入地方性文化，以实现其全球扩张的战略意图。自1992年成立以来，纽约古根海姆博物馆与位于第五大道的九大博物馆携手合作，通过线性方式深入城市的文化空间，结合地区发展的特色，在展览和推广方面实现了从资本向艺术的转变。古根海姆博物馆毕尔巴鄂分馆的建设与运营更是取得了惊人的成功，并形成了业界极具代表性的"毕尔巴鄂效应"，即一座博物馆带动整个城市的转型发展。毕尔巴鄂古根海姆博物馆的设立源于毕尔巴鄂的城市振兴计划与古根海姆的营销策略转型的各取所需，资金由巴斯克政府独立负担，并以博物馆为引擎，引导地区产业的重新布局、结构升级；古根海姆博物馆提供其商标品牌使用权、经营专业服务、万件藏品的免费借展权，弗兰克·盖里（Frank Gehry）设计的地标性建筑更是为毕尔巴鄂带来了巨大的城市宣传效益，有效提升了其国际影响力。[①]

（二）卢浮宫博物馆

20世纪90年代，法国北部城市朗斯的煤矿产业关闭，直至21世纪初，该市失业率仍居高不下。为此，时任法国文化通讯部部长让·雅克·艾拉贡提出了"文化外迁"政策，将巴黎市的优秀文化资源分享至外省城镇，以实现"丰富外省人民文化生活"和"刺激巴黎以外地区经济和旅游业发展"的双重目标。[②] 2005年，卢浮宫博物馆朗斯分馆破土动工，其建筑设计强调了博物馆社会功能的扩展，充分展现了新卢浮宫计划的核心理念。朗斯分馆2012年正式向公众开放；2013年，卢浮宫进一步决定在朗斯建造新的文物库房，使分支机构的功能更加专业、全面。

在卢浮宫分支机构的规划阶段，地方建设需求发挥了至关重要的作用。受到"毕

---

① 王懿宁，陈天，臧鑫宇.城市营销带动城市更新：从"古根海姆效应"到"毕尔巴鄂效应"[J].国际城市规划，2020（4）：55-63.
② 吴悠.浅析法国卢浮宫博物馆朗斯分馆建筑与城市复兴[J].中国博物馆，2017（1）：114.

尔巴鄂效应"的启发，阿布扎比政府在新能源转型的挑战面前，期望通过弘扬其独特价值观来塑造自身特色，并致力于文化教育，同时考虑到国际外交格局的发展，主动与法国政府就文化合作进行了协商。鉴于博物馆品牌的不可分割性，双方经过协商，一致同意共同建立一座具有普遍吸引力的博物馆。卢浮宫与其他法国博物馆合作，整合法国文化资源，成立法兰西博物馆事务署，为阿布扎比提供永久收藏收购战略制定、特殊人才培训、临时展览规划、运营监测与专业咨询建议等服务，即从"0"开始建成一座世界一流博物馆——卢浮宫阿布扎比；阿方需以极高的对接标准和大量的资金投入获得法方的"打包"服务，从建成开放后的运营实效来看，基本实现了双赢。[①]

（三）大英博物馆

随着文化遗产保护与利用的全球性发展，以及博物馆实现社会责任的要求日益提高，为了缓解文物收藏与展示数量的不平衡，使社会公众能够更广泛地接触文物，大英博物馆正在英国伯克郡雷丁附近的辛菲尔德（Shinfield）兴建一座新的综合性建筑——大英博物馆考古研究中心（British Museum Archaeological Research Collection，简称 BM_ARC）。这一分支机构将承担储存、研究、展示与保护大英博物馆部分藏品的功能，并作为借展中心推动藏品更大范围的共享。值得一提的是，该机构还将与英国雷丁大学展开密切合作，引入更强大的学术研究力量，并将研究成果加以适度展现，使之成为"世界的博物馆，也是为了整个世界的博物馆"（The museum of the world and for the world）。[②]

（四）维多利亚与艾伯特博物馆

维多利亚与艾伯特博物馆（Victoria and Albert Museum，简称 V&A）是世界上最大的装饰艺术和设计博物馆、英国第二大国立博物馆，致力于收藏具有社会和生活意义的装饰品。2018 年新落成的 V&A 邓迪分馆（V&A Dundee）是伦敦本馆外唯一真正意义的"分馆"，也是苏格兰第一座设计专题博物馆，旨在成为该地区国际设计、发明与教育等领域的枢纽，并促进人们重新认识该地区的远洋时代历史，理解设计与创意如何改变生活。[③] 邓迪市，与毕尔巴鄂、朗斯等城市一样，正面临转型升级和恢复就业的严峻挑战。因此，新设立的分支机构旨在通过建立地方文化品牌，以一座博物馆

---

① 齐政文. 法国"博物馆外交"研究：以阿布扎比卢浮宫项目为例 [D]. 北京：北京外国语大学，2019：21-28.
② British Museum Archaeological Research Collection，[EB/OL]，（2021-12-15）[2024-06-15]. https://www.britishmuseum.org/our-work/national/bm-arc.
③ 王单单. 维多利亚和阿尔伯特博物馆邓迪分馆，苏格兰，英国 [J]. 世界建筑，2021（7）：80-87.

来推动整个城市的发展。然而，与常规的分馆合作模式不同，邓迪市议会的财政投入仅占项目总预算的不到10%，主要依赖于苏格兰政府、国家彩票以及社会资金等多元化的资金来源。此外，为了确保博物馆的持续运营，未来需要实现较高的营业收入。据邓迪分馆2020年1月发布的经济影响报告显示，该馆的建立与运营对城市经济的提升产生了显著的作用，成就相当可观。①

2014年，时任国务院总理李克强出访英国期间，与英国时任首相卡梅伦宣布签署了文化合作协议——V&A蛇口项目。与传统的合作模式不同，2017年，V&A与招商地产集团携手，在深圳直接打造了中国首个大型设计博物馆——蛇口设计博物馆。该项目由曾获普利兹克建筑奖的日本建筑师槙文彦负责外观设计。在这一具有分支属性机构的实际运营中，馆体的日常运行与经营工作由中方主导，V&A则致力于理念、艺术策展指导，与学校教育、产业内人士的接触与合作等，甚至启动建立中国艺术索引电子库项目，并在展览策划时间等诸多方面也做出大量磨合，成为中国企业和英国公共文化机构间建立合作的典范。②

（五）纽约现代艺术博物馆

美国纽约现代艺术博物馆（MoMA）是当今世界最重要的现当代美术博物馆之一。纽约现代艺术博物馆商店（MoMA Store）是其开设的同名艺术主题商店。根据美国博物馆商店协会（Museum Store Association）的统计资料，美国首家附属于博物馆的商店出现于19世纪末。作为MoMA"增进大众对我们这个时代的艺术的认识"理念的延续，MoMA每年都会关注全球的各大设计展览，以是否能代表博物馆藏品、有创造力、对日常生活有益为标准主动挑选艺术品，并与众筹平台合作，督促设计师完成众筹目标，将艺术品变为商品，扶持了相当多的现当代新兴艺术理念。MoMA独立商店的版图已经扩展至位于博物馆对街的中城店、曼哈顿下城的Soho店以及海外的东京店和香港店。这些商店与全球的高端品牌设计商店展开竞争，以独立个体的姿态运作。它们充分融合了艺术衍生商品和博物馆商店的概念，将博物馆商店的潜力推向了一个新的高度。在新冠疫情前，MoMA商店每年都会吸引超过250万人光顾并消费，其零售收入约占MoMA总收入的三分之一。③

---

① 齐政文. 法国"博物馆外交"研究：以阿布扎比卢浮宫项目为例[D]. 北京：北京外国语大学，2019：21-28.
② British museum archaeological research collection[EB/OL].（2021-12-15）[2024-06-15］. https://www.britishmuseum.org/our-work/national/bm-arc.
③ WEAVER R., HANKS J., MATTHEW T..V&A dundee economic impact assessment year 1 impacts for V&A dundee：final report[M]. Ekosgen economic consultants' reference，2020：1.

四、设立分支机构的基本模式与运行分析

在分析了国内外博物馆在不同地区建立分支机构的案例后,本文根据博物馆总部对分支机构的控制程度,即管理层的决策影响力,将这些模式大致分为三种类型:高度集权的总分馆制、有限控制的品牌授权制以及较为独立的联盟合作制。每种模式在管理和运营策略上都有其独特之处。

(一)基本模式

1. 总分馆制

这种模式类似于博物馆的"直营连锁"体系。其中,博物馆总馆作为中枢,在机构的人力、财务、业务等方面起决策性作用,分馆则更多发挥落实执行层面的功能。总馆与分馆在机构特色上可能趋于一致,也可能展现出显著的差异性;或者分馆可能专注于某一特定领域的深入发展。在上述案例中,可以归纳出这种模式的例子有"卢浮宫博物馆及其朗斯分馆""大英博物馆及其考古研究中心",以及南京、沈阳等地重组后的博物馆总馆及其分馆等。

2. 品牌授权制

通过品牌授权模式新设立的分馆或分支机构,通常会采用与总馆基本一致或呈现系列性(连锁性)的品牌标识。在实际操作过程中,管理策略可能会根据特定区域或群体的特性进行适当的调整,但原则上需保持与博物馆总馆既定的品牌风格和内容特色一致。故宫博物院的紫禁书院、古根海姆博物馆的毕尔巴鄂分馆、卢浮宫博物馆的卢浮宫阿布扎比以及 MoMA 的 MoMA 商店等均属于此类型。相较于"总分馆制模式",品牌授权模式的核心优势在于分馆或分支机构拥有一定程度的自主决策能力,使得这些单位在适应性和灵活性方面表现更为出色。

3. 联盟合作制

这种模式与博物馆的"自由连锁"相类似,但在组织结构和发展模式上,与传统的"博物馆联盟"确实存在模糊的交界。在这种模式下,各机构之间的联系相对松散,即便在经营和管理上也保持相对独立性,它们更多的是在业务层面展现出比一般联盟更为紧密的联系。重庆中国三峡博物馆之部分区县博物馆、故宫博物院与其提供大力支持的香港故宫文化博物馆和世茂海上丝绸之路博物馆等,彰显出一定"联盟合作"的特征。

（二）管理、传播与运行分析

当一座博物馆发展至成熟阶段，且确实存在空间拓展或与相关机构联合的客观需求时，探索设立分支机构的方向才显得尤为必要。在持续加强其核心职能（收藏、研究、展示、教育）的同时，博物馆应致力于推动"品牌形象建设""跨界合作促进""周边资源整合"以及"馆际交流与合作"，并将设立分支机构的战略目标融入其发展规划和愿景之中。特别需要指出的是，无论对博物馆本身还是分支机构所在的地区而言，这一策略未必是解决博物馆面临的问题和挑战或促进机构与地区发展的最佳方案或唯一途径。

在规划设立分支机构时，博物馆应遵循"更好地实现宗旨和功能，同时不断扩大其作为公共文化机构的社会影响力"的基本原则，充分展现其服务个人、社群及全社会的关键作用。通过对比分析不同模式的核心特点及其典型案例，我们可以概括出这三种模式在核心管理、文化传播和日常运营策略上的主要差异：

首先，从博物馆核心的管理逻辑来看，总分馆制下的总馆与各分馆通常会在经费、重点项目等方面进行必要的统筹和全面考量，确保机构体制和运行机制的稳定性；而品牌授权的各分支机构（被授权方）则需遵循品牌方（授权方）制定的核心规则，尽管在具体运营过程中享有一定的决策自由度，并且品牌授权通常伴随着特定的经济回报协议；相比之下，联盟合作则更为松散，各个分支机构独立作出决策并执行任务，仅在涉及重大项目或复杂任务时，才会进行共同协商和联合操作。其经费独立核算，因此具有最高的灵活性。

其次，从作为公共文化设施的文化传播方面来看，总分馆制的机构所呈现的内容通常具有一定的关联性，尤其是当总馆掌握大部分资源时，各个分支机构也会展现出其地域特色，各机构输出的内容具有较高联动性；品牌授权的分支机构通常输出被授权的标准化内容，品牌传播力和渗透力较强，传播推广巡回型产品具有较高的性价比；联盟合作则可以尝试输出具有共性的内容，并通过联合策展等方式，打造全新的内容，实现机构之间的共享。

最后，从日常运营及维护的角度来看，总分馆制下的各机构保障部门有条件实现资源共享，收藏保管、陈列展示、研究及推广等业务部门之间的联动性较强，物业等外包服务可以进行整体统筹；品牌授权机构之间通常会强调运行与维护的标准化，因此，实施第三方代运营的可行性更高，同时，由于其潜在的商业价值，市场机遇也更大；联盟合作的成员则往往各负其责，在日常运行过程中可积极协调，加强相互之间的联动与配合。

表 2　三种模式的差异化策略

实施策略 \ 模式	总分馆制模式	品牌授权模式	联盟合作模式
核心管理策略	总体规划、各自执行 经费统筹列支 体制机制较固定	规则制定、分别执行 存在收益的回报 具有一定灵活性	独立决策并执行 经费独立核算 具有较高灵活性
文化传播策略	输出内容相关联 分支机构有特色 内容联动性较高	标准化内容为主 品牌突出性显著 推广巡回型产品	具备内容共通点 各分支差异明显 联合打造新内容
日常运行策略	保障部门可共享 业务部门需联动 外包服务应统筹	强化运行标准化 积极拓展代运营 更多的市场机遇	机构间各负其责 资源可充分共享 加强协调与配合

五、讨论与建议

国外著名博物馆通过品牌授权等方式在全球范围内设立分支机构，不仅牵涉经济、外交利益，更涉及本国城市更新和产业激活等现实问题。[①] 对于中国博物馆的发展来说，妥善处理文博机构发展不平衡、不充分与人民对美好生活需要之间的矛盾，依然是核心且迫切的课题。近年来，大型博物馆正在通过设立分支机构等一系列手段推动本馆或其分属、下属组织机构开展更加多元且更具灵活性的运作。[②] 国内很多公共文化设施也都在努力尝试为更多试验性的文化类、公益类项目创造新的空间。从缓慢发展到快速进步、从强调"互动性"到关注"参与度"、从内容的提供者转变为平台的构建者，从专注于特定主题到跨学科的综合解读，以及从独立运作到网络化的运营，这些当前博物馆发展的众多趋势，都应以服务人民的美好生活、提升博物馆作为公共文化设施的发展质量为宗旨，设立分支机构亦应如此。

目前，全球博物馆界正遭遇重大挑战，由于预算削减，博物馆依赖政府资金建设分馆和分支机构的传统模式正逐渐放缓。"总分馆制""品牌授权""联盟合作"这三种分支机构的设立模式，本质上是尝试通过合作来缓解资金压力，实现"抱团取暖"。尽管本文未构建这三种模式的经济模型，也未进行财务数据的评估和测算，但从资源共

---

① 吴岱未. 中国设计博物馆发展现状研究［D］. 北京：中国艺术研究院，2016：59-61.
橘子. MoMA Store：设计理念产生的商业效益［N］. 中国文化报，2013-3-30（12）

② VIVANT E. Who brands whom? The role of local authorities in the branching of art museums［J］. The Town planning review，2011，82（1）：99-115.
GORMAN M J. Idea colliders：the future of science museums［M］. The MIT Press，2020：102-115.

享和市场潜力开发的角度来看，合理设立分支机构并实施连锁化经营，完全有可能在一定程度上减轻博物馆运营的经费负担。

基于上述结论，针对我国博物馆实施分支化经营的实践，提出以下三点思考：

（一）行业博物馆体系建设优选总分馆制模式

行业属性博物馆在服务社会公众的基础上，一般还具有行业履职功能。诸多行业博物馆，因行业自身的与时俱进，也面临转型或升级的压力。以自然资源行业为例，根据自然资源部和国家文物局联合发布的《关于政协十三届全国委员会第三次会议第4771号（资源环境类198号）提案答复的函》，全国已建成的自然类博物馆数量接近200家[1]，其中包括一部分省级地质博物馆转型为自然博物馆的成功案例。然而，自然资源部在回复中坦承，中国地质博物馆新馆的建设标准和要求尚难以达到中国自然史博物馆的水平。[2] 无论是空间拓展，还是各类资源的补充，都需要通过建设新馆来实现更宏大的目标。国家中医药行业博物馆的建设与发展也面临着相似的局面[3]，建议从行业国家馆新建起步，自上而下统筹总分馆制的行业博物馆体系，构建更加立体、更具融合性的研究、展示、教育和传播平台。因此，在规划行业博物馆体系建设时，各行业应基于现有的行业博物馆基础，首先确立国家级引领、省级馆带动、地市级馆跟进的发展策略。无论是新馆的建设还是省域内的全面发展，都应优先考虑采用控制力强且效率高的总分馆制模式。

（二）大馆以品牌授权方式赋能新馆和中小馆

全面推行"中小博物馆提升计划"是缓解博物馆行业马太效应，促进全领域均衡发展的关键途径之一。对于那些天然拥有"品牌势能"的知名博物馆，采取多样化"品牌授权"策略，一方面能够助力本馆的文化营销与宣传推广，持续扩大品牌的社会影响力和美誉度；另一方面，对于新建馆以及地理位置不佳的中小博物馆，也更易于实现品牌赋能的价值。以2021年1月开馆的海丝馆为例，作为地处福建泉州石狮的非国有博物馆，在博物馆筹划、建设和运营过程中得到了故宫博物院全方位的支持，其中就包括多维度的品牌授权，如授权使用故宫博物院藏《丝路山水地图》开发制作数

---

[1] 国家文物局博物馆与社会文物司.国家文物局关于政协十三届全国委员会第三次会议第4771号（资源环境类198号）提案答复的函（文物博函〔2020〕893号）[EB/OL].（2020-09-18）[2024-06-15]. http://www.ncha.gov.cn/art/2020/11/2/art_2237_44149.html.

[2] 自然资源部.关于政协十三届全国委员会第三次会议第4771号（资源环境类198号）提案答复的函（自然资协提复字〔2020〕100号）[EB/OL].（2020-10-15）[2024-06-15]. http://gi.mnr.gov.cn/202011/t20201110_2587130.html.

[3] 中央纪委国家监委.中共国家中医药管理局党组关于十九届中央第六轮巡视整改进展情况的通报[EB/OL].（2021-10-24）[2024-06-15]. https://www.ccdi.gov.cn/yaowen/202110/t20211023_252746.html.

字体验式展览并在馆内展出、授权海丝馆的教育推广空间设立"紫禁书院泉州分院"以及授权文化创意产品开发，等等，有效实现了将故宫博物院的品牌势能转化为海丝馆在地的文化动能。①

值得注意的是，与零售消费品类的文创产品授权不同，博物馆在开展空间型产品授权时，应格外重视文化空间的公共性维系相关问题。"紫禁书院"作为传播故宫文化的平台和活动载体，在社会资本的参与下，似乎正展现出一种精英主义的倾向，部分项目以特定区位选择与目标服务人群塑造了城市的差异权利格局。② 在博物馆等非营利性公共文化设施内实施空间类品牌授权，能够在很大程度上规避公共性受损等风险，同时也能够真正实现大馆品牌对新建馆、中小馆的文化赋能价值。

（三）以联盟合作形式促进馆际交流与跨界传播

组织相对松散的联盟合作机构，因彼此关联而又不触及涉及各自核心利益，有利于促进机构和社群之间的连接与融合。基于此模式设立的分支机构，可以更广泛地实现馆际交流与合作。中国文物交流中心借鉴剧场剧院的"院线制"，衍生打造了博物馆馆际交流展览的"展线制"，并在全国范围内积极寻求合作伙伴，共同建设展览基地。此举也受到了那些文博资源相对匮乏或文化内容较为单一地区热烈的欢迎和支持。比如，中国文物交流中心上海展览基地已正式列入《上海市松江区国民经济和社会发展第十四个五年规划和二〇三五年远景目标纲要》③，该中心将与松江区政府携手合作，依托广富林遗址博物馆，建立一个遗址博物馆联盟，创新其运作机制，共同推进松江文博之府的建设。其次，联盟合作亦有助于进一步推动"馆校""馆企"等跨界融合："馆校合作"已从博物馆与教育系统及学校建立教学实践基地的单一模式，迈向"双向互动"的新阶段，博物馆正越来越多地走进校园，开设课程并构建相对固定的互动空间；而"馆企合作"在文化创意产品的设计研发与市场营销方面尤为突出，通过联盟合作的途径，有望开拓更广阔的市场，进一步增强吸引力并实现投资价值。此外，联盟合作也是推动"博物馆外交"持续发展的稳健途径。以中国国家博物馆担任理事长单位的"丝绸之路国际博物馆联盟"为例，未来可通过展览、人员交流、互设文创产品经销平台以及共享部分空间资源等多种方式，实现国际化的分支运营。

---

① 福建省世茂海上丝绸之路博物馆.春华秋荣：世茂海上丝绸之路博物馆文物集萃［M］.上海：上海书画出版社，2020：1–21.
② 王宇彤，张京祥，何鹤鸣.符号介入：后消费时代的文化空间生产研究：以故宫紫禁书院为例［J］.城市发展研究，2020（5）：63.
③ 上海市松江区人民政府.关于印发《上海市松江区国民经济和社会发展第十四个五年规划和二〇三五年远景目标纲要》的通知（沪松府〔2021〕59号）［Z］.松江区人民政府公报，2021：59.

结　语

作为公共文化设施的重要组成部分，博物馆在推进包括建立分支机构在内的实体化外部拓展策略时，应有机地融入城市更新的进程之中，助力解决城市公共文化设施的短缺问题以及潜在优质空间利用率低下的矛盾。为了提升博物馆作为公共文化设施的服务效能，必须进一步推进资源整合，这不仅包括文博行业系统内部的资源，还包括全社会的文化资源，以减少设施闲置现象。正如2021年国际博物馆日主题所阐释的，全球博物馆应在共同创造价值、探索新型业务模式以及开发具有革新性的解决方案等方面，进行更富有创造性的构想。为了实现文化传播、创新发展、永续运营的可持续发展目标，博物馆必须直面挑战、审慎开拓。针对当前的痛点和难点，打造能够实现多方共赢的分支化经营新模式，持续扩大博物馆文化传播的影响力，积极并务实地从更多维度创造公众认可的价值，这些探索都是未来博物馆行业及相关领域值得关注、研究和实践的重要课题。

（作者单位：高霄旭，上海襄合文化发展有限公司、上海大学；张峰，桐乡市博物馆）

参考文献

【1】王春法. 打造新时代博物馆新型智库 推动博物馆高质量发展［J］. 博物馆管理，2019（1）：11.

【2】王小明，宋娴. 重构与发展：博物馆集群化运营研究［M］. 上海：上海科技教育出版社，2015：8.

【3】王烁. 我国博物馆集群化发展初探：以建川博物馆聚落为例［D］. 南京：南京师范大学，2019：32-33

【4】胡锐韬. 作为文化综合体的博物馆：无边界组织理论视野下的探索［J］. 文博学刊，2019（3）：37.

【5】程彦武. 重庆中国三峡博物馆总分馆制的探索［N］. 中国文物报，2019-3-26（5）.

【6】国家发展和改革委员会.《关于故宫博物院北院区项目可行性研究报告的批复》（发改社会〔2021〕304号）［EB/OL］.（2021-03-03）［2024-06-15］. https://www.ndrc.gov.cn/xxgk/zcfb/tz/202103/t20210319_1269835.html？code=&state=123.

【7】张孳璇.鼓浪屿外国文物馆资源在初中美术课程中的开发与利用：以馆藏陶瓷文物为例［D］.厦门：集美大学，2020：7-10.

【8】周文冲，陈国洲.重庆故宫文物南迁纪念馆开馆.［EB/OL］.（2021-06-12）［2024-06-15］.http://www.xinhuanet.com/culture/2021/06/15/c_1127562307.htm.

【9】马思伟.《关于建设"澳门故宫文化遗产保护传承中心"合作备忘录》在澳门签署［EB/OL］.（2019-12-18）［2024-06-15］.https://www.mct.gov.cn/whzx/whyw/201912/t20191218_849655.htm.

【10】娄玮.携手共进 传承弘扬中华优秀传统文化［N］.光明日报，2021-11-10.

【11】张亚雄.讲好故宫文物故事 让世界更好地了解中国［N］.光明日报，2021-11-10.

【12】福建省世茂海上丝绸之路博物馆.春华秋荣：世茂海上丝绸之路博物馆文物集萃［M］.上海：上海书画出版社，2020：9-14.

【13】故宫博物院.故宫学院［EB/OL］.（2021-03-30）［2024-06-15］.https://www.dpm.org.cn/science/platform.

【14】王宇彤.符号介入型城市文化空间生产的解析研究：基于故宫紫禁书院的实证［D］.南京：南京大学，2020：22-42.

【15】王懿宁，陈天，臧鑫宇.城市营销带动城市更新：从"古根海姆效应"到"毕尔巴鄂效应"［J］.国际城市规划，2020（4）：55-63.

【16】吴悠.浅析法国卢浮宫博物馆朗斯分馆建筑与城市复兴［J］.中国博物馆，2017（1）：114.

【17】齐政文.法国"博物馆外交"研究：以阿布扎比卢浮宫项目为例［D］.北京：北京外国语大学，2019：21-28.

【18】British museum archaeological research collection［EB/OL］.（2021-12-15）［2024-06-15］.https://www.britishmuseum.org/our-work/national/bm-arc.

【19】王单单.维多利亚和阿尔伯特博物馆邓迪分馆，苏格兰，英国［J］.世界建筑，2021（7）：80-87.

【20】齐政文.法国"博物馆外交"研究：以阿布扎比卢浮宫项目为例［D］.北京：北京外国语大学，2019：21-28.

【21】British museum archaeological research collection［EB/OL］，（2021-12-15）［2024-06-15］.https://www.britishmuseum.org/our-work/national/bm-arc.

【22】WEAVER R, HANKS J, MATTHEW T V&A dundee economic impact assessment year 1 impacts for V&A dundee: final report［M］. Ekosgen economic consultants' reference, 2020: 1.

【23】吴岱未.中国设计博物馆发展现状研究［D］.北京：中国艺术研究院，2016：59-61.

【24】橘子.MoMA Store：设计理念产生的商业效益［N］.中国文化报，2013-3-30（12）.

【25】VIVANT E. Who brands whom？ The role of local authorities in the branching of art museums［J］. The Town planning review，2011，82（1）：99-115.

【26】GORMAN M J. Idea colliders：the future of science museums［M］. The MIT Press，2020：102-115.

【27】国家文物局博物馆与社会文物司.国家文物局关于政协十三届全国委员会第三次会议第4771号（资源环境类198号）提案答复的函（文物博函〔2020〕893号）［EB/OL］.（2020-09-18）［2024-06-15］. http://www.ncha.gov.cn/art/2020/11/2/art_2237_44149.html.

【28】自然资源部.关于政协十三届全国委员会第三次会议第4771号（资源环境类198号）提案答复的函（自然资协提复字〔2020〕100号）［EB/OL］.（2020-10-15）［2024-06-15］. http://gi.mnr.gov.cn/202011/t20201110_2587130.html.

【29】中央纪委国家监委.中共国家中医药管理局党组关于十九届中央第六轮巡视整改进展情况的通报［EB/OL］.（2021-10-24）［2024-06-15］. https://www.ccdi.gov.cn/yaowen/202110/t20211023_252746.html.

【30】福建省世茂海上丝绸之路博物馆.春华秋荣：世茂海上丝绸之路博物馆文物集萃［M］.上海：上海书画出版社，2020：1-21.

【31】王宇彤，张京祥，何鹤鸣.符号介入：后消费时代的文化空间生产研究：以故宫紫禁书院为例［J］.城市发展研究，2020（5）：63.

【32】上海市松江区人民政府.关于印发《上海市松江区国民经济和社会发展第十四个五年规划和二〇三五年远景目标纲要》的通知（沪松府〔2021〕59号）［Z］.松江区人民政府公报，2021：59.

高校博物馆特展宣传策略探究
——以"青铜之光:三星堆与罗丹的超时空对话"特展为例

Exploration of Promotion Strategies for Special Exhibitions in University Museums
——Taking the Special Exhibition *"Glory of Bronze Civilization: A Dialogue Between Sanxingdui and Auguste Rodin Across Space and Time"* as an Example

李信之

Li Xinzhi

摘要:高校博物馆在特展宣传方面存在人员短缺、从业人员缺乏传播专业体系训练、宣传策略不明确等问题。本文以"青铜之光:三星堆与罗丹的超时空对话"特展为例,探讨了上海大学博物馆如何通过线上线下融合互动、多渠道参与无界限的方式成功开展特展活动,并吸引了大量观众。文章结合特展期间的传播数据,分析了传播高峰及其形成原因。同时,文章还结合高校的资源优势,提出宣传工作可依托社团学院,整合校内宣传资源,持续优化服务能力,以期最大限度地提升展览的传播效益。

Abstract: There are some problems in the publicity of special exhibitions in university museums, such as the shortage of personnel, the lack of professional communication system training and the unclear publicity strategy. Taking the special exhibition "Glory of Bronze Civilization: A Dialogue Between Sanxingdui and Auguste Rodin Across Space and Time" as an example, this paper discusses how Shanghai University Museum successfully carried out special exhibition activities through online and offline integration, multi-channel participation and no boundaries, and attracted a large number of visitors. Combined with the communication data during the special exhibition, the paper analyzes the communication peak and its formation reasons. At the same time, the article also combines the resource advantages of colleges and universities, and proposes that the publicity work can rely on the community colleges, integrate the publicity resources in the school, and continuously optimize the service capacity, so as to maximize the communication efficiency of the exhibition.

关键词：高校博物馆；展览；宣传推广

Keywords：University museums，Exhibitions，Promotional activities

一、高校博物馆传播的难点

高校博物馆标志着近代中国自主创办博物馆的起点，它不仅是高等教育机构中不可或缺的教学辅助部门，也是促进社会文化传承与发展的社区空间。2024年5月国家文物局公示了第五批全国博物馆定级评估一级博物馆名单，在新晋的123家一级博物馆中，上海大学博物馆、浙江大学艺术与考古博物馆、四川大学博物馆等4家高校博物馆在列，彰显了大学深厚的学术和文化积淀，也体现了国家文物局对高校博物馆的关注和期待，即完善博物馆类型体系，传承中华文明，成为深受大众欢迎的"第二课堂"。①

在博物馆发展的新时代背景下，各大博物馆都非常重视特展的策划与运营。特展不仅能够为博物馆带来新的展品和展览主题，极大地丰富其展示内容，还能吸引更多的观众前往，从而大幅提高博物馆的社会知名度和社区影响力。高校博物馆应如何有效利用特展，以教育和研究为核心，精心策划展览选题，生动讲述中国故事，使传统文化焕发新的活力？这要求研究者深入挖掘文化内涵，并有效地传递展览信息。在做好展览策划的同时，更要关注如何将展览信息传递到学校的"围墙之外"，避免"养在深闺人未识"。②为了与公众建立更紧密的联系，高校博物馆需要根据博物馆定位和特展内容制定传播策略，发挥优势，克服短板，围绕推动展览知晓度、明确宣传亮点、扩展传播媒介、丰富展览活动，从而尽可能地提升展览传播效益。

位于大学校园内的高校博物馆，与其他类型的博物馆相比，不仅天然具备教育和研究的功能，还拥有丰富的教育资源。大学常被誉为"象牙塔"，因此由大学主办的博物馆也带有高等教育的光环，在国内的博物馆界中显得尤为独特。目前，我国约有450家高校博物馆，占全国博物馆总数的6.8%。③2024年，第五批全国博物馆定级评估完成后，国家一级博物馆总数达327家，其中高校博物馆占有7席④，占全国一级博物馆总数的2.1%。可见，目前全国高校博物馆在专业化运行管理方面，与其他类型博物馆相比尚有很大的进步空间。

---

① 国家文物局.中国博物馆协会负责人就第五批全国博物馆定级评估工作答记者问［EB/OL］.（2024-05-18）［2024-06-11］. http://www.ncha.gov.cn/art/2024/5/21/art_1025_188963.html.

② 李明斌.高校博物馆陈列展览策划全流程创新研究：以上海大学博物馆为例［J］.艺术与民俗，2024（1）：15-18.

③ 国家文物局.2024年国际博物馆日中国主会场活动在西安开幕［EB/OL］.（2023-05-18）［2024-01-01］. http://www.ncha.gov.cn/art/2024/5/18/art_722_188919.html.

④ 7所国家一级博物馆的高校博物馆为：东北师范大学自然博物馆、清华大学艺术博物馆、山东大学博物馆、浙江大学艺术与考古博物馆、四川大学博物馆、钱学森图书馆、上海大学博物馆。

关于博物馆的四大使命：收藏、展示、保护和研究，其中，宣传与展示是高校博物馆面临的主要挑战[①]，存在以下难点：

（一）高校博物馆普遍面临人员短缺的问题

就上海高校博物馆而言，仅有上海中医药大学博物馆和上海交通大学钱学森图书馆的编制人数超过了10人。据调查，34%的高校博物馆工作人员数量在0至5人之间，而有26%的博物馆工作人员数量在6至10人。[②] 在这些人员中，有的在学院或行政岗位兼职，有的则肩负教学任务或外出挂职。一个不到10人的团队，不仅需要承担起征集保管、陈列设计、开放接待、宣传教育、数字化等多重任务，同时还要分担大量的办公行政工作。宣传工作尤其需要长期的投入和关注。以特展为例，从前期策划、中期随访到后期总结，都需要专职人员的持续关注。然而，专职人员的短缺导致宣传工作无法获得充分的重视和执行，进而限制了其传播效果。

（二）从业人员缺乏系统的传播专业培训

人才短缺是高校博物馆面临的主要问题之一。宣教工作不仅需要策划、营销、融媒体、数字化等多方面的专业知识，还要求掌握与传统媒体的沟通技巧以及新媒体的发布策略。缺乏系统的传播专业培训的人员很难协调各个环节，导致宣传工作在执行上的不连贯，甚至可能引发公关危机。

（三）博物馆的宣传策略不明确，传播内容缺少重点和层次

经过十余年的演进，以微博、微信为代表的主流社交媒体，以及以抖音、小红书、哔哩哔哩等为代表的视频自媒体平台，已经成为信息传播的重要渠道。每个平台都拥有其独特的用户群体，在新媒体时代的大背景下，社交媒体账号的运营已成为博物馆宣传不可或缺的途径。然而，鉴于新媒体平台的多样性，博物馆在选择创建账号的平台、设计栏目、设置服务信息以及编辑发布内容时，都必须经过深思熟虑的讨论，以确保策略的正确实施。特别是在特展策划和实施的过程中，博物馆需要明确展览的独特卖点和亮点，通过各种媒体渠道有效地传达展览的主题和核心信息，确保观众在参观时能够充分理解展览内容，从而避免因信息传递不明确而给观众留下负面印象。

---

① 肖浪.高校博物馆创办实践流程与理论要点[J].科学教育与博物馆，2024，10(2)：92-97.
② 麻赛萍.高校"教学型"展览的运作模式与总结评量：基于复旦大学博物馆案例分析[J].博物院，2022(1)：121-128.

二、上海大学博物馆特展宣传传播实践

相比基本陈列，特展具有展期灵活、内容丰富多样等特点。近年来，上海大学博物馆在展览选题、策划研究、品牌塑造、展示推广等方面实践丰富、成果丰硕，[①] 曾先后举办了"三星堆：人与神的世界""铭心妙相：龙门石窟艺术对话""青铜之光：三星堆与罗丹的超时空对话"（以下简称"青铜之光"）等特展。借助这种临时举办的展览，博物馆的专业化管理得到了提升，并为高校博物馆的高质量发展指明了方向。

（一）"青铜之光"特展展览概况

由上海大学与四川省文物局主办，上海大学博物馆、罗丹艺术中心（罗丹博物馆中国分馆）、四川省文物考古研究院、四川博物院、四川广汉三星堆博物馆、成都金沙遗址博物馆承办的"青铜之光"特展在上海大学博物馆举办，于2023年12月13日至2024年3月15日面向公众免费开放。本次展览汇集了来自不同时代和地域的87件艺术珍品，包括36件以三星堆出土文物为主的古代艺术品，26件以罗丹作品为代表的现代艺术精品，以及5件出自刘开渠、曾竹韶等中国著名雕塑家之手，这些雕塑家深受罗丹影响。展览的目的是通过这些作品在自然、人类、神性等主题上的对话，探索古蜀文明的精神世界与罗丹艺术创作理念之间的共通之处，彰显人类文明超越地理和时间界限的永恒追求，并开启一场跨越古今中外的时空对话。

图1 "青铜之光"展厅实景

[①] 李明斌. 高校博物馆陈列展览策划全流程创新研究：以上海大学博物馆为例[J]. 艺术与民俗，2024（1）：15-18.

（二）"青铜之光"特展宣传策略

根据微信公众号后台管理平台的数据，特展举办期间，对于高校博物馆而言，是一年中最关键的吸引新粉丝的时刻，其间新增的关注量可达到平时的50倍。展览的主题无疑是吸引观众的核心，但恰当的宣传策略能够显著提升特展的传播效果。自2019年"三星堆：人与神的世界"展览开始，上海大学博物馆便有意识地加强了特展期间的宣传力度。从展览前期的宣传方案设计，到展览期间利用校内宣传部门的支持，联合新闻媒体，制作专题片，深入挖掘展览内容的深度，再到与传媒公司、数据公司合作，与文博领域的意见领袖携手，以扩大传播的影响力。在特展期间，博物馆将人力资源向宣传工作倾斜，合作完成了微信公众号内容发布、展览导览直播、讲座直播等多项任务。鉴于"三星堆：人与神的世界"展览取得的良好效果，上海大学博物馆的工作人员又在"铭心妙相""灯影中国"等特展中再次实践了这套工作方法，并成功摸索出一条适合高校博物馆的实践路径。2023年举办的"青铜之光"特展，作为校园在重新对公众开放后的首个重量级展览，赢得了广泛赞誉，并引起了社会各界的广泛关注。以下将详细阐述展览前期和展览期间所采取的宣传策略。

1. 精心策划宣传方案，明确内容传播路径

一旦特展主题敲定，策展团队应迅速启动宣传策划工作，确立策划方案。针对"青铜之光"特展的古今对话、中外对话展示特色，本次宣传方案明确指出，在展览期间，应充分利用各种宣传平台，分阶段持续推出与展览相关的活动和事件，以持续保持或提升展览的热度。围绕文物与主题，挖掘新的视角，确保展览在社交媒体上保持活跃，开展多样化的宣教活动，增加公众参与的方式，引导观众关注展览与个人的相关性，吸引更多观众前来参观。

宣传方案主要分为几个阶段：第一阶段，展览前期宣传，包括平台信息发布、前期媒体宣传；第二阶段，开幕式，包括展前发布会、开幕式典礼、开幕式宣传；第三阶段，包括公众号推送、公共教育活动。由此可见，特展的宣传工作必须是全面的、多角度的，以最大化地传播展览信息，确保覆盖到所有目标受众。

2. 加强与媒体的日常沟通，突出展览的独特亮点

在新媒体时代，内容发布的渠道变得多样化和分众化，然而，传统媒体依然拥有其不可替代的优势。作为公众教育机构的博物馆，有义务向观众提供准确、专业、权威的文化信息和考古知识。传统媒体长久以来建立的品牌效应，在信息真实性方面拥有无可置疑的公信力。此外，传统媒体从业人员整体素质比较高，写作能力强，能够对展览进行深入调查和报道，提供更全面的展览信息和展品解读信息。"青铜之光"特展信息确认后，馆员梳理了本次展览的独特亮点，抓住"展览期间正值第五届世界考

古论坛在上海大学举办，以及中法建交60周年"的宣传时机，突出"这是三星堆新出土文物在上海首次亮相"以及"现代艺术巨匠罗丹作品在上海集中展示"，彰显了文物和艺术品的重磅价值。针对"超时空对话"主题，设计了三条参观叙事线，即三星堆考古的叙事、罗丹艺术的叙事以及跨越3000年时空的艺术与文化对话的叙事。[①] 展讯发布后，展讯团队将展览亮点与各条线的编辑记者进行逐一沟通，邀请他们于开幕式前到展览现场进行专题采访。通过这种方式，所撰写的展览报道将避免"千篇一律"，能够同时呈现馆方的观点和媒体的观察。

3. 精确掌握账号发布内容，维持更新的稳定节奏

在"青铜之光"特展举办期间，上海大学博物馆通过其官方微信服务号"上海大学博物馆"和订阅号"上海大学博物馆SHUM"持续发布展览讯息。内容涵盖"展品解读""展览推介""观众留言""观展感悟"等原创栏目，同时转发新闻媒体的深度报道和专题报道。对于特别活动如讲座、社交活动、直播等，博物馆会发布预告和回顾。所有线上直播活动也会在"上海大学博物馆"视频号上同步直播。据统计，博物馆官方微信号平均每隔三天推送一组展览信息，展览期间微信关注人数每天都有两位数的增长。

4. 携手合作文博达人，共促多元平台发布

众多商家与KOL（Key Opinion Leader，关键意见领袖）携手合作，利用他们的影响力提升品牌知名度，增强目标受众的忠诚度，并推动销售业绩的增长。这种模式在商业领域已经得到了广泛的应用。在博物馆界，也有类似的网络红人，或许"文博达人"更能准确描述他们的身份特征。在特展期间，博物馆邀请了一位在微博上拥有四百万粉丝的知名人士前来参观交流，并安排专人陪同讲解，深入阐释策展理念。这位达人参观后，在微博、小红书、哔哩哔哩等多个社交平台上发布了原创视频和他拍摄的展品高清图片，博物馆借助达人的高关注度，实现了展览信息的迅速传播。

5. 线上线下融合互动，实现多渠道参与的无缝对接

在特展期间，宣教部门紧跟时事热点，如元旦、新年等重要时刻，发布了公共教育活动的预告。所有活动均向校内师生和社会公众开放，对社会公众的参与不设任何限制。展览期间，上大博物馆特别推出了线下体验活动，包括"博物馆之夜·世界考古论坛专场"，吸引了超过200位国内外著名的考古专家和学者亲临现场。此外，"感官实验室·沉浸式艺术体验"活动利用展厅空间，邀请观众沉浸于多感官元素之中，以增强博物馆的参观体验。同时，"教师工作坊"活动也邀请了40位教师与策展团队共同探讨博物馆教育的相关话题。

---

① 李明斌，吴静，马琳.青铜之光：三星堆与罗丹的超时空对话［M］.成都：四川美术出版社，2024：30.

2020年之后，许多观众养成了云上观展的习惯，博物馆也巧用"云直播""云展""云课堂"等方式开展社教活动。上海大学博物馆采取线上线下融合互动的方式，与"看看新闻"合作"从三星堆与罗丹的对话特展谈中法文博交流"，与《新闻晨报》合作"上海大学里藏着海派文化博物馆"以及与央视频合作"展览上新导览直播"等活动，以上活动都在相关视频网站上生成回放，并在微信号上发布活动回顾推送。

图 2 "三星堆与罗丹的超时空对话"直播

（三）"青铜之光"特展宣传效果评估

博物馆对在特展期间的网络传播数据做了全方位的检测，收集到 2023 年 12 月 13 日至 2024 年 3 月 19 日期间关于特展的媒体报道数据和社交媒体传播数据，监测的平台包括：各大新闻媒体移动端、微博、微信、小红书、短视频网站、大众点评网。设定关键词为"上海大学博物馆""上大博物馆""青铜之光""三星堆与罗丹"，并委托数据公司对这些关键词在各大平台进行搜索。在特展期间，共搜集到 9774 条传播数据，平均每日传播量达到 108 次。据不完全统计，此次展览已经吸引了新华网、央广网、《光明日报》、《文汇报》、《环球时报》、川观新闻、周到上海、封面新闻等众多主流媒体的报道。此外，它还引起了文博领域的观展达人关注，他们不仅发布了深度报道，还创作了原创视频。

监测数据显示，展览传播经历了三个高峰期。首次高峰出现在12月8日至12月18日，即展览展讯发布至开幕式后的一周内。这一时期内，传播数据达到477条，主要通过传统媒体移动端和新闻平台进行传播。第二次高峰则出现在12月30日前后，推测原因在于特展中的两件重要文物——"青铜着裙立人像"和"兽面纹青铜罍"即将归还，因此，上海博物馆的官方公众号发布了相关信息，激发了校内外观众的观展热情，希望在文物归还前一睹为快。消息发布后，特展每日接待观众量超过2000人，展厅接待量达到上限，线上预约系统的所有可预约时间也迅速被预约一空。从12月19日至12月30日，传播数据增至1388条，相较于第一阶段，传播量显著增加，传播平台以微博和小红书为主。这一阶段的传播数据主要由观展观众自发分享形成，表明特展开幕十天后，在社交媒体上已经形成了显著的传播热度。第三次高峰出现在2024年2月13日至2月24日，正值传统春节，上海文旅官方账号"乐游上海"、宝山区官方账号"上海宝山"以及"上海博协"等官方账号纷纷推送了特展信息，进一步推动了传播热潮。

三、高校博物馆宣传工作启示

（一）依托社团学院，借助学子之力

如前文所述，由于规模限制，高校博物馆在人员配置上相较于其他区域博物馆处于不利地位。因此，动员学生参与成为高校博物馆发展的一个关键支柱。学生不仅是高校博物馆的主要服务对象，也是其不可或缺的合作伙伴。以上海大学为例，这所综合性大学设有文化遗产与信息管理学院、文学院，每年约有15名文博专业的硕士生加入博物馆实习团队。在实习期间，他们全面参与了从内容策划、形式设计讨论、宣传方案制定到展品说明编写、讲解词撰写、社交媒体内容编辑等宣传工作的各个环节。每位前来博物馆实习的学生都接受了至少3次的讲解培训，并在培训结束后接受一对一的考核。本次特展的讲解任务繁重，几乎每个小时安排了2场预约讲解，而这些讲解工作主要由实习生和学生志愿者承担。这不仅极大地锻炼了学生的实践和交流技能，同时也有效缓解了博物馆在面对大量游客时接待能力有限的问题。

（二）整合宣传资源，共促传播效力

博物馆的日常运营与宣传部门的工作紧密相连。以上海高校博物馆为例，自2005年起，上海市科教党委和上海市教委联合成立了上海高校民族文化博物馆联盟，并设立了秘书处。联盟中的各高校宣传部门均指派了专门人员负责与博物馆的联络工作。自博物馆筹备之初，便在校园宣传部门的指导下，积极投身于上海高校博物馆联展的

筹备工作，并参与了宣传部门举办的多项专业培训。在"青铜之光"特展期间，博物馆利用学校宣传部提供的多样化宣传渠道，如校园网站的开屏海报、午间广播站、三个校区的海报栏以及校园入口处的大屏幕，实现了更广泛的校内传播，吸引了更多学生和教职工的关注。

博物馆与学校宣传部携手合作，能够共同促进校园文化的繁荣发展，同时提升学生的文化软实力和社会影响力。

（三）重视网络评议，持续优化服务

在展览期间，新媒体的推广和宣传如雨后春笋般涌现，吸引了成千上万的师生和上海市民驻足欣赏，赢得了广泛好评，并在沪上掀起了一股观展热潮，引起了社会各界的广泛关注。然而，展览的高流量是一把双刃剑，也带来了主办方的担忧。例如，参观人数的激增导致展厅接待能力达到饱和，影响了参观体验。此外，对于高校博物馆而言，公共服务也是一大考验。平时仅服务于校内师生的文化空间，如休息座椅、饮水机、洗手间、网络服务等设施，是否能满足社会观众多样化的需求，成为一个问题。为避免网络上的负面评论，博物馆要求数据监控团队每日提供专门的报告，并指定专人负责监控网络上的讨论，以便将出现的负面评论迅速反馈给管理部门；同时，对观众提出的意见进行核实，及时调整服务内容，并妥善向观众解释。在特展期间，博物馆根据网络反馈调整的服务内容包括：增设休息区座椅、增加预约讲解场次、延长开放时间以及展览展期等。通过跟踪网络评议，博物馆获取了观众的第一手反馈意见，这不仅为后续展览的开放工作积累了宝贵的经验，也确保了服务的持续改进和观众满意度的提升。

结　语

在2024年5月18日，即"5·18国际博物馆日"，上海市文化和旅游局（上海市文物局）正式颁发了2023年度上海市博物馆陈列展览精品推介奖牌。上海大学博物馆的展览"青铜之光：三星堆与罗丹的超时空对话"荣获"精品推介"殊荣。这一荣誉不仅是对展览本身的肯定，更是对博物馆工作人员辛勤工作的极大鼓励。

尽管在场馆设施和人员配置方面，高校博物馆相较于其他区域博物馆可能存在一定的差距，但上海大学博物馆将致力于通过举办高品质的陈列展览，作为提升博物馆宣传能力的突破口，进而探索出一条可供借鉴和复制的高校博物馆传播路径。

（作者单位：上海大学博物馆）

参考文献

【1】国家文物局.中国博物馆协会负责人就第五批全国博物馆定级评估工作答记者问[EB/OL].（2024-05-18）[2024-06-11]. http://www.ncha.gov.cn/art/2024/5/21/art_1025_188963.html.

【2】李明斌.高校博物馆陈列展览策划全流程创新研究：以上海大学博物馆为例[J].艺术与民俗，2024（1）：15-18.

【3】国家文物局.2024年国际博物馆日中国主会场活动在西安开幕[EB/OL].（2023-05-18）[2024-01-01］. http://www.ncha.gov.cn/art/2024/5/18/art_722_188919.html.

【4】肖浪.高校博物馆创办实践流程与理论要点［J］.科学教育与博物馆，2024，10（2）：92-97.

【5】麻赛萍.高校"教学型"展览的运作模式与总结评量：基于复旦大学博物馆案例分析[J].博物院，2022（1）：121-128.

【6】李明斌.高校博物馆陈列展览策划全流程创新研究：以上海大学博物馆为例[J].艺术与民俗，2024（1）：15-18.

【7】李明斌，吴静，马琳.青铜之光：三星堆与罗丹的超时空对话[M].成都：四川美术出版社，2024：30.

上海大学博物馆展览传播途径的创新与实践
Innovation and Practice of Exhibition Dissemination Approaches in the Shanghai University Museum

于 群
Yu Qun

摘要：博物馆担负着向公众传播文化的重要使命。作为一所高校博物馆，上海大学博物馆秉承"古今对话、中外对话、虚实对话"的办展理念，打造了完善的媒体宣传矩阵，吸引了社会的广泛关注，切实有效地提升了自身的社会影响力。该馆不仅积极扩展展览内容，还与社区携手合作，成为推动艺术社区化和社区微更新的领航者。在数字化领域，实体展览与在线展览的结合，进一步提高了展览信息的传播效率。通过这些创新的展览理念、社区合作以及在线展览的实践，上海大学博物馆为其他大学博物馆探索出了一条可复制、可推广、可持续发展的传播新路径。

Abstract: Museums undertake the important mission of spreading culture to the public. As a university museum, Shanghai University Museum adheres to the exhibition concept of "Ancient and modern dialogue, China Dialogue, imaginary and real dialogue", creates a perfect media propaganda matrix, attracts wide attention from the society, and effectively enhances its social influence. The museum not only actively expands the exhibition content, but also works hand in hand with the community to become a leader in promoting art community and community micro-renewal. In the digital field, the combination of physical exhibition and online exhibition has further improved the efficiency of exhibition information dissemination. Through these innovative exhibition concepts, community cooperation and online exhibition practices, Shanghai University Museum has explored a new communication path that can be replicated, promoted and sustainable for other university museums.

关键词：高校博物馆；对话；博物馆+社区；博物馆+线上
Keywords: University museums, Dialogue, Museum + Community, Museum + Online

博物馆是推动文化发展、促进文明交流互鉴、保护和传承人类文明的重要场所。

高校博物馆是隶属于大学并处于校园文化中面向公众开放的博物馆①，是高水平综合性大学的重要组成部分，对外宣传交流的"窗口"与"会客厅"，是面向师生和公众最为重要的文化产品，是高校开展探究式学习、参与式教学、实践教学活动的重要场所，更是高校博物馆践行博物馆公共文化服务使命最重要的方式之一②。

近年来，在《关于加强高校博物馆建设与发展的通知》和《关于加强高校博物馆管理工作的意见》的政策指导下，我国高校博物馆如雨后春笋般涌现。截至目前，全国高校博物馆的数量已达到450家。尽管只有6家被评为国家一级博物馆，但这些博物馆在传播高校文化、推动学术研究方面发挥着关键作用。它们不仅提升了高校的社会影响力，还促进了学术交流与合作，成为衡量高校教学和科研水平的重要标准之一。本文以上海大学博物馆为例，探讨了其举办展览的理念探索和展览传播方式的创新实践，旨在为高校博物馆探索高质量发展路径提供有效的传播策略。

一、博物馆信息传播的发展历程

博物馆作为服务社会、向公众开放的公共文化机构，承担着向公众传播文化的重要使命，这也是博物馆努力追求的核心目标。博物馆不仅要成为"文物的阐释者"，还要成为"信息的传播者"。

纵观博物馆的发展历史，其信息传播经历了三个重要阶段。最初，传播聚焦于单一藏品，这一阶段主要是为了满足收藏者的观赏和收藏需求。藏品常展示于皇宫、寺庙、教堂和贵族家族的收藏室内，主要表现为各类艺术品、文物及奇珍异宝等，体现了收藏者的财富和地位。第二阶段可以追溯至15世纪末的大航海运动，当时大规模的探险和征伐导致大量珍品流入博物馆，收藏方式沿用16世纪"珍奇柜"（cabinet of curiosities）的传统。这一时期藏品来源逐步清晰，使得藏品的背景信息变得更加详尽。17—18世纪，威廉·布洛克（William Bullock）将实物与珍奇柜发生关联③，通过归类和分组，推动了珍奇柜的发展，对展览方式产生了深远影响。在这一过程中，自然历史博物馆的分类和收藏方法激发了人们对历史类博物馆的构想。这种收藏方法注重对历史文物和文化遗产的分类、展示与阐释，颠覆了传统观念，并为历史类博物馆的发展奠定了基石，标志着它们开始进入信息开放的传播时代。第三阶段的传播方

---

① 宋向光.从大学文化视角解读高校博物馆的特点和发展[J].文化学刊，2007（3）：10.
② 李明斌.高校博物馆陈列展览策划全流程创新研究：以上海大学博物馆为例[J].艺术与民俗，2024（1）：15.
③ 亚历山大，亚历山大.博物馆变迁：博物馆历史与功能读本[M].陈双双，译.南京：译林出版社，2014：55-62.

式是以"物"为载体的信息交流。1967年,传播学巨匠马歇尔·麦克卢汉(Marshall McLuhan)、哈利·帕克(Harley Parker)在纽约市立博物馆举办的研讨会中强调,博物馆需打造一个信息交流系统①;同时期有学者提出,信息交流的媒介应该建立在物之上,存在于发出者和接收者之间②。1993年,以"博物馆传播"为主题的第三届博物馆研究国际会议在莱斯特大学举办。会议中指出,博物馆的传播行为是发出者和接收者动态双向的交流。随着博物馆学的兴起,博物馆开始重视展品的分类、陈列和解说,以便更有效地向公众传递信息。众多博物馆学者的研究最终指向一个共识:信息传播的核心在于展品本身。展品不仅是吸引观众前来参观的主要焦点,也是博物馆实现其教育和传播使命的关键途径。博物馆传播是通过将展品在一定空间内以陈列的形式展开的③。

综上所述,博物馆信息传播的发展是一个持续创新与进步的过程。它以"物"作为传播媒介,通过展览这一途径,以物叙事,以物证史,让历史本身发声。高品质展览的核心在于内容的精心策划与展品的卓越品质。举办展览的目的就是向观众全方位、立体化地传播展览主题的相关信息,从而最大化实现文化传播的效果。

二、以"对话"为核心办展理念的探索与实践

国际博物馆协会(ICOM)在《博物馆职业道德准则》中提出,博物馆是为公众提供欣赏、了解和推广自然和文化遗产的机会。④博物馆是以空间形态为特征的视觉文化传播机构⑤,通过展览、研究和教育活动,向公众传达文化遗产的价值和意义。展览可以让观众近距离接触文物,了解历史、艺术和文化背景,激发观众对文化遗产的兴趣和认识。

(一)"对话"初试——探索展览体系

上海大学博物馆(以下简称"上大博物馆")借助高校优势,合理利用资源。2020年是三星堆遗址新发现祭祀坑重启发掘的一年,也是上海大学与四川省文物局建立友好合作关系的第一年。基于此,上大博物馆于当年11月成功举办了"三星堆:人与神的世界"特展(以下简称"三星堆特展")。此次展览标志着以"物"为媒介的对话式展览传播的探索之旅,它首次将具有全球影响力的三星堆文物专题展览带入中国高校

---

① 周婧景.博物馆以"物"为载体的信息传播:局限、困境与对策[J].东南文化,2021(2):136-137.
② CAMERON D. A viewpoint: the museum as a communications system and implications for museum education [J]. Curator, 1968(18): 33-40.
③⑤ 严建强.论博物馆的传播与学习[J].上海科技馆馆刊,2010,2(1):65-68.
④ 阿姆布罗斯,佩恩.博物馆基础[M].郭卉,译.南京:译林出版社,2014:21-24.

博物馆的舞台。展览创造性地分为两场"对话"。第一场"对话",借助三星堆遗址和金沙遗址出土的青铜器、玉器以及金器等珍贵文物,生动呈现了古蜀先民与神灵间的交流。展览重点突出了三星堆遗址的历史价值和文物的美学魅力,引领观众深入探索三星堆那神秘的"人神共存的世界"。第二场"对话",在展厅中引入当代艺术元素,以当代艺术家的视角,与三千年前的古蜀先民开展跨越时空的对话。整个展览呈现出传统与当代、历史与现在、东方与西方多层次对话的鲜明特点。直至展期结束,线上线下观众总人数逾300万人次,先后有新华社、新华网客户端、《人民日报(海外版)》、《解放日报》、《文汇报》、《中国日报》、《澎湃新闻》、《新民晚报》等数十家媒体争相报道,引发了广泛社会反响。

本次展览以低成本吸引了广泛的社会关注,为那些因场地限制和资金不足而面临挑战的高校博物馆提供了宝贵的参考经验。展览的成功标志着上海大学博物馆在展览传播实践方面的重要进步,确立了一种以古今对话、中外对话、虚实对话为核心的创新性主题展览理念,开辟了一条可复制、可推广的高质量发展路径,为高校博物馆的发展树立了典范。

(二)"对话"古今——提升展览影响力

对话展是通过将传统艺术和当代艺术相结合,呈现出不同艺术形式之间的对话和交流。① 在三星堆特展对话模式的积极推动下,依托河南省文物局与上海大学签署的局校合作协议框架,"铭心妙相:龙门石窟艺术对话"特展(以下简称"龙门石窟特展")于2021年夏末在上海大学博物馆隆重开幕。该展览聚焦于中国考古百年、世界文化遗产和流失文物三大主题,汇集了27件龙门石窟研究院的珍贵藏品以及9位艺术家创作的16件当代艺术作品。展览重点展示了龙门石窟造像和碑刻的文化艺术价值,提炼了核心文化符号,并与当代艺术进行了深入对话。例如,将"菩萨舒相坐像"和"金刚力士像"与当代艺术家的《龙门罗汉》油画作品并置展示(见图1),凸显了传统文物与当代艺术作品之间的时空对话,彰显了龙门石窟艺术对当代艺术创作的影响;将"观音菩萨头像"的发髻与当代艺术家的《154002秒》装置艺术作品进行对话(见图2),展现了佛教观念对当代艺术家的启发,以全新的视角解读了传统文化在当代的意义。展览通过文物与艺术的双重维度,深入挖掘了传统文化的内涵及其传承方式,并构建了一个促进传统与现代对话的传播平台。

---

① 马琳. 从对话展论"美术馆的博物馆化"和"博物馆的美术馆化"现象[J]. 东南文化,2023(6):141.

图 1 （左起）"菩萨舒相坐像""龙门罗汉系列""金刚力士像"

图 2 《154002 秒》（左）和"观音菩萨头像"（右）

本次展览的宣传矩阵完善，通过传统媒体、新媒体以及自媒体等多种渠道进行广泛传播；实现了从中央到地方乃至海外的全方位覆盖。媒体共发布文章 1498 篇，百度搜索词条"上海大学博物馆 铭心妙相：龙门石窟艺术对话"检索结果达到 305000 条。人民网、新华社、《光明日报》、央广网、《中国青年报》、中新社、《文汇报》、《解放日报》等主流媒体的高发稿量，引起了社会的广泛关注和热烈讨论。展览结束时，线上线下观众累计超过 400 万人次，同时荣获第十九届（2021 年度）全国博物馆十大陈列展览精品推介活动的优胜奖。

综上所述，从媒体报道的频次、观众数量、搜索结果等多项数据来看，该展览的传播范围极为广泛，引起了社会的广泛关注。荣获国家级奖项，也标志着它得到了博物馆行业的高度认可,这将有助于缩小高校博物馆与社会博物馆之间的差距。正如严建强在《论博物馆的传播与学习》中所指出的,"展品既是观众来馆参观的主要对象,也是实现博物馆传播的主要途径"①。

(三)"对话"中西——推动文明互鉴

博物馆展览的阐释活动可以理解为传播者向接受者知识传递的传播活动②。从"三星堆特展"的盛况到"龙门石窟特展"的热潮,随着社会对考古学兴趣的不断增长,恰逢"第五届世界考古论坛·上海"开幕和中法两国建交60周年纪念,上海大学博物馆再次利用三星堆考古的"热潮",以传播者的角色,继续推进"对话"展览的模式。2023年12月13日,上海大学博物馆举办了"青铜之光:三星堆与罗丹的超时空对话"特展,向公众展示融合古今、连接东西的对话精神,共同探寻文明交流与互鉴的新途径。

该展览第一阶段精心挑选了三星堆考古新发现的重要文物与奥古斯都·罗丹(Auguste Rodin)艺术生涯中具代表性的艺术作品,有三星堆、金沙遗址的"戴金面罩铜人头像""金面具""铜人形器""跪坐石人像"等,既是"网红"又代表古蜀文明的器物,同场展出罗丹及其同时代的艺术品有著名的《巴尔扎克头像》《地狱之门初稿》《罗密欧与朱丽叶》等具有世界影响力的代表作品。尤其值得一提的是,此次展览首次展出了由上海大学团队参与发掘的三星堆祭祀坑3号坑中的12件珍贵文物。展览的第一阶段致力于构建双方在自然、人类、神性等领域的深刻对话,揭示双方在创造力、文化意义的深度以及艺术风格和技术传承与演变方面的共通联系。例如,将三星堆的"青铜人头像"与罗丹的作品《多西亚》和《少女胸像》放置在展览中心区域,展示了古今中西方对艺术表现形式的理解以及信仰文化的差异(见图3)。这些作品在发饰、五官和神态的刻画以及铸造工艺上展现出独特的魅力,激发人们对艺术的深刻思考。展品之间的互鉴与交流,在展厅内无处不在。每一件展品都蕴含着共通之处,每一组展项也在各自的文明领域中映射出相似之美。在《但丁》《地狱之门初稿》《思想者》与"青铜跪坐人像""青铜尊""青铜鼎尊跪坐人像"两组展品之间,相互交融的关系显而易见:《地狱之门》中蕴含了另外两件作品的元素,而"青铜鼎尊跪坐人像"也展现了另外两件器物的特征(见图4)。展览以这种互鉴的方式,促进了中西方文化在阐释文化意义方面的相互启发,展示了它们之间共同的价值观和联系,体现了人类文明超越地域和时空的永恒追求。展览的第二阶段的"上新",增加了罗丹学生马约尔、布

---

① 严建强. 论博物馆的传播与学习[J]. 上海科技馆馆刊, 2010, 2(1): 65-68.
② 黄公达. 传播符号学视角下艺术博物馆的展览阐释研究: 以"东西汇融——中欧陶瓷与文化交流特展"为例[J]. 东南文化, 2023(1): 143-144.

德尔等人，以及刘开渠、曾竹韶等师承罗丹学脉的中国著名雕塑家的重要作品并置展出，借助这些作品传播其创作理念，对中国现代雕塑艺术产生了深远的影响。

图 3 "青铜人头像"（左）和《少女胸像》（右）

图 4 （左起）《但丁》《地狱之门初稿》《思想者》和"青铜跪坐人像""青铜尊""青铜鼎尊跪坐人像"

该展览宣发阶段利用"大 V"流量，凭借高品质的展览质量和多渠道的传播途径吸引了大批观众，使参观人数再创新高，观众在展厅外排起了长龙（见图 5），展厅内人山人海。该展览先后被新华网、央广网、《光明日报》、《文汇报》、《环球时报》、《川观新闻》《周到上海》《封面新闻》等数十家主流媒体报道1500余条。新媒体推宣层出不穷，由观众自发发布在小红书、抖音、大众点评等国内外社交媒体的动态及评论内容逾9000条。

图5　展厅外排队人群

近年来，上大博物馆凭借展览实践，探索出了对话模式的办展理念，在展览阐释结构上已从"文物说话"转变为"文物对话"，也是"让文物活起来"的升级版。在展品阐释方面，展览着重于文物与艺术品的历史背景与艺术表现之间的联系，以此激发观众更深层次的思考。对于展览本身的传播意义而言，展览是一种融合了空间、光学和体验感知的复合媒介，媒介所传输的信息不仅指事实或知识，还包含观众的感官和对媒介做出的响应。① 展览中的展品和故事深刻阐释了文明因交流而变得多彩，因互鉴而得以丰富的核心理念，激发了观众的深思与讨论，有助于人们审视并反思自身的社会认知和身份认同。上海大学博物馆持续探索，致力于突破时空的界限，在古今历史的交融和中西文化的对话中，促进中华文明与世界各国文明的和谐共存、共生共荣。

三、"博物馆+社区"模式的探索与实践

在博物馆与社区的联动方面，博物馆界衍生出了两种联动模式：一种是就地打造社区博物馆，如北京市京铁家园社区铁路博物馆、武汉王家巷社区航运博物馆和上海虹桥机场新村社区参与式博物馆等，此类社区博物馆是为了传播和弘扬其独特的社区

---

① 麦克卢汉.理解媒介：论人的延伸[M].何道宽，译.南京：译林出版社，2011：6-7.

文化特色而建立。另一种是"馆社互助"，博物馆与社区相对独立，博物馆通过活动、论坛等形式与社区服务中心合作，召集居民参与，例如，上海博物馆举办的非遗进社区活动，以及广东省博物馆推出的《党的光辉照南粤——中国共产党领导下的广东革命历程图片展》进社区活动。这种模式目前在国内社区活动中占据主导地位。

上海大学博物馆采取创新策略，利用其独特的高校资源，通过"高校博物馆+社区"的合作模式，吸引社会力量的参与。这样做不仅弥补了高校博物馆在地理位置和人员配置上的不足，还扩大了其在社会上的影响力。同时，上海大学博物馆积极实践社会责任和公共服务理念，力求最大限度地履行其社会职能。这是上海大学博物馆探索高校博物馆高质量发展路径的又一重要尝试。

在2020年的尾声，上海大学博物馆携手社区枢纽站以及陆家嘴东昌社区街道，将"三星堆特展"（见图6）和"龙门石窟特展"（见图7）以图片展览的形式带入了位于上海市繁华地段陆家嘴的东昌社区星梦停车棚。星梦停车棚，这个建于20世纪70年代的老旧小区，紧邻着陆家嘴金融中心，通过不干扰居民日常生活的改造，成功地将公共空间转变为居民公共文化空间。此举不仅改善了停车棚的内部环境，也提升了社区的文化氛围，增强了居民对社区的归属感。老年居民还自发组成了志愿讲解队伍。近年来，志愿者团队的规模和结构都经历了显著的变化：最初仅有5名志愿者，而今已增至20人，累计参与的志愿者人数达到42人，其中60岁以上的老年志愿者有20人。志愿者的构成也超越了学校和社区的界限，吸引了更多社会工作者的关注，包括独立策展人、社会学者、街道工作人员等，他们纷纷加入星梦停车棚的志愿讲解服务中。

图6 "三星堆：人与神的世界"东昌社区图片展

图 7 "龙门石窟"东昌社区图片展

随着志愿服务工作的不断深化和影响范围的扩大，服务站中老年志愿者的比例逐渐上升，志愿服务内容也扩展到了展览维护、讲解之外的领域。老年志愿者们开始承担社区美化、环境维护等服务工作。最初，这仅是为了美化展览环境的自发行为，志愿者们主动将家中的花草搬至车棚门口，并四季精心养护，这不仅提升了整个社区的环境，也拓展了居民参与的广度与深度。

2021年星梦停车棚被上海市文化和旅游局评为"艺术进社区"示范项目，2023年成为首批"美术新空间"①，并被学习强国、新华网和《新民晚报》等数十家媒体先后报道，得到了更多的社会关注，成为艺术进社区与社区微更新的先行者，进一步扩大了上大博物馆的影响力。在社会各方支持下，一系列公益讲座、"中国GLAM公开课：博物馆与社区"论坛、"新文科学生论坛"在东昌社区举办，极大地丰富了居民的文化生活。

上海大学博物馆通过这种创新方式，将文化服务直接送到居民的家门口，不仅扩大了自身的影响力，还为更广泛的观众群体提供了高质量的文化体验。此举拓展了志愿服务的模式，并为高校博物馆的发展开辟了新的路径。从居民自发参与讲解到居民自发管理，上大博物馆进社区的实践展现了其最大的社会价值。同时，这也体现了在文化治理新形态中，应倡导的共建、共治、共享的理念。

---

① 马琳. 论《上海市美术馆管理办法》对公共文化服务的推动与思考［J］. 上海艺术评论，2023（5）：64.

四、"博物馆+线上"模式的探索与实践

2020年,国家文物局发布文件指出:"鼓励各地文物博物馆机构因地制宜开展线上展览展示工作,鼓励利用已有文博数字资源酌情推出网上展览,向社会公众提供安全便捷的在线服务。线上展览是在互联网或新媒体空间内,以文物图像信息和学术研究成果为基础,以展示设备为平台,按照一定的展览主题、结构、内容和艺术形式,向大众进行知识、信息、文化和艺术的传播的载体。"[①] 线上展览给博物馆文化传播带来了新的机遇,拓展了以往的传播方式,有助于丰富传播内容、挖掘文化特色、促进文化遗产的传统传承和创新发展。

为了进一步提高公共文化服务的质量,上大博物馆重视数字传播的建设工作。"三星堆特展"是上大博物馆首次尝试的线上展览项目,它成功地将实体展览与线上展览的优势相结合,既发挥了线上展览的便捷性与易扩展性,又保留了线下展览的体验感和真实性,实现了两者的优势互补。[②] 常设展"海上明月 轻裾随风——江南望族与海派旗袍特展"以展厅实景为依托,运用全景摄影和图像拼接技术,对展厅的真实场景进行360度全方位捕捉和拍摄。通过全景制作系统,观众可以在线上以多角度切换场景,进行虚拟漫游。交互功能允许观众拖动调整界面角度,放大拉伸画面,自由转移场景,从而观看所有展厅空间及图像信息。此外,观众还可以体验带有交互式地图、热点、声音、视频等元素的虚拟漫游。同时,馆藏旗袍三维模型展示小程序也已上线,该程序利用先进的三维扫描技术对旗袍进行毫米级扫描,并结合多媒体及AR技术,将旗袍"复原"为三维数字模型,使观众能够近距离、精细化地观赏藏品。这一线上展览让观众无需出门,即可享受身临其境的体验。该线上展荣获2022年度上海市博物馆陈列展览"精品云展"。

线上展览为上大博物馆的公共文化服务提供了坚实的保障。在举办实体展览的同时,线上展览也同步推出,通过互联网、移动应用等平台向全球观众传播信息,实现了线上展览与教育的有机结合。借助虚拟现实、增强现实等先进技术的加持,结合微博、微信公众号、App、小程序等全媒体产品矩阵,利用"流量"效应,影响在线用户,强化了上大博物馆的传播力和影响力,提升了展览信息的传播效率。同时,这也为博物馆信息传播带来了全新的可能性,增强了观众的互动体验,拉近了与观众之间的距离。

---

① 彭侃.重建、表达与叙事:博物馆线上展览内容设计路径探析[J].博物院,2023(3):78.
② 黄洋.博物馆"云展览"的传播模式与构建路径[J].中国博物馆,2020(3):27.

结　语

在展览传播方面，高校博物馆应结合自身特色，拓展合作领域，以办展理念为驱动，以展览内容为支撑，以展品质量为核心，定期举办高品质的展览，借助"大V"的流量效应，使传统媒体、新媒体和自媒体的传播方式有机结合，增加博物馆的影响力，提升博物馆的社会关注度和认可度。

在教育传播方面，高校博物馆应以展览为核心，以志愿者为纽带，积极与社区合作，让展览"走出去"，开展社区参与项目和互动活动，让广大居民近距离接触展览，让更多的人参与到文化遗产的保护和传承中来，从而扩大博物馆在传播知识和科普教育方面的影响力。上海大学博物馆通过与社区的合作，极大地提升了社区活力与凝聚力，加强了公共文化服务的社会参与，增进了社区居民对自身社会身份的认同感和参与感，为社区建设提供了关键性的社会构架，实现了文化遗产的活化利用和可持续发展。

在数字化建设方面，高校博物馆应以"物"为载体，积极适应时代变化，利用数字化技术建设线上展览，结合小程序等交互软件，高效传播展览信息，让观众在体验过程中加强知识的汲取，让知识输出更为有效。

在媒体传播方面，高校博物馆应与时俱进，利用媒体矩阵扩大自身的影响力和传播范围，通过移动应用平台、网络客户端以及媒体合作等多种方式，拓展传播渠道，促进传播交流，打破文化隔阂，推动文化遗产的传承和发展。

博物馆作为文化传播的重要载体，承担着至关重要的使命。在坚定文化自信、全面建设社会主义文化强国的关键时期，博物馆积极拓展传播途径，不仅推动了博物馆履行社会责任，而且对于弘扬中华优秀传统文化、更好地满足人民群众的精神文化需求具有深远的意义。

（作者单位：上海大学博物馆）

参考文献

【1】宋向光.从大学文化视角解读高校博物馆的特点和发展［J］.文化学刊，2007（3）：10.

【2】李明斌.高校博物馆陈列展览策划全流程创新研究：以上海大学博物馆为例［J］.艺术与民俗，2024（1）：15.

【3】亚历山大，亚历山大.博物馆变迁：博物馆历史与功能读本［M］.陈双双，译.南京：译林出版社，2014：55-62.

【4】周婧景.博物馆以"物"为载体的信息传播：局限、困境与对策［J］.东南文化，2021（2）：136-137.

【5】CAMERON D. A viewpoint：the museum as a communications system and implications for museum education［J］. Curator，1968（18）：33-40.

【6】严建强.论博物馆的传播与学习［J］.上海科技馆馆刊，2010，2（1）：65-68.

【7】阿姆布罗斯，佩恩.博物馆基础［M］.郭卉，译.南京：译林出版社，2014：21-24.

【8】马琳.从对话展论"美术馆的博物馆化"和"博物馆的美术馆化"现象［J］.东南文化，2023（6）：141.

【9】黄公达.传播符号学视角下艺术博物馆的展览阐释研究：以"东西汇融——中欧陶瓷与文化交流特展"为例［J］.东南文化，2023（1）：143-144.

【10】麦克卢汉.理解媒介：论人的延伸［M］.何道宽，译.南京：译林出版社，2011：6-7.

【11】马琳.论《上海市美术馆管理办法》对公共文化服务的推动与思考［J］.上海艺术评论，2023（5）：64.

【12】彭侃.重建、表达与叙事：博物馆线上展览内容设计路径探析［J］.博物院，2023（3）：78.

【13】黄洋.博物馆"云展览"的传播模式与构建路径［J］.中国博物馆，2020（3）：27.

文创：博物馆文化传播的路径研究

Cultural and Creative Products: An Effective Path for Museum Cultural Communication

薛文伟
Xue Wenwei

摘要：作为博物馆的压轴展厅，其文创产品不仅承载着文物及展览的主题，还肩负着叙述故事和文化阐释的重任，成为博物馆文化传播的有效延伸。博物馆文创产品的社会影响力正在持续扩大，经常成为各大平台热搜榜单上的常客。这种现象进一步推动了展览所传达的文化深度，从而增强了博物馆文化传播的二次效应。因此，对文创产品的定位就显得至关重要。文创产品因其商品属性，要兼顾经济效益，同时，文创产品作为一种有效的传播载体，需要深度挖掘其文化内涵和开发途径，使其成为博物馆文化传播方式的有效补充和延展方式。本文对博物馆文创产品进行了定位，强调了文创产品应重视传统文化的现代诠释。通过文创产品，讲述博物馆的故事，传播中国的故事，这正是文创产品发展的总体趋势。那么，如何用文创来讲好故事，有效传播博物馆文化，其路径有哪些，本文尝试对此进行探讨。首先，必须充分利用本馆的文化资源，盘活历史记忆，深入挖掘馆藏特色元素，并以现代视角进行诠释和解读，融入创意；其次，通过打造独特的 IP 符号，可以创造出一个承载博物馆文化故事的传播者，进而推广博物馆文化；此外，博物馆文创不应仅限于具体商品，还有许多更为创新的艺术形式等待开发，例如动漫、电影、微视频、游戏等。

Abstract: As the final exhibition hall of the museum, its cultural and creative products not only carry the cultural relics and the theme of the exhibition, but also shoulder the heavy responsibility of telling stories and cultural interpretation, and become an effective extension of the cultural communication of the museum. The social influence of museum cultural and creative products is continuing to expand, often becoming a frequent guest on the hot search list of major platforms. This phenomenon further promotes the cultural depth conveyed by the exhibition, thus enhancing the secondary effect of the museum's cultural communication. Therefore, the positioning of cultural and creative products is very important. Due to its commodity attributes, cultural and creative products should take into account economic benefits. At the same time, as an effective communication carrier, cultural and creative products need to deeply explore their cultural connotations and development ways, so that they can become an effective supplement and extension of museum cultural communication methods. This paper orientates the cultural and creative products of museums and emphasizes that cultural and creative products should attach importance to the modern interpretation of traditional culture. Through cultural and creative products, tell the story of the museum and spread the story of China, which is the general trend of the development of cultural and creative products. So, how to use cultural creation to tell good stories and effectively spread museum culture, and what are its paths, this paper tries to discuss this. First of all, we must make full use of the cultural resources of the museum, activate the historical memory, dig deep into the characteristic elements of the collection, interpret and interpret from a modern perspective, and integrate creativity; Secondly, by creating a unique IP symbol, we can create a disseminator carrying the cultural story of the museum, and then promote the museum culture. In addition, museum cultural creation should not be limited to specific goods, there are many more innovative art forms waiting to be developed, such as animation, movies, micro-videos, games and so on.

关键词：博物馆；文创；文化传播路径

Keywords：Museum, Cultural and creative products, Cultural communication strategies

博物馆文创产品的推出，使得人们对博物馆文化的认知和传播方式变得更加多元化。博物馆的珍贵藏品和文化资产是创新的源泉，通过开发融合文化特色与实用性的文创产品，可以满足观众的多元需求。

一、博物馆文创产品开发现状

（一）博物馆的文创热

博物馆文创的发展得益于国家政策的鼓励和支持。2015年3月，《博物馆条例》正式实施，明确指出"国家鼓励博物馆挖掘藏品内涵，与文化创意、旅游等产业相结合，开发衍生产品，增强博物馆发展能力"[①]。2016年5月，文化部、国家发展改革委

---

① 《博物馆条例》（国务院令第659号）第三十四条，中国政府网，http://www.gov.cn/zhengce/2015-03/02/content_2823823.htm。

等联合发布了《关于推动文化文物单位文化创意产品开发的若干意见》，提出"具备条件的文化文物单位应结合自身情况，依托馆藏资源、形象品牌、陈列展览、主题活动和人才队伍等要素，积极稳妥推进文化创意产品开发，促进优秀文化资源的传承传播与合理利用"①。同期出台的鼓励博物馆文创开发的相关政策文件还有《关于进一步加强文物工作的指导意见》《关于促进文物合理利用的若干意见》《"互联网+中华文明"三年行动计划》等②。这些政策文件的密集发布，凸显了国家对发展博物馆文创产品开发的殷切期盼。

与此同时，博物馆的文创产品悄然走进公众视野，并逐渐成为公众认识一座城市的标志性方式。故宫博物院的文创产品在众多90后、00后群体中引发了故宫热潮；南京博物院、三星堆博物馆、陕西历史博物馆、甘肃省博物馆等众多博物馆也不断推陈出新，开发出深受大众喜爱的文创产品，引领着博物馆文化的新潮流。根据智研咨询发布的报告③，2023年中国文创产品市场规模达到163.8亿美元，同比增长13.09%。笔者前往三星堆博物馆进行调研，了解到其2024年的文创产品经营收入已超过2亿元。

清华大学艺术博物馆、浙江大学艺术博物馆等一批高校博物馆，依托各自的学科特色和教学属性，推出了一系列与校园文化紧密相关的文创产品。这些文创产品不仅生动诠释了博物馆文化，更成为博物馆文创产品界的一股清流。

（二）文创产品开发的问题

尽管博物馆文创产业的发展得到了宏观政策的支持和丰富的资源优势，但缺乏具体政策指导博物馆这一事业单位如何实施文创项目。大多数博物馆在文创开发和经营方面仍处于探索阶段，特别是高校博物馆，在实际工作中遇到的诸多问题，制约了文创产品的开发。

1. 同质化、单一化明显

审视文创产品的发展轨迹，我们可以发现，文创产品最初被界定为一种商品。在其早期发展阶段，这些产品往往面临同质化、单一化和复制化的问题。参观者步入博物馆的文创区，通常会发现诸如书签、冰箱贴、手机壳和丝巾等产品充斥其间，不同博物馆的文创产品之间鲜有显著差异。文创产品的内在动力尚未被充分激发，导致产品价值分化明显：一方面，部分产品价格昂贵，被珍藏起来；另一方面，大量产品则

---

① 国务院办公厅转发文化部等部门《关于推动文化文物单位文化创意产品开发若干意见的通知》（国办发〔2016〕36号），中国政府网，http://www.gov.cn/zhengce/content/2016-05/16/content_5073722.htm。
② 钟国文. 博物馆"让文物活起来"的研究现状与展望[J]. 客家文博，2021（2）.
③ 《2024版中国文创产品行业市场分析研究报告》，参见：https://baijiahao.baidu.com/s?id=1797903803201722151&wfr=spider&for=pc。

进行批量化生产，与旅游景点销售的普通纪念品相差无几。直至2013年，台北故宫博物院推出的"朕知道了"系列创意纸胶带文创产品，成功吸引了海峡两岸公众的目光，彰显了大众对这类文创产品的浓厚兴趣和热情。此后，越来越多的博物馆开始反思，并加强了对文创产品开发的重视。

2. 创意及文化内涵缺失

在文化创意产品的开发设计领域，我们常常发现产品与博物馆固有的特色之间存在一定的脱节。首先，文化内涵的探索往往不够深入，仅仅将馆藏元素进行简单的烫印处理，或者在产品上直接复制文物书画的图案，这样的做法仅停留在产品层面，而未能上升到文化创意的高度。其次，原创性不足，早期文创产品多以缩小比例复刻馆藏文物为特征，缺乏创新的表现形式。同时，这些产品未能充分考虑现代人的生活需求和行为习惯，导致文创产品与时代脱节，与博物馆文化相分离，也未能满足现代消费者，特别是年轻群体的期待，使得文创产品市场显得缺乏活力。

3. 两极分化严重

目前，文创产品的开发存在明显的"两极分化"现象。[①] 以故宫博物院为典型代表的大型博物馆，其文化创意产品的发展势头强劲，享有广泛的知名度。这些博物馆提供的文创产品种类繁多，在国内外都产生了显著的影响力。然而，许多中小型博物馆在文化创意产品的开发上显得力不从心，资源相对匮乏。特别是市级和县级博物馆，受限于资金和人才的不足，其文创产品常常难以转化为商品，面临市场需求的挑战。这些博物馆推出的创意产品往往缺乏吸引力，难以引起社会各界的广泛关注。

审视高校博物馆群落，我们发现文创产品的开发模式受限于学校的政策，缺乏一个系统化的文创产品产业链。这在一定程度上导致了高校博物馆文创产品从设计到运营的整个流程都处于低迷状态，未能有效地激活高校博物馆的文化资源和特色。

4. 缺乏专业的设计团队

文创产品与普通商品不同，它们不仅具有美观性和实用性，还承载着历史的深度，是物质化的精神文化载体。文创产品的设计者必须精通博物馆的馆藏和历史文化，同时要对大众的需求和审美偏好有深刻理解，具备卓越的艺术修养和创新能力。许多博物馆的文创产品开发任务是由第三方设计公司承担，这些公司往往缺乏对博物馆文物和展览的深入理解，导致设计出的文创产品缺乏博物馆应有的文化内涵。同时，博物馆系统内部在文创开发方面也面临显著的人才问题。首先，现有人才的知识结构并不均衡，大多数集中在文化、考古、历史、展览等领域，而创意开发、经营管理、营销推广等领域的专业人才却十分稀缺。其次，由于人才政策和薪酬水平等因素，博物馆

---

① 乔瑾. 博物馆文创产品开发现状及发展对策分析［J］. 文物鉴定与鉴赏，2021（8）.

系统难以吸引高端文创设计人才。因此，专业人才是文创产品开发的核心。博物馆需要建立专门的文创产品开发部门，引进专业人才，深入理解馆藏文物的文化内涵，才能以情感和温度去创造更多独特的文创产品。

二、文创是博物馆讲好故事的创新性表达

参观者在博物馆的参观之旅结束后，对博物馆的理解并未随之终止，反而通过选购那些充满故事、蕴含文化典故的文创产品，继续深化对博物馆文化的体验。文创产品已然成为博物馆的一种创新传播媒介，以更加生动和高效的方式传递着博物馆的丰富内涵。

（一）文创产品是博物馆展览阐释的有效手段

博物馆文创产品与普通商品有着本质的不同，其核心属性在于文化。博物馆推出文创产品，旨在发挥其教育和传播文化的功能，同时在考虑社会效益的同时，更应凸显其文化内涵。如果文创产品无法有效传达展览内容，承载文物背后的故事，那么它就仅是普通商品，无法称之为博物馆的展览文创产品。因此，要想在众多商品中脱颖而出，文创产品必须重视并强化其文化属性。

一件文创产品，从博物馆被大众带回家后，若就此被遗忘，不再受到关注，那么它便失去了存在的价值和意义。相反，那些能够激发观众热情，使他们深刻理解博物馆文化阐释的文创产品，通过创意设计与观众需求的完美融合，在日常生活中更容易获得广泛认同与分享，从而有效地实现其价值。因此，文创产品应利用其作为文化载体的平台，深入探索博物馆的主题思想、展品的历史、文化及艺术内涵。同时，要紧跟时代步伐，创新设计思路，洞察观众需求，实现博物馆文化的二次传播，让博物馆的自身文化和故事，通过文创产品得到更广泛的传播和更强烈的反响。讲述博物馆的故事，是文创产品在新时代所肩负的全新使命，也是其发展方向的重要定位。

文创产品的本质属性决定了它们应成为博物馆文化传播的重要媒介，其独特之处在于所蕴含的故事性，这是它们与普通商品的主要区别。博物馆的展览展示存在一定的局限性，因为文化展示需要在特定的空间内进行，以文物为核心，围绕其展开链接和表现，遵循着特定的内在规律和要求。相比之下，文创产品的开发不受这些限制，它可以在深入理解博物馆文化主题和展览内容的基础上，将传统与现代元素紧密结合，有效地融合东西方文化，广泛采用新材料、新工艺、新技术、新形式和新理念。文创产品能够跨越时空界限，不仅走出博物馆的实体空间，而且深入人们日常生活的各个领域，为人们展现一个丰富多彩的世界。借助文创产品，观众能够随身携带一个迷你

版的博物馆，将那些最吸引人的博物馆故事融入日常生活中。文创产品仿佛是穿越时空的向导，引领人们探索历史长河中的故事，从而极大地扩展了博物馆文化的传播范围。

（二）文创产品要有现代化的创意和表达

如何展现和活化文创产品中的历史文化，使之与现代生活融为一体？关键在于采用现代化的表达方式。在将展品的视觉元素应用于文创产品开发时，我们主要提取和转化其外观、纹饰、色彩等特征，赋予它们新的时代意义。设计需符合现代审美标准，同时承担传播文化的重任，既以文化为核心，又以文化为终极目标。通过有形的载体，我们讲述那些无形的故事，致力于实现从"传递"到"表达"的文化使命。这类文创产品因其能够与博物馆观众产生共鸣而备受欢迎。因此，文创产品在注重文化提炼及其在产品中的呈现的同时，也必须重视观众的情感共鸣和价值认同。

馆藏文物承载着历史的风俗习惯和精神信仰。设计者需深入探究文物背后的文化故事、特征与内涵，以确定其文化核心要素，并据此确立设计主题；在此基础上，将文物的文化内涵与现代价值相融合，转化为现实意义，并通过寓意和象征等手法在文创产品中展现，以丰富的文化价值满足观众的"思想情感"需求。观众通过解读产品背后的故事，产生情感反应，将个人心理状态和价值观念融入其中，并进行反思，形成主动控制性加工的行为过程，从而深化体验，激发行为共情，实现文化认同。《上新了·故宫》第三期推出的文创产品——"日出而作日晷计时器"，被誉为最浪漫的文创作品。其设计灵感不仅源于日晷，还汲取自康熙皇帝一生对知识的渴望和中西学识的融合。该文创产品向康熙皇帝的严谨求学精神致敬，同时提醒我们保持好奇心，关心自然，学会在平凡中发现生活的乐趣，珍惜美好时光。设计师巧妙地将东方和西方的计时方式——时辰与时间——相结合，通过一天中天象变化的渐变色环，让时间和时光直观呈现，同时融入康熙皇帝的故事和对用户的期许，使这款日晷计时器不仅浪漫，更增添了情感温度。设计师通过情感移情，将文物的温度传递至文创产品中，不仅增强了产品的感染力，还促使用户产生了情感共鸣。

（三）博物馆文创需贴近生活并具备实用价值

只有那些融合了传统文化精髓并具备实用性的文创产品才能在市场上脱颖而出。台北故宫博物院提出的创新理念"从传统中汲取灵感，将艺术与日常生活融合"，已经获得了博物馆文创领域的广泛认可。将文化创意产品与日常生活紧密融合，意味着这些产品不仅仅是实用的生活用品，它们作为商品，更因其富含故事性而备受消费者的喜爱。在展厅内，观众可以近距离观赏文物，但由于文物的不可触摸性以及它们所承载的遥远历史，观众可能仅能感受到敬畏，而难以产生真正的亲近感。然而，当文物元素被用于开发各种实用型文创产品时，观众与文物之间的距离便被拉近了。这些产品可能是勋章、挂饰，抑或是T恤衫，当它们被穿戴在身上时，古老的文化便获得了新的生命力，其传播效应也随之扩散，随着消费者的生活轨迹，从博物馆的展厅辐射到更广阔的空间。

博物馆的文化创意产品开发触及生活的各个领域。美国大都会艺术博物馆推出的文创产品包括珠宝首饰、手表、雕塑、图书音像、墙面艺术作品、家居装饰品、文具日历、服饰、手包配饰以及儿童商品等十大类别，这些产品几乎与现代生活息息相关。我国一些规模较大的博物馆，例如故宫博物院、上海博物馆等，其文创产品同样具有鲜明特色。上海博物馆结合展览推出的拉花咖啡和文创甜点，已经成为网红产品；故宫博物院推出的口红产品，一经上市便迅速售罄。此外，陕西历史博物馆推出的"葡萄花鸟纹香囊"，不仅在雕刻工艺和外部尺寸上与原文物保持一致，而且通过采用陀螺仪原理重新设计内部结构，使其能够作为车载内饰使用，无论怎样晃动都不会使香料溢出，成功地将艺术价值与实用价值融为一体。

三、如何通过文创讲好博物馆故事

当前，博物馆文创产品市场正蓬勃发展，哪些文创产品最具特色，最能彰显博物馆的独特文化，最能讲好博物馆故事呢？本章围绕如何通过文创产品讲好博物馆故事，整理了一些典型案例以供探讨。

（一）做足文化资源，盘活历史记忆

博物馆所珍藏的文物资源种类繁多，各具特色，它们背后蕴含着无数生动有趣或感人至深的故事，这些故事为文化创意产品提供了源源不断的灵感。一个优秀的文化创意产品应当具备三个核心要素：创新的构思、精心的设计以及深厚的情感。秉承这一理念，苏州博物馆推出了其文创产品的代表作——文徵明紫藤种子。苏州博物馆的忠王府内有一株紫藤，这株紫藤由明代著名文人画家文徵明亲手种植，为友人王献臣所植，因此得名"文藤"。当年，拙政园的主人王献臣与文徵明、唐寅、祝允明等吴中才子交往甚密，他们常在春日紫藤花开之时，聚集于此，设宴畅饮，吟诗作对。这株紫藤与拙政园一同经历了岁月的洗礼，至今仍生机勃勃，已有超过480年的历史。这株"文藤"被誉为活着的文物。自2013年起，苏州博物馆以这株紫藤为灵感，限量推出文化创意产品——文徵明紫藤种子，每盒包含三颗种子，售价25元，每年限量发

行1000份。文徵明紫藤种子一经推出，便迅速成为热门商品，甚至一度出现"一盒难求"的现象。

苏州人文徵明是明代画坛领军人物，其亲手种植的紫藤的种子在400多年后开始了风雅的传承。紫藤种子这一文创产品之所以受到追捧，其背后的文化内涵是关键。它不仅代表了赠予一份生命的美好愿景，更是将苏州的文化脉络传播至四海。这既是对文徵明的崇高敬意，也寄托了对苏州文脉延续和象征的寓意，以及薪火相传的深远意义。文徵明亲手种植的紫藤，已成为苏州历史文化的重要组成部分。苏州博物馆通过一颗种子的创意，巧妙地讲述了苏州的故事，盘活了历史记忆，并且广泛传播。

故宫，作为全球知名的博物馆，拥有庞大的馆藏资源。通过深入挖掘其独特的文化元素，并结合现代的阐释与解读，融入创意设计，故宫成功打造了一系列受欢迎的文创产品。例如，"朕就是这样汉子"折扇、朝珠耳机、顶戴花翎防晒伞以及"雍正御批"胶带等，这些产品迅速走红，成为文化与创意结合的典范。其中，"朕就是这样汉子"出自雍正批田文镜的奏折："朕就是这样汉子，就是这样秉性，就是这样皇帝。尔等大臣若不负朕，朕再不负尔等也，勉之。"另外还有"朕亦甚想你"等词句。随着文创作品的推出，一篇名为《雍正：感觉自己萌萌哒》的文章吸引了超过十万的阅读量。文章中，传统印象里严肃的雍正皇帝形象被赋予了新的活力，成功地吸引了当代年轻人的兴趣，并以轻松的方式向观众介绍了这位历史人物。将皇帝亲笔书写的词句单独摘出来作为文创的元素进行开发，并注入当代解读，把原本庄严肃穆的皇家文化变成了有趣的网络用语流行开来，无形中盘活了故宫的文化资源，非常形象地传播了故宫故事。

2017年，上海博物馆以"大英博物馆藏百物展——浓缩的世界史"为主题，自主设计并研发了近50种文创产品，这些产品涵盖了衣食住行等生活的各个方面。这些文创产品的设计并没有局限于展览文物本身，而是围绕展览主题，深度发掘文化内涵，用文创讲述了"世界的故事"。例如其中有一款丝巾，印有四种文字，其设计灵感源于欧亚大陆最古老的四大文明的文字：苏美尔的楔形文字、埃及的象形文字、印度的梵文及中国的金文。一条丝巾戴在颈间，就把世界千年文明带入了生活之中。南京博物院举办的"穆夏——欧洲新艺术运动瑰宝"展览，其文化创意设计同样展现出这一特色。设计者不仅将穆夏的作品本身作为设计元素，还将穆夏作品中所蕴含的东方美学、凯尔特艺术、拜占庭风格、巴洛克元素以及洛可可风格等多元艺术风格挖掘出来，使之成为文化创意产品设计的灵感之源。借助文创产品的深入挖掘，展览所蕴含的文化要素得到了更进一步的探索，这不仅促进了展览核心理念的传递与延伸，也为观众带来了更广阔的想象余地，帮助他们更深入地理解展览所要表达的内容。

（二）打造专属的 IP 符号

目前，许多博物馆已经认识到开发专属的 IP 符号对于发展文化创意产业至关重要。通过塑造具有文化特色的专属 IP 符号，我们能够丰富和发展文化产业的内涵，并确保其得以传承。同时，这也有助于发现并连接文化资源与市场需求的交汇点。这方面的做法源于日本熊本县的 IP 符号熊本熊（又名酷 MA 萌）的设计和开发。熊本熊，本是为了宣传熊本县而设计制作的一款吉祥物，在一次日本吉祥物投票活动中获得了第一名。后来它的人气越来越旺，成为日本最有名的熊。自那以后，熊本熊便化身为熊本县的 IP 符号，积极推广当地的特产与旅游胜地，并催生了大量相关商品。目前，熊本熊已经成为全球知名的象征。

再比如，故宫博物院的文创 IP 符号"故宫猫"，就是迎合现代消费者审美观的文化创意衍生品。选择猫作为故宫的 IP 符号，源于故宫文创设计团队的一次回答——当被问及故宫中什么最为常见时，他们表示是猫。因为在故宫的历史长河中，从明清两代直至民国乃至现代，猫这一物种始终存在，默默守护着这片古老的宫殿。设计团队深入探索了故宫猫的故事内涵和文化传承，进而对其进行了抽象化提炼和创新设计。以故宫猫为核心元素，他们开发出了一系列富有创意的衍生产品，构建起一条以 IP 符号为特色的商品生产线，迅速在网络上走红，并赢得了消费者的广泛认可。如今，故宫猫已经成为故宫故事的传播使者，作为故宫独特的文化创意 IP 符号，它赋予了庄重的紫禁城以生动和趣味，使其更易于被现代年轻人所喜爱和接受。

（三）综艺节目叙事，文创落地——文创新品研发的创新模式

综艺节目以其独特的方式，全面呈现了文创产品的创意灵感、设计流程以及背后的故事，深入揭示了博物馆文物的历史底蕴和文化价值，从而开创了文创产品研发的新模式。《上新了·故宫》是一档专注于故宫博物院文化创新的真人秀节目，其核心商业模式是通过节目揭秘故宫鲜为人知的历史故事，激发文创产品的灵感。节目旨在让文创产品与公众"零距离"接触，打造一系列承载故宫故事的文创产品，以此创新并传承故宫的深厚文化。节目广泛征集文创设计方案，由故宫文创开发员与专业设计人员共同创意、开发文创新品，融合故宫、明星、媒体及影视制作方等多家 IP，不断制造话题、热点和网络效应，带动故宫文创产品创新的开发。在每期节目中，嘉宾将会接到一道"考题"，然后跟随故宫专家、顶尖跨界设计师一起探秘故宫，寻找灵感和线索，最终诞生一款文化创意新品，让文化不仅存于故纸堆里，也能活跃在荧幕前，搭建了一个故宫与年轻人之间的交流平台。

（四）文创影视讲故事

文创产业致力于构建一个能够实现跨媒介叙事的故事宇宙，这个故事宇宙的核心在于拥有一个坚实的叙事核心，涵盖了核心的世界观和故事文本，能够扩展至各种类型文化创意产品之中。因此，博物馆的文创产品不应仅限于传统商品，还应探索更多创新的艺术形式，例如动漫、电影、舞蹈等。美国自然历史博物馆（AMNH）与电影制作公司携手打造了全球知名的电影《博物馆奇妙夜》。借助电影的全球放映，博物馆不仅打破了仅限于销售产品的局限，还将自身的 IP 转化为流行文化元素，在全球电影院进行推广，激发了一股参观博物馆的热潮。特别是，这一合作还催生了众多博物馆夜间开放，举办具有特色的教育活动，或与展览相结合举办音乐会等创新形式，吸引了大量观众。在国内，北京自然博物馆打破了仅限于文创产品的传统思维模式，转而涉足动画电影领域。该馆利用最新的科研成果——带羽毛的恐龙，这一在当今恐龙研究领域备受关注的热门话题，及时向公众普及和传播知识。他们集中展示了相关化石标本，并推出了"会飞的恐龙"展览。小盗龙、近鸟龙的标本及其复原模型，以及带有皮肤印痕的鹦鹉嘴龙标本，都在此次展览中首次向广大观众亮相。鉴于带羽毛的恐龙，特别是其羽毛颜色的研究，触及了大众极为关注的恐龙外观复原等议题，博物馆除了举办相关展览外，还策划了一系列基于重大科学发现的4D科普电影，以及配套的增强现实（AR）科普图书、明信片、纪念品等文化创意产品的开发计划。通过这些形式多样的科普文化产品，博物馆旨在向公众普及这些研究的科学发现及其深远的科学意义。依据对小盗龙羽毛颜色的最新研究成果，结合自然博物馆及国内其他科普场馆对4D科普影片的需求，一部名为《黑羽精灵》的4D科普电影应运而生。博物馆通过这种广受欢迎的4D电影艺术形式，将这一重大科学发现转化为易于公众理解的科普内容并搬上银幕，为众多恐龙爱好者及广大观众呈现了一场科普文化的盛宴。北京自然博物馆通过这种电影文创模式，成功地讲述了自己的故事，并有效地传播了科普知识。

同样，近年来河南卫视推出的《唐宫夜宴》《中秋奇妙游》《元宵奇妙游》《清明奇妙游》等"中国节日"系列节目，也赢得了观众的广泛赞誉，让人不得不赞叹中华优秀传统文化的魅力。特别是《清明奇妙游》，它以古代画作《西园雅集图》为灵感来源，借助中国古典文学的纽带，巧妙地将文人雅集的传统与清明时节的自然特色相结合。节目不仅展现了雅集中的文人墨客，也描绘了雅集之外的世态人情，共同烘托出"风起清明画屏中"的主题。

博物馆内珍藏着众多历史名画，与媒体携手创作类似微电影和短视频，也是博物馆文化创意产业的一部分。我们可以将其称为影视文创。传播同样至关重要：电视荧屏是强大的宣传平台，视频网站是创新的前沿，微信和微博则是舆论的主战场，而短视频则实现了精准传播。此外，应选择在重要节日等恰当时机进行传播，这样更容易与观众产生情感共鸣。基于此，中华优秀传统文化得以在现代社会焕发新的生机，并逐渐赢得广大观众尤其是年轻一代的青睐。

（五）高校博物馆在文创领域的优势

每一所大学都代表着一个独特的 IP 符号。作为展示高校形象的窗口，高校博物馆拥有丰富的人才资源和馆藏，能够基于学校的特色深入挖掘馆藏文物和特色展览内容。为了充分利用这一 IP 符号，高校必须深入挖掘校园内的文化资源，开发与校园文化精神相契合、能够传播校园文化品牌的产品和服务。相较于社会博物馆，高校博物馆的文创产品主要面向一个更为特定的消费群体，即大学生和青少年。因此，其文创产品的种类也相对固定，常见的有文具、明信片、校徽、书签以及文化衫等。目前，尽管中国传媒大学博物馆尚未正式开展文创产品的工作，但已经进行了大量文创元素的开发。例如，博物馆积极借助志愿者和动漫设计专业的学生之力，为馆藏展品绘制漫画素描，给原本冰冷的机械设备注入了艺术与人文的温暖。这些元素可以轻松转化为各种文化创意产品。这充分展示了学校专业人才的潜力，一旦运营模式确立，相关工作即可迅速展开。

结　语

综上所述，博物馆的文创产品需重视传统文化的现代诠释，通过文创产品讲述博物馆的故事，这已成为文创产品发展的主流趋势。在新媒体传播的浪潮中，博物馆应不断创新文创的种类与模式，以有效传播中国故事，增强民众对中国文化的自觉、自信和认同感。博物馆从业者应致力于深入探索文物的历史文化价值和时代精神，向社会提供形式多样、内容充实、易于获取的文化创意产品，这应是他们肩负的重要职责。同时，博物馆应承担起时代赋予的使命，为实现"两个一百年"的奋斗目标以及中华民族伟大复兴的中国梦贡献自己的力量。

（作者单位：中国传媒大学传媒博物馆）

📖 参考文献

【1】《博物馆条例》（国务院令第 659 号）第三十四条，中国政府网，http://www.

gov.cn/zhengce/2015-03/02/content_2823823.htm。

【2】国务院办公厅转发文化部等部门《关于推动文化文物单位文化创意产品开发若干意见的通知》（国办发〔2016〕36号），中国政府网，http://www.gov.cn/zhengce/content/2016-05/16/content_5073722.htm。

【3】钟国文.博物馆"让文物活起来"的研究现状与展望［J］.客家文博，2021（2）.

【4】《2024版中国文创产品行业市场分析研究报告》，参见：https://baijiahao.baidu.com/s?id=1797903803201722151&wfr=spider&for=pc。

【5】乔瑾.博物馆文创产品开发现状及发展对策分析［J］.文物鉴定与鉴赏，2021（8）.

"博物馆打卡"媒介景观的生成路径研究

Research on the Generating Path of the Media Landscape of "Museum Punching"

许文圻

Xu Wenqi

摘要："博物馆打卡"是近年来盛行的一种文化现象，在媒介化社会的背景下，观众参观博物馆的行为以"媒介化"的方式在媒体平台上呈现，生成了一道独特的媒介景观。本研究结合媒介景观、文化记忆等相关理论，通过分析博物馆打卡这一媒介景观的生成过程，将其划分为文化机构的营销环节和受众的媒介朝圣两个部分，并对由此形成的"拟态世界"中存在的景观失真以及在场缺席的危机作出了评价与建议。

Abstract: "Museum punching" has emerged as a prominent cultural phenomenon in recent years. In the context of media society, the audience's behavior of visiting museums is represented on media platforms in a distinctly "mediated" manner, thereby creating a unique media landscape. Drawing upon relevant theories such as media landscape and cultural memory, this study examines the generative process of museum punching as a media landscape, categorizing it into two dimensions: the marketing strategies employed by cultural institutions and the media pilgrimage undertaken by audiences. Furthermore, it evaluates and offers recommendations regarding the distortions within this landscape and addresses the crisis of presence versus absence that arises within this "mimetic world".

关键词：大众传媒；博物馆打卡；媒介景观

Keywords: Mass media, Museum punching, Media landscape

一、研究背景与相关概念

（一）媒介景观

"景观"这一概念最早出现在地理学的相关研究范畴中，在 19 世纪初被德国地理学家洪堡引入科学研究领域。洪堡认为"景观"展现了某个地方的独特特征，自此，

"景观"成为研究人与地方关系的思想起源。在居伊·德波的理论框架下,"景观"既是被展现出的可视景象,也是一种带有主体性和有意识的表演,可以借助媒介技术通过一系列的视听符号向人们展示现实生活;1988年,居伊·德波在《景观社会评论》中提出了"综合景观"的概念,在其中更加具体详细地回答了"景观"相关的几个问题①。道格拉斯·凯尔纳的"媒体奇观"的概念则继承和发展了"媒介景观"概念。媒介地理学的相关观点也认为,媒介世界正由情节转向奇观,由理性文化转向快感文化,由线性文化转向块状文化,由叙事文化转向景观文化。②因此,研究新媒体时代的博物馆传播实践,除了借鉴以往关于博物馆叙事的分析外,还必须考虑在"快时代"背景下的景观分析。

(二)博物馆打卡与博物馆打卡的媒介景观

"打卡"一词最初指的是在工作单位进行签到打卡。在新媒体背景下,有学者将"打卡"定义为:用户身体来到特定现实空间,并用媒介记录下自己经历的某些事件,在时间或空间中留下个人的印迹。③"博物馆打卡"不仅是近两年逐渐兴起的消费现象,更是形成了由地方文化机构、媒介与参观者等多方共同参与、共同塑造的互联网时代的媒介景观。从媒介景观角度审视"博物馆打卡"行为,我们发现它不只是"check in"式的参观与简单记录,而是一种线上呈现和具身体验的结合,以及对参观博物馆这一行为进行再媒介化的实践。借助地方文旅机构和博物馆的营销推广,以及媒介技术的应用,参观者能够轻松获取信息并分享体验,从而吸引更多的访客亲临现场。潜在的访客在社交平台上看到其他参观者分享的建议后,会受到启发去体验相关博物馆,并在社交平台上发布与参观建议相呼应的媒介内容,进一步推动信息的传播。博物馆的管理者和访客通过媒介的持续互动,不断塑造和重塑着博物馆的媒介形象。访客的打卡行为不仅实现了他们在日常生活中的自我展示,还帮助他们构建了个人的文化记忆和身份认同。

本文主要关注博物馆作为"打卡地"这一媒介景观的生成路径,旨在为博物馆打卡现象的流行提供理论阐释,同时思考当下博物馆打卡热现象的意义与其潜在的危机,并提出相应的观点与解决建议。

---

① 德波.景观社会[M].张新木,译.南京:南京大学出版社,2016:4.
② 邵培仁,杨丽萍.媒介地理学:媒介作为文化图景的研究[M].北京:中国传媒大学出版社,2010:51.
③ 孙玮.我拍故我在,我们打卡故城市在——短视频:赛博城市的大众影像实践[J].国际新闻界,2020,42(6):6-22.

二、"博物馆打卡"媒介景观的生成路径

"文化景观并非自主形成,并且处于不断的重构过程中。"[①] 博物馆打卡媒介景观的生成路径可以分为两个主要部分:地方营销推广和参观者的参观行为及其在媒介上的呈现。在现实操作中,博物馆通过展陈生成富有意义的媒介文本并以此塑造精神空间;参观者受到地方营销推广的影响,前往博物馆进行参观打卡,在各种媒介平台上分享他们的体验。这些内容借由参观者个人及社交平台的影响力,形成诸如"网红展览""网红文物"的效应,进一步吸引更多的受众参观并记录下他们的体验。文化机构反过来利用这些"打卡文本"进行更广泛的媒介宣传,鼓励更多人参与打卡活动。在这个过程中,两个环节相互促进、循环往复地进行着博物馆作为打卡地媒介景观的再生产。相较于地方文化机构的初始"营销"行为,参观者的参观、记录与在社交平台上进行发布的行为,更有利于促进博物馆打卡媒介景观的生成,观众是此媒介景观生成的主导者。

(一)文化消费与文化机构的营销行为

从文化消费的角度对博物馆打卡这一媒介景观的生成路径进行审视,可以发现,虽然不同类型的博物馆(如科学博物馆、艺术博物馆、革命纪念馆等)所提供的二层符号意义有所不同,但当参观者在社交媒体的推动下将博物馆视为"打卡地"时,观众的关注点从展览陈列转变为博物馆中被赋予二层符号含义的事物,这些事物主要象征知识、文化、个性、流行、美学等。在打卡行为中,观众在意的不再仅仅局限于博物馆的文教资源是否丰富,而是博物馆展陈及文物的符号价值,以及其个人通过媒介呈现相关符号后所能塑造的个人形象,即网络流行语常讲的"人设树立"。在这一文化消费的过程中,观众所消费的不仅是景观和商品,还有其打卡过程中的体验、环境和所代表的意义。通过打卡实践,观众在社交媒体上实现了社会地位的获取,这种社会地位有时也代表着个人文化形象的展现以及物质和精神财富的展示。

从空间理论的视角来看,博物馆作为媒介,在空间中展现了双重的生产性:一方面,观众对博物馆空间进行想象性的生产和塑造;另一方面,博物馆通过构建空间想象来对观众进行影响和塑造。打卡行为源自观众在参观博物馆时的自然记录和展示,在这一过程中,参观者深受博物馆所营造的精神空间的熏陶。随着博物馆职能的演进,其角色已从单纯的文化传承和记忆传递扩展到文化消费领域,这反映了博物馆展览工

---

① 邵培仁,杨丽萍.媒介地理学:媒介作为文化图景的研究[M].北京:中国传媒大学出版社,2010:120.

作从单一的教化功能转变为文化教育与娱乐的双重目标，以更好地适应社会和市场的变迁。文化机构和博物馆开始重视观众的文化消费需求，例如，"广东文体广播"在其微信公众平台上发布的"[文化大湾区]多家博物馆官宣免费开放日！快收藏这份打卡攻略"，为参观者整合了必要的信息资源，包括参观日期、开放时间、文化资源等，以类似"商品销售"的方式呈现广东地区众多博物馆的概况，并鼓励观众在节假日前往参观并打卡。

在这种"营销"过程中，文化机构（包括博物馆与地方文旅机构）在空间中对文化产品进行商业化改造，并将其提供给公众；而博物馆的目的在于通过展览陈列，将值得铭记的图像传递给观众，从而履行其教育使命。随着博物馆空间被消费主义重塑，文化机构基于观众的参观行为，引导他们在社交平台上分享体验，利用意见领袖的影响力，管理和培养特定的观众群体，进而逐步扩大其影响力。以"文旅黄埔"在微信公众平台上发布的"粉丝来信 | 这些博物馆打卡照，带你云游黄埔博物馆"为例，就整合了其所征集的参观者"打卡照"及其撰写的短评，尝试通过打卡内容的呈现实现受众运营并吸引新的受众群体。正如尹凯所指出的，博物馆营销有助于吸引、建构并维持一个观众群。[①] 目标观众群体的形成既得益于观众自身内容创作的影响力，也归功于文化机构的推广和营销策略。在观众参与文化消费的过程中，社会消费主义的特征与空间生产之间的相互作用，作为一种构建力量，在博物馆的空间生产过程中扮演了关键角色。

（二）媒介朝觐与观众体验

尼克·库尔德的"媒介朝觐"理论将目的地打卡视为一种"象征性的旅游"；作为媒介文化衍生的视觉景观现象，媒介朝觐主要表现在受众前往媒介景观的实际地点进行体验。在构建"博物馆打卡"媒介景观的过程中，媒介朝觐发挥了巨大的作用。李伟将景观理论与媒介朝觐结合，以"网红打卡地"为仪式化的文化景观建构过程，强调了媒介朝觐在文化景观建构过程中发挥的重要作用。[②] 结合袁爱清和孙强的观点[③]，朝觐行为在现代社会中逐渐失去了其最初所具有的神圣意义。纵观博物馆的发展历程，我们可以看到博物馆同样经历了"祛魅"的过程，它们不再仅仅是展示珍奇物品的"珍奇柜"，而是转变成了服务于公众的文化机构。因此，参观者对博物馆的地域朝觐行为，也可以被视为一种媒介景观社会外化的表现形式，即一种文化实践。安·芮格妮指出，只有通过文化实践的中介作用，记忆图像才能在特定的共同体内获得形状、

---

① 尹凯.博物馆与公众：从公众的视角重新发现博物馆[M].北京：文物出版社，2023：123.
② 李伟.媒介朝觐下文化景观建构问题研究：以延乔路为例[J].传媒论坛，2022，5（3）：94-97.
③ 袁爱清，孙强.想象、展演及文化资本的置换：媒介地域朝觐景观解析[J].东南传播，2017（12）：41-44.

意义和高度的公众形象。①博物馆作为承载纪念性"文本"的空间，通过参观者参与的文化实践行为——打卡，使得展陈中蕴含的地区文化、科学知识、艺术知识等内容得以传递给观众。观众基于这些内容，形成了对相关主题的深刻理解和对地方文化的深厚认同。在地方文旅等机构的"营销"和推广下，博物馆完成了前置期媒介制造的个体憧憬图景，而参观的受众则基于自身的文化属性（历史来源、文化认同）逐渐构建起关于自身的形象与角色，并在个人社交媒体平台上进行传播，使得参观博物馆并进行打卡成为一种媒介景观。

不同类型的博物馆参观者在进行媒介朝觐（参观博物馆）的过程中展现出不同的特征，从而构建出多种媒介景观。从博物馆学的视角来看，参观者存在多种分类方式；但本文从媒介景观生成的研究路径出发，尝试将博物馆的参观者根据其来源划分为本地参观者和"旅客型"参观者。这样的分类有助于精确地探讨不同访客进行媒介朝圣行为的生成原因，包括前文提及的关于前置期媒介制造个体的憧憬图式、偶遇心理的情感粘连性满足、增进他者性认同以及加持自身权力结构②等因素。

对于本地参观者而言，参观当地博物馆往往源于一种"寻根"的冲动，即寻找地方性认同。在这一过程中，前置期媒介激发的个人期待在博物馆中得到了体现，博物馆依据当地居民的文化背景，营造出一种地方性的自豪感；偶遇心理所引发的情感共鸣则在展览中那些历史悠久或鲜为人知的地方文化元素中得到满足；而他者性认同和加持自身权利结构在媒介文本中的体现，则是在参观结束后，人们表达自己属于某个区域文化群体的自豪感，以及对当地先民的敬仰，在相关的媒介文本中，这种情感也常常通过本地文化与其他地区文化的对比来突出展现。

对于"游客型"参观者来说，博物馆同样具有旅游胜地的吸引力。媒介为其制造的个体憧憬中包含着对博物馆所在地文化的好奇；在他们展示"朝觐"之旅的媒介文本中，其心理情感的满足往往来源于展陈中对新奇事物的叙述展示。相较而言，他们在媒介文本中展现出的他者认同感以及加持自身权利结构的体现，也反映在将自身文化背景中所熟悉的事物与参观博物馆时所见之物进行比较。这类观众在参观结束后发布的媒介内容中，常常强调他们对新奇事物的关注。

无论是何种类型的参观者，他们在媒介上发布的相关内容均展现了其作为基层意见领袖参与社会文化建设的渴望。这一现象突破了传统时空和阶层界限，消除了参观博物馆并理解博物馆展览内容的障碍。同时，在社交媒体时代，以用户个人为中心，普通社交媒体用户获得了赋予符号意义的能力。通过社交媒体，人们能够进行内容创

---

① 芮格妮.记忆的机制：介于纪念性和变体之间的文本［M］//埃尔,纽宁.文化记忆研究指南.李恭忠,李霞,译.南京：南京大学出版社，2021：427.
② 袁爱清,孙强.想象、展演及文化资本的置换：媒介地域朝觐景观解析［J］.东南传播，2017（12）：41-44.

作、分享和交流。殷晓蓉提出，构成"现代社会集体想象"的重要"场所"的精神空间与可以聚集交流的实体空间互为表里，相互融合。① 在社交媒体平台上，个人创作的内容通过分享与传播，影响了他人对于博物馆的印象和评价，成为他们决策时的重要参考，并促进了"博物馆打卡"媒介景观的生成。与此同时，结合媒介平台上的各种热门话题，博物馆成为相关文化内容和精神的象征符号。在大众传媒构建博物馆空间意义的过程中，参观者能够更深入地了解博物馆的"地标意义"与"精神意义"。通过传统媒体和新媒体的推广，公众从文化深度、代表性、时代性等多个维度对博物馆这一实体空间进行文化想象，博物馆的精神价值逐渐成为公众共享的理念。而社交媒体平台上用户发布的动态，既是人们利用社交平台展示自我的主要方式，也吸引着更多的人前往打卡。由此，参观者所发布的文本，又对"打卡地"的媒介景观实现了"再造"；参观者则在社交媒体平台上完成了自我呈现与自我审视。参观者在参观博物馆后的媒介实践，让博物馆不再只局限于作为景点和非正式教育场所；在参观者赋予不同内涵、不同风格的公共空间中，受众通过实地打卡体验而与博物馆建立了联系，产生了关联，以个性化的打卡实践呈现自身对于博物馆展览陈列的独特感受与价值评估，共同将博物馆塑造成为精神空间。

（三）文化记忆生成与精神空间塑造

在"博物馆打卡"形成的一系列媒介景观中，除了博物馆和参观者各自运用媒介所生成的媒介景观外，打卡行为不仅让实体媒介——博物馆，在媒介景观的生成和作用中扮演了重要角色，而且显著体现在其塑造的精神空间以及作为文化记忆场的功能上。相较于具有客观实在性的现实空间，精神空间更注重对客观事物进行抽象化重塑，从参观者的主观视角出发，借助其想象力来创造内容。"空间实践既表现为人类活动、行为和经验的中介，又是他们的结果"②，博物馆通过对其物质空间的加工与改造，完成了在物质空间中进行"空间实践"的传播活动。在这一空间实践中，博物馆有意识地进行符号化改造（即展陈编排），并通过参观者在展厅及其他博物馆空间以及日常生活空间中的交往实践，实现了从实体空间向精神空间的转变。因此，博物馆空间中以展陈、宣传为代表的各项实践，均可视为精神空间的构建与传播。这些由群体共享的经验在深层次上影响参观者的价值观念，促进认同感和情感记忆的形成。

作为博物馆核心功能的体现，展览陈列通过巧妙融合声光电技术，进行恰当的空间布局，创造出与特定记忆内容和主题相匹配的场景。在博物馆展陈中，打卡行为的

---

① 殷晓蓉. 媒介建构"城市空间"的传播学探讨［J］. 杭州师范大学学报（社会科学版），2014，36（2）：118-124.
② 张子凯. 列斐伏尔《空间的生产》述评［J］. 江苏大学学报（社会科学版），2007（5）：10-14.

景观化过程展现了博物馆作为媒介的独特作用，它构建了一个独立的运作系统和生产机制。作为实体媒介，博物馆通过再现不同的空间意义和记忆图景，赋予参观者特定的空间感知和想象，进而激发他们在社交平台上分享体验。由此，博物馆打卡行为可被视为博物馆作为记忆场，通过其所塑造的精神空间，满足受众自身的认知需求。而文物通过博物馆的叙事，从"人工制品"逐渐转变成具有象征性的"纪念物"——纪念符号，并借此进入集体记忆的语境中。① 博物馆的展览陈列将物质空间环境与其所蕴含的历史、政治、文化背景紧密相连，揭示出该空间内抽象的精神价值。这种精神空间的内涵，要求观众具备一定的文化理解能力。

文化理解能力在更早之前集中于精英阶层，引发了符号资本的不平等分配为基础的社会地位区分效果问题——从而只为少数群体提供了通过文化记忆来满足自身文化需求的可能性（制度化安置的文化记忆）。② 早期的博物馆也是如此，具有鲜明的精英色彩；而随着博物馆的公共化，以及公众文化理解能力的提升，公众也能通过文化记忆来满足自身的文化需求。同时，由于博物馆作为一个概念性空间，参观者在其中可以充分展开想象、判断和反思，这种体验是高度私人化和主观的。③ 鉴于记忆是带有认同迹象的知识，是关于自我的知识，即人们自己的历时性认同，不管他是个体，还是家庭、世代、社区、民族，乃至于某种文化和宗教的一员④，当打卡成为参观者记录"记忆"的一种重要方式，在参观博物馆后打卡，既是对参观者日常生活的记录，也是对展陈相关知识内容的记录。艾琳娜·埃斯波西托指出，随着传播手段变得易于获得，社会记忆变得越来越独立，印刷媒介的出现使人们甚至不再将认知系统当作暂时的仓库来利用；但印刷媒介强化了社会记忆，增加其负荷而使得人们能够同时记住和忘掉更多的东西，从而同时保持更多的冗余信息和更加明显的多样性。⑤ 新媒体时代的社交媒体则进一步增强了印刷媒介的这项功能，甚至使得这些越发私人化、定制化的个人社会记忆具有更强大的影响力和整合作用，由此逐渐生成了相关的文化记忆。

文化记忆与交往记忆不同，为了能够在后代那里重新具身化，它以非具身的形态而存在，而这需要相应的保存和重新具身化（reembodiment）的体制。⑥ 博物馆所开展

---

① 聂远征，皮莉丽.空间叙事：媒介建构城市形象的新路径：以武汉报纸的辛亥百年纪念报道为例[J].新闻界，2011（7）：30-32.
② 哈特.文化记忆的发明[M]//埃尔，纽宁.文化记忆研究指南.李恭忠，李霞，译.南京：南京大学出版社，2021：118.
③ 王可欣."记忆+创造力"场域视角下的博物馆传播[M].杭州：浙江大学出版社，2023：69.
④ 阿斯曼.交往记忆与文化记忆[M]//埃尔，纽宁.文化记忆研究指南.李恭忠，李霞，译.南京：南京大学出版社，2021：143.
⑤ 埃斯波西托.社会遗忘：系统论的路径[M]//埃尔，纽宁.文化记忆研究指南.李恭忠，李霞，译.南京：南京大学出版社，2021：232-233.
⑥ 阿斯曼.交往记忆与文化记忆[M]//埃尔，纽宁.文化记忆研究指南.李恭忠，李霞，译.南京：南京大学出版社，2021：140.

的文化活动构筑了一个无形的公共信息空间，参与的群体成员在其中互动并形成了所谓的"交往记忆"。当参观者在参观结束后创作出与"博物馆打卡"相关的媒介文本时，这些"交往记忆"得以保存；受这些"交往记忆"的影响，新的观众开始进行具身体验。参观者带着自己的预期想象和价值评估来到博物馆，进行现场体验，观赏展览陈列，体验各种设施。在这一过程中，观众与博物馆之间进行了"意义"的协商交流，与其他观众实现了意义的共享。在媒体传播和人们实践活动的双重作用下，这些行为被不断实践和传播，从而构造出"博物馆打卡"这一独特的文化景观。

举例来说，新兴的互动式观展为我们提供了一个审视这种文化景观形成的绝佳视角。随着媒介技术的进步，互动式观展已经成为参观者记忆建构过程中的强效辅助手段。博物馆运用交互性强的媒介技术（如 AR、VR 等混合现实设备）为参观者带来了全新的时空体验，塑造出一个强调具身感受与想象的体验空间。而"物质的东西如何变成精神的东西"，关键在于把可以进行实证研究的身体视为理解参观者心理的根本路径[①]；从这个角度来看，影响感官以及以身体为媒介延伸的某种认知与意识，作为"身体因素"，在互动式观展的作用下，对参观者的心理产生了重要影响。

另外，具身化的体验也体现为公众对公共性的文化活动（此处既指参观博物馆，又指观众在社交媒体上发布的打卡内容）的参与。此类活动通过群体互动的形式，对具有不同特点的观众个体进行实践性的规范训练，将他们纳入由博物馆及其展览所构建的话语体系之内。在博物馆既定的展览秩序、展示叙事框架与逻辑下，观众的参与活动主要围绕历史、科学、艺术等领域的知识，以及这些知识所关联的、具有普遍意义的当下和未来价值观念。因此，观众在社交媒体上通过人际交流所构建的"信息共同体"，有助于重塑博物馆这一媒介的形象，并帮助个体在其中找到自我认同，确立个人价值。

三、危机与建议

（一）危机

1. 景观失真

"博物馆打卡"现象的兴起为博物馆所在地的文化旅游产业带来了显著的经济效益，并促进了博物馆自身的发展。因此，众多地区纷纷采取措施吸引游客前往本地博物馆进行打卡活动。为了吸引更多游客，博物馆也在实地空间中创造了许多适合拍照

---

① 冯雷. 理解空间：20 世纪空间观念的激变［M］. 北京：中央编译出版社，2017：47–55.

的场景,例如模仿社交媒体内容发布的展板等。同时,它们通过社交媒体平台进行宣传,制造热点话题,以吸引潜在参观者的注意并激发他们前来打卡的热情。另外,社交媒体上的博主们也会对在景区拍摄的照片和视频进行精心修饰,运用具有情感色彩的滤镜,或搭配富有氛围感的音乐,这种视觉上的吸引和冲击使得受众产生了"这里氛围浓厚,我必须去打卡"的强烈愿望。

在现实失真的背景下,许多游客在实地打卡时发现,现场的景观与他们在网络平台上所见的差异显著,导致"满怀期待而来,失望而归"。这种景观失真不仅损害了博物馆的形象,也对地方文化和旅游事业产生了负面影响。参考德波的观点,尽管观众意识到参观的景观可能被人为制造,但他们往往难以抗拒对这些景观的迷恋。在这种机制的影响下,现实世界的"真实性"被观众选择性地忽略,博物馆展览的教育意义也逐渐被扭曲。

2. 在场缺席

借助博物馆的地理位置、宣传推广以及社交媒体的辅助,加上观众的积极参与和分享,"博物馆打卡地"的媒介形象得以构建。潜在参观者在各种媒体平台上浏览、观察,沉浸于虚拟的影像世界,并可能受到这些虚拟内容的启发,萌生现场打卡的念头。在笔者对博物馆参观者的其他访谈中发现,多数参观者会在抖音、微博、小红书等社交平台上浏览与博物馆相关的信息。这些平台上的博主发布的图片、视频和文字描述激发了他们的参观兴趣。他们会参考这些内容推荐的展品和装置进行规划,到达现场后按照攻略或计划进行游览和拍照打卡,有时甚至会忽略展览的序言部分。这导致打卡而来的参观者可能无法充分体验展览叙事的逻辑,也缺乏对文物和展览内容的必要背景知识。同时,事先制定的攻略和计划也可能破坏博物馆展览原有的叙事结构和秩序。对于那些受媒体内容影响而到博物馆打卡的人来说,"网红打卡地"的媒介形象不再是对现实场景的简单再现,它可能逐渐演变成一种新的"拟态环境",影响着观众的感知。这种"拟态环境"通过制造各种热点内容不断吸引人们的关注,引发盲目跟风的行为。

根据鲍德里亚的文化消费观点,作为消费者的博物馆观众消费的并不是商品本身(即博物馆的展览陈列),而是商品所包含的意义和所代表的符号;观众将博物馆作为打卡地,进行"狂欢式"的文化消费,其本质是对博物馆、地方所创造的符号价值的消费,观众的参观过程只为了完成游览、拍照并上传到社交媒体平台,用于表明自己"来过此地",却忽略了参观行为更深层次的价值与意义。在媒介景观的控制下,观众的主体性逐渐迷失,个人化、私人化的文化记忆无法形成,而成为"狂欢"中的随波逐流,机械地模仿他人进行自我呈现;这种主体性的迷失,造成了"在场的缺席"。

（二）建议

鉴于社交媒体平台具有生活化、大众化和娱乐化等特点，目前对于"在场的缺席"这一危机是无法避免的，这也是新媒体时代受众特征所导致的。德波也指出，现代社会已经由物质社会转变为"景观的庞大堆积"，一切曾经直接被经历的事物，都成为再现而已。① 然而，从更宏观的视角审视，若能适当引导，打卡行为实际上对博物馆及其展览陈列的教育功能发挥具有积极影响。博物馆作为非正式教育的重要场所，其教育成效的评估不应仅限于特定的时间和地点。正如许多人对初级教育阶段学习大量古文古诗词的实用性提出质疑，随着个人生活经验的积累，这些知识将在未来生活中被重新激活，教育效果逐渐显现。同样，博物馆的展览陈列亦是如此。观众在参观时可能不会立即关注文物和展览本身，但若博物馆在打卡点设置富有文化内涵的"记忆锚点"，观众在进行打卡记录的同时，会不自觉地在个人媒体账号中存储与之相关联的文化内容。随着时间的推移，随着受众综合素质的提高、相关社会热点的出现，或受众生活经验的丰富，这些教育内容将逐渐实现其教育闭环，从而达到预期的教育效果。

解决"媒介失真"这一危机则需要从多方面着手。作为博物馆方，在面对质疑时，需自我审视展陈与服务质量是否未能满足观众的期望。同时，宣传部门对于社交媒体上出现的"失真"内容，也承担着纠正的责任。根据"大众神话"批判理论，如今社会中各种媒介宣传报道与其传播的多元信息符号等，可能是一种"麻痹"或"愚弄"人的现代神话。② 在新媒体时代，观众生活在众多媒介的包围之中，他们在接受经过滤镜处理的博物馆媒介景观时，并未意识到自己已经落入了媒介景观的神话与控制。他们继续进行着已被操控的打卡行为，按照媒介景观的引导前往实体空间，最终可能会意识到自己受到了误导。对于这些内容的监管和纠正，不仅是维护自身形象的必要措施，也是博物馆发挥其教育职能，对观众进行有效教育的重要手段。

结　语

本文旨在探讨博物馆打卡现象，分析其作为媒介景观生成的路径，并对由此形成的"拟态世界"中潜藏的危机进行评估，同时提出相应的建议。鉴于现代媒介环境从情节向奇观、从叙事向景观文化的转变，运用媒介景观和媒介奇观的理论视角来审视博物馆，可能成为未来研究的焦点。从媒介景观的视角出发，我们不仅能够深入分析

---

① 德波.景观社会［M］.张新木，译.南京：南京大学出版社，2016：3.
② 刘怀玉，伍丹.消费主义批判：从大众神话到景观社会——以巴尔特、列斐伏尔、德波为线索［J］.江西社会科学，2009（7）：47-55.

博物馆的媒介实践，例如本文所探讨的打卡行为，还能够评估实体博物馆在景观社会中的角色定位，为博物馆的传播实践和未来发展规划提供坚实的理论支持。

（作者单位：中山大学）

📖 参考文献

【1】德波.景观社会［M］.张新木，译.南京：南京大学出版社，2016.

【2】邵培仁，杨丽萍.媒介地理学：媒介作为文化图景的研究［M］.北京：中国传媒大学出版社，2010.

【3】孙玮.我拍故我在，我们打卡故城市在——短视频：赛博城市的大众影像实践［J］.国际新闻界，2020，42（6）：6-22.

【4】尹凯.博物馆与公众：从公众的视角重新发现博物馆［M］.北京：文物出版社，2023：123.

【5】李伟.媒介朝觐下文化景观建构问题研究：以延乔路为例［J］.传媒论坛，2022，5（3）：94-97.

【6】袁爱清，孙强.想象、展演及文化资本的置换：媒介地域朝觐景观解析［J］.东南传播，2017（12）：41-44.

【7】芮格妮.记忆的机制：介于纪念性和变体之间的文本［M］//埃尔，纽宁.文化记忆研究指南.李恭忠，李霞，译.南京：南京大学出版社，2021.

【8】殷晓蓉.媒介建构"城市空间"的传播学探讨［J］.杭州师范大学学报（社会科学版），2014，36（2）：118-124.

【9】张子凯.列斐伏尔《空间的生产》述评［J］.江苏大学学报（社会科学版），2007（5）：10-14.

【10】聂远征，皮莉丽.空间叙事：媒介建构城市形象的新路径：以武汉报纸的辛亥百年纪念报道为例［J］.新闻界，2011（7）：30-32.

【11】王可欣."记忆+创造力"场域视角下的博物馆传播［M］.杭州：浙江大学出版社，2023：69.

【12】阿斯曼.交往记忆与文化记忆［M］//埃尔，纽宁.文化记忆研究指南.李恭忠，李霞，译.南京：南京大学出版社，2021.

【13】埃斯波西托.社会遗忘：系统论的路径［M］//埃尔，纽宁.文化记忆研究指南.李恭忠，李霞，译.南京：南京大学出版社，2021：232-233.

【14】冯雷.理解空间：20世纪空间观念的激变［M］.北京：中央编译出版社，2017：47-55.

【15】刘怀玉，伍丹.消费主义批判：从大众神话到景观社会——以巴尔特、列斐伏尔、德波为线索［J］.江西社会科学，2009（7）：47-55.

博物馆传播新技术

博物馆中空间媒介的声境转向*
——以中国近现代新闻出版博物馆音像出版馆为例

The Acoustic Milieu Shift in Spatial Media within Museums
——A Case Study of the "Voices of the Times" Exhibit at the Museum of China Press and Publication

叶柏增　郑淑芬

Yeh Jim PoTseng, Zheng Shufen

摘要：本文以中国近现代新闻出版博物馆音像馆为例，探讨博物馆空间场域如何作为媒介，通过音乐展品连接历史时间与场域空间，实现信息的有效传播。中国近现代新闻出版博物馆音像出版馆成功利用现代科技保存与传播技术，打造出富有"声境"的博物馆空间，使音乐展品在连接历史与场域的过程中，成为跨越时空、激活记忆、传递文化价值的重要媒介。这不仅使博物馆空间超越了展品物理容器的传统角色，更让音乐本身成为强有力的信息传播媒介。精心设计的展陈布局、声场控制、照明效果等场域元素，共同构筑了一个与音乐展品相协调的声境。观众在这样的物理空间中直接接触和聆听音乐，获得了身临其境的感官体验，从而实现了博物馆在新媒介环境下的有效传播。

Abstract: This paper takes the audio-visual hall of the modern and contemporary Press and Publication Museum of China as an example to explore how the space field of the museum can be used as a medium to connect the historical time and the field space through music exhibits, so as to realize the effective dissemination of information. The Audio-visual Publishing Hall of China Modern and Modern Press and Publication Museum successfully uses modern technology to preserve and disseminate technology to create a museum space rich in "Acoustic Milieu", making music exhibits become an important medium to cross time and space, activate memory and transmit cultural value in the process of connecting history

---

* 本文系上海市管理科学学会新商科专委会2024年度"新商科"产教协同课题《基于知识图谱的中国音乐艺术管理学科实践研究》（项目编号：SHXSK-2024YQ-023）的阶段性研究成果，文化和旅游部全国公共文化发展中心 乡村公共文化服务研究院2024年度课题《乡村博物馆赋能乡村文化振兴研究》（项目编号：XCGGWH2024016）阶段性研究成果。

and field. This not only transcends the traditional role of the museum space as a physical container for exhibits, but also makes music itself a powerful medium of information transmission. The carefully designed exhibition layout, sound field control, lighting effects and other field elements together build a harmonious sound environment with music exhibits. The audience directly contact and listen to the music in such a physical space, and get an immersive sensory experience, thus realizing the effective communication of the museum in the new media environment.

关键词：博物馆；空间媒介；声境；中国近现代新闻出版博物馆；音像出版

Keywords：Museum, Spatial Media, Acoustic Milieu, Museum of China Press and Publication, Audiovisual Publishing

引　言

在当代文化语境中，博物馆作为知识传播、文化记忆保存与公共教育的重要场所，正经历着深刻的媒介化转型。博物馆建筑逐步转向博物馆空间，博物馆除实体建筑之外，还包括众多"不可见"的场域，或对博物馆空间的抽象内涵有所揭示[①]。博物馆的建筑不再仅限于设计和美学的范畴，而是转变成一个人们可以学习、工作、社交甚至休息的多用途场所，凸显了博物馆作为适应性空间媒介的功能[②]。其中，空间媒介的声境转向尤为引人关注。王婧在反思声音与听觉文化研究的经典核心概念的基础上，受到"声景"（soundscape）的启发，提出了"声境"（acoustic milieus）这一新概念，强调声音在理解生命体存在状态以及作为生态式思考媒介方面的重要性。[③] 音乐，作为声音艺术的重要表现形式之一，它不仅承载着丰富的情感和文化内涵，还在博物馆的展品中扮演着至关重要的角色。通过博物馆的空间布局，音乐巧妙地连接了历史的时间维度与实体场域的空间维度，将音乐信息以强烈的感知体验传递给观众。本文旨在探讨这一转向，特别是以中国近现代新闻出版博物馆音像馆的"时代之声"展览为例，揭示博物馆如何利用现代科技保存与传播技术，实现声音历史的精细建构，并在新式媒介中实现有效的信息传播。

---

① 黄婷婷. 空间的力量：博物馆空间构建的三重转向——《构建博物馆：叙事、建筑与展览》书评 [J]. 自然科学博物馆研究, 2023, 8（3）: 75-83.
② PARRA F. Museum making: thinking about exhibition design [J]. Intervención, 2014（10）: 94-97.
③ WANG J. On acoustic milieus [J/OL]. Communication and the Public, 2018, 3（4）: 283-289. https://doi.org/10.1177/2057047318812570.

一、博物馆的媒介化研究

英国考古学家尼克·梅里曼（2004）曾经指出：从长远来说，博物馆其实就是一种大众媒介。① 因此，媒介视角下的博物馆学将会为重新认识博物馆之物及博物馆的定位、功能、使命以及各项业务活动提供新的参照与启示②。

（一）博物馆的文化传播特性

博物馆研究的媒介化转向是媒介化理论在文化艺术传播领域的扩散与应用。媒介化是媒介社会学和传播学研究的关键范式转向，其内容包含对物质性、可供性、可见性、媒介性等更接近媒介元理论的范式构建。媒介化强调的是以媒介逻辑理解媒介特质与社会实践之间的结合。博物馆不仅是一个静态的收藏和展示场所，更是一个动态的交流平台。通过举办多种形式的展览、教育活动以及社区参与项目，博物馆促进了不同文化、不同时代以及不同群体之间的对话。因此，在信息、知识、文化以及价值观的传递过程中，博物馆作为一种独特的媒介，扮演着至关重要的角色。

博物馆的媒介化转向是文化和社会的媒介化进程中的一部分，有助于发挥博物馆文化艺术传播的物质性功能。博物馆作为文化机构，在其典藏与保存的专业实践中，承担着记录与传承的职责，因而常被视为社会记忆的载体。通过对藏品的研究、建构关联与诠释，博物馆能够在物件原有的语境之上，叠加新的知识结构与诠释框架，从而赋予其崭新的意义与文化价值，实现从记忆保存到知识生产的转化。因此，博物馆不仅作为信息与知识的桥梁和提供者，同时也承担着价值观与世界观的建构者和教化者的角色。博物馆通过选择、分类、关联、研究、发现、诠释、呈现，在信息扩增的基础上生产知识和价值，为受众提供真善美的享受和价值观的培育③。博物馆承担的媒介角色功能显而易见：一是信息传递者，博物馆收集、整理和展示信息，为公众提供了解历史、艺术和科学知识的渠道；二是知识解释者，通过策展人的解读和教育活动的引导，博物馆帮助公众理解复杂的主题和概念；三是文化的桥梁，博物馆通过展示不同文化和时代的藏品，促进跨文化的理解和尊重；四是社会参与的催化剂，博物馆鼓励公众参与，通过互动展览和社会项目，增强社区的凝聚力和参与感。

---

① MERRIMAN N. Involving the public in museum archaeology. In: Nick Merriman (ed), Public Archaeology. London, Routledge, 2004, 85–108.
② 曹兵武. 作为媒介的博物馆：一个后新博物馆学的初步框架 [J]. 中国博物馆，2016（1）：77-82.
③ 曹兵武. 博物馆何为？[J]. 中国博物馆，2013（3）：6.

（二）博物馆的媒介多样性

20世纪60至70年代，"新博物馆学"运动在欧洲兴起，提倡关注社群与社区的需求，满足大众文化的需要。这一时期，博物馆的展示传播和公共服务功能得到了显著提升。随着新媒介如互联网、VR/AR技术的涌现，"博物馆展览已经成为一个高度综合性的媒介，几乎所有现代媒介都被引入其中，展览被整合成高度综合性与统一性面对受众的大型叙事文本或者互动现场，围绕展览的各种活动也呈现出高度媒介化特征"[1]（曹兵武，2019）。博物馆不仅具有互动性、教育性、可访问性等媒介的多样性特征，而且还涵盖多种文化表达形式，包括视觉艺术、历史文物、自然标本等。以数字化为基础的信息化时代为人们提供了观察和认识世界的新的视角和理论方法。按照媒介的定义和特点，博物馆里的藏品和展品、博物馆展览及博物馆自身都完全符合信息存贮、加工、传播、交流等媒介特点[2]（曹兵武，2016）。现代博物馆尤其注重观众的参与感和体验性，通过互动式展览和先进的数字技术，提高了观众的参与度。同时，博物馆作为非正式教育的重要场所，提供终身学习和启发思考的机会。

随着数字化和网络技术的进步，博物馆的藏品和信息变得更加易于访问，显著提升了公众的接触机会。从传播与媒介的角度来看，将博物馆视为一个整体来研究其传播系统，有助于构建一个基于传播与媒介范式的博物馆文化传播模型。特别是在当前信息技术迅猛发展的背景下，博物馆出现"云展览"形态，即在互联网环境下，通过资源集成和服务共享的方式，向公众传播文物数字化信息及相关知识图谱的信息服务系统，如博物馆数字化、博物馆信息化、数字博物馆、数字化博物馆、虚拟博物馆、智慧博物馆等（黄洋，2020）。总之，博物馆作为媒介，通过一系列传播路径将文化资源传播给受众和知识世界并得到反馈[3]（王夏歌，2024）。

二、当声音从"声景"转向"声境"

（一）"声音景观"的提出及其特点

受限于视觉性的思维框架，以声音媒介及其使用为议题的传播研究倾向于关注社会情境中人对声音内容的接受过程，将具有空间性的声音压缩到平面世界来讨论，忽略了声音环境本身的形塑、声音的空间性以及它与人类感官的互动[4]（季凌霄，2019）。

---

[1] 曹兵武. 博物馆的媒介化趋势及其实践意义[J]. 博物院，2019（5）：82–85.
[2] 曹兵武. 作为媒介的博物馆：一个后新博物馆学的初步框架[J]. 中国博物馆，2016（1）：77–82.
[3] 王夏歌. 历史演进与现实理据：博物馆媒介化转向的溯源研究[J]. 现代传播（中国传媒大学学报），2024（3）：109–117.
[4] 季凌霄. 从"声景"思考传播：声音、空间与听觉感官文化[J]. 国际新闻界，2019，41（3）：24–41.

声音，对于传播与媒介研究来说，似乎理所当然地成为一个重要的议题——人与诸多事物总是在发出声音；声音总是在传递信息、表达情绪、宣示存在。"声音景观"的概念最初由加拿大作曲家兼声学人类学家默里·谢弗（Murray Schafer）提出，强调环境声音作为文化、社会和个人经验的构成元素，进而指代一个地方各种声音的集合[①]，声景研究专注于探索环境中的声音构成、结构、演变，以及这些声音如何影响人们的感知、认知和情感。它尤为关注城市声景和自然声景等特定环境中的声音生态。

"声音景观"引起人们的关注，不仅标志着研究者开始关注那些长期以来被忽视的声音现象和听觉感官文化，更意味着我们将在特定的环境和生活世界中对其进行考察。"声音景观"同样强调思考"听"与"听到"的过程，也就是思考人们身处怎样的声音环境中，它为何如此呈现又如何向人展开？这一声音环境凝结着怎样的技术、知识、情感、权力、身体等诸多要素？人们通过"听"、理解、构想等活动，在主体的界限里生成怎样的声音景观？声景研究将声音视为一种直接与身体感官互动的环境，而不仅仅是内容的载体。声景与听觉方式呈现出某一时期特定的权力关系与物质技术特征。通过考察更广泛空间中的声景，我们能够拓展与联系各个声音媒介的传播情境/场所，洞见它们之间的位置安排与权力关系[②]（季凌霄，2019）。

（二）从"声景"转向"声境"

随着对听觉文化研究的深入，学者们开始重新审视声景理论对声音的静态描述和对环境的显性解读。比如，中国学者王婧提出了"声境"这一概念，该理论强调声音与环境、行为者之间的动态交互和相互形塑，关注声音在特定空间场域中所产生的整体性感知体验，以及其对于个体认知、情感反应及社会文化意义生成的影响。[③]近年来，有学者开始关注声音博物馆通过多感官协同作用对人们产生的影响，并对其进行了深入研究。学者辛媛媛（2012）指出，音乐类博物馆是博物馆系统的一个分支，是对外传播音乐文化的一个窗口，是一种特殊的音乐文化传播载体。它是指在一定的空间内，以音乐藏品（包括音乐文物和复制品）为基础，配以适当的辅助手段，按照一定的次序，对社会大众开放的、进行音乐文化传播的机构。[④]

声境理论融合了人类学、社会学、地理学等多学科的视角，将声音研究从单一的环境分析拓展至对社会文化实践的深入探讨。"声境"更适合去理解声音与人类境况的关系，超越信息的局限去感知声音的生态关系，强调感知者在被声音环境塑造的过

---

① SCHAFER R M. The soundscape: our sonic environment and the tuning of the world [M]. Rochester, VT: Destiny Books, 1994.
② 季凌霄. 从"声景"思考传播：声音、空间与听觉感官文化 [J]. 国际新闻界, 2019, 41 (3): 24-41.
③ 王婧. 从"声景"到"声境"：作为媒介的声音 [J]. 国际新闻界, 2023, 45 (12): 136-151.
④ 辛媛媛. 关于我国音乐类博物馆传播的思考 [J]. 音乐传播, 2012 (2): 116-121.

程中，积极或者消极地参与声音环境的形成与变化①（王婧，2018）。概括地说，声境不是一个可被表征的客体对象，不完全是自然的或者文化的，而是有感觉的②（Ingold，2011a）、技术的③（Stiegler，1998），以及人类学的④（Feld，2012）。同时，声境转向亦呼应了博物馆学界对于多感官体验、情境叙事和跨媒介传播的重视，促使博物馆从单一的视觉中心转向多感官协同的展示方式。博物馆作为一个媒介场域，开始更加主动地利用声音元素（包括音乐）来营造情境、唤醒记忆、激发情感，进而丰富观众的参观体验，深化他们对展品和相关历史文化的理解。

三、博物馆中的"声境"：作为连接古今时空维度的媒介

（一）博物馆场域中的"声境"

作为声音历史的守护者和讲述者，音像博物馆特别重视对音乐史料的系统性搜集、科学性保护以及深入研究。借助现代科技保存手段，例如数字化录音、高保真复制、环绕音效还原等，博物馆确保音乐资源得以长期保存并以高品质展现。此外，通过专业解读音乐史料、梳理历史脉络、挖掘文化内涵，博物馆在展览中构建出既深刻又广泛的音乐历史叙事。这些叙事不仅揭示了音乐在特定历史时期的社会功能、艺术风格、文化影响，还通过对音乐家生平、作品创作背景、演出实况等细节的再现，使观众能够深入理解音乐作为社会文化符号的多重意涵。同时，作为架构起历史与现实、现在与未来、传承与创新、传统与现代的桥梁，博物馆在音乐文化的传承发展中能发挥不可估量的作用⑤（黄虎，2021）。

从音像博物馆的视角审视，博物馆作为传播媒介的场域，其空间设计与展品陈列不仅塑造了观众的物理体验，更在时间的维度上架起了连接过去与现在的桥梁，创造出一种超越时空的叙事体验。在声境转向的视角下，博物馆内的音乐不再只是静态的展品，而是通过精心策划的空间布局、音频导览、现场演奏、互动体验等多种方式，将音乐与历史背景、文化脉络、社会变迁等信息紧密融合，构建出一个立体、丰富的

---

① WANG J. On acoustic milieus [J/OL]. Communication and the public, 2018, 3（4）: 283-289. https://doi.org/10.1177/2057047318812570.
② INGOLD T. Worlds of sense and sensing the world: a response to sarah pink and david howes [J]. Social anthropology/Anthropologie sociale, 2011, 19（3）: 313-317.
③ STIEGLER B. Technics and time [M]//The fault of epimetheus (Vol. 1). Stanford, CA: Stanford University Press, 1998.
④ FELD S. Sound and sentiment: birds, weeping, poetics, and song in Kaluli Expression (3rd ed) [M]. Durham, NC: Duke University Press, 2012.
⑤ 黄虎. 音乐博物馆叙事与可持续发展 [J]. 中国音乐, 2021 (6): 67-72.

叙事结构。时间在这里被具体化为展品的年代序列、历史事件的时间轴、音乐风格的演变过程等，而空间则通过展厅布局、声场设计、光线变化等手法，营造出与音乐相契合的氛围，使观众在聆听音乐的同时，能够在脑海中重建相关历史场景，形成对过去时代的直观感知和情感联系。

（二）博物馆"声境"的时间媒介性

在信息社会的背景下，钟表时间正面临着危机，塑造新型时间观念的任务落在了传播媒介身上。传播媒介通过对人类日常生活时间的建构转移了人们的时间参考标准，并且通过技术、内容对时间进行雕琢，塑造了以瞬间性、零散化与无序性为特征的"媒介时间"[①]（卞冬磊、张稀颖，2006）。从时间维度的连接来看，博物馆积极开展音乐史料的系统收集工作，包括音乐作品、录音资料、相关文献、实物遗存等，并依托现代科技保存技术（如数字化转换、低温储存、防护装裱等），确保其长期保存和安全存取。在电子媒介时代，借助于技术的优势及其带来的传播方式的改变，人们开始从时间的控制中逐步解放出来[②]（朱剑虹，2010）。

博物馆通过展示各类音乐展品，包括乐谱、唱片、录音和乐器等，以及提供相应的解说文字、音频资料和视频记录，将音乐与特定的历史时期、文化背景和社会事件紧密联系起来，构建出一条贯穿时间轴的叙事线索。音乐展品的年代排序和风格演变揭示了音乐艺术的历史发展脉络，协助观众深入理解音乐在不同历史阶段的社会作用、文化意义以及对后世的影响。同时，博物馆作为文化记忆的宝库，不仅在时间上展现了历史的深度，而且它所承载的不仅仅是短暂的"集体记忆"，更是对文化发展未来具有指导意义的载体。同时，博物馆作为文化记忆的宝库，其时间跨度具有显著的历时性。它们不仅仅是暂时保存"集体记忆"的场所，更是对文化发展未来具有指导意义的重要载体。博物馆既包含文本等软记忆，也有各种各样纪念碑的硬记忆。

（三）博物馆"声境"的空间媒介性

从空间维度的塑造来看，正如法国哲学家亨利·列斐伏尔（Henri Lefebvre）在"空间生产理论"（the production of space）中所强调的，空间不仅具有物质领域的属性，同时还存在社会领域的导向性等多重问题[③]；空间并非固定的单一场域，而是具有构建性的力量和可生成的特质，并在社会空间相互渗透或互相叠加（superimpose），形成相对独立又统一的可变空间。博物馆通过精心策划的展厅布局、声场控制和照明

---

① 卞冬磊，张稀颖.媒介时间的来临：对传播媒介塑造的时间观念之起源、形成与特征的研究[J].新闻与传播研究，2006（1）：32-44，95.
② 朱剑虹.网络时代的媒介时间初探[J].新闻爱好者，2010（18）：62-63.
③ 列斐伏尔.空间的生产[M].北京：商务印书馆，2021.

效果，营造出与音乐展品相协调的空间氛围。例如，运用多媒体技术复原历史演出场景、打造互动体验区、配置专业的音频播放设备等，让观众在特定的物理空间中直接接触和聆听音乐，从而获得沉浸式的感官体验。

博物馆作为空间媒介具有稳定性，能够打造交流的场所，并有利于塑造集体记忆、展现文化风貌①（陈苏伟、周朝霞，2022）。博物馆学者和研究人员对所收集到的声音史料进行深入研究，包括音乐风格、作曲家生平、社会文化背景等，形成了深度的学术研究成果。这些研究不仅为博物馆展览提供了学术支撑，也为公众理解音乐史料的价值和意义提供了专业指引。此外，博物馆通过举办现场音乐会、讲座、工作坊等多样化的活动，进一步激活空间，实现音乐与观众之间的实时互动。

（四）博物馆"声境"的独特叙事

在时空交错的博物馆中，参观者能体验到一种独特的叙事旅程。通过精心设计的展览，博物馆将声音史料与视觉元素（例如图片、文字、影像等）巧妙结合，构建出一个系统而生动的声音历史叙述体系。这些叙述不仅展示了音乐的艺术成就与技术进步，还揭示了音乐在社会文化生活中的地位和作用，让观众在参观的同时，能够获得深刻的历史感知和文化理解。在互联网时代，博物馆作为一种艺术表现形式，正从传统的线下静态展示转变为满足观众需求、适应信息时代和感知变化的动态展示。它已超越了单纯物品的展示与陈列，通过技术手段丰富了非物质媒介的场景空间，引入了无限的可能性，拓展了展览体系架构的广阔潜能。数字技术时代的媒介和技术存在的根本价值仍然是传播信息，为"叙事"服务②（朱剑虹，2010）。各类场景空间与环境交叉嵌入，使场景对人的影响更加深层、多元，衍生出了文化景观叙事过程中的多重叙事角色，让文化景观拥有了多重叙事身份。多重角色和场景的重叠交叉某种程度上还带来了参观者身份的弱化、时空的交错、虚实的合一③（张允、张梦心，2020）。

当前博物馆的叙事过程，通过移动互联网形成了新型复杂的社群型"参观者实时状态及参观者叙事参与的生活习惯"，使参观者们已经不再满足于博物馆作为文化景观提供的单向乃至双向互动的传播，开始从自身价值诉求出发寻求亲历式、沉浸式的个体化消费体验（张允、张梦心，2020）；而博物馆通过整合时间与空间元素，构建了一个跨越时空的叙事框架。音乐在这个框架中，成为连接过去与现在、物质与情感、个体与集体的桥梁，使观众在聆听、观赏、体验的过程中，既能感受到音乐本身的艺术魅力，又能深入理解其所蕴含的历史脉络、文化内涵和社会意义。

---

① 陈苏伟，周朝霞. 空间媒介对城市形象的塑造和传播：以苏州博物馆为例［J］. 公关世界，2022（23）：96-97.
② 朱剑虹. 网络时代的媒介时间初探［J］. 新闻爱好者，2010（18）：62-63.
③ 张允，张梦心. 数字时代博物馆叙事逻辑的重构：基于场景理论的视角［J］. 现代传播（中国传媒大学学报），2020，42（9）：99-103.

四、案例分析：中国近现代新闻出版博物馆音像出版馆

（一）博物馆空间作为展示媒介

博物馆空间本身便是一种强大的媒介，它不仅承载展示的功能，更是一个叙事的空间。博物馆中的展场，通过不同的布展手段，能够引导观众。通过设计布局、光线运用、展品排列等手段，博物馆能够引导观众的情绪和思维走向，创造出特定的感知环境。在中国近现代新闻出版博物馆的音像出版馆内，空间被精心规划为一条时间轴，从早期的留声机到现代的数字音乐播放设备，每一步都是一次穿越时光的旅行。通过这样的空间设计，观众在亲身经历空间转换的同时，能够感受到中国唱片业从初始阶段到全盛时期的演变。空间在这里充当了历史的讲述者，无声地向人们讲述着一系列关于技术演进和文化演化的叙事。

图1　中国近现代新闻出版博物馆音像出版馆的展馆入口

中国近现代新闻出版博物馆的音像出版馆，凭借其独特的定位，致力于搜集、研究并展示中国近现代新闻出版业发展过程中产生的音乐史料。这使其成为声音历史建构的重要实践场域。音像出版馆特别关注中国唱片业发展过程中产生的音乐史料，这些史料独特地映射了特定历史时期的社会风貌、文化趋势以及音乐与新闻出版业之间的紧密联系，为声音历史的建构提供了丰富的素材。

（二）实体展品作为媒介物

音像出版馆的实体展品，如珍贵的黑胶唱片、各式留声机及录音设备，虽不能直接发声，却以沉默的姿态传递着强烈的信息。黑胶唱片上的磨损痕迹、留声机上精美的雕刻，这些细节不仅仅是物质的存在，更是时间的印记，让观众在触摸和观察中感受到那个时代的生活气息和审美趣味。例如，一张张经典的黑胶唱片，即便不播放，其封面设计、艺术家介绍也能激发参观者对当时的流行音乐风格、歌手故事的想象，实体展品以其物质性构建了一个充满怀旧氛围的视觉与触觉体验场域，引人深思。

图 2 黑胶唱片展示品

这些展品不仅是中国唱片出版业发展历程的见证，同样也是特定历史时期社会氛围的鲜活记录。音像出版馆通过周密策划的展览，将声音史料与唱片出版业的发展轨迹紧密相连，构筑出具有明确主题和清晰叙述线索的声音历史叙述。这些叙述不仅加深了公众对音乐在中国近现代社会文化中的地位和作用的理解，也提升了公众对唱片出版业历史的了解和敬意，有效实现了博物馆的公共教育使命。

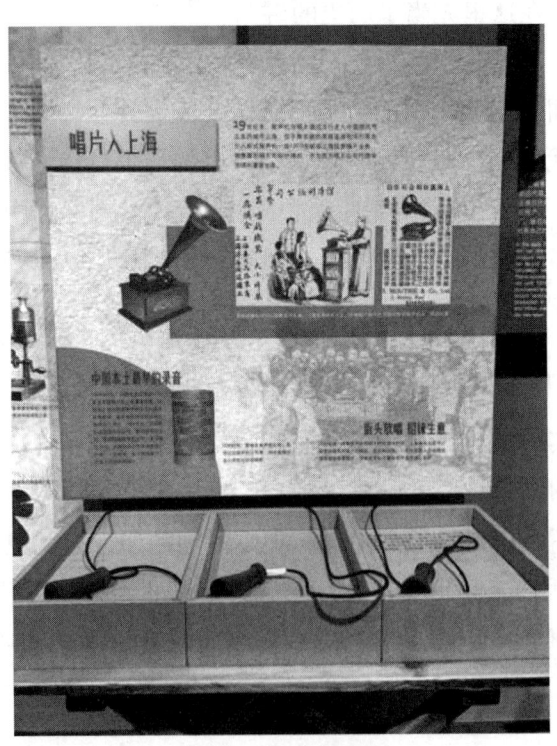

图 3 传声机展品

（三）流行音乐歌曲作为连结文化集体记忆的虚拟媒介物

在中国近现代新闻出版博物馆音像出版馆内，黑胶唱片作为实体展示的核心，超越了其物理属性，扮演着连接文化集体记忆的虚拟媒介角色。这些唱片中收录的流行歌曲，作为时代的回响，无言地述说着往昔的流行风尚、社会情绪与文化变迁，激发参观者内心深处的文化集体记忆。

图 4　黑胶唱片展示品（一）

黑胶唱片的展示，通过其封面艺术、歌曲列表以及唱片上的磨损痕迹，构建了一系列微观历史场景。这些场景让观众在视觉与触觉的双重引导下，想象那些曾经流行的旋律如何在街头巷尾传唱，如何影响了一代人的情感与生活。尽管这些歌曲在静默的展示状态下并未实际播放，但它们作为一种文化符号，激发了参观者心中对过往声音的追溯与重构，从而在每个人的心中"播放"起属于那个时代的独特乐章。

实际上，这个过程是一种心理层面的虚拟体验的创造——观众利用自己的背景知识、个人经历和情感投射，在内心构建起一系列动态的、个性化的"声音景观"。黑胶唱片作为触发集体记忆的媒介，激发了不同参观者在共享的文化基础上，依据个人差异构建起各自独特的文化记忆地图，从而实现了历史与个人情感的深度联结。

因此，在这一没有科技直接介入的展示环境中，黑胶唱片凭借其蕴含的文化和情感价值，在博物馆空间内成功构建了一条虚拟的声音通道。这不仅使文化记忆变得生动，增强了展览的文化深度，还激励着参观者在静默中主动地回味历史、反思文化，从而展现了博物馆作为文化记忆传承与创新空间的独特魅力。

（四）音像出版馆中"声境"的时空分析

中国近现代新闻出版博物馆音像出版馆通过空间、实体展品与虚拟媒介的巧妙结合，构建了一个多层次、多维度的声境，实现从无声到有声的跨越，从单一感官体验到全方位沉浸式参与的转变。

图 5　黑胶唱片展示品（二）

在这个声境中，时间的流逝不再遵循单一的线性轨迹，而是通过实体与虚拟的交织，构筑出一个可感知、可触摸、可聆听的三维历史空间。在这个空间里，观众不仅能积累知识，还能体验到情感与记忆的共鸣，深刻感受到个人与集体历史之间的紧密联系。这种声音环境的转变，也映射出博物馆作为文化传承与创新平台的角色。它不仅保留了传统实物展示的价值，更激活了静态的历史，使其与当代社会文化语境相融合，推动文化的动态传承。在这样的博物馆空间中，每一首歌曲、每一段录音，都不再仅仅是声音的记录，它们成为连接过去与未来、个体与集体、本土与全球的文化桥梁，共同编织出一幅绚丽多彩的中国音乐文化发展画卷。

结 语

在中国近现代新闻出版博物馆的音像出版馆内，通过巧妙的空间媒介运用，实现了声境的转变。音乐被用作信息传播的载体，通过精心设计的空间布局，将历史的时间维度与博物馆的空间维度融合。音乐信息以充满情感和文化内涵的方式传递给观众，不仅展示了博物馆如何利用现代科技保存技术与创新媒介手段，构建和传播声音历史的精细细节，还提升了博物馆的教育功能和观众体验。此外，它也为中国在声境研究、声音研究、听觉文化乃至整个博物馆学领域开辟了新的研究视角和实践路径。

（作者单位：复旦大学）

参考文献

【1】黄婷婷. 空间的力量：博物馆空间构建的三重转向——《构建博物馆：叙事、建筑与展览》书评［J］. 自然科学博物馆研究，2023，8（3）：75-83.

【2】PARRA F. Museum making: thinking about exhibition design［J］. Intervención，2014（10）：94-97.

【3】WANG J. On acoustic milieus［J/OL］. Communication and the Public，2018，3（4）：283-289. https://doi.org/10.1177/2057047318812570.

【4】MERRIMAN N. Involving the public in museum archaeology. In: Nick Merriman (ed), Public Archaeology. London, Routledge, 2004, 85-108.

【5】曹兵武. 作为媒介的博物馆：一个后新博物馆学的初步框架［J］. 中国博物馆，2016（1）：77-82.

【6】曹兵武. 博物馆何为？［J］. 中国博物馆，2013（3）：6.

【7】曹兵武. 博物馆的媒介化趋势及其实践意义［J］. 博物院，2019（5）：82-85.

【8】王夏歌. 历史演进与现实理据：博物馆媒介化转向的溯源研究［J］. 现代传播（中国传媒大学学报），2024（3）：109-117.

【9】季凌霄. 从"声景"思考传播：声音、空间与听觉感官文化［J］. 国际新闻界，2019，41（3）：24-41.

【10】SCHAFER R M. The soundscape: our sonic environment and the tuning of the world［M］. Rochester, VT: Destiny Books, 1994.

【11】王婧.从"声景"到"声境":作为媒介的声音[J].国际新闻界,2023,45(12):136-151.

【12】辛媛媛.关于我国音乐类博物馆传播的思考[J].音乐传播,2012(2):116-121.

【13】INGOLD T. Worlds of sense and sensing the world: a response to sarah pink and david howes[J]. Social anthropology/Anthropologie sociale, 2011, 19(3): 313-317.

【14】STIEGLER B. Technics and time[M]//The fault of epimetheus(Vol.1). Stanford, CA: Stanford University Press, 1998.

【15】FELD S. Sound and sentiment: birds, weeping, poetics, and song in Kaluli Expression(3rd ed)[M]. Durham, NC: Duke University Press, 2012.

【16】黄虎.音乐博物馆叙事与可持续发展[J].中国音乐,2021(6):67-72.

【17】卞冬磊,张稀颖.媒介时间的来临:对传播媒介塑造的时间观念之起源、形成与特征的研究[J].新闻与传播研究,2006(1):32-44,95.

【18】朱剑虹.网络时代的媒介时间初探[J].新闻爱好者,2010(18):62-63.

【19】列斐伏尔.空间的生产[M].北京:商务印书馆,2021.

【20】陈苏伟,周朝霞.空间媒介对城市形象的塑造和传播:以苏州博物馆为例[J].公关世界,2022(23):96-97.

【21】朱剑虹.网络时代的媒介时间初探[J].新闻爱好者,2010(18):62-63.

【22】张允,张梦心.数字时代博物馆叙事逻辑的重构:基于场景理论的视角[J].现代传播(中国传媒大学学报),2020,42(9):99-103.

多媒体展项在史前遗址博物馆中的信息传播模式探究

Research on the Information Dissemination Mode of Multimedia Exhibition Items in the Museum of Prehistoric Sites

牟文星

Mou Wenxing

摘要：随着博物馆与数字技术的持续融合、创新和发展，新兴展示技术的广泛应用打破了陈列展览信息传播的传统思维局限。多媒体展项作为博物馆重要的展示媒介，其本身就具有较强的研究价值与现实意义。本文基于史前遗址博物馆多媒体展项的实地调查，试从信息阐释的角度，探讨多媒体展项的信息传播模式。目前，其可主要分为三类：一是填鸭式传播模式，特点是直接将考古成果搬抄至多媒体展项之中；二是转译式传播模式，在注重考古学阐释的基础之上，强调对物的原生信息和价值信息的二次阐释；三是启发式传播模式，具备引导性、开放性和启迪性等特点，使观众在构建个人意义的同时，激发他们对所展示的考古成果进行深入思考。三种传播模式的主要差异在于展项内容创作对信息阐释的深度，但其本质都体现了博物馆通过数字技术实现观众与文化的深入交流的愿望，旨在调和展览内容与观众认知之间的差异。

Abstract：With the continuous integration, innovation and development of museums and digital technologies, the wide application of emerging display technologies has broken the traditional thinking limitation of exhibition information dissemination. As an important exhibition medium of museums, multimedia exhibition items themselves have strong research value and practical significance. Based on the field investigation of the multimedia exhibition in the Museum of Prehistoric sites, this paper tries to discuss the information dissemination mode of the multimedia exhibition from the Angle of information interpretation. At present, it can be mainly divided into three categories: one is the spoon-feeding mode, which is characterized by the direct transfer of archaeological results to multimedia exhibition items; The second is the translational mode of communication, which emphasizes the secondary interpretation of the original information and value information of objects on the basis of archaeological interpretation. The third is the heuristic communication mode, which has the characteristics of guidance, openness and enlightenment, so that the audience can realize their personal meaning construction and arouse their reflection on the archaeological results displayed. The three modes of communication are mainly different from the depth of information interpretation in the creation of exhibition content, but their essence reflects the museum's hope to achieve in-depth communication between audience and culture through digital technology, so as to coordinate the contradiction between exhibition content and audience cognition.

关键词：多媒体展项；数字技术；信息传播；史前遗址博物馆

Keywords：Multimedia exhibition items, Digital technology, Information dissemination, Museum of prehistoric sites

史前遗址博物馆[①]作为向公众展示史前自然环境、了解人类起源与早期社会发展的关键平台，同时也是传播相关考古研究成果的重要窗口。然而，囿于此类遗址本体以及出土的遗物在博物馆的展陈形式过于单一，加之展览中的文字说明涉及的考古知识过于深奥难懂，仅依赖博物馆展示那些观赏性不强的出土物和理解性较差的图文说明展板，很难达到帮助大众认知史前遗址核心价值的目的。其展示难点也对"考古学界做好出土文物和遗址的研究阐释工作，把我国文明起源和发展以及对人类的重大贡献更加清晰、更加全面地呈现出来，更好地发挥以史育人作用"[②]形成了挑战。随着数字技术的持续进步，将多媒体展示技术作为连接大众与史前文化的纽带，融入这类博物馆的展览空间，对于传播遗址信息具有特别重要的意义。

目前，关于博物馆多媒体展项的系统研究尚属少数。本文尝试以史前遗址博物馆的常设展览为实地调查基础，选取此类博物馆的多媒体展项作为研究对象，初步探讨其信息传播模式以及对观众认知的影响方式，旨在推动多媒体展项在博物馆展示中的信息传播实践。

---

① 本文对史前遗址博物馆的定义为"在文字记载以前的遗址（包括人类文化遗址和自然遗址）发现地建立的，以收藏、展示、管护该遗址为己任的陈列馆、博物馆，以及文物管理所、史前遗址公园、考古遗址公园、地质公园等机构均属于博物馆学意义上的史前遗址博物馆"。参见：张礼智. 中国史前遗址博物馆的历史回顾与反思［J］. 博物院，2023（1）：14.

② 习近平. 建设中国特色中国风格中国气派的考古学 更好认识源远流长博大精深的中华文明［J］. 中国文物科学研究，2020（4）：3.

一、博物馆中多媒体展项的界定

中文"多媒体"一词源自于英文"multimedia",可将其解释为:多种媒体技术的组合运用。多媒体展项则是在数字技术迅猛发展的背景之下,博物馆在展览策划的环节运用多媒体技术打造的以数字方式进行展示和传播信息的展项,其具有展品的特性,即是为展览主题服务并符合陈列科学规律的信息载体。[①] 陆建松将其定义为科技的辅助展品,其作为展览中的重要阐释媒介,发挥着"补充文物标本的不足""弥补展品叙事和阐释能力的不足""加强展览的趣味性、体验性、通俗性和观赏性"等作用[②];在陈红京主编的《博物馆学概论》中,展览被视为一种展示媒介的类型,它能够为观众提供审美型、解析型、探索型以及交流型的阐释[③];也有学者称其为一种展览数字媒介[④]。

综上所述,本文对"多媒体展项"的定义为:以展示物及其相关研究成果为核心内容,利用多媒体数字技术为展览主题服务的展示媒介。其形式由展览内容所决定,并具备审美、解析、探索、交流等多重阐释特性。从考古学阐释的角度来看,多媒体展项作为实物展品在脱离考古环境后的意义重构媒介,不仅能够赋予基于考古材料研究的更多技术想象,还展现了在博物馆场域内,博物馆策展人和考古学家如何借助数字技术,将冰冷的考古材料和研究成果转化为易于大众理解的信息,并进行有效传播。

二、博物馆中多媒体展项的类型特点及其信息要素种类

我国博物馆界的数字化进程始于20世纪90年代,当时的多媒体展项主要集中在静态文物数字影像的展示上;进入2010年左右,数字博物馆的建设重点转向了实体博物馆的信息化,此时多媒体展项已成为众多新建馆或新展览不可或缺的展示手段[⑤];2021年至今,受到"坚持科技创新引领,全面深化文物领域各项改革,激发博物馆创新活力"[⑥]的影响,多媒体展项的展示应用在博物馆场域中日益丰富,在此期间,许多

---

① 田凯.从藏品到展品:博物馆陈列的逻辑性认识[J].中国博物馆,2011(Z1):81–82.
② 陆建松.博物馆展览辅助展品创作和应用的原则[J].博物院,2018(3):114–115.
③ 陈红京.博物馆学概论[M].北京:高等教育出版社,2019:149–150.
④ 黄婷婷,顾婧.展览数字媒介的阐释影响、特征与模式研究:基于观众体验视角[J].中国博物馆,2024(1):111.
⑤ 姚安.博物馆12讲[M].北京:科学出版社,2011:229.
⑥ 参见:国务院办公厅印发的《"十四五"文物保护和科技创新规划》中指出"要求坚持科技创新引领,全面深化文物领域各项改革,激发博物馆创新活力"。

博物馆对其展厅中的多媒体展项进行了数字升级和设备更迭。随着数字技术的蓬勃发展，博物馆中多媒体展项的展示手段也越发多元，其类型主要包括：数字影像类、触摸（操作）互动类、场景合成类、音效类以及 AR 与 VR 移动终端类多媒体展项（见表1）。其中，前四类都属于离线类多媒体展项，AR 与 VR 移动终端类多媒体展项部分为在线类多媒体展项①。

表 1 博物馆多媒体展项的类型与特点

多媒体展项类型	特点	主要内容
数字影像类	采用数字化技术与新媒体艺术融合的一种创作形态，以电子为介质，通过数字摄影、电子扫描、DV 静帧图像、三维造像等媒介来实现影像的留存①，主要以视频的形式在馆内呈现	二维动画、文物三维影像展示、全息投影展示、遗址本体展示、考古工作展示等
触摸（操作）互动类	主要采用触摸屏数字技术，配备触摸显示器和特制 PC 机的互动多媒体设备，观众能够与屏幕画面进行互动。此外，也有部分互动是通过移动终端设备实现的	交互大屏、游戏互动、考古学研究、移动终端互动等
场景合成类	主要采用幻影成像数字技术，利用实景模型与光影效果相互配合，融合现实的场景和虚拟的内容，将多机多方位拍摄的影像投影到透明或可反射的模型中。②在构建的模型场景中，通过巧妙结合光影和音效，使展示内容变得栩栩如生、生动逼真	历史生产生活场景的再现、展览主题氛围情境烘托等
音效类	采用电声技术，通过计算机的数字化手段，对采集的音频素材进行编辑、制作、存储、传输和播放③，以此来为馆内展示烘托情景。多配合复原模型或场景使用	自然环境音效、人类生产生活音效、动物音效等
AR、VR（移动）终端类	通过运用现实增强技术（AR）和虚拟现实技术（VR），结合移动终端（如手机或其他可穿戴设备）来实现应用	文物 3D 展示、历史生产生活虚拟场景展示、数字导览与讲解等

（资料来源：笔者整理）

---

① 高玥珺. 上海博物馆多媒体展陈系统的开发与应用［J］. 科学教育与博物馆，2018（2）：113.
① 赵莉. 数字影像基础［M］. 上海：上海人民美术出版社，2012：10.
② 李骜. 多媒体技术在博物馆教育中的应用［J］. 科技传播，2020，12（14）：116-119.
③ 游越. 多媒体技术在博物馆展览中的运用及思考［J］. 南方论刊，2021（10）：85.

博物馆是常见的信息系统类型之一，既包含作为物的信息，又包含信息化资料。[①]从信息活动的角度来看，多媒体展项作为博物馆开展信息活动的重要载体，不同信息要素组成的内容是决定其传播模式选择的关键所在，由此来满足博物馆观众的不同需求。多媒体展项传播的信息要素种类主要包括其所服务对象的基础信息、原生信息以及价值信息三类。基础信息指的是展示物本体的基本信息。例如，一件陶器的名称、所属年代、出土位置、尺寸（长、高、宽）以及其上的纹饰等详细信息。原生信息指的是与展示物相关的原生环境信息，一般包含地理自然环境和社会人文环境。比如，一件玉器发掘出土的埋葬环境，其制作工艺以及其所处时代社会背景等信息。价值信息指的是通过展示物所展现的独特文化内涵与历史意义。例如，磨制石器是新石器时代的重要标志之一，它反映出史前人类对劳动工具的改进，减轻了新石器时代先民的劳动强度，并显著提高了他们的劳动生产效率。同时，磨制石器在劳动工具史上标志着一次划时代的革命。

三、史前遗址博物馆中多媒体展项的信息传播模式

在考古学研究领域，行为与物质文化之间不存在一种直接且普遍适用的跨文化联系。通常，特定的文化背景和历史情境中的人类行为对二者之间的关系具有决定性的影响。[②]由于史前遗址出土的文物及其遗址本身背后的社会含义不易为公众所理解，博物馆在展示史前社会文化意义时面临更多挑战。因此，考古学的解释成为史前遗址博物馆展览内容设计不可或缺的学术支持。利用多媒体展项的丰富呈现技术，传播更全面的考古知识和成果信息，对于帮助那些缺乏基础知识的访客在博物馆环境中更好地理解史前社会和文化，显得尤为关键。

基于考古成果[③]构建的"元知识"[④]来创作展览内容，为观众解读遗址信息及其核心价值，一直是史前遗址博物馆阐释工作的重点与难点。多媒体展项作为此类遗址博物馆中的重要展示媒介，在一定程度上助推了史前遗址的活化利用与信息解读。史前遗址博物馆的常设展览通常围绕出土文物或遗址、遗迹的特色来设计多媒体展项内容。

---

① 郑霞.数字博物馆研究[M].浙江：浙江大学出版社，2016：7.
② 霍德，赫特森.阅读过去：考古学阐释的当代取向[M].徐坚，译.北京：北京大学出版社，2020：4-20.
③ "考古成果是考古工作的结果，包括考古发掘出土的遗存，如遗物、遗迹、遗痕，同时还有发掘记录资料（发掘日记、测绘、影像）和整理研究资料（整理资料、考古报告、研究论文论著）等。"参见：黄洋.考古成果在博物馆中的传播阶段与模型[J].东南文化，2022（6）：160.
④ "'元知识'即关于知识的知识，是人们描述、生成、更新对事物认知的基础，是一种具有揭示性、超越性与创新性的知识生产。"参见：李倩倩.知识生产视角下的中华文明探源、博物馆与数字技术[J].探索与争鸣，2023（6）：69.

根据展项内容中信息要素组合的复杂性、博物馆对这些信息的深度阐释，以及这些内容对观众认知的影响，史前遗址博物馆的多媒体展项形成了填鸭式、转译式和启发式三种信息传播模式。接下来，本文将结合笔者的实地调研，深入探讨这三种不同的传播模式。

（一）填鸭式传播模式

博物馆在利用考古成果进行展项内容创作时，其目标不应该是简单地将考古成果直接复制到多媒体展项中，而应该是基于观众的理解和认知，对考古成果进行二次阐释。目前，许多史前遗址博物馆仍然采用这种简单直接的方式进行多媒体展项的内容制作，即在没有考虑观众对信息的接收和理解能力的情况下，将基础信息、原生信息和价值信息进行简单的拼接和组合，以权威的知识传播者的身份，利用多媒体展项将大量未经处理的"元知识"强行灌输给观众，从而形成了多媒体展项的填鸭式传播模式。

牛河梁遗址博物馆内的触摸互动多媒体展项，普遍采取了填鸭式的信息传播方式。这些展项内容详尽地涵盖了牛河梁遗址及其相关遗址的考古成果，旨在向观众灌输知识信息。例如，在第一单元《红山文化区域史前考古学文化一览表》展板旁的"红山文化源流"触摸式多媒体展项，内容涵盖了兴隆洼文化、新乐文化、赵宝沟文化、红山文化、富河文化、小河沿文化、夏家店（下层）文化等六个板块。观众可以通过触摸相应的板块，查询到每种文化的详细信息。以兴隆洼文化板块为例，观众可以了解到该文化的背景、经济形态、环境气候、分布范围、文物特征、典型遗址以及考古发掘情况，共计17页的图片和文字详细内容（见图1）。再如"中国新石器时代中晚期考古学文化"多媒体展项，内容分为新石器时代中期文化、新石器时代晚期文化、新石器时代末期文化三个板块，并根据长城为中心的北方地区、中原地区、山东地区、长江中上游地区、长江三角洲地区等不同地域，依次介绍各地区主要考古学文化的发展序列。这些内容以文字和图片的形式，向观众展示了不同考古学文化的时间跨度、地理分布、典型出土器物等信息（见图2）。然而，当观众使用这些触摸互动多媒体展项获取信息时，他们可能会像在展厅内阅读一本厚重的教科书一样，这可能会对观众理解遗址信息及其核心价值产生一定的认知偏差。

图 1　红山文化源流①

图 2　中国新石器时代中晚期考古学文化

除此以外，在城子崖遗址博物馆的展览中，触摸互动类多媒体展项同样采用了这种填鸭式的内容传播模式。但与牛河梁遗址博物馆在多媒体展项中对展品组信息进行面面俱到的展示不同，城子崖遗址博物馆的多媒体展项内容更偏向于聚焦实物展品或复原模型来进行信息传播，并且展项文字内容更为精简。例如，《环壕聚落》微缩场景模型沙盘旁的"小荆山遗址"多媒体展项，其展项内容分为环壕聚落、保护措施、小荆山遗址的地理位置及文化遗存、名副其实的"齐鲁第一村"四个板块，所有展示的内容都以《环壕聚落》复原场景为核心，不仅介绍了模型的复原依据、小荆山遗址相关的考古发掘信息、遗址的主要出土物，还介绍了政府对此遗址所采取的保护措施，

---

① 本文中的图片皆为作者本人拍摄。以下不再重复说明。

通过多种不同类型的传播内容，全面展示了小荆山遗址的详尽信息（见图3）。再比如《城墙修筑》复原模型旁的"版筑城墙"多媒体展项，此展项内容分为岳石文化、岳石文化版筑城墙、城子崖遗址城墙的演变、夷夏东西说四个板块。其中，城子崖遗址城墙演变的展示内容涵盖了众多考古学领域的研究成果。该展示旨在通过包含夯土示意图、岳石文化晚期城垣基槽剖面图以及不同文化时期壕沟与城垣位置的示意图，并结合相应的考古学研究文字，向公众展示城子崖遗址城墙的演变过程（见图4）。上述信息通常涉及专业且复杂的考古学研究，要求观众具备优秀的阅读理解能力和耐心，以便在参观过程中充分吸收博物馆展览所传递的知识信息。

图3 小荆山遗址

图4 版筑城墙

（二）转译式传播模式

在史前遗址博物馆中，多媒体展项的转译式传播模式特别强调在考古学阐释的基础上，对物品的原始信息和价值信息进行深入的二次阐释。它着重于将物品所蕴含的隐性信息通过多媒体技术转化为直观的知识信息。多媒体展项在这一信息传播过程中常扮演着展览释展人的角色，以弥合展览学术思想和观众体验之间的落差，令具有学术分量的展览在不稀释学术含量的前提下变成生动有趣的体验。① 转译式信息传播模式使得确保了观众在知识认知上的地位得以被考量，展项内容的设计往往以观众的"易理解性"为创作核心，更加重视考古成果在博物馆环境中的二次解读，确保信息的可获取性和吸引力。通过触摸屏互动、二维动画视频、三维数字成像等多种呈现方式，多媒体展项辅助公众深入理解实物展品的特定信息，进而为观众与展品、展览之间搭建新的互动体验平台，促进公众更全面地共享考古成果。

在半坡遗址博物馆的六项多媒体展项中，有四项采用了转译式传播模式。以位于遗址展厅内半地穴式圆形房屋遗迹旁的"圆形房屋"多媒体展项为例，博物馆工作人员将对半坡半地穴式房屋遗迹的考古学研究成果进行了转译。通过数字影像情景再现的方式，生动地展示了半地穴式圆形房屋的主体结构和修筑过程（见图5）。观众通过观看动画演示，能够深入理解仰韶时期半坡类型半地穴式房屋的主体结构细节，并对房屋主体结构的每一个修筑步骤形成清晰的认知。这种转译式传播模式，通过情景再现的手法，将生动的画面与遗址本体相结合，不仅促进了信息的有效获取，还有助于观众建立对这类信息的认知基础。

图5　半地穴式圆形房屋修筑过程

---

① 沈辰.众妙之门：六谈当代博物馆［M］.北京：文物出版社，2019：90.

在庙底沟博物馆《花开中国》展厅的《西坡大墓埋葬方式》图文展板左侧，观众可以体验到名为"西坡葬礼"的多媒体展项。该展项基于西坡墓葬的考古资料，结合文献记载和民俗观察，对西坡古代先民的丧葬礼仪进行了推测性的复原。通过这种方式，我们得以一窥西坡古代先民的社会生活状况。动画内容生动地再现了整个丧葬过程（见图6）：从尸体的清洗和带簪入葬的习俗，到敛尸的过程和葬式；从下葬前的准备，如墓圹的朝向和墓葬结构，到实际的下葬过程，包括运输死者遗体和葬具、随葬品到墓圹，以及尸身头向西入葬、封填墓圹的步骤。展项内容所展示的三个丧葬过程，均配有相应的考古学研究内容作为推测演示的依据。这种考古信息的传播模式，不仅将几千年前仰韶文化时期先民的葬礼仪式过程、墓葬细节，还包括其中所蕴含的原始精神信仰等多方面信息，有效地传递给了观众，从而加深了观众对仰韶文化时期丧葬观念的理解。

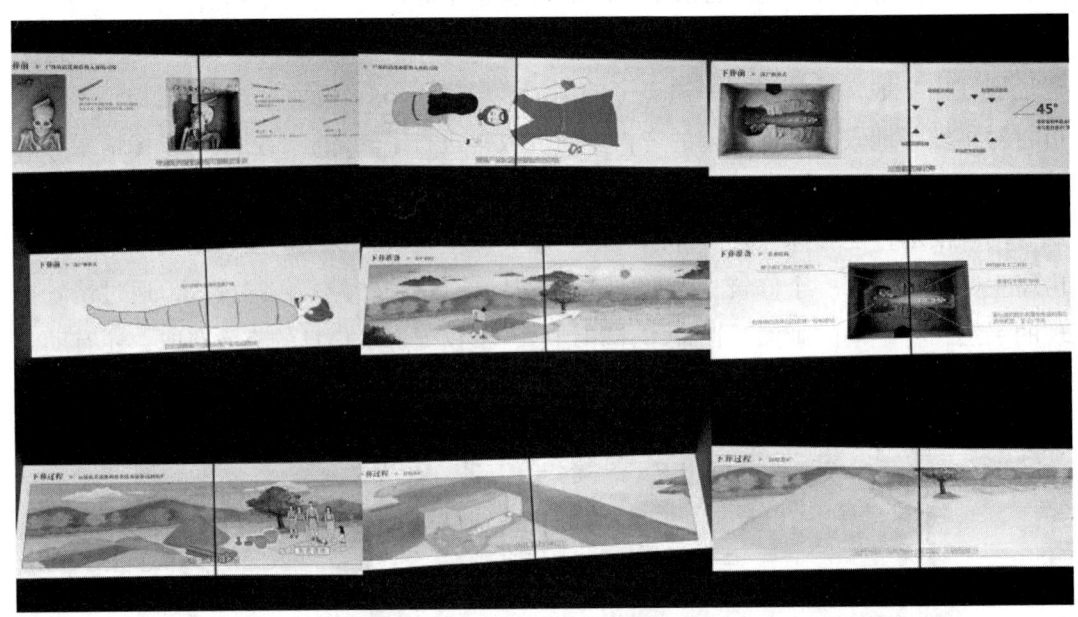

图 6 "西坡葬礼"中的丧葬过程

再比如，位于庙底沟博物馆《花开中国》展厅瓮棺群实物展品旁的"一个关于瓮棺葬的故事"数字影像类多媒体展项，内容设计者以通俗易懂的方式对考古学有关瓮棺葬的研究成果进行了深入的二次阐释。这种经过精心雕琢的展项内容文本，借助动画影像的视觉效果，生动地向观众展示了仰韶时期瓮棺葬的深层含义。这不仅增强了多媒体展项与实物展品组合在传播知识信息方面的能力，而且丰富了观众在展览中的认知体验。

"一个关于瓮棺葬的故事"动画内容文本[①]

几千年的黄河岸边,人们在这里聚族而居。傍晚,一座房子里传来悲伤的低泣声。火光跳跃,年轻的母亲失去了她幼小的孩子,孩子小小的手掌变得冰冷,分别的时刻不得不来临。几千年前,夭折的孩子会被安葬在瓮棺里。瓮棺的底部被凿出小孔,以供灵魂出入。血缘之亲难以割舍,可死亡是难以逾越的天堑。幼小的灵魂得到安葬时,萤火灼灼。聚落内的众人举行祭祀,向天神祈祷。小小的灵魂离开脆弱的肉身,飞往更高更远的天空。

(三)启发式传播模式

博物馆将考古发现通过二次阐释转化为可视化信息,并以此为基础创作出具有引导性、开放性和启迪性的多媒体展览内容,使观众在实现个人的意义建构的同时,引发其对所展示考古成果的深思,可视为多媒体展项的启发式传播模式。正如博物馆的知识生产并非单向的知识产出,还强调了知识接受对象的知识习得和知识消费,其根本目的是通过对文化遗产的意义阐释与构建,实现塑造公众对文化遗产的价值认同[②]。多媒体展项的信息传播,作为博物馆知识产出与观众知识习得的关键环节之一,其启发式传播模式的目的则是希冀实现观众与博物馆、考古学家更深层次的交流,以推动未来博物馆与考古行业的持续发展。纵观已调查的史前遗址博物馆多媒体展项,其启发式传播模式主要围绕以下三个方面展开。

首先,在数字影像类多媒体展示项目中,视频内容的文本往往以开放式的结尾激发观众的思考。以西安半坡遗址博物馆墓葬区的"半坡葬礼"多媒体展示为例,该项目以半坡公共墓地中一座单人仰身直肢葬的考古研究为蓝本,利用二维动画技术复原了半坡的下葬过程。视频内容在结束时提出:"许多死者的头部朝向西方,这是氏族起源之地的方向吗?还是意味着太阳下的生命已终结,逝去的灵魂进入了黑暗而神秘的未知世界?我们不得而知。"这样的开放式问题,旨在引导观众对考古学尚未解答的问题进行深入思考。

"半坡葬礼"视频内容文本[③]

这座单人仰身直肢葬的发掘,使我们可以循着遗迹现象复原当时的下葬过程。人生的归属地,在半坡人看来,应该是另一个井井有条的世界。随葬

---

①③ 资料来源:笔者整理。
② 许潇笑.从"知识权威"到"公共知识生产体":关于"博物馆定义"的思考[J].中国博物馆,2018(4):41–43.

的陶器放在小腿的部位，多数是日常生活用具。这名死者的左手缺失，在随葬品中却又有两节指骨。用自己或他人的手指或脚趾随葬的习俗，在半坡的墓葬中时有所见。陶瓶或陶壶用于随葬时，常常在口沿部位打一个缺口，也常常放置在特殊的位置。许多死者的头向着西方，那是氏族的发源地所在的方向吗？还是宣告太阳下的人生已结束，离去的生命进入了地下——黑暗神秘的未知世界？我们不知道。

其次，主要利用触摸（操作）互动类多媒体展项等具有的互动特性，引导公众在观展过程中对已获取的知识信息进行总结，并对后续展品组所呈现的信息进行铺垫与启迪，这种方法强调了观众利用多媒体展项消化展览知识信息的主动性。以庙底沟博物馆中的"数字彩陶，心灵之约"为例，这是一个触摸（操作）互动类多媒体展项，它巧妙地安置在实物展品组《绘彩写韵》与实物展品组《花瓣纹》《旋纹》《动物纹》之间。前者揭示了庙底沟文化彩陶的独特之处、制作工艺、纹饰的布局与设计原则等重要信息，而后者则深入探讨了具体器物纹饰的考古学研究。在这种布局下，"数字彩陶，心灵之约"多媒体展项起到了连接前后展品的桥梁作用。观众通过操作这一多媒体展项，能够亲手创作出一件独一无二的庙底沟彩陶。具体操作流程如图7所示：首先选择器型，然后挑选"多瓣纹""鸟纹""鱼纹""双旋纹"等纹饰，接着按照绘制演示动画对选定的纹饰进行绘制，最后一步模拟烧制完成的彩陶并展示出成品。在这一系列操作中，观众不仅能够回顾和总结彩陶的器物特征、制作方法、纹饰设计法则等信息，还能初步了解接下来实物展品组将展示的纹饰内容。这种互动体验不仅满足了观众主动参与展览文化的愿望，加深了对庙底沟彩陶文化的记忆，而且为观众深入思考仰韶先民彩陶艺术的精神与风格打下了基础。

图7 "数字彩陶，心灵之约"彩陶创作过程

最后，多媒体展项内容以提问的方式来启发观众对实物展品的思考。在四川三星堆遗址博物馆中，一个名为"大立人手上拿着什么？"的多媒体展项（见图8）就采用了上述策略，来激发观众对青铜大立人像手中所持物品的猜想。该多媒体展项以青铜大立人像的3D扫描图像为核心，向观众展示了七种关于大立人手中物品的猜想，包括象牙、玉琮、金杖、璋、龙形器、鸟形器以及特定姿势。这种展示方式不仅帮助观众回顾了三星堆遗址出土的各种重要礼器，还巧妙地引导观众深入思考其他实物展品的功能、创作意图以及考古学中尚未解答的谜题。

图8 "大立人手上拿着什么？"部分推演过程

综上所述，考古成果作为史前遗址博物馆多媒体展项内容设计的基础知识，其加工处理的深度和广度催生了多媒体展项的多种信息传播模式。比较多媒体展项的填鸭式、转译式、启发式三种信息传播模式，它们在本质上都反映了博物馆通过数字技术传递关于主题展览的全面知识信息，以实现观众与文化的互动。然而，不可忽视的是，在进行多媒体展项内容设计时，对考古成果进行筛选并进行二次阐释的转译式、启发式传播模式，对观众的认知产生了更深刻的影响。多媒体展项作为博物馆展览信息传播的重要媒介，其内容、形式和传播模式通常由所展示的文物特性决定。将多媒体展项融入博物馆展览，有助于提高知识信息的可访问性和参与性，协调传统图文展示与观众认知之间的矛盾，增进大众对文化核心价值的理解，提升博物馆激发观众文化认同感的能力。随着数字化技术的迅猛发展，尽管博物馆信息展示在科技赋能的未来将面临许多未知挑战，但只要坚持新兴技术始终服务于博物馆展览内容的原则，必将有助于博物馆信息展示的高质量和多元化发展。

（作者单位：四川大学）

参考文献

【1】张礼智.中国史前遗址博物馆的历史回顾与反思［J］.博物院，2023（1）：14.

【2】习近平.建设中国特色中国风格中国气派的考古学 更好认识源远流长博大精深的中华文明［J］.中国文物科学研究，2020（4）：3.

【3】田凯.从藏品到展品：博物馆陈列的逻辑性认识［J］.中国博物馆，2011（Z1）：81-82.

【4】陆建松.博物馆展览辅助展品创作和应用的原则［J］.博物院，2018（3）：114-115.

【5】陈红京.博物馆学概论［M］.北京：高等教育出版社，2019：149-150.

【6】黄婷婷，顾婧.展览数字媒介的阐释影响、特征与模式研究：基于观众体验视角［J］.中国博物馆，2024（1）：111.

【7】姚安.博物馆12讲［M］.北京：科学出版社，2011：229.

【8】高玥珺.上海博物馆多媒体展陈系统的开发与应用［J］.科学教育与博物馆，2018（2）：113.

【9】赵莉.数字影像基础［M］.上海：上海人民美术出版社，2012：10.

【10】李骛.多媒体技术在博物馆教育中的应用［J］.科技传播，2020，12（14）：116-119.

【11】游越.多媒体技术在博物馆展览中的运用及思考［J］.南方论刊，2021（10）：85.

【12】郑霞.数字博物馆研究［M］.浙江：浙江大学出版社，2016：7.

【13】霍德，赫特森.阅读过去：考古学阐释的当代取向［M］.徐坚，译.北京：北京大学出版社，2020：4-20.

【14】黄洋.考古成果在博物馆中的传播阶段与模型［J］.东南文化，2022（6）：160.

【15】李倩倩.知识生产视角下的中华文明探源、博物馆与数字技术[J].探索与争鸣,2023(6):69.

【16】沈辰.众妙之门:六谈当代博物馆[M].北京:文物出版社,2019:90.

【17】许潇笑.从"知识权威"到"公共知识生产体":关于"博物馆定义"的思考[J].中国博物馆,2018(4):41-43.

文化传播之新变：中国文物遗存与游戏媒介

New Changes in Cultural Communication: Chinese Cultural Relics and Game Media

许家璇

Xu Jiaxuan

摘要：在信息技术飞速发展的背景下，中国文物遗存的文化传播途径迎来了新的机遇。游戏作为一种媒介，其迅猛发展为文化传播注入了新的活力。文物遗存借助游戏化手段得以复现，并以此方式进行传播。同时，游戏媒介的"沉浸感"和"参与感"等特性，为受众提供了全新的体验。利用游戏媒介传播文物，不仅能够解决观众因时空限制而无法亲临现场观看文物展陈的问题，还能突破传统HTML网页线上博物馆在文物图像清晰度和视角自由度方面的局限。案例分析显示，《黑神话：悟空》通过游戏化手段生动地讲述了中国故事，并在游戏中精确且细致地重现了众多中国文物遗存；而《原神》则通过与三星堆博物馆的合作，实现了文物遗存的线下线上联动传播。这些国产游戏的旗舰产品在内容中融入了中国文物遗存，提升了国产游戏在国内外市场的文化影响力。游戏作为一种跨越不同文化语境、突破文化壁垒的有效工具，在文化传播中展现了其独特的力量。通过游戏媒介传播文物，是打破中西方文化话语权格局的有效途径之一。

关键词：文化传播研究；中国文物遗存；《黑神话：悟空》；案例分析法

Abstract: Under the background of the rapid development of information technology, the way of cultural transmission of Chinese cultural relics has ushered in new opportunities. As a medium, the rapid development of games has injected new vitality into cultural communication. Cultural relics are reproduced by means of gamification and disseminated in this way. At the same time, the "immersion" and "participation" characteristics of the game medium provide the audience with a new experience. The use of game media to disseminate cultural relics can not only solve the problem that the audience cannot watch the cultural relics exhibition in person due to the limitation of time and space, but also break through the limitations of the traditional HTML online museum in the clarity of cultural relics images and the freedom of perspective. Case studies show that "Black Myth: Wukong" vividly tells Chinese stories through gamification, and accurately and meticulously recreates many Chinese cultural relics in the game.The Original God, through cooperation with Sanxingdui Museum, realizes the offline and online linkage communication of cultural relics. These flagship products of domestic games incorporate Chinese cultural relics into their content, enhancing the cultural influence of domestic games in domestic and foreign markets. As an effective tool to cross different cultural contexts and break through cultural barriers, games show their unique power in cultural communication. The dissemination of cultural relics through game media is one of the effective ways to break the pattern of Chinese and Western cultural discourse power.

Keywords：Cultural Communication Research，Chinese Cultural Relics，Black Myth: Wukong，Case Analysis

随着社会的发展，中国文物遗存的推广和传承方式也在不断演变。在信息技术高度发达的今天，文物遗存的传播途径变得更加多样化。互联网的兴起使得游戏成为文化传播的重要渠道之一，其艺术的综合性和娱乐性使其能够承载的文化信息量远超传统影视作品。尽管国产游戏在发展上尚未达到国际先进水平，但已经有一系列优秀的国产游戏在全球范围内讲述中国故事，传递中国风格的审美。文物遗存的传播在新兴的游戏媒介中找到了前所未有的广阔空间。这些游戏通过独特的艺术风格、画面表现，以及音乐和文本的巧妙运用，有效地传播了中国文物遗存的文化内涵。与传统的博物馆展览和遗址参观相比，游戏作为一种文化娱乐产品，也开始在文化传播中扮演重要角色，并在年轻人中获得了极大的欢迎，展现出强大的文化传播活力。

一、中国文物遗存传播现状

（一）静态展出

传统的中国文物遗存推广方式主要依赖于建设相关的博物馆进行展陈和基于原址重建遗址参观区，以便游客亲临现场享受视觉体验。然而，这两种方式都要求观众必须亲自到场才能充分领略文物的魅力。

博物馆是收藏出土文物最为丰富的机构，其展览分为常设展览和临时特展两大类。常设展览是公众和外部研究人员最为关注的部分，众多文物陈列于各自的展柜中，供观众近距离观赏，游客可以在短时间内掌握该地区历史文化的演变脉络，而研究人员则能接触到原始资料，便于深入研究。临时特展则通过精选一系列具有典型意义且价值不菲的中国文化遗产，借助现代科技手段打造一场迎合当代审美趋势的专题展览。这类展览往往具有明确的目标受众，例如，陕西历史博物馆今年推出的"韩休墓壁画展"便提供了一场高品质的视觉盛宴。

文化遗址参观是在考古发掘工作完成后，对遗址进行保护并构建参观设施，以便游客和研究者能够亲身体验。与展示中国文物遗存的展览相比，文化遗址参观通常能提供更为丰富多样的信息。例如，山西芮城的永乐宫、晋中的双林寺和镇国寺等。这些地方不仅蕴藏着丰富的壁画、彩塑和建筑等文化遗产，而且作为一个整体，这些遗址彼此间紧密相连，构成了一个立体而全面的信息网络，使得参观者能够更加深入地理解特定时期和地区文化的发展脉络。

（二）数字化动态传播

借助网络技术的支撑，中国文物的数字化保存得以实现。利用高精度扫描仪器对文物和遗迹进行扫描，生成了高分辨率的图片和视频资料。这些资料随后被上传至博物馆的网站或相关公众号，以便公众可以在线访问和欣赏。"基于VR技术的虚拟博物馆产品设计技术，已成为多个大型博物馆产品设计工作的核心之一。VR技术即虚拟现实技术，该技术能够将博物馆产品从多角度、立体式向设计人员提供多感官、多层次的博物馆产品设计环境。"① 数字化技术简化了观赏中国文物遗存的过程，仅需网络和电子设备终端即可实现。与传统静态展出相比，其传播速度快且不受时空限制的优势，使其成为当今中国文物遗存传播的主流方式。"通过观察和体验，我们发现数字科普采用数字叙事的形式，能够使受众更深入地参与博物馆的叙事体验，从而产生更深刻的科学认知。"②

中国文物遗存被转换成数字化资源后，又催生出了一批"二创"内容。设计者在保留中国文物遗存原始内涵的前提下，结合现代及当代审美，制作了大量宣传视频、文创产品，并将其应用于影视作品的服装、化妆和道具场景中，从而扩大了受众范围，并将中国文物遗存融入日常生活中。

---

① 陈彬.VR场景眼动交互下博物馆产品设计三维展示系统［J］.科技通报，2024，40（4）：44.
② 秦莹，魏思宇，张琼文.博物馆数字科普何以创新：基于对丝绸之路主题博物馆的叙事学考察［J］.数字出版研究，2024（2）：94.

二、中国文物遗产在游戏中的传播

（一）国产游戏的发展环境及其趋势

国内游戏产业的发展相较于国际水平稍显滞后，主要以短时长、快节奏的游戏为主流，类似于视频内容的流行趋势。以腾讯、网易、米哈游等领先企业为代表，这些公司推出的多数游戏为持续运营的网络游戏，玩家可以免费体验游戏内容，而通过游戏内商城进行充值消费。这类游戏的社交元素通常占据重要地位。然而，近两年来，这一趋势有了显著的转变。以米哈游推出的《原神》和《崩坏：星穹铁道》为例，这两款游戏在内容深度上超越了传统网络游戏的社交属性，并且凭借卓越的视听效果取得了巨大成功，不仅在国内市场受到欢迎，还成功地走向了国际市场，分别荣获TGA2021年度最佳移动游戏和TGA2023年度最佳移动游戏的殊荣。米哈游旗下这两款注重内容的游戏的成功，对国内游戏市场产生了深远的影响，显著提升了玩家对国产游戏的期待，对游戏内容质量的要求也随之提高。

"'跨媒介叙事'的表现形式就是每一种媒体各司其职、各尽其责，任何一个产品都是作为整体产品系列的一个切入点。"[①] 作为市场头部的《原神》率先迈出了这一步，与中国的文化遗产保持紧密联系，并积极地在不同媒介和平台上开展活动。2023年12月，它与三星堆博物馆携手合作，将青铜器文化巧妙地融入游戏之中，并将游戏体验扩展至博物馆，无论是在内容还是形式上都获得了积极的反响。国产游戏要想走向世界，这一发展路径是不可或缺的。如何在游戏中传播中国文物遗存变得尤为重要，而游戏内传统文化内容的表达方式，无疑成为关键环节，也是未来国产游戏发展中的一个不可忽视的重点。

（二）游戏媒介的优势

首先，从游戏创作者和玩家的互动视角来看，创作者享有极大的创作自由。游戏以中国文物遗存作为素材或内容基础，其原始面貌得以完整保留。创作者可以从各个角度出发，全面展现并精确复原这些文物在游戏中。之后，玩家可以自由转换视角去观赏或与之互动。游戏创作者为玩家提供了高度自由的体验空间，这是电影、电视以及现场展览等传统方式所无法比拟的。

其次，游戏媒介的高度融合性几乎涵盖了所有艺术领域。游戏所呈现的不只是图像和文本，而是将画面、音乐和玩法相互配合，将中国文物遗产以生动的方式呈现给玩家进行互动。因此，玩家所获得的远不止图像和文本信息，而是一个更加立体、更

---

① 谢佳妮，杨晓峰. 数字时代国产游戏IP跨媒介叙事分析：以《原神》为例[J]. 传媒论坛，2023，6（16）：11.

加贴近的多维体验。

最后，游戏作为媒介的高速传播特性和庞大的受众基础，能够引发舆论的连锁反应。目前，游戏的主要受众群体依然是年轻人，它几乎已经成为人们日常生活的一部分，并在提供休闲娱乐的同时，也承载了精神寄托的角色。如果玩家对游戏内容产生兴趣，那么这些内容便会在各种社交网络媒体和信息平台上引发讨论。讨论的热度和规模一旦形成，便可能演变为舆论。舆论的走向是难以预料的，它所产生的连锁效应能够影响公众对某一事物的看法。因此，游戏也承担着传递文化价值导向的功能。中国文物遗存作为中华传统文化的精髓，是提升国民文化认同感的重要证据，也是中国走向世界的一张名片。将中国文物遗存与游戏媒介相结合，向国际社会传播，不仅在理论上是可行的，而且在实践中也具有实际操作性。

（三）游戏与中国文物遗存的结合

游戏与中国文物遗存结合的适配性游戏，作为信息时代的产物，具有极强的综合性。它以美术、音乐、文学内容为基础，运用影视剪辑的运镜技巧进行表达，并最终结合游戏自身的玩法设计，使玩家能够亲身体验游戏世界的魅力。"网络时代的互联网数字游戏不但呈现出本体的文化杂糅，也提供了一个虚拟的跨文化交际空间，这一交际空间中亦出现了冲突与杂糅的互动特征。"[1] 与传统影视作品相比，游戏的显著特点是其主观参与性。在影视作品中，观众通常只能被动地接受创作者的呈现，而在游戏作品中，玩家不再是旁观者，而是积极参与其中，通过自己的选择来推动游戏情节的发展，并决定游戏的最终结局。这种参与性使得玩家在游戏过程中获得的体验更加持久和深刻。

从艺术创作的视角审视，玩家已不仅仅是旁观者，而是成为游戏这一艺术作品创作过程中的积极参与者。换言之，玩家成为艺术创作不可或缺的一部分，游戏艺术作品的完成依赖于玩家的参与和贡献。

通过游戏这一媒介传播中国文物遗存，能够有效扩大其影响力。游戏所特有的"参与感"特性，能够拉近人们与中国文物遗存之间的距离。通过在游戏中具象化、立体化地呈现中国文物遗存，玩家可以在游戏中"亲密"地接触和了解各类中国文物。游戏的沉浸感是其关键特性之一，玩家在深入体验游戏的过程中会不知不觉地受到游戏内容的影响。将中国文物遗存融入游戏内容创作，不仅能够增强沉浸感，还能深刻地触动玩家，唤起玩家的文化共鸣。

游戏的某些特性与中国文物遗存传播的需求不谋而合，将中国文物遗存融入游戏媒介进行传播是具有高度适配性的。

---

[1] 张路.数字游戏的跨文化：技术、文本与交互[J].中华文化海外传播研究，2022（2）：159.

三、国产游戏案例分析

（一）在游戏中传播文化

在过去的数十年里，国产游戏产业蓬勃发展，诞生了许多杰出的作品。在竞争日益激烈的市场环境中，有几款游戏的影响力已经跃居国产游戏前列，例如《古剑奇谭3》《原神》《黑神话：悟空》等。这些游戏不仅在网络上享有较高的知名度，还获得了国内市场的广泛认可和玩家的积极评价。它们作为文化娱乐产品，以各自独特的方式传播着中国文化。

《古剑奇谭3》是一款以仙侠为背景的角色扮演游戏，其游戏场景和人物服饰设计融入了丰富的中国传统文化元素。在地图设计方面，游戏特别以红山文化（如巫之国、角色巫炤）、仰韶文化（如无名之地、角色嫘祖）、良渚文化（如西陵位置、角色缙云）、龙山文化（如西陵形态、陶寺观象台）和二里头文化（如轩辕丘、得桐）等考古学文化为蓝本。服饰设计上，游戏采用了仰韶文化半坡类型中常见的凤纹、三角纹、菱形纹等元素。可以说，《古剑奇谭3》在游戏内传播考古学文化的同时，也在一定程度上推动了公众考古学的普及和发展。

《原神》是游戏巨头米哈游推出的一款开放世界角色扮演游戏，其中的璃月地区以中国元素为核心设计，融入了深厚的中国传统文化精髓。2023年，《原神》宣布与三星堆博物馆携手，举办了一次意义非凡的联动活动。在三星堆博物馆新馆，举办了一场别开生面的打卡活动，并特别铸造了一尊以《原神》璃月地区神明角色钟离为原型的巨型青铜立人像，吸引了无数游戏玩家和游客前来留影纪念。与此同时，线上游戏内也同步推出了以这尊立人像为原型的等比例缩小版游戏物品，作为活动奖励。此次联动活动实现了双重破圈效应：一方面，三星堆的青铜文化跨越界限，走进了游戏世界；另一方面，《原神》也借助三星堆博物馆的知名度，进一步扩大了其社会影响力和文化传承的广度。

《黑神话：悟空》是一款角色扮演类动作游戏，自从2020年8月20日首次发布实机演示视频以来，便在游戏界引起了广泛关注。由游戏制作组"游戏科学"官方发布的三个实机演示视频，在视频网站Bilibili上的播放量已超过一亿次。这款游戏的题材源自中国古代四大名著之一的《西游记》，游戏通过高超的技术力，生动地再现了小说中的神仙妖怪、奇珍异宝以及壮丽的天地景象。其卓越的画面表现、音乐和演出，为玩家构建了一个栩栩如生的神魔世界，获得了极高的公众关注度。如此巨大的关注度也带来了庞大的舆论压力，因此，《黑神话：悟空》所肩负的文化传播使命显得尤为重要。在实机演示视频中,制作组已经展示了他们对细节的严谨态度和对文化传播的热切愿望。游戏中出现了大量文物遗存的元素,如各类塑像、悬塑、石刻和古建筑等,且其还原度之高、细节之精准,令人赞叹。

(二)国内外玩家基础

《古剑奇谭3》由于出品时间较早,在多年前的国产游戏市场环境中能杀出重围已属不易,而影响力也仅局限于国内。这一方面是由于国产游戏在国际游戏产业中的话语权相对较弱,另一方面,《古剑奇谭3》作为一款极具国风特色的游戏,其丰富的文化内涵对于海外用户而言可能难以完全领会,这也限制了它在国际市场的传播和受众的接受度。因此,《古剑奇谭3》在国际市场上并未获得广泛的玩家喜爱。即便如此,它对国产单机游戏的意义深远,无疑成为国产游戏发展史上的一座标志性里程碑。

《原神》凭借其丰富的世界观构建和卓越的视听艺术,赢得了全球玩家的广泛赞誉。游戏中的各个区域都拥有鲜明的文化特色,例如蒙德(代表英国和德国)、璃月(代表中国)、稻妻(代表日本)、须弥(代表印度和中亚)、枫丹(代表法国)。因此,《原神》拥有庞大的海外玩家基础,这使得其作为文化产品的属性更应得到重视。

《黑神话:悟空》的灵感源自《西游记》,但并非对原著的简单复刻。游戏巧妙地汲取了小说的元素和情节,构筑了一个与传统西游世界截然不同的新奇天地。尽管如此,小说中那些核心角色,如孙悟空、猪八戒等,依然在其中扮演着重要角色,这无疑为国内外的玩家带来了激动人心的体验。在西游题材的影视作品中,1986年央视版的《西游记》电视剧无疑是最为深入人心的。该剧不仅在国内外享有极高的知名度和传播度,而且成为许多人对《西游记》的最初印象,并且积累了庞大的粉丝群体。

《黑神话:悟空》继1986年的经典西游记影视作品之后,再次成为备受瞩目的西游题材作品。这款游戏采用了开放世界架构和角色扮演模式的动作游戏类型,开放世界的设计保证了玩家在游戏中的高自由度,角色扮演元素则让玩家能够深度沉浸体验,而动作游戏的特性为玩家提供了畅快淋漓的战斗体验。基于目前的舆论反响,《黑神话:悟空》似乎满足了国内外玩家对西游题材游戏的期待。

(三)游戏中的中国文物遗存

在《古剑奇谭3》和《原神》中,文物遗存并未被直接挪用,而是经过艺术加工后间接地融入游戏。相比之下,《黑神话:悟空》采取了不同的方法,通过实地扫描文物并在游戏中以等比例真实复原,使得其视觉效果和文化表征更贴近文物的原始状态。因此,本文将主要以《黑神话:悟空》为例进行分析。

在游戏《黑神话:悟空》中,我们看到了众多中国文物的再现。仅从官方发布的三个实机演示视频中,就已发现包括山西晋城玉皇庙的二十八星宿彩塑 4 处、重庆大足石刻 2 处、山西五台县佛光寺 1 处以及山西隰县小西天 1 处。

游戏主创团队在项目启动初期,便踏遍全国,对各地的古建彩塑遗迹进行了深入的实地考察。他们运用数字扫描技术,将中国珍贵的文物遗迹转化为数字资源,并借助 UE5 游戏引擎,在游戏建模中实现了这些文物的精确复原。这一过程并非简单地堆砌素材,而是通过精心设计,将中国文物遗迹融入游戏场景之中,创造出沉浸式的体验。

传统文化正逐渐成为年轻一代的时尚潮流,越来越多的中国年轻人开始将"国潮"和"国风"作为表达个性和情感的方式。传统文化因此被赋予了新的生命,成为年轻人眼中的一股潮流。这种现象的出现,离不开与时俱进的新媒介,而游戏无疑是其中一种重要的形式。《黑神话:悟空》正是抓住了这一趋势,在游戏中通过卓越的美术设计,将中国文物遗迹巧妙地融入故事情节和世界观构建之中,为中国文物遗迹在虚拟世界中赋予了全新的身份。

在《黑神话:悟空》中,山西玉皇庙的二十八星宿彩塑得到了精细的再现,包括虚日鼠、娄金狗、室火猪以及亢金龙等形象。如图 1 和图 2 所示,游戏的技术实力确保了文物遗迹在游戏中得到了高度的还原,达到了几乎以假乱真的程度。

图 1 《黑神话:悟空》场景:亢金龙　　图 2 山西晋城玉皇庙二十八星宿亢金龙
　　　（图片来源:游戏截图）　　　　　　　　　（摄影:许家璇）

重庆大足石刻,作为公元 9 至 13 世纪中国石窟艺术史上的杰作,生动展现了石窟艺术与日常生活的融合。大足石刻以其宏伟的规模、精湛的雕刻技艺、多样化的主题以及丰富的文化内涵而闻名于世。这些造像雕凿于南宋中后期,雕刻家将雕塑、彩绘、贴金工艺融为一体,犹如孔雀开屏般灿烂夺目。自建成 800 多年来,大足石刻经历了多次修复，最近一次大规模的贴金工作是在清代光绪 15 年进行的，至今已逾百年。其中，宝顶山的千手观音像和大佛湾的第 18 号观经变图，都在游戏《黑神话：悟空》中得到了精心的复原。

图 3 《黑神话：悟空》场景：大足石刻
（图片来源：游戏截图）

图 4 重庆大足石刻大佛湾第 18 号观经变图
（摄影：许家璇）

五台山佛光寺的经幢，亦称作佛光寺唐代石幢，游戏内呈现的是这根大中十一年（857 年）刻制的石幢，其轮廓优雅，雕刻工艺精湛。幢体总高度为 3.2 米，下方设有六边形束腰基座，基座上雕刻有狮兽和莲瓣图案。

图5 《黑神话：悟空》场景：立柱底座　　图6 山西五台县佛光寺唐代经幢
（图片来源：游戏截图）　　　　　　　（摄影：许家璇）

隰县小西天，亦称千佛庵，坐落于山西省临汾市隰县城西的凤凰山巅，是一座佛教禅宗寺院。其名源自大雄宝殿内供奉的千尊佛像，后因门额题有"道入西天"字样，为与城南的另一座明代寺院"大西天"相区别，遂更名为"小西天"。隰县小西天内的中国文物遗存对于研究明清时期的悬塑艺术和彩绘技艺具有极高的参考价值。在游戏《黑神话：悟空》中，小西天的悬塑被精心建模复原，并融入游戏的世界观与剧情，特别是与剧情人物"黄眉"相结合，将小西天悬塑的活力重新注入《西游记》中黄眉大王在小西天假扮佛祖成精的情节，通过高度还原的场景与剧情人物的互动，营造出强烈的沉浸式游戏体验。

图7 《黑神话：悟空》场景：小西天
（图片来源：游戏截图）

图 8　山西隰县小西天
（摄影：许家璇）

以上内容摘自游戏实机演示视频，展示了精心挑选的中国文物遗存资料。这些资料不仅精致考究，而且以高精度还原了中国文物遗存的真实面貌。随着游戏的正式发售，我们期待能发现更多关于如何运用这些中国文物遗存的精彩案例。

（四）技术力实现高精度内容

《黑神话：悟空》在2020年发布的实机演示视频中使用的是UE4游戏引擎，但到了2021年，游戏已经升级至最新的UE5引擎。UE5引擎功能更为强大，其渲染技术也更为精细和逼真，为游戏的表现力带来了翻天覆地的变化。

UE5（虚幻引擎5）是EPIC游戏平台于2020年推出的第五代游戏引擎，其核心技术包括Nanite和Lumen。

Nanite虚拟微多边形几何体技术赋予美术师们前所未有的能力，让他们能够创造出任何肉眼可见的几何细节。Nanite虚拟几何体的引入，意味着那些由数以亿计多边形构成的影视级美术作品，现在可以直接导入虚幻引擎中，包括通过摄影测量法获得的CAD数据等。得益于Nanite几何体的实时流送和缩放能力，即便不将细节烘焙进法线贴图或手动编辑LOD（细节层次距离），画面的品质也能够得到完美保持。

Lumen是一套全面的动态全局光照解决方案，能够实时响应场景和光照的变化，而无需依赖特定的光线追踪硬件。该系统能够在宏伟而细致的场景中渲染间接镜面反射和无限次反弹的漫反射效果。通过Lumen，美术师和设计师们能够构建出更加生动的场景，例如调整日照角度模拟不同时间的自然光，或者模拟手电筒的光线效果，甚至在天花板上制造一个开口，系统将自动适应这些变化并调整间接光照。Lumen 的引入有望显著减少美术师在光照调整上的时间投入。

在视觉呈现方面，《黑神话：悟空》借助 UE5 的尖端技术打造，其视觉效果已跻身国际顶尖水平。此外，《黑神话：悟空》在 2023 年度科隆游戏展上荣获"最佳视觉"奖项，这标志着它在国际市场上已获得了一定程度的认可。作为国内首款真正意义上迈向国际的 3A 级大作，《黑神话：悟空》可与电影《流浪地球》相媲美，后者曾推动中国科幻电影工业化的进程。同样，《黑神话：悟空》也有望成为中国 3A 单机游戏工业化发展的催化剂。

四、问题和机遇

（一）中国文物遗存传播面临的未解问题

中国的文物遗存主要储藏于博物馆之中，尽管信息技术日新月异，众多博物馆已经开始将文物数字化，并通过网页虚拟现实（VR）技术供公众在线观赏，然而，采用 HTML 网页技术进行展示，仍存在一定的局限性。

首先，HTML 网页技术在图像清晰度方面存在不足。目前，大多数博物馆官方网站在制作线上展览时，对中国文物遗存的拍摄清晰度并不理想。尽管扫描技术可以显著提高图像的清晰度，但其对 HTML 页面的容量影响较大，这将导致用户体验下降，因为这会增加数据流量的消耗。

其次，线上博物馆的互动方式相对单一，通常采用 VR 第一人称视角进行探索，然而由于角度限制，无法实现全方位展示，这在一定程度上限制了对中国文物遗存的全面观赏。

最终，中国文物遗存的传播途径仍显不足，目前主要依赖于博物馆的自发宣传、自媒体的推广以及相关文化部门的宣传发行等手段。受众在接收到这些信息后，会选择前往参观或访问博物馆的官方网站进行在线浏览。然而，多数情况下，游客仅仅是打卡拍照，记录下自己的到访，而对中国文物遗存的欣赏往往在几天后便逐渐淡忘，呈现出一种浅尝辄止的态度。

（二）欧美游戏行业的话语权垄断出现缺口

随着信息技术时代的演进，游戏行业亦随之蓬勃发展。欧美国家在互联网领域的领先地位，使得其游戏产业长期占据主导地位。游戏不仅是娱乐的工具，更是文化传递的重要媒介，承载着传播文化价值的使命。在这一领域，欧美地区往往展现出文化话语权的垄断态势。相比之下，亚洲地区中，仅有日本和韩国在游戏产业中拥有显著的影响力，而中国在很长一段时间内，在国际游戏文化话语权方面显得较为微弱。然而，近年来，中国游戏产业迎来了迅猛的发展势头，在单机游戏、手游以及端游等多个领域，都诞生了具有国际影响力的产品。这标志着中国游戏产业的崛起，同时，由于"政治正确"等观念的兴起，欧美国家在游戏行业的垄断地位开始出现松动。这为中国游戏抢占国际市场、提升文化话语权提供了难得的机遇。

在国际市场上，游戏产业的竞争焦点主要集中在单机3A（即高开发成本、长开发周期、高质量游戏）类别上，而手游并非国际市场的主要竞争领域。然而，近年来，欧美市场推出的3A级游戏过分追求"政治正确"，导致游戏中的主要角色经常是黑人，且其外貌设计往往缺乏吸引力，这在玩家和市场反馈中并未获得好评，甚至显露出疲软态势。鉴于游戏本质上是一种以视觉体验为主的产品，美术设计和画面质量是玩家对游戏的第一印象。如果游戏中的关键角色不符合广大玩家的审美标准，这将对玩家的游戏体验产生负面影响。此外，单机3A游戏的制作周期通常在3到5年，甚至长达10年，这意味着一款3A级单机游戏的影响力可能会持续数年之久。

在"政治正确"议题的影响下，欧美国家的几款3A级游戏，如《古墓丽影》《消逝的光芒2》《战神：诸神黄昏》《地平线：西之绝境》等，已经受到了波及。这导致了欧美游戏产业的主导地位出现松动，其在国际市场上的份额有所缩减。与此同时，众多国内外玩家渴望体验不受"政治正确"束缚的3A级游戏作品，这为中国游戏行业提供了难得的发展机遇。

（三）游戏媒介的破局方式

游戏作为一种媒介，凭借其独特的特性，能够有效应对当前中国文物遗存传播所面临的挑战。

首先，游戏采用数字建模技术，而非传统的图像拍摄。利用行业领先的UE5游戏制作引擎及其强大的计算能力，能够实现接近实物原件的高还原精度，几乎达到以假乱真的效果。

其次，游戏的互动性与线上博物馆采用的VR技术有所不同。游戏一旦下载到终端设备（无论是手机还是电脑），玩家便能在游戏内自由探索，全方位观察中国文物遗存，从而获得更全面的认识。

最后，游戏所特有的沉浸感和参与性，能够更深刻地将中国文物遗存的内涵传递给玩家。游戏体验是主动的，玩家在游戏中积极地探索和了解，随着游戏的引导，玩家会自然而然地加深记忆。

游戏作为一种媒介，其提供的高清晰度和高自由度能够打破当前中国文物数字化保存的局限。通过自媒体或博物馆的宣传推广，受众通常处于被动接收信息的状态。然而，在游戏中，玩家的参与是主动的。受到好奇心的驱动，玩家在游戏过程中会主动积累关于中国文物的知识。无论是亲临现场还是在线上参观，参观者的体验时间相对较短，通常以小时计算。相比之下，游戏的体验通常需要数天才能完成，因此在时间上具有更长的持续性，对玩家的影响也更为深远。

"无论是《黑神话：悟空》，抑或是其他的国产出海产品，在文化出海的过程中，传统文化所蕴含的宝贵财富，也反哺了游戏本身。"[1] 游戏与传统文化的传播是相辅相成的。

（四）以游戏媒介突破语境壁垒

"高语境文化"和"低语境文化"的概念，最初由美国人类学家爱德华·T.霍尔（Edward T. Hall）提出。这一理论框架旨在阐释全球不同文化体系之间的差异与多样性。在高语境文化中，交流往往蕴含隐含信息，依赖于语境来传递含义，而在低语境文化中，信息的交流则依赖于明确的编码，通常表现为直接和坦率，较少使用含蓄或迂回的表达方式。

中国是一个典型的高语境文化国家，其文物遗存中常常蕴含着丰富的隐喻和需要深入剖析才能领会的信息。相比之下，欧美地区则倾向于低语境文化。这种文化差异在跨文化交流时往往会造成理解上的偏差，因此需要将高语境文化的信息转化为低语境文化能够理解的形式。在这一转译过程中，有时会出现误差，导致高低语境文化间的交流始终面临诸多挑战。

在文物传播的过程中，中国文物的高语境特性意味着其深层含义往往需要特定的文化背景才能被充分理解。由于低语境文化背景的观众可能难以即时准确地捕捉到这些文物所蕴含的复杂信息，因此，借助某些媒介来弥合这种语境差异变得尤为重要。游戏作为一种媒介，因其广泛的受众基础、娱乐性以及能够脱离现实世界的虚构设计，成功地跨越了文化障碍，连接了高低语境之间的信息鸿沟。在游戏构建的世界里，创作者能够创建一个平衡的语境环境，使得来自不同语境背景的用户能够平等地交流信息。对于中国文物的传播而言，这样的环境是展示中国独特文化体系的理想平台。尽管游戏作为文化娱乐产品，其核心功能是提供可玩性，但游戏设计之初通常会将高语境文化元素转化为低语境用户能够接受的信息编码。在消除语境障碍方面，游戏具有独特的优势，因为游戏体验本身不受语境差异的影响，这使得来自不同国家的玩家能

---

[1] 刘琪，陈刚.从《黑神话：悟空》的传播与接受看中国游戏文化产业的发展[J].北京文化创意，2022（6）：9.

够产生共鸣并进行交流。通过游戏这一渠道，文化传播能够更迅速、更有效地触及不同语境下的玩家。

在互联网时代，信息传播速度之快、范围之广前所未有，而游戏用户群体以年轻人为主。因此，在游戏中传播文化不仅速度更快，而且效果更为显著。

结　语

游戏产业正经历着飞速的发展，技术的迅猛进步使得曾经难以实现的写实画面和渲染效果如今已能以假乱真。在这样的技术支撑下，游戏的特性得以充分发挥，成为文化传播的一种有效途径。中国文物的推广在当前面临一些挑战，但通过游戏这一媒介，这些问题有望得到解决。语言环境的差异曾是文化传播的障碍，而游戏媒介的运用能够突破这些障碍，更有效地传递中国的声音。国产游戏《黑神话：悟空》的问世，不仅有望改善国内游戏市场的现状，还能够作为中国文物推广的一个成功案例，提升中国游戏市场的竞争力，并以先进的技术展示中国文物在游戏中的应用潜力。

本文对中国文物在游戏媒介中的应用潜力进行了初步探讨，通过案例分析法和实地调查法，从理论和实际案例两个角度出发，论证了其可行性和广阔前景。目的在于阐述游戏媒介同样可以作为文化传播的工具，并且拥有传统媒介所不具备的新优势，在跨越不同语言环境的文化交流中，游戏媒介展现出了其独特的价值。

（作者单位：西安美术学院）

参考文献

【1】陈彬.VR场景眼动交互下博物馆产品设计三维展示系统［J］.科技通报，2024，40（4）：44.

【2】秦莹，魏思宇，张琼文.博物馆数字科普何以创新：基于对丝绸之路主题博物馆的叙事学考察［J］.数字出版研究，2024（2）：94.

【3】谢佳妮，杨晓峰.数字时代国产游戏IP跨媒介叙事分析：以《原神》为例［J］.传媒论坛，2023，6（16）：11.

【4】张路.数字游戏的跨文化：技术、文本与交互［J］.中华文化海外传播研究，2022（2）：159.

【5】刘琪，陈刚.从《黑神话：悟空》的传播与接受看中国游戏文化产业的发展［J］.北京文化创意，2022（6）：9.

在场与超越：后人类传播视角下智慧博物馆自然交互传播研究
——以中国国家博物馆为例

Presence and Transcendence: A Study on the Interactive Communication of Nature in Smart Museums from the Perspective of Posthuman Communication
—— A Case Study of the National Museum of China

王馨蕊

Wang Xinrui

摘要：随着数字化时代的到来，博物馆作为文化传承的重要场所，正经历着智能化转型的深刻变革。本研究聚焦于智慧博物馆的人机交互设计，探讨其在实现文化传播目标中的重要性和作用机制。本研究采用参与式观察和文献综述的方法，深入探讨了智慧博物馆自然交互传播的起源及其特征，并对其在后人类视角下的发展趋势进行了展望。技术赋能在人机交互和博物馆传播领域的融合为传统博物馆带来了变革，社会支持是智慧博物馆建设的基石，用户导向原则确保了博物馆服务以满足公众需求为核心。在内容叙事方面，智慧博物馆采用立体化展示等技术手段，减轻了学习负担，提升了内容的吸收和理解效率。此外，网络平台提供的在线教育资源和讲座，打破了地理界限，促进了沟通交流和人际传播。本研究进一步分析了智慧博物馆自然交互传播的特点，包括沉浸式体验的营造、寓教于乐的课程设计，以及多模态传播方式的运用，这些都极大地提高了受众的认知水平和文化传播的效果。最终，从后人类主义的视角出发，本研究对自然交互传播的未来进行了展望，突出了交互作为核心、拟态技术作为桥梁、视听媒介作为沟通工具的发展趋势。这预示着博物馆将变得更加智能化、个性化，并在文化传播中扮演更为重要的角色。

Abstract: With the advent of the digital age, museums, as important places for cultural inheritance, are undergoing profound changes in intelligent transformation. This study focuses on the human-computer interaction design of smart museums, and explores its importance and mechanism in achieving the goal of cultural communication. Through participatory observation and literature review, this study explores the origin and characteristics of natural interactive communication in smart museums, and looks forward to its development direction from the perspective of posthumans. The integration of technology empowerment in the field of human-computer interaction and museum communication has brought changes to traditional museums, social support is the cornerstone of smart museum construction, and the principle of user orientation ensures that museum services meet the needs of the public as the core. In terms of content narrative, the smart museum uses three-dimensional display and other means to reduce the learning load and enhance the absorption and understanding of the content. In addition, online education and lectures provided through the online platform break down geographical restrictions and promote communication and interpersonal communication. This study further analyzes the characteristics of natural interactive communication in smart museums, including the creation of immersive experience, the curriculum design of edutainment, and the use of multimodal communication methods, all of which greatly improve the cognitive level of the audience and the effect of cultural communication. Finally, from the perspective of posthumans, this study looks forward to the future of natural interactive communication, emphasizing the development trend of interaction as the core, mimicry technology as the bridge, and audiovisual media as the means of communication, indicating that museums will be more intelligent and personalized, and play a greater role in cultural communication.

关键词：智慧博物馆；自然交互；后人类传播；国家博物馆

Keywords：Museum of Wisdom, Nature Interaction, Posthuman Communication, National Museum

在21世纪的数字化浪潮中，博物馆作为文化传承与教育的重要平台，正经历着一场由内而外的革新。智慧博物馆的兴起，不仅代表了技术进步的浪潮，更象征着文化传播方式的深刻转型。智慧博物馆的人机交互设计在实现文化传播的核心目标中扮演着至关重要的角色。随着交互界面设计的不断进步，博物馆的自然交互正在突破早期的局限，朝着更符合人类感知特性的方向发展。本研究旨在深入探讨用户体验研究在博物馆设计中的应用，分析如何通过创意发散、设计、测试以及迭代的完整流程，实现以观众为中心的设计理念。

一、研究背景和意义

随着科技的不断进步，传统的博物馆展览方式已无法满足现代社会的需求。智慧博物馆通过整合自然交互传播技术，例如人工智能、增强现实（AR）、虚拟现实（VR）以及多模态人机交互技术，为公众带来了更加直观和互动性强的展览体验。这些技术的应用不仅提升了博物馆的教育功能，还促进了文化的传播和交流。本研究旨在深入分析智慧博物馆人机交互设计的有效性，并探讨其在提升受众认知水平方面的作用。

智慧博物馆的建设与发展，已经成为城市文化软实力的重要组成部分。通过智慧化转型，博物馆能够更好地服务于公众，提升城市的国际影响力和吸引力。本研究的意义在于揭示智慧博物馆在现代社会中的重要性，为博物馆的未来发展提供指导和启示，促进其在文化传播和教育领域的持续创新与进步。

二、文献综述

（一）智慧博物馆人机交互

博物馆自然交互设计的成效，关键在于其是否能够达成传播的核心目标。而实现这一目标的根基在于深入的用户体验研究。这种研究不仅需要包括对用户行为的分析和人因学的探讨，还应覆盖产品从创意发散到设计、测试，直至迭代的整个流程。设计必须始终以用户为中心，细致地进行用户研究，确保交互设计能够真正满足他们的需求和期望。

现代的交互界面设计正在逐步摆脱早期的局限，向更符合人类感知特性的方向演进。博物馆的自然交互不应被任何单一技术所限定，而应被看作是多种解决方案的集合，旨在促进问题的解决。我们面临的挑战在于如何实现智能设备与博物馆展示环境的有机融合，以便更精确地服务于观众。

展望未来，人机交互无疑将朝着更加自然、人机融合的方向发展。随着智能计算机对交互信息理解的深度和准确性的提升，机器将能够更精确地感知并响应人类的情感，实现主动式的交互，促进人与机器之间的相互学习和交流。未来的用户交互界面将更加多元和创新，包括实体用户界面（TUI）、有机用户界面（OUI），甚至脑机界面（BCI）。这些界面技术将打破传统藩篱，进一步模糊人与机器的界限，为用户提供更为直观、自然、无缝的交互体验，推动博物馆交互设计进入一个全新的时代，实现真正意义上的自然交互。

（二）后人类传播

在凯瑟琳·海勒的"后人类视角"中，人类与智能机器的结合将变得更为紧密，二者之间的界限将变得越来越模糊。所谓的"后人类"不断尝试通过各种方式来调整和塑造人类，以期实现与智能机器的无缝对接。凯瑟琳·海勒认为，由生物基质构成的具体形象和意识观念，是历史偶然性的产物；人类的身体应被视为我们需学会操控的假体，而利用其他假体来扩展或替代身体，则是一个持续不断的过程。

在21世纪，"电子人"这一术语已不再陌生。随着智能穿戴设备的普及，我们见证了一种新型的人机融合形态的兴起。从运动监测手环到互动游戏健身环，从人造关节到植入式角膜，再到虚拟偶像如"初音未来"，不同领域的"后人类"形态不断涌现。"后人类"这一概念正逐渐从理论走向现实，它已经成为与人类生活紧密相连、影响未来走向的一部分。

从海德格尔的交往理论视角审视"后人类"这一概念，同样充满挑战。人类之间的互动建立在理性基础之上，而后人类则突破了先验性的理性界限。在交往行为中，具身化成为其中关键的条件之一。随着后人类时代的到来，我们目睹了人机互动的交往理性成为社会互动的关键组成部分。这也为传统的社会交往带来了新的挑战。

"控制论"一词源自希腊语"操舵手"。以克劳德·香农和诺伯特·维纳为代表的第一次控制论浪潮，始于1945年，主要研究生命体如何适应外部环境的变化以保持稳定状态。1960年，第二次控制论浪潮强调了反身性概念，通过反身性语言和结构耦合，将关注点放在系统与环境的互动上，核心问题转变为如何定义自我平衡，进而将观察者整合到系统内部。第三次控制论浪潮于1985年兴起，重点转移到了新的行为和功能上，其研究领域集中在计算机科学，例如，计算机中的"生物"（编码）也展现出生命力，以运动机器人为例的人造物。回顾三次控制论的浪潮，第一次实现了人的拟态，第二次实现了动态平衡，而第三次则实现了自我组织。

凯瑟琳提出，在控制论的发展历程中，概念的聚合宛如恋爱步入婚姻的自然过程，情感关系的形成水到渠成。概念的聚合经历了理论的初步纠缠、相互激发与成长，体现了实体观念对智能产品的响应，以及生命与机器内在一致性的实现。概念的诞生预示着一个新阶段的开启；而概念的分化与重组，则标志着不同阶段的过渡。在这个过程中，拟形扮演了承前启后的重要角色。

三、研究设计

（一）研究对象

本项研究聚焦于中国国家博物馆，作为中国国家形象的象征，该博物馆在技术和内容方面均处于领先地位。研究重点在于博物馆的展览布局以及其应用程序。中国国家博物馆承担着收藏、研究和展示国家文化遗产的重任，它不仅是保存民族集体记忆、传承国家文化基因、推动文明交流互鉴的关键场所，也是展现国家文化的窗口。

（二）研究问题

在数字化时代背景下，博物馆作为文化遗产传承的关键场所，其发展迫切需要实现智慧化的转型。RQ1：我们首先探讨智慧博物馆在现代社会中整合自然交互传播技术的必要性。这一问题的核心在于理解智慧博物馆如何运用自然交互技术提升观众的参与度和体验品质，以及这种技术如何助力博物馆更有效地完成其教育和传播任务。RQ2：继而，我们将深入剖析智慧博物馆自然交互传播的独有特性。这涵盖了它如何借助人工智能、增强现实等前沿技术，为观众提供更为直观、互动性更强的展览体验，以及这些技术如何提升博物馆的吸引力和教育成效。RQ3：最终，我们将展望智慧博物馆自然交互传播的未来发展方向。随着技术的持续演进，智慧博物馆将如何进一步改善其交互方式，增强用户体验，并在世界文化遗产的传承与交流中扮演更加重要的角色。同时，我们还将讨论智慧博物馆在应对新兴技术的挑战与机遇时，如何进行战略规划和创新性发展。

通过深入探讨这三个研究问题，我们不仅能够洞察智慧博物馆在现代社会中的重要性，还能够为博物馆的未来发展提供指导和启示，促进其在文化传播和教育领域的持续创新与进步。

（三）研究方法

本研究采用参与式观察和文献综述的方法，深入分析国家博物馆在人际互动方面的特点及其发展历程。我们将实地参与并细致观察，以捕捉博物馆内人际交流的微妙细节，并记录下观众与展品、观众与工作人员以及观众之间的互动模式。此外，通过广泛搜集和审慎查阅相关文献资料，我们将构建一个全面的理论框架，旨在揭示国家博物馆在推动文化传承和教育普及方面的策略与实践。

四、活化在场：智慧博物馆自然交互传播溯源

（一）技术赋能：人机交互和博物馆传播有机融合

技术赋能在人机交互和博物馆传播领域的融合，为传统博物馆带来了前所未有的变革。随着人工智能、增强现实（AR）、虚拟现实（VR）等技术的引入，博物馆的展览方式和观众体验得到了极大地丰富和提升。通过智能导览系统，观众可以享受到个性化的解说服务，系统能够根据观众的兴趣和偏好推荐展品和展览路线。

人机交互和智能博物馆的结合离不开技术赋能。中国国家博物馆隆重推出首位虚

拟数智人"艾雯雯"。她被设定为2000年5月4日出生的年轻女孩,拥有明亮的眼睛和洁白的牙齿,身着汉服,既展现了现代青春的气息,又代表着中国优秀的传统文化。艾雯雯能够在古代展厅中担任向导,为观众提供参观讲解服务。观众与数智人"艾雯雯"的互动,得益于腾讯的多模态人机交互AI技术,它将千年的博物馆历史与当代智能时代的博物馆紧密相连。艾雯雯具备听说读写的能力,通过三维建模、语音合成、动作及表情捕捉等技术,她拥有了与真人极为相似的外观和工作表现,她的每一个动作和表情都显得生动而自然。此外,艾雯雯展现了强大的学习和适应能力,基于国博140多万件馆藏,她构建了丰富的知识储备库。

由此可见,技术赋能不仅推动了人机交互和博物馆传播的深度融合,也为传统文化的传承与创新提供了新的可能性。通过智能化、个性化的服务,博物馆能够更好地满足观众的需求,同时也为文化遗产的保护、研究和普及开辟了新的路径。这种融合不仅提升了观众的参观体验,也为博物馆自身的发展带来了新的机遇和挑战。

(二)社会支持:智慧博物馆助力城市形象传播

中国国家博物馆在智慧博物馆的构建和人机交互领域的发展,得到了社会各界的大力支持。目前,中国国家博物馆已与北京大学、中国出版集团、中国联合网络通信有限公司以及剑南春等建立了合作关系。通过与北京大学等高等学府的合作,中国国家博物馆在人才储备方面得到了显著增强;同时,与其他企业的合作则进一步促进了技术交流与战略合作的深化。

中国国家博物馆不仅是国家文物收藏的宝库,也是展现国家形象的闪亮名片。不可忽视的是,国家的有力政策支持和技术的积极扶持。国家文物局发布的《关于推进博物馆改革发展的指导意见》明确指出,要大力发展智慧博物馆,以业务需求为导向,以现代科技为支撑,逐步实现智慧服务、智慧保护和智慧管理。借助"博学研"协同机制,文物保护与利用的科学研究及其成果示范得到了进一步推进。同时,支持博物馆发展的关键技术研究已被纳入国家科技计划,并将获得重点支持。

这种政策与技术的双重支撑模式,为智慧博物馆的建设奠定了坚实的基础,并为城市形象的传播和提升提供了有力的支持。智慧博物馆的建设与发展,已经成为城市文化软实力的关键组成部分,对于提升城市的国际影响力和吸引力具有深远的意义。通过智慧博物馆的建设,城市能够更有效地展示其文化魅力和创新能力,吸引更多的游客和投资者,推动城市的可持续发展。

(三)用户导向:以人为本和以用户为中心的趋势

智慧博物馆的人机交互始终秉持以人为本的原则。中国国家博物馆推出了小程序和App,其中App集成了参观预约、预约讲解、餐饮服务以及便民服务等多项功能。

预约参观和预约讲解功能的设置,极大地提升了公众预约的便利性。餐饮服务区域为顾客提供了丰富的文化创意产品和多样化的消费选项。便民服务包括咨询、轮椅和婴儿车的租赁、母婴室、失物招领、留言簿、应急处理以及意见投诉等多项内容。餐饮服务与便民服务的页面设计简洁明了,交互流程被极简化,配合立体3D空间图和列表化设计,使得公众能够迅速而准确地找到所需信息。

智慧博物馆的人机交互彰显出"以人为本"的核心理念。中国国家博物馆秉承"三贴近"服务宗旨,进一步提升了智慧博物馆的服务体验。基于此,中国国家博物馆推出了更多细化的服务项目。这种以用户为导向的服务模式,不仅提升了公众的参观体验,还加深了公众对博物馆的认同感和归属感。以用户为中心的服务理念,已经成为智慧博物馆发展的重要趋势,并且是推动博物馆事业持续创新和进步的核心动力。

五、超越在场:智慧博物馆的自然交互传播特点分析

(一)增强内容叙事,降低学习负荷

中国国家博物馆的App以匠心独运的方式迎接每一位访客——启动界面的壁纸精选了高清晰度的文物图片,这些精美的壁纸不仅展示了文物的精细纹理和历史韵味,而且通过视觉冲击力,加深了内容叙述的深度和力度。每周更新的壁纸,不仅为访客带来持续的新鲜感,也彰显了博物馆对文化传承的不懈热情和创新精神。

此外,中国国家博物馆App通过将藏品细分为考古发掘品、传世品、货币、文献拓本四个子板块,全方位、立体化地展示了其丰富的藏品。无论是细腻的青白玉兽纹双兽耳簋,还是雄浑的"子龙"青铜鼎,每一件藏品都以高清晰度的图片予以呈现,让观者仿佛能够穿越时空,触摸到历史的脉动。

博物馆内容叙事的多样化,从开屏壁纸的视觉冲击到藏品介绍的详尽解说,有效地降低了公众的学习负担,使得文化传播更加轻松愉悦。这种立体化的内容叙事方式,不仅丰富了用户的参观体验,也使博物馆的文化教育功能得到了更好地实现。通过这样的设计,中国国家博物馆成功地将传统文化与现代科技完美融合,让每一位用户都能在轻松愉悦中感受到中华文化的博大精深。

(二)促进沟通与交流,加强人际传播

中国国家博物馆通过网络平台提供在线教育和讲座,用户能够远程参与并与专家实时互动。这种在线教育方式消弭了地域的限制,让更多人有机会参与博物馆的文化活动。

智慧博物馆构建了便捷的反馈与建议渠道,用户可以轻松地表达自己的意见和需

求,博物馆则能够迅速响应并优化服务。这种双向沟通机制加强了用户与博物馆之间的互动。

中国国家博物馆构建的在线社区和论坛,为访客提供了一个交流思想和分享体验的平台。在这里,用户能够畅所欲言,分享个人见解,从而促进了思想的碰撞和文化的交融。

借助这种多维度的人机交互设计,中国国家博物馆不仅提高了服务品质,还显著增强了访客间的沟通与交流,提升了人际传播的影响力。这使得博物馆转变成了一个充满活力、互动性强的文化空间。

(三)博物好课,寓教于乐,提升受众的认知水平

在数字化和智能化的浪潮下,博物馆的角色正经历深刻的变革。作为文化教育的前沿阵地,博物馆正通过智能科技与教育活动的融合,实现寓教于乐的目标,特别是在提升受众,尤其是年轻一代的认知水平方面,展现出了巨大的潜力和价值。

国家博物馆 App 中的"国博好课",便是这种教育理念的生动实践。这里汇集了一系列精心策划的在线课程,内容不仅涵盖了从古代艺术到考古学,再到历史文化的广泛领域,而且以一种创新的方式,将知识的传播与互动体验相结合。例如,"买椟还珠的理由:漆盒的造型、纹饰与功用"课程,不仅教授漆盒的美学特征,更引导观众深入探讨其在古代社会中的实际应用和文化意义。"殷墟考古与甲骨文学"课程则通过专家的深入讲解,带领青少年走进神秘的殷商时期,探索甲骨文背后的历史奥秘。而"贾府中的经济生活"课程,则以《红楼梦》为背景,揭示了古代贵族家庭的经济运作和生活细节。

这些课程由来自不同领域的专家学者主讲,他们凭借深厚的知识储备和丰富的实践经验,将复杂的学术议题转化为栩栩如生的案例和故事,使得历史文化知识变得亲切且易于理解。这种深入浅出的讲解方式,不仅吸引了听众的注意力,也让他们在轻松愉快的氛围中,吸收和掌握了丰富的知识。

总而言之,国家博物馆通过"国博好课"等教育项目,不仅提升了听众的认知水平,也为文化的传承与发展注入了新的活力。"国博好课"为公众,尤其是青少年,提供了一个全新的学习和体验平台。在这里,每个人都可以通过互动体验,深入感受历史文化的魅力,激发对知识探索的热情,共同推动文化的发展与繁荣。

六、展望:后人类视角下的智慧博物馆自然交互传播

(一)交互为核:自然隐匿的交互营造沉浸体验

在中国国家博物馆北侧三层平台及环廊,一场视觉与感知的盛宴正在上演——"华

彩万象：石窟艺术沉浸体验"展览。此次展览不仅创新性地激活了石窟艺术，更突破性地革新了传统文物展示方式。通过技术与感知的融合，它为公众开启了一扇全新的艺术解析与观赏之门。本次沉浸体验展以"盛开的莲花"为设计灵感，构建了巨型数字装置。艺术家们巧妙地将数字绘制、数字3D Mapping 影像技术与AI算法相结合，以当代视角重新诠释了克孜尔石窟、敦煌莫高窟、麦积山石窟、云冈石窟和龙门石窟的艺术风格与深邃内涵。

展览由多个板块构成，包括艺术时空体验区、教学互动体验区、衍生艺术品区等，共同营造出一个全景沉浸式的体验环境。在艺术时空体验区，"菱格世界""万古遗珠""东方微笑""十方同源""奇崛妙境"等主题以各自独特的艺术手法，展现了石窟艺术的独特魅力。而教学互动体验区则为公众提供了一个深入了解和学习石窟艺术的平台，通过互动教学，公众能够更加直观地感受到石窟艺术的博大精深。在衍生艺术品区，陈列着以石窟艺术为灵感来源创作的各类艺术品，使公众在欣赏这些作品的同时，也能将这份艺术之美带回家中。

沉浸体验展通过自然隐匿的交互设计，让公众在不经意间融入艺术之中，体验到一种全新的沉浸式艺术享受。这种以交互为核心的展览设计，不仅提升了公众的艺术体验，也为石窟艺术的传承与创新提供了新的思路和可能。

（二）拟态为桥：持续更新形态的博物馆人机交互

在控制论的发展历程中，凯瑟琳深刻地指出，概念的聚合与分化，犹如一段情感关系从热恋走向婚姻，自然地发展与成熟。这种概念的演变，不仅标志着实体观念对智能产品的深刻响应，更是生命与机器内在一致性的实现。概念的诞生与分化重组，不仅预示着新阶段的开启，也象征着不同阶段的转换。在这一过程中，拟态技术发挥了承前启后的关键作用，它如同一座桥梁，连接着传统与未来、实体与虚拟。

如今，随着科技的持续发展，博物馆的人机交互方式也在经历着不断的革新。以中国国家博物馆推出的虚拟数智人"艾雯雯"为例，她不仅在外观上融合了传统文化与现代科技的元素，而且在功能上实现了革命性的创新。艾雯雯的新伙伴——国博虚拟数智文物修复师仝古今博士，在数字孪生技术构建的云展空间中，共同激活了智能语音讲解功能。这一功能不仅能够实时监测文物的状态，还实现了虚拟修复，使观众能够在数字时空中，体验到那些沉睡千年的文物复苏的奇迹。

这种仿生交互方式极大地丰富了观众的体验，并显著提升了博物馆的服务质量。通过不断演进的交互形态，博物馆的人机互动变得更加智能化、生动化和人性化。观众在与虚拟数智人的互动过程中，不仅能够获取知识，更能深刻感受到科技与文化融合的魅力。

随着仿生技术的持续发展，博物馆的人机交互形式正变得日益多样化和个性化。从情感计算到数字孪生，从智能语音到虚拟修复，技术的每一次飞跃都为博物馆注入了新的生机。这种不断演进的交互方式，不仅让博物馆成为连接过去与未来的桥梁，也让每位参观者在互动体验中，深切感受到文化的魅力和科技的温暖。

（三）视听为媒：多模态形式成为主流媒介

在数字化时代，博物馆的自然交互设计不仅体现了技术的运用，更是一种传播文化的艺术形式。多模态的视听媒介已经成为构建主流传播方式的核心，它们共同打造了博物馆与观众之间沟通的桥梁。

"艾雯雯"的预告片首发，生动地展示了多模态传播形式的魅力。它巧妙地结合了短视频和图文，以直观、生动的方式吸引观众，揭开了虚拟数智人艾雯雯的神秘面纱，激发了他们对博物馆体验的无限好奇。这不仅是一种宣传策略，更是博物馆与观众建立初步情感联系的起点。

增强现实（AR）技术的应用，使得博物馆的展品仿佛触手可及。观众借助手机或AR眼镜，能够观看到展品的三维模型，并深入探索其历史背景与艺术价值。这种技术将原本静态的展品转变为生动的故事叙述者，使历史生动呈现，显著增强了观众的参与度和沉浸感。

虚拟现实（VR）技术进一步拓宽了观众的体验范围。它提供了一种沉浸式的体验，仿佛让观众穿越时空，亲身经历历史事件或艺术创作的过程。这种深度体验不仅加深了观众对文化的理解，还增强了他们与文化遗产之间的情感纽带。

这些技术的综合运用，不仅增强了博物馆的教育和娱乐功能，更为关键的是，它们推动了文化的传播和交流。博物馆借助这些技术，成为连接过去与未来的桥梁，一个充满活力、能够与观众进行深度互动的文化中心。

博物馆的自然交互设计正朝着更加智能化、个性化的方向发展。多模态的视听媒介，不仅丰富了观众的体验，也推动了博物馆文化传播方式的革新。通过这些技术，博物馆正在重新定义文化传播的方式，为观众带来前所未有的文化体验，让文化遗产在新时代焕发出新的活力。

结 语

随着本研究的深入，我们得以一窥智慧博物馆在文化传播和教育领域的巨大潜力。通过参与式观察和文献综述的方法，本研究不仅揭示了中国国家博物馆在人机交互方面的独特性，也展现了其在促进文化传承和教育普及方面的策略与实践。智慧博物馆的建设与发展，已经成为城市文化软实力的重要组成部分，对于提升城市的国际影响力和吸引力具有重要意义。

展望未来，智慧博物馆将继续作为连接过去与未来、传统与创新的桥梁，推动文化的传播与交流。随着技术的不断进步，我们期待智慧博物馆能够进一步优化其交互模式，提升用户体验，在全球文化传承和交流中发挥更大的作用。通过智能科技与教育活动的结合，智慧博物馆将为公众提供更加丰富、多元的学习体验，共同推动文化的发展与繁荣。在后人类视角下，自然交互传播的探索与实践，无疑将为博物馆领域带来更加广阔的视野与更深层次的思考。

（作者单位：中国传媒大学）

参考文献

【1】陈建新. 博物馆展陈的交互方式研究［J］. 文博天地，2018.

【2】陈明炫，等. 一种面向个人信息管理的Post-WIMP用户界面模型［J］. 软件学报，2011，22（5）：1080-1096.

【3】陈晓. 基于用户体验的虚拟展示设计评价［D］. 济南：山东大学，2013.

【4】崔蒙. 互动体验设计在现代展示空间中的运用与研究［D］. 西安：西安建筑科技大学，2012.

【5】丁斌. 交互与体验：当代展示设计的新概念［J］. 中国广告，2008（2）：156-157.

【6】董建明，傅利民，饶培伦，等. 人机交互：以用户为中心的设计和评估［M］. 北京：清华大学出版社，2016.

【7】房赛赛，张乘风. 基于受众体验下的智慧展厅设计研究［J］. 设计艺术研究，2018（3）：95-99.

【8】林文安，盖龙涛，陈月华. 面向数字化陈展的自然人机交互技术研究［J］. 计算机应用与软件，2012（7）.

【9】林文安. 基于自然人机交互的博物馆数字化陈展模式研究［D］. 哈尔滨：哈尔滨工业大学，2012.

【10】刘晓陶，黄丹麾. 关于后博物馆的思考［N］. 中国文化报，2014-08-18.

【11】鲁东明. 多媒体文档协同编著系统的关键技术研究［J］. 通信学报，1999（9）：41.

【12】鲁东明. 基于形象语义特征的敦煌壁画检索［J］. 计算机学报，1998（11）：

1022-1026.

【13】鲁东明.基于综合推理的构图知识生成模型［J］.计算机辅助设计与图形学学报，2000（5）：384-389.

【14】罗娟.沉浸式新媒体艺术视域下的互动体验性展示空间设计探索与实践［D］.昆明：云南艺术学院，2018.

【15】罗晓燕.英汉"嫉妒"情感隐喻的体验哲学和文化阐释［J］.北京：北京第二外国语学院学报，2010，186（10）：36.

【16】毛峡，薛雨丽.人机情感交互［M］.北京：科学出版社，2011.

【17】孙静.卡罗尔人机交互的方法论认知原则［N］.中国社会科学学报，2013-03-12.

【18】王田.当代展示中的交互体验设计研究［D］.北京：北京林业大学，2014.

【19】沃野.评两种符号互动主义的方法论［J］.学术研究，2002（2）：52.

【20】吴亚东，张晓蓉，等.自然人机交互技术及应用［M］.北京：科学出版社，2020.

【21】严建强，毛若寒.博物馆化的拓展：原因、进程与后果［J］.东南文化，2020（2）：135-142.

【22】严建强.从秘藏到共享：致力于构建平等关系的博物馆［J］.中国博物馆，2020（2）：3-10.

【23】杨韶刚.超个人心理学［M］.上海：上海教育出版社，2006.

【24】郑皓元，等.有关具身认知的三种理论模型［J］.心理学探析，2017，3（37）：195-199.

【25】朱文华.智能交互空间展示设计研究［D］.西安：西安美术学院，2013.

【26】ADDINGTON M，SCHODEK D.Smart materials and technologies for the architecture and design profession［J］.Civil engineering，2005.

【27】ALLEN S，GUTWILL J.Designing with multiple interactives：five common pitfalls［J］.2004，47（2）：199-212.

【28】AMANT R S.Natural interaction with visualization systems［J］.IEEE Internet computing，2015，19（6）：60-64.

【29】ANDERSON D，LUCAS K B.The effectiveness of orienting students to the physical features of a science museum prior to visitation［J］.Research in science education，1997，27（4）：485-495.

【30】ANDERSON G.Reinventing the museum：historical and contemporary perspectives on the paradigm shift［M］.Oxford：Altamira Press，2004.

【31】AVOURIS N M. An introduction to software usability [C]. Proceedings of the 8th Panhellenic Conference Informatics, Nicosia, 2001: 514-522.

【32】BAUTISTA S S.The social function of museums in the digital age [M]. Altamira Press, 2009.

【33】BERGEN B, FELDMAN J. Embodied concept learning [M] //Handbook of Cognitive Science.Elsevier, 2008: 313-331.

【34】BORING S.Interacting through the display: a new model for interacting on and across external displays [D]. LMU, 2010.

【35】BUXTO B. Sketching user experiences: getting the design right and the right design [M]. Morgan Kaufmann, 2007.

【36】CAMERON D F.The museum, a temple or the forum [J]. Curator: the museum journal, 1971（1）: 11-24.

【37】CAMPOS P, DÓRIA A, SOUSA M.Interactivity for museums: designing and comparing sensor-based installations [C]. IFIP Conference on Human-computer Interaction, 2009: 612-615.

【38】博寇.新博物馆学手册 [M]. 张云, 等译. 重庆: 重庆大学出版社, 2011.

【39】艾伦, 古威尔. 设计具有多互动功能科学博物馆展览的五个隐患 [J]. 刘彦君, 译. 科普研究, 2008（1）: 28-36.

【40】普里斯. 交互设计: 超越人机交互 [M]. 刘晓辉, 张景, 等译. 北京: 电子工业出版社, 2003.

【41】张枫林. 博物馆展览中的自然人机交互研究 [D]. 杭州: 浙江大学, 2021.

【42】海勒. 我们何以成为后人类 [M]. 刘宇清, 译. 北京: 北京大学出版社, 2017.

【43】海德格尔. [M]. 孙周兴, 译. 北京: 商务印书馆, 2015.

ChatGPT 应用于博物馆解说词对外传播与翻译研究*

The Application of ChatGPT in Translation and International Dissemination of Museum Interpretive Texts

刘诗语
Liu Shiyu

摘要：博物馆作为文化传承与传播的重要载体，承担着收藏、展览和研究文物艺术品的使命。随着国际交流的日益频繁，博物馆在国际传播中的重要性越发显著。精准而恰当的解说词构成了博物馆与观众之间沟通的桥梁，其翻译品质直接关系到信息的传播效果，是国际交流的基础。本文搜集并整理了北京故宫博物院内文物解说词的英文翻译版本，并与 ChatGPT 和 DeepL 生成的译文进行了对比分析。通过运用 BLEU 自动评估指标进行定量分析，并结合问卷调查法与受众研究进行定性分析，本研究评估了高质量翻译对博物馆传播效果及受众接受度的影响。此外，研究深入探讨了 ChatGPT 在博物馆解说词翻译中的应用潜力与面临的挑战，目的是为人工智能时代的博物馆解说词翻译提供有价值的见解和新的视角，进而增强中国文化的国际传播影响力。

Abstract: As a vital carrier of cultural heritage and dissemination, museums play a key role in the collection, exhibition, and research of artifacts and artworks. With increasing international exchanges, the importance of museums' international communication has become more prominent. Accurate and appropriate interpretive texts serve as a crucial bridge between museums and their audiences, and the quality of their translations directly affects the effectiveness of cultural dissemination, forming the foundation of international communication. This paper collects and organizes English translations of interpretive texts from the Palace Museum in Beijing and conducts a comparative analysis of translations

---

* 本文系北京市社会科学基金规划项目"多模态视域下中西能源话语比较研究"（项目编号：21YYB006）以及中国石油大学（北京）研究生教育质量与创新工程项目"三进"教育指导下的《计算机辅助翻译》课程案例库建设（项目编号：yjs2022028）的阶段性成果之一。感谢审稿专家提出宝贵意见。

generated by ChatGPT and DeepL. Through quantitative analysis using the BLEU automatic evaluation metric, and qualitative analysis based on questionnaire surveys and audience research, the study assesses the impact of high-quality translations on the dissemination effectiveness and audience reception in museums. Furthermore, the research explores the potential and challenges of applying ChatGPT to the translation of museum interpretive texts, aiming to provide valuable references and new perspectives for translating museum texts in the era of artificial intelligence, thereby enhancing the international dissemination of Chinese culture.

关键词：ChatGPT；博物馆解说词；翻译质量评估；对外传播

Keywords：ChatGPT, Museum Interpretive Texts, Translation Quality Assessment, International Dissemination

引 言

博物馆作为文化传承与传播的重要载体，承担着收藏、展览和研究文物艺术品的使命。[1] 随着国际交流的日益频繁，博物馆在国际传播中的重要性越发显著。作为博物馆与观众之间沟通的桥梁，解说词在展览、导览及教育推广活动中发挥着重要作用，它不仅能够有效地执行教育和传播的任务，还能极大地提升观众的切身体验。准确而恰当的解说词翻译能够向外国游客介绍和传播中国历史文化，是有效国际传播的基础。[2]

然而，目前博物馆解说词的译文质量参差不齐[3][4]，这不仅影响了国际观众对博物馆的理解，也削弱了博物馆的全球传播效果。在当今数字化、全球化的时代，人工智能的发展正深刻地塑造着翻译新貌[5]。我们必须把握住人工智能时代的机遇，将这些新技术运用到博物馆的国际传播工作中。

故宫，这个见证了数百年历史与文化沉淀的明清两代皇宫，不仅是中国文明的象征，也是我国对外交流的一张闪亮名片。本文选取北京故宫博物院的文物解说词作为

---

[1] 张安胜.高校博物馆育人的内涵、定位与路径论析[J].上海交通大学学报（哲学社会科学版），2022,30(5)：97-106.

[2] 文军，齐荣乐，赖甜.试论博物馆解说词适度摘译的基本模式[J].外语与外语教学，2007（12）：48-50，54.

[3] 邱大平，王晶.基于读者导向的博物馆解说词英译探析：以辛亥革命博物馆为例[J].中国科技翻译，2018，31（4）：30-33.

[4] 李成静，刘芳.马王堆汉墓文物传译策略研究[J].中国科技翻译，2020，33（3）：12-15.

[5] 文旭，田亚灵.ChatGPT应用于中国特色话语翻译的有效性研究[J].上海翻译，2024（2）：27-34，94-95.

研究样本，通过对比官方译文、人工智能译文与机器翻译译文，探讨人工智能翻译技术在博物馆文物解说词英译中的应用适宜性，并试图解答以下三个核心问题：（1）人工智能翻译与传统机器翻译在博物馆解说词翻译质量上的表现如何？（2）高质量的翻译对博物馆的传播效果和观众的接受度会产生怎样的影响？（3）随着人工智能技术的不断进步，翻译技术在博物馆国际传播战略中的潜力与所面临的挑战究竟是什么呢？

一、文献综述

（一）博物馆对外传播研究

博物馆作为国家历史文化的缩影，不仅是一个以文化为标识的重要旅游资源，也是外国游客了解中国文化的窗口。随着国际交流的日益频繁，博物馆的对外传播成为"中国文化走出去"的重要组成部分[①]，而翻译则是对外传播的重要媒介。在这样的背景下，博物馆翻译的传播模式显得尤为关键。译者需对接收到的文本信息进行细致的审查与辨别，挑选出有价值的信息进行翻译和编码，然后通过多种媒介传递给目标受众，从而实现传播效果。这一过程不仅涵盖了信息与文化的双向交流，而且超越了单纯的中英文转换，更需关注其传播效果。

传播学的起源可追溯至20世纪20年代，被誉为美国传播学之父的威尔伯·施拉姆（Wilbur Schramm）提出，该学科致力于研究人类信息传播的内容、形式及其社会影响，涵盖传播效果、传播控制以及传播者与受众之间的关系等多个方面。[②]哈罗德·拉斯韦尔（Harold Lasswell）进一步将传播过程概括为五个相互关联的要素，即著名的"5W模式"：Who（谁）——传播主体；Says what（说了什么）——传播内容；In which channel（通过什么渠道）——传播渠道；To whom（对谁说）——传播受众；With what effect（产生什么效果）——传播效果。[③]因此，博物馆在实现文化有效输出和传播时，需要遵循传播学的基本原则。

我国的博物馆翻译研究始于1991年，当时穆善培对历史文物的英文翻译忠实度与流畅性问题进行了探讨。[④]博物馆的英文翻译属于外宣翻译范畴，它不仅涉及中英文之间的语言转换，更关乎信息与文化的交流。因此，为了在国际传播中取得理想的效果，博物馆必须在翻译过程中严格审查和精心挑选有效信息，并通过多种媒介确保这

---

① 马利芳，王佳航. 国际传播视角下中国出版"走出去"现状及路径研究[J]. 编辑之友，2021（11）：34–38.
② 拉斯韦尔. 社会传播的结构与功能[M]. 北京：中国传媒大学出版社，2013.
③ 施拉姆，波特. 传播学概论[M]. 北京：北京大学出版社，2007.
④ 许丽. 国内博物馆文本英译研究现状分析[J]. 海外英语，2013（1）：148–149.

些信息准确无误地传达给目标受众。

博物馆作为社会服务的非营利性永久机构，肩负着研究、收藏、保护、阐释以及展示物质和非物质文化遗产的重要使命。其中，博物馆的传播与教育职能位于其工作的最前沿，成为连接博物馆与社会公众的纽带和桥梁。[①] 自21世纪起，随着全民科学素养的提升，博物馆逐渐成为大众获取知识的特殊学习场所。因此，在教育观众的过程中，博物馆强调教育内容和策略应有助于促进学习者的认知发展，协助他们在学习过程中运用并强化自身能力，以达成教育传播的最佳效果。

（二）博物馆解说词翻译研究

博物馆的展示手法与书本截然不同，它不仅依赖文字描述，还融合了展品以及声、光、电等多种媒介进行综合展示。与此同时，博物馆解说词作为陈列说明的深入解读，不仅承载着信息传递的职能，更肩负着文化传承的使命。要实现博物馆的社会教育功能，不仅要科学设置展厅和合理陈列文物，讲解员的讲解也至关重要。[②] 解说词的质量直接影响到讲解服务的效果，进而影响观众的参观体验以及博物馆的整体形象。

随着全球文化交流的日益频繁，外国观众已经成为博物馆传播信息的关键受众。博物馆解说词的翻译质量直接影响到信息的传播效果，因此，深入研究如何消除外国游客因语言或文化差异而产生的理解障碍，精确传递信息，让他们更深入地理解中国文化，显得尤为重要。以往的博物馆翻译研究多聚焦于母语原创文本与目标语翻译文本的差异性分析，例如以国外博物馆解说词为参照，分析思维差异对博物馆解说词翻译造成的影响等。[③] 部分学者通过语料收集与分析开展实证性研究，运用平行文本对比模式进行中国文物解说词英译探讨等。[④]

近年来，翻译研究逐渐受到国内外学者的关注，并取得了一定成果。然而，现有研究仍存在一些不足之处：（1）博物馆对外传播研究多聚焦于翻译方向，虽有从传播学视角研究博物馆英译策略的尝试[⑤]，但缺乏系统的传播学指导；（2）以往的研究较多关注翻译方法和策略，缺乏创新；（3）研究多基于少量语料的主观分析，缺乏客观、科学的实验数据支撑。因此，未来的博物馆翻译研究应在传播学理论的系统指导下，结合更广泛的语料和数据分析，以提升翻译的科学性和有效性。

---

① 安来顺.博物馆基础性功能及其当代特征初探［J］.文博，2024（3）：135-141.
② 王莉莉.论解说词在博物馆工作中的重要意义［J］.文物鉴定与鉴赏，2017（12）：100-103.
③ 邱大平.大英博物馆文物解说词对中国文物英译的启示［J］.中国翻译，2018，39（3）：108-112.
④ 邱大平.基于平行文本对比的中国文物解说词英译探讨［J］.中国科技翻译，2020，33（4）：35-38.
⑤ 丁慧.传播学视角下中国文字博物馆英译研究［J］.当代外语教育，2023（00）：128-134.

二、研究设计

为了对比人工智能翻译与传统机器翻译在博物馆解说词翻译质量上的差异，并探究高质量翻译对博物馆传播效果及观众接受度的影响，本研究运用自动评估指标执行定量分析，并通过问卷调查法进行受众接受度研究。

（一）指标

BLEU 的评分机制主要基于 n-gram 精度，即检查机器翻译中的 n-gram 在参考译文中出现的频率。其得分通常在 0 到 1 之间，数值越高，表明译文质量越好。该指标具有简单、计算速度快等优点。尽管有局限性，BLEU 仍然是业界最常用的机器翻译评估指标之一。

研究选取了 10 个例句，人工智能翻译工具选择了 ChatGPT，而机器翻译工具则选择了 DeepL 翻译器。研究以 "Please provide the ［TGT］ translation for these sentences" 作为 ChatGPT 的翻译提示语来获得译文[①]，然后以解说词自带的英译文为参照，将 ChatGPT 生成的译文与 DeepL 机器翻译工具的英译文进行翻译质量对比。

（二）受众研究

根据传播学理论，在信息传播过程中，受众不是消极接收信息的被动角色，而是有自己期望和需求的主动角色，寻求信息为己所用，满足自己的需求。[②] 在传播过程中，受众扮演着至关重要的角色。传播目标的实现，依赖于是否能够满足受众的基本需求。因此，博物馆的英文翻译必须充分考虑受众的语言和文化差异。翻译者应以受众的需求为中心，确保翻译内容和表达方式能够满足受众的期望，同时要精确掌握信息的准确性和丰富性，消除由语言和文化差异引起的障碍，确保信息传递的渠道畅通无阻，从而实现更好的传播效果。

因此，本研究采用问卷调查的方式，向海外受众（包括英语母语者、法语母语者和英汉双语者）发送展品图片、官方译文、人工智能译文以及机器翻译译文。在不告知译文来源的前提下，要求受众对译文质量进行评分，并说明评分理由。通过这种多角度、多层次的研究方法，我们更有可能揭示人工智能翻译和机器翻译在博物馆解说词翻译中的适用性，并进一步探索翻译技术在博物馆传播领域的应用潜力。

---

① 文旭，田亚灵. ChatGPT 应用于中国特色话语翻译的有效性研究［J］. 上海翻译，2024（2）：27-34，94-95.
② 丁慧. 传播学视角下中国文字博物馆英译研究［J］. 当代外语教育，2023（00）：128-134.

三、研究结果与讨论

(一)定量研究

通过计算得出所选 10 个例子的 BLEU 值,如表 1 所示。

表 1 不同翻译工具的译文质量 BLEU 指标(单位:%)

	例1	例2	例3	例4	例5	例6	例7	例8	例9	例10
ChatGPT	≈0	≈0	12.67	9.81	≈0	27.37	≈0	31.21	40.47	38.52
DeepL	≈0	≈0	3.83	≈0	≈0	≈0	≈0	13.94	12.70	24.94

翻译工具的"托底"能力,即工具在极端情况下的最低表现。根据文旭和田亚灵[4]的研究,BLEU 值接近 0% 的频次越高,说明该翻译工具的翻译质量越不稳定,"托底"能力越差。以得分接近 0 为比较的第一个角度,ChatPGT 译文共 4 次,DeepL 译文共 6 次,DeepL 译文得分为 0 的例句频次高于 ChatPGT。

两种翻译工具的译文均出现了 BLEU 值接近 0% 的情况,这意味着翻译工具的输出与人工生成的参考译文差异极大,几乎没有相似之处。ChatGPT 译文的 BLEU 值为 0% 的频次为 4 次,而 DeepL 为 6 次。这进一步证实了 ChatGPT 在翻译稳定性方面的相对优越性能。

根据周成彬和刘忠宝[10]的研究,如果一个翻译工具生成的译文 BLEU 值达到 31.4%,则说明该译文质量较好,符合机器翻译的基本要求。以 BLEU 分数为比较的第二个角度。首先,ChatGPT 最高为 40.47%,DeepL 为 24.94%,ChatGPT 具有较高 BLEU 值(超过 31.4%)的译文频次上,有 3 次达标,而 DeepL 则没有一次超过 31.4%。因此,从高质量翻译出现频次这一评判指标来看,ChatGPT 的表现相对更优。其次,ChatGPT 的平均值为 26.68%,DeepL 的平均值为 13.85%。这表明,在译文的充分性和流畅性方面,两个译文的翻译质量均未达到理想水平,尚需在准确传达原意和语言自然流畅性方面进行改进。

总体来看,在博物馆解说词的汉英翻译任务中,ChatGPT 在多个评估指标上相较于其他主流机器翻译工具展现出了明显的优势。尽管如此,这些优势尚未构成革命性的飞跃,无法完全达到高质量翻译的标准。特别是在处理含有文化负载词、四字成语等含义深邃的词汇,以及结构复杂的长句时,无论是 ChatGPT 还是其他机器翻译工具,都显现出一定的局限性。这说明当前的翻译技术在处理具有高度文化特性和语言复杂性的文本时,仍需进一步地提升和优化,以便更精准和自然地实现翻译效果。

（二）受众研究

本研究通过 AntConc 工具进行词频分析，摘取文本数据分词后频次最高的前 20 个词语，并利用 Python 中的 Wordcloud 绘制高频词词云。分析高频词汇的分布情况，首先，外国游客对博物馆展品所承载的历史文化价值和意义表现出浓厚兴趣，诸如"culture""history""poem""knowledge"等词汇反映了他们对文物知识、诗词以及历史文化背景的探求。博物馆的展品解说词帮助游客深入了解文物背后的故事，从而满足了他们的认知需求。其次，"wonderful"一词的高频出现表明传播效果普遍积极，内容的精确度较高，海外受众能够基本把握其内涵。最后，"can't""hard"等词汇揭示了外国游客在阅读博物馆解说词时仍会遇到一些理解上的困难。

图 1　外国受众评价高频词云图

四、应用潜力与挑战

（一）文物名称及其外观描述的翻译

例 1：错金蟠龙镇

人工译文：Bronze Coiled Dragon with Gold Inlay

ChatGPT 译文：Inlaid Gold Coiled Dragon Paperweight

DeepL 译文：Wrong Gold Pankration

例 1 中的"错金蟠龙镇"描绘了一种工艺，该工艺通过在青铜器表面运用不同金属的色泽对比，创造出既色彩鲜明又具有光泽的金属图案，并将这些图案塑造成龙形的压纸工具。ChatGPT将其翻译为"Inlaid Gold Coiled Dragon Paperweight"。根据《牛津大字典》的定义，"inlaid"指的是"用木头、金属等材料装饰，嵌入表面"，这一翻译准确地传达了错金工艺的特色。"Paperweight"一词则精确地描述了"镇"作为文人墨客在读书、写字或绘画时，用于压纸或压书的工具的功能。

相较之下，DeepL将该术语译为"Wrong Gold Pankration"，其中"错"一词被误解为"wrong"，导致明显的语义错误，容易引发歧义。故宫博物院的译法为"Bronze Coiled Dragon with Gold Inlay"，虽然较好地传达了工艺特点，但未能将该物品的实际用途（即压纸工具的功能）明确表达出来。由此可见，ChatGPT在处理这类信息型文本方面表现出色，仅用五个字符便精准传达了该文物的制作工艺及其用途。这凸显了其在翻译涉及特定技艺和用途的文物名称时的卓越性能，有效避免了歧义，并且保留了文化与功能的双重信息。

例2：嵌宝石银器
人工译文：Silver ornaments with jewels
ChatGPT译文：Silverware inlaid with jewels
DeepL译文：Gem-encrusted silverware

在例2中，故宫博物院展出的嵌宝石银器具有多件造型不同但命名相同的文物，这些文物的译文应当保持统一。然而，实际情况是存在多个不同的译文，如"Silver ornaments with jewels"和"Pavilion Silver inlaid with gem"，并未做到统一翻译。镶玉嵌宝石是明代金银首饰中最奢华的装饰方法之一，但在镶嵌过程中并没有对宝石进行精细加工，通常是依据其自然形状进行填嵌。根据定义，"gem"指经过切割和磨光的宝石，而"jewel"通常指各类珠宝，包括佩戴的或衣服上的饰物，甚至包括用普通金属、塑料或假宝石制作的装饰物。二者不可等同。ChatGPT生成的译本"Silverware inlaid with jewels"选择使用"jewel"作为宝石的译文，更加符合当时时代背景下的工艺特征，保留了历史和文化信息。相比之下，使用"gem"可能会误导读者，国外观众会认为这些宝石经过了现代的精细加工，而实际情况并非如此。因此，ChatGPT的翻译在忠实于历史和工艺背景方面表现优异，更准确地传达了文物的本质和时代特征。

例3：龙全身装饰了精美的嵌错花纹，铜体金饰相互辉映，生动的造型与辉煌的色彩。此器可称魏晋装饰艺术品中的登峰造极之作。这些花纹已不仅是为了美观，同时也成为蟠龙形体塑造的重要手段。
人工译文：The entire dragon is accented with designs in exquisite gold inlay that complement

the bronze form and create lifelike qualities in brilliant coloration. The work may be considered a fine example of the zenith of decorative art production in the Wei（220–265）and Jin（265–420）periods.These embellishments are not merely for aesthetic value but are, meanwhile, a crucial manner by which the coiled dragon was shaped.

ChatGPT 译文：The entire body of the dragon is adorned with intricate inlaid patterns, where the gold on bronze shines brilliantly, combining vivid shapes with splendid colors. This piece can be considered a pinnacle of decorative art from the Wei and Jin dynasties. These patterns not only enhance its aesthetic appeal but also play a crucial role in shaping the coiled dragon's form.

DeepL 译文：The dragon body decorated with exquisite inlay pattern, copper body gold ornaments reflect each other, vivid shape and brilliant colors. This piece can be called the peak of Wei and Jin decorative arts.These patterns are not only for aesthetic purposes, but also become an important means of shaping the shape of the dragon.

在例 3 描述文物外观的长句中，ChatGPT 生成的译文"adorned with intricate inlaid patterns, where the gold on bronze shines brilliantly, combining vivid shapes with splendid colors"表述简洁、流畅，直接准确地传达了原文的意思，同时也符合自然英语表达的习惯。相比之下，博物馆译文使用了较为正式和复杂的句子结构"exquisite gold inlay that complement the bronze form and create lifelike qualities in brilliant coloration"，显得冗长且不够直观。

综上所述，ChatGPT 在翻译文物名称及其外观描述的信息型文本方面表现出色。其优势在于能够在保持对历史文化和时代背景忠实的前提下，以简洁准确的方式传达文物的工艺和用途，同时保留文化与功能的双重信息，从而有效提升了译文的质量和受众的理解体验。特别值得一提的是，在涉及特定技法和用途的文物名称翻译中，ChatGPT 的优势更为显著。这得益于它所具备的语境理解能力与丰富的知识库。ChatGPT 能够根据上下文合理地选择翻译的词汇和表达方式，同时，其经过大规模训练数据积累的知识库涵盖了历史、文化、艺术等多个领域的丰富内容，为其翻译提供了坚实的学术支撑。此外，ChatGPT 在翻译过程中注重准确性和简洁性，避免了过度翻译和意译，使得译文更加清晰易懂，符合英语表达习惯。

（三）铭文和诗句的翻译

例 4：正面槎尾上刻"龙槎"二字，杯口下刻行楷"贮玉液而自畅，泛银汉以凌虚。杜本题十五字"。

人工译文：Dragon Canoe（Long cha, two distinct characters）is carved on the stern of the small boat. The fifteen characters carved on the rim of the cup may be translated as "Carrying jade-like wine for one's own enjoyment; floating along the Milky Way to heaven—by Du Ben".

ChatGPT 译文：On the front end of the raft, the characters "Dragon Raft" are engraved. Below the rim of the cup, the following phrase is inscribed in running script: "Holding the jade liquid to refresh oneself, floating on the Silver River to soar through the void. Inscribed by Du Ben."

DeepL 译文：On the front, the word "Longchew" is engraved on the end of the hew, and under the mouth of the cup is engraved with the words "Storing the jade liquid and being free from it, and flooding the silver man with the emptiness. Du Ben's inscription is in fifteen characters".

例4中的"贮玉液而自畅，泛银汉以凌虚。杜本题十五字"是一句典雅的汉语诗句，具有深厚的诗意和韵律感。DeepL生成的译文"flooding the silver man with the emptiness"误解了"泛银汉以凌虚"的原意，破坏了诗意。其中，"银汉"指银河，却被误译为"silver man"。此外，译文"Du Ben's inscription is in fifteen characters"虽传达了"杜本题十五字"的意思，但冗长、直白，失去诗意的韵味。相比之下，ChatGPT的译文"floating on the Silver River to soar through the void"准确表达了"泛银汉以凌虚"的意思，但"to soar through the void"稍显冗长。表达"Holding the jade liquid to refresh oneself"中的"holding"虽表示"贮"的意思，但"to refresh oneself"略显生硬。ChatGPT的词汇选择相对恰当，保留了一定的诗意，使用了"jade liquid"和"Silver River"，传达出原文的意境。

然而，博物馆的译文"Carrying jade-like wine for one's own enjoyment; floating along the Milky Way to heaven—by Du Ben."更简练，准确表达了原意并保留了诗意。因此，在这几种译文中，博物馆的译文最为优美，语言简练且富有诗意。

例5：槎下腹部刻楷书"百杯狂李白，一醉老刘伶，知得酒中趣，方留世上名"廿字。

人工译文：Carved on the bottom of the canoe in the regular script is a poem, which is translated as follows: "Li Bai went mad after a hundred cups; Old Liu Ling was always intoxicated. Knowing the pleasure of drinking.They leave their memory behind in the world."

ChatGPT 译文：On the lower part of the raft's body, the following twenty characters are inscribed in regular script: "A hundred cups for the wild Li Bai, one drunken stupor for the old Liu Ling. Understanding the joy of wine brings fame that lasts through the ages."

DeepL 译文：The lower part of the hew is engraved with twenty characters in regular script, "A hundred cups of crazy Li Bai, a drunken old Liu Ling, know the fun in the wine, only to stay in the world".

例 5 中的"百杯狂李白，一醉老刘伶，知得酒中趣，方留世上名"是一句富有个性描绘和哲理意味的廿字诗。DeepL 将"狂李白"译作"crazy Li Bai"，误解了"狂"的意思，这里的"狂"并非"疯狂"。ChatGPT 选择了"wild"，但仍不完全恰当。此外，DeepL 的译文"know the fun in the wine, only to stay in the world"和 ChatGPT 的译文"Understanding the joy of wine brings fame that lasts through the ages"均未传达出"知得酒中趣，方留世上名"的诗意。相比之下，博物馆的译文"Knowing the pleasure of drinking. They leave their memory behind in the world."充分传达了原文的意境，保留了诗意和哲理意味。

综上所述，ChatGPT 在翻译铭文和诗句等表情型文本方面表现一般。相比于传统机器翻译，尽管能在一定程度上传达原意并保留部分诗意，但不能充分传达原文的意境和哲理意味。这主要是由于语言模型的局限性、缺乏背景知识以及表达技巧方面的不足。诗句和铭文通常包含丰富的文化和历史背景，需要更高的文化素养和历史知识来理解和诠释，这超出了现有语言模型的能力范围。

为了优化 ChatGPT 在翻译铭文和诗句等表情型文本方面的表现，我们可以采用专门训练的特定领域模型，增加更多的文化、历史和文学背景知识库，使模型能够更好地理解和传达原文的深层含义。同时，引入人工译者校对机制，通过多轮次优化翻译过程，可以提高翻译质量。

（三）历史文化术语的翻译

例 6：写意相对于工笔而言，指笔墨放纵，洒落简略地描绘物象形神的画法。

人工译文：In comparison with the elaborate and meticulous paining, the ex-ecution of free style painting is done with more free and bold brush strokes.

ChatGPT 译文：In contrast to meticulous painting, xieyi (freehand style) refers to a technique where the brushstrokes are more expressive and liberated, and the depiction of the subject's form and spirit is simplified.

DeepL 译文：Writing is relative to brushwork. It refers to the painting method in which the brush and ink are indulgent and the wine is dropped to briefly depict the shape and spirit of the object.

例 7：此槎白银制。槎周身作桧柏纹理，形如老树杈枒，屈曲之致，一道人斜坐槎上，道冠云履，长须宽袍，双目凝视手中书卷。

人工译文：This silver canoe is shaped like an old tree trunk with one end curling upward and covered with the rugged texture of the bark of a pine tree. Central to the work is a Taoist practitioner with a topknot hair-style and typical religious attire, including thick-soled shoes and a long, ample robe. He sits on the canoe with his eyes riveted upon a book in his hand

ChatGPT 译文：This raft is made of pure silver. The entire raft is adorned with cypress patterns, resembling the gnarled branches of an ancient tree. A Taoist is seated sideways on the raft, wearing a Taoist cap and cloud shoes, with a long beard and a wide robe. His eyes are intently focused on the scroll in his hand.

DeepL 译文：This hew is made of silver. It is made of silver and has a texture of juniper and cypress, and is shaped like the branches of an old tree, which could be bent and curved. A man is seated on the hew, with a long beard and wide robe, gazing at the scroll in his hands.

例 8：分别为"福""禄""寿""喜"四个楷书红字，每个字周边都配有五只蝙蝠和一周如意纹，含"五蝠捧寿"之意。外底黄釉地上绘笔、锭、如意组合图案，寓意"必定如意"。

ChatGPT 译文："Each of the four red characters in regular script, namely 'Fu' (fortune), 'Lu' (prosperity), 'Shou' (longevity), and 'Xi' (happiness), is surrounded by five bats and a border of ruyi patterns, symbolizing the concept of 'Five Bats Bringing Longevity'."

"The outer base, with a yellow glaze, features a design of a brush, ingot, and ruyi, conveying the meaning of 'certainly as you wish'."

DeepL 译文：The four characters of "Fortune", "Luck", "Longevity" and "Happiness" are in red regular script, each character is surrounded by five bats and a week of ruyi. Each character is surrounded by five bats and a week of ruyi, meaning "five bats holding longevity". The yellow glaze on the outer foot is painted with the combination of a pen, a spindle and a ruyi design, suggesting that "one is bound to be as one wishes".

例9：雍正朝自军机处建立后，军机大事均归军机处办理，南书房官员不再参预机务，其地位有所下降。但由于入值者常能觐见皇帝，因此仍具有一定地位。

ChatGPT 译文：Since the establishment of the Military aircraft division during the Yongzheng reign, all major military affairs were handled by the Grand Council, and the officials of the Southern Study no longer participated in these matters, leading to a decline in their status. However, because those who served in the Southern Study often had the opportunity to meet the emperor, they still retained a certain level of influence.

DeepL 译文：Yongzheng dynasty since the establishment of the Office of military affairs, military affairs are handled by the Office of military affairs, the South Study Hall officials are no longer involved in the affairs of the machine, its status has declined. But because of the value of the person often have an audience with the emperor, and therefore still has a certain status.

例10："乾隆五十年四月初四日收敬事房呈览香色缎金龙袷蟒袍一件。"从袷袍的色彩、纹样、形式可看出此为嫔、贵人、常在所穿的吉服袍。

ChatGPT 译文："On the fourth day of the fourth month in the 50th year of Qianlong's reign, a gold dragon robe made of fragrant-colored satin was received from the Office of Ceremonial Duties for inspection." From the color, patterns, and style of the robe, it can be deduced that this auspicious garment was worn by concubines, noble ladies, and attendants.

DeepL 译文："Qianlong fifty years on the fourth day of the fourth month of the receipt of the House of Ceremony to submit to see the incense coloured satin gold dragon lined python robe." From the colour, pattern and form of the lined robe, it can be seen that this is a concubine, nobleman, often in the robe worn by the auspicious clothes.

在翻译历史文化术语、四字格词语和文化负载词，以及涉及历史文化背景信息的感染型文本时，ChatGPT 的表现相对不稳定。一方面，在解释每个字和图案的象征意义时，ChatGPT 能够很好地传达原文的意境和文化背景，语言简洁明了，富有文化内涵。如例8中对"四个红字"的解释"namely 'Fu' (fortune), 'Lu' (prosperity), 'Shou' (longevity), and 'Xi' (happiness)"，使用了拼音并附上英文翻译，准确传达了每个汉字的意思。此外，"五蝠捧寿"的解释"symbolizing the concept of 'Five Bats Bringing Longevity'"也很清楚,将"寓意'必定如意'"翻译成"conveying the meaning of 'certainly as you wish'"准确地传达了周围图案的象征意义,表意明确,语言地道。从 BLEU 值来看,ChatGPT 在这类文本的翻译中表现较为出色。

另一方面,在某些具体的文化负载词和历史文化术语的翻译中,ChatGPT 仍存在一些不足。如例 6 中的"写意"翻译成"xieyi(freehand style)"和例 7 中的"道人"翻译成"Taoist"都较为准确,但例 7 中"笔墨放纵"的翻译,以及例 9 中"军机处"和例 10 中"嫔、贵人、常在"等术语的翻译,则表现不佳。"军机处"是清朝时期的中枢权力机关,负责起草皇帝的各项重要机密指示文件,翻译成"Military aircraft division"未能完全解读其内涵,导致对读者传达的历史信息不够完整和准确。

综上所述,ChatGPT 在翻译涉及书法、头衔、官阶、礼仪等历史文化术语,以及四字格词语和文化负载词时,虽然在某些方面表现较好,能够传达原文的意境和文化背景,但在处理复杂的历史文化术语和深层次的文化内涵时,仍需进一步改进。为了提升其翻译质量,未来应考虑加强对历史文化背景知识的训练,增强对文化负载词的理解与表达能力,从而在翻译这类感染型文本时,能更全面、准确地传达原文的深层意蕴。

结 语

本文选取了 10 条具有代表性的北京故宫博物院中文文物解说词,并以故宫博物院官方译文为基准,运用 BLEU 自动评估指标进行定量分析,比较了 ChatGPT 与机器翻译工具 DeepL 的翻译质量。同时,通过问卷调查法和受众研究,对高质量翻译如何影响博物馆的传播效果和受众接受度进行了定性分析。

研究揭示,ChatGPT 在博物馆解说词翻译领域展现出显著优势,其译文的传播效果普遍良好,受众的接受度较高,显示出其具有广泛的应用前景。尽管如此,ChatGPT 在翻译过程中仍然遭遇了意识形态、文化差异以及准确性方面的挑战。

在全球交流越发频繁的当下,博物馆解说词的精确翻译对于外国游客理解并欣赏中国的历史文化至关重要。在数字化时代,人工智能技术的进步将持续塑造博物馆解说词翻译的新格局,并增强博物馆文化的国际传播力。译者在提升翻译技能和历史文化素养的同时,应考虑与 ChatGPT 等人工智能翻译技术相结合,以确保博物馆解说词的精准传达,进而更有效地推动博物馆的国际传播。博物馆亦应充分利用这一技术优势，加强其国际传播能力，挖掘并展示自身的独特之处，成为国际传播的文化使者，为中国故事在全球范围内的传播作出贡献。

[作者单位：中国石油大学（北京）]

参考文献

【1】张安胜.高校博物馆育人的内涵、定位与路径论析［J］.上海交通大学学报（哲学社会科学版），2022，30（5）：97-106.

【2】文军，齐荣乐，赖甜.试论博物馆解说词适度摘译的基本模式［J］.外语与外语教学，2007（12）：48-50，54.

【3】邱大平，王晶.基于读者导向的博物馆解说词英译探析：以辛亥革命博物馆为例［J］.中国科技翻译，2018，31（4）：30-33.

【4】李成静，刘芳.马王堆汉墓文物传译策略研究［J］.中国科技翻译，2020，33（3）：12-15.

【5】文旭，田亚灵.ChatGPT应用于中国特色话语翻译的有效性研究［J］.上海翻译，2024（2）：27-34，94-95.

【6】马利芳，王佳航.国际传播视角下中国出版"走出去"现状及路径研究［J］.编辑之友，2021（11）：34 38.

【7】拉斯韦尔.社会传播的结构与功能［M］.北京：中国传媒大学出版社，2013.

【8】施拉姆，波特.传播学概论［M］.北京：北京大学出版社，2007.

【9】许丽.国内博物馆文本英译研究现状分析［J］.海外英语，2013（1）：148-149.

【10】安来顺.博物馆基础性功能及其当代特征初探［J］.文博，2024（3）：135-141.

【11】王莉莉.论解说词在博物馆工作中的重要意义［J］.文物鉴定与鉴赏，2017（12）：100-103.

【12】邱大平.大英博物馆文物解说词对中国文物英译的启示［J］.中国翻译，2018，39（3）：108-112.

【13】邱大平.基于平行文本对比的中国文物解说词英译探讨［J］.中国科技翻译，2020，33（4）：35-38.

【14】丁慧. 传播学视角下中国文字博物馆英译研究[J]. 当代外语教育, 2023（00）: 128-134.

【15】文旭, 田亚灵. ChatGPT应用于中国特色话语翻译的有效性研究[J]. 上海翻译, 2024（2）: 27-34, 94-95.

智媒共生：VR-AI 融合重构文化遗产的沉浸传播新范式

Symbiotic Intelligence: VR-AI Convergence Reinvents Cultural Heritage Communication through Immersive Paradigms

姜千寒

Jiang Qianhan

摘要：本文深入探讨了虚拟现实（VR）与人工智能（AI）技术在博物馆领域的应用，并分析了这些前沿技术如何提升展览和教育的效能。VR技术通过构建沉浸式的三维环境，让观众得以超越时空的界限，仿佛置身于历史现场或艺术创作的背后，体验历史场景或艺术作品的创作背景。与此同时，AI技术通过分析观众的行为和偏好，能够提供个性化的导览建议，从而增强展品的互动性和教育意义。研究案例涵盖了大英博物馆和故宫博物院的VR项目，以及AI在壁画修复和展览导览中的应用实例。此外，文章还探讨了技术融合的现有研究进展，例如AI在提升VR游戏体验中的作用，以及未来研究的方向，包括进一步降低技术成本、提升用户体验的友好性，以及融合更多感官体验的可能性。最终，本研究强调了VR与AI的结合为文化遗产的传播提供了创新的视角和方法，使得文化遗产的展示更加生动且具有互动性。

Abstract: This paper explores the application of virtual reality (VR) and artificial intelligence (AI) in the field of museums and analyzes how these cutting-edge technologies can improve the effectiveness of exhibitions and education. By building an immersive three-dimensional environment, VR technology allows the audience to transcend the boundaries of time and space, as if they are behind the historical scene or artistic creation, and experience the creation background of historical scenes or artistic works. At the same time, AI technology, by analyzing the behavior and preferences of the audience, is able to provide personalized guided tour recommendations, thus enhancing the interactive and educational significance of the exhibits. The case studies cover VR projects at the British Museum and the Palace Museum, as well as the use of AI in mural restoration and exhibition Tours. In addition, the article also discusses the current research progress of technology convergence, such as the role of AI in enhancing the VR gaming experience, and the direction of future research, including further reducing the cost of technology, improving the user experience friendliness, and the possibility of incorporating more sensory experiences. Finally, this study emphasizes that the combination of VR and AI provides innovative perspectives and methods for the dissemination of cultural heritage, making the display of cultural heritage more vivid and interactive.

关键词：虚拟现实；人工智能；博物馆应用；互动技术；文化传播

Keywords：Virtual Reality, Artificial Intelligence, Museum Applications, Interactive Technologies, Cultural Communication

一、关于虚拟现实（VR）和人工智能（AI）

（一）虚拟现实（VR）和人工智能（AI）概述

1. 虚拟现实（VR）

虚拟现实（Virtual Reality，简称 VR）是一种运用计算机技术构建的仿真环境，它通过模拟视觉、听觉乃至触觉体验，使用户仿佛置身于一个三维的虚拟世界中。VR 体验主要通过头戴式显示设备（例如 VR 头盔、眼镜）来实现，这些设备能够追踪用户的头部和眼球运动，并据此实时调整用户的视角。目前，虚拟现实技术已在教育、娱乐、医疗等多个领域得到广泛应用。在教育领域，VR 技术被用于模拟历史事件、进行医学或科学实验，为学习者提供一个无风险的学习环境。此外，通过 VR 游戏和虚拟旅游，用户可以享受到沉浸式的体验。在医疗领域，VR 技术在手术训练、康复治疗以及缓解手术疼痛方面发挥着关键作用。随着技术的持续进步，VR 的图像分辨率和响应速度正在不断提高，同时硬件成本也在逐步下降。展望未来，预计 VR 技术将在远程工作、虚拟会议等新兴领域获得更广泛的应用。[①]

2. 人工智能（AI）

人工智能（Artificial Intelligence，简称 AI），是一种通过模拟人类智能过程，赋予机器智能的技术。这些过程涵盖了学习、推理和自我修正等关键环节。特别是随着机器学习和深度学习的快速发展，AI 系统得以从海量数据中提取知识，进行识别并作出决策。目前，AI 技术已广泛应用于自动驾驶、健康医疗、金融服务等多个领域。例如，

---

① Wikipedia. Virtual reality［EB/OL］.（2024-05-07）［2024-08-30］. https://en.wikipedia.org/wiki/Virtual_reality.

在自动驾驶领域，AI能够处理来自各类传感器和摄像头的数据，实现环境感知、决策制定和动作执行（包括自动驾驶和自动泊车）。在医疗领域，AI在疾病诊断、药物研发和个性化治疗方案设计中扮演着至关重要的角色。而在金融领域，AI助力人们进行风险评估、欺诈检测和算法交易。随着技术的不断进步，人工智能的自动化和智能化水平持续提升。展望未来，AI技术的发展可能会更加注重提高解释能力和遵循道德规范，并有望与其他技术领域融合，开拓全新的应用领域。①

（二）VR与AI融合在博物馆传播中的重要性

在传统的博物馆体验中，观众的互动性和个性化体验往往受限。然而，VR与AI的融合却能突破这些局限，带来诸多优势。VR能够创造三维的、沉浸式的环境，使观众能够超越时间和空间的界限，仿佛置身于历史场景或艺术作品的创作背景之中。这使得那些身体条件受限或地理位置偏远的人也能访问世界各地的博物馆。AI则能够依据观众的行为和偏好，提供定制化的导览建议，从而增强展品的互动性和教育价值。比如，AI的语音导览和内容自动适配功能能够降低语言和文化差异带来的障碍；AI能够实时响应观众的查询和反馈，通过虚拟导游或互动问答等形式，增加与观众的互动；此外，AI技术还能根据观众的年龄、背景和兴趣个性化调整展品信息，从而提升教育效果。因此，VR与AI的融合能够创造出超越现实的内容，比如重现恐龙时代的环境或远古文明的城市景观，极大地提升人们的参与感。

二、我国虚拟博物馆的发展历程及VR与AI的融合应用

（一）我国虚拟博物馆的发展历程

虚拟博物馆是利用虚拟现实（VR）、增强现实（AR）、3D建模和网络技术，创建的可以在线访问的博物馆环境。这些技术让用户能够在电脑或移动设备上获得与参观实体博物馆相媲美的浏览体验。

1. 传统网站模式

虚拟博物馆的概念最早可追溯至20世纪90年代中期，那时互联网正逐渐普及。最初的虚拟博物馆多以网页形式呈现，主要通过文本和图像来展示其藏品。尽管这种形式的虚拟博物馆能够提供基本的信息，但它们在互动性和沉浸感方面存在局限。目前，我国的虚拟博物馆，例如山东博物馆、北京鲁迅博物馆等，仍处于这一发展阶段，

---

① Wikipedia. Artificial intelligence［EB/OL］.（2024-05-07）［2024-08-30］. https://en.wikipedia.org/wiki/Artificial_intelligence.

其内容在趣味性方面尚有待提升。

2. 数字虚拟与传统网站模式并存

随着宽带互联网的普及和多媒体技术的进步，一些虚拟博物馆开始融入更多互动元素，例如虚拟导览、音频讲解和视频展示。在这个阶段，众多博物馆开始尝试采用3D技术来提升用户的访问体验，让用户能够在三维空间中自由地探索展品，例如宁夏博物馆和湖南博物馆。随着VR（虚拟现实）和AR（增强现实）技术的商业化进程加快以及成本的降低，越来越多的博物馆开始探索这些技术的应用潜力。这些技术的应用使得虚拟博物馆不再局限于传统的观看体验，观众可以"身临其境"地体验展品和历史场景。例如，通过VR头盔，用户可以步入一个复原的古代遗址，或者与历史人物进行"面对面"的交流，正如北京798街区的部分展览所示。这一时期的虚拟博物馆，以传统模式为主导，同时数字虚拟技术成为亮点，不仅带来了全新的体验，而且能够满足不同人群的需求。

3. 纯数字虚拟模式

随着人工智能与机器学习技术的持续发展，数字虚拟现实技术一旦达到更高级别，硬件限制和网速问题将不复存在。这时候真正意义的数字博物馆就会出现。AI可以根据用户的兴趣和行为模式，推荐特定的展览和内容。[①]

（二）VR与AI的融合应用

1. VR在博物馆中的应用

2015年，大英博物馆与三星携手推出了"博物馆的虚拟现实周末"项目。该项目利用虚拟现实技术，让游客得以深入探索博物馆内的珍贵文物与展览。游客们有机会体验虚拟现实穹顶，将博物馆收藏的青铜时代文物的3D扫描置于他们自定义的环境中。这种独特的体验赋予了他们一个全新的视角来审视艺术品。而在疫情期间，梵蒂冈博物馆采用了VR技术，创造了一个完全沉浸式的参观体验。通过VR头盔，游客能够细致地观察到博物馆内的壁画、雕塑等艺术作品。[②]

2. AI在文化遗产保护与展示中的应用

壁画修复是一个困扰科研人员很久的难题，而意大利庞贝古城的研究人员正尝试运用AI技术进行古罗马壁画的分析和恢复工作。AI通过识别壁画的图案和颜色，自动提出恢复策略，显著提高了壁画的恢复效率和质量。在法国，卢浮宫采用AI技术提供了个性化的访客导览服务。在感应式自动介绍展品的基础上，该系统进一步分析

---

① 张新. 浅谈我国虚拟博物馆发展现状及趋势［J］. 青年文学家，2014（36）：170-171，173.
② 刘卫华. 在伦敦，虚拟现实把文物带入生活［EB/OL］.（2015-08-10）［2024-08-30］. https://news.nweon.com/9802.

访客的兴趣和行为，根据个人喜好推荐艺术品和展览路线，极大地提升了访问体验的个性化和满意度。[①]

（三）技术融合的现状

在虚拟现实（VR）与人工智能（AI）的融合领域，西京大学和韩国启明大学的联合研究揭示了 AI 在提升 VR 游戏体验方面的潜力。研究表明，人工智能（AI）能够解析玩家的行为模式，并依据玩家的生理状态和使用习惯，个性化地调整游戏的难度和节奏。通过监测玩家的呼吸、血压等生理指标，AI 能够评估玩家对游戏压力的反应，进而生成更贴合玩家生理和心理状态的游戏内容。此外，AI 还能够自动识别并修复游戏中的漏洞，例如，通过分析玩家的互动数据来优化游戏体验。通过学习玩家的决策过程，AI 不仅能够模仿人类的思维模式，还能发展出更高效的策略。例如，谷歌的 AlphaGo 和暴雪公司合作开发的 AI 已经证明能够在竞技场上超越人类专业玩家。在游戏开发领域，AI 能够迅速整合各种创意资源，如图像、色彩、光线和声音，并自动完成风格和场景的转换，显著提升了设计效率。此外，借助高速数字技术，AI 的应用还能增强 VR 设备的性能，通过将计算任务转移到云端，减轻设备的负担，进一步缩小设备体积和重量，克服其固有的笨重外观。[②]

三、VR-AI 融合重构文化遗产的沉浸传播新范式

（一）VR 与 AI 融合的技术分析

1. 增强的图像识别

在 VR 环境中，通过使用图像识别技术，系统可以更准确地解析用户的动作和环境元素。例如，运用深度学习算法来识别玩家的手势，使得用户能够通过自然的手势与虚拟世界进行互动。

2. 自然语言处理（Natural Language Processing，NLP）

NLP 可以使 VR 系统更好地理解和响应用户的语音指令。例如，用户可以通过语音与虚拟角色进行对话，系统通过 NLP 理解用户的意图并做出合理的反应。这不仅提升了交互的自然度，还增强了游戏或应用的沉浸感。

[①] 奥曼迪. 智能讲解在国外的应用［EB/OL］.（2015-08-10）［2024-08-30］. https://www.sohu.com/a/720780806_121059387.

[②] XI W.Research on application of artificial intelligence in VR games［M/OL］. IOP Publishing, 2000: 247-254. https://doi.org/10.3233/faia200704.

3.情感分析

利用 AI 进行情感分析，VR 系统可以根据用户的语调和表情来判断其情绪状态，从而调整虚拟环境的反应，使其更加个性化和动态化。例如，在一个虚拟会议场景中，系统能够检测参与者的情绪，并据此适当地调整会议议程或交流方式。

4.个性化内容创建

AI 技术能够分析用户的行为和偏好，自动生成或调整虚拟世界中的内容。这种个性化定制能够广泛应用于虚拟教育、训练模拟等众多领域，旨在提供更加贴合用户需求的体验。

5.虚拟助手和角色

在 VR 环境中，AI 可以驱动虚拟助手或角色，使其具有更复杂的交互能力和更高的逼真度。这些虚拟角色可以根据 AI 算法做出复杂的反应，与用户建立更深层次的互动。

6.场景理解与模拟

AI 可以帮助 VR 系统更深入地理解物理世界的规则和逻辑，如物体的物理特性、光线和阴影的处理等，使得虚拟世界的构建更加真实可信。

（二）方案设计

我们能够构思一套融合 VR 与 AI 技术的博物馆用户交互方案，显著提升用户体验，使其更加沉浸式、更具有教育性且高度个性化。

1.AI 驱动的虚拟导游

功能亮点：（1）个性化导览。AI 导游依据用户的兴趣爱好和历史浏览记录，为用户量身打造专属的参观路线。例如，如果用户对古埃及文化情有独钟，AI 导游将优先为用户展示与之相关的展品。（2）多语言支持。AI 导游支持多种语言，确保来自世界各地的游客都能轻松获取展品信息。（3）实时互动问答：用户可以通过语音向 AI 导游提出问题，AI 导游将即时解答关于展品的各类问题，包括但不限于历史背景、艺术价值等。

技术实现：通过 NLP（自然语言处理）技术解析用户的语音输入并作出响应。结合用户行为分析和机器学习算法，不断优化推荐系统，旨在为每位访客提供独一无二的个性化体验。

2.互动式展览解说

功能亮点：借助增强现实技术，用户通过 VR 头盔或 AR 眼镜，能够观赏到展品的三维模型，并且能够"触摸"和"操作"这些虚拟展品。例如，用户可以旋转古代雕塑，从各个角度进行观察，或者通过虚拟现实技术沉浸式体验历史场景。此外，故事叙述模式为展品增添了生动的解说，不仅提供文字和语音信息，还融入了小故事或历史事件的重现，让用户在情境中学习和体验。

技术实现：利用 VR 技术，创建三维模型和虚拟环境，同时借助 AI 技术，根据展品内容自动生成引人入胜的故事叙述。例如，在 Python 中实现讯飞星火大模型的调入，利用 AI 实现模拟历史人物的说话腔调来介绍文物，增添游客游览的趣味性。

```python
#定义sparkai
spark=ChatSparkLLM(
    #spark_url = SPARKAI_URL,
    spark_app_id = SPARKAI_APP_ID,
    spark_api_secret = SPARKAI_API_SECRET,
    spark_api_key = SPARKAI_API_KEY,
    spark_llm_domain = SPARKAI_DOMAIN,
    streaming = True)
messages = [ChatMessage(
    role="user",
    content="假设你现在是李白，请用李白的语气向我介绍自己的作品，同时也是故宫文物《上阳台帖》",
    temperature=0.1, #控制生成文本的创造性
    top_k=4, #最高概率的前k个词
    max_tokens = 100 #最大生成长度
)]
a = spark.generate(messages= [messages],
                   callback=ChunkPrintHandler())
#print(a)
print(a.generations[0][0].text)
```

吾乃李白，字太白，号青莲居士，唐朝大诗人也，余之诗才横溢，豪放不羁，被誉为"诗仙"。今日，吾欲向尔介绍一件珍贵之文物——《上阳台帖》。

此帖乃吾游历王屋山之时，登临阳台宫，感叹万千，遂挥毫泼墨，写下此篇，此帖字迹飘逸，气韵生动，犹如吾之诗篇，豪放奔放，令人叹为观止。

《上阳台帖》乃故宫博物院之瑰宝，传世之作，流传千古。吾之诗篇，亦如此帖，传颂百世，永垂不朽。愿后人得以欣赏此帖之美，领略吾之诗才，共赏天下瑰宝。

图 1　Python 实现讯飞星火大模型调用

在图 1 所展示的案例中，我们观察到通过设定特定的引导词，大型语言模型能够以预定的语气与用户进行互动。如图所示，当输入"假设你现在是李白，请用李白的风格向我介绍你的作品，同时介绍故宫文物《上阳台帖》"时，模型首先以李白的风格介绍了这位诗人，并指出了待介绍的文物。在第二段中，模型解释了李白创作《上阳台帖》的背景——这是他在游历王屋山阳台宫时的作品。第三段则阐述了这件文物的重要性，以及"李白"对后人的期望。这样的回答不仅展现了幽默感，而且在保持历史信息的准确性和专业性的同时，为观众提供了简洁且个性化的解说，增强了游客的体验。

3. 不同风格的博物馆调研问卷

功能亮点：根据展览性质、特殊事件或用户的反馈，利用 AI 技术，可以动态生成并调整问卷内容。AI 可以提供特殊主题的问卷系统，如"李白主题的问卷机器人"或"莎士比亚主题的问卷机器人"。

技术实现：利用机器学习算法分析用户数据，确定最受欢迎的展品或主题。利用 AI 技术，可以实现展览内容的自动快速更新与发布。例如，在 Python 中调用大模型来实现"李白主题的问卷机器人"。

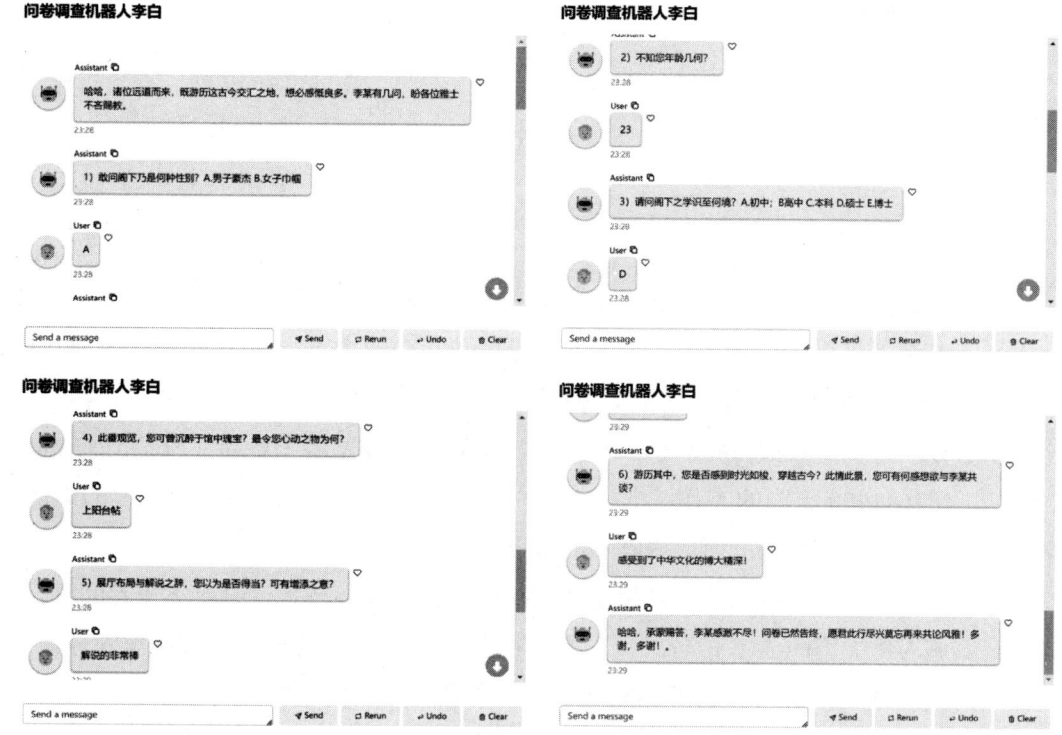

图 2　以李白为主题的问卷机器人

在图 2 的案例中，我们将提前预设好的问卷内容发送至图 1 封装的"李白"大模型函数中，问卷内容为：（1）您的性别是？A. 男性 B. 女性（2）您的年龄是？（3）您的受教育水平是？A. 初中 B. 高中 C. 本科 D. 硕士 E. 博士（4）您这次最喜欢的展品是什么？（5）本次展览的布局与解说是否合理？（6）您本次参观有什么感想？

随后将输出结果导入大模型问卷机器人中，输出结果进行了李白风格的转化：（1）敢问阁下是何种性别？A. 男子豪杰 B. 女子巾帼（2）不知您年龄几何？（3）请问阁下之学识至何境？A. 初中 B. 高中 C. 本科 D. 硕士 E. 博士（4）此番观览，您可曾沉醉于馆中瑰宝？最令您心动之物为何？（5）展厅布局与解说之辞，您以为是否得当？可有增添之意？（6）游历其中，您是否感到时光如梭、穿越古今？此情此景，您有何感想欲与李某共谈？

最后，初始化聊天界面，将大模型配置进系统并创建布局，以确保其可以服务用户。为本问卷机器人赋予一个名称："问卷调查机器人李白"，并设计恰当的开场白与结束语。确保在完成问题的询问后，机器人将停止回应。所有收集到的答复将统一保存在 user_answers 中，便于后续的查阅和处理。

这种方法的优势在于，它显著提升了游客的沉浸感和代入感，仿佛他们真的穿越了时空，与历史人物"李白"进行了对话。这不仅使得博物馆的体验更加生动有趣，还有助于吸引更多的游客。

四、案例研究

（一）史密森尼美国艺术博物馆

史密森尼美国艺术博物馆推出的"Beyond the Walls"项目，利用虚拟现实（VR）技术，为参观者提供了一种无边界的探索体验。借助VR技术，用户能够自由地在博物馆的各个角落移动，并与精选的艺术作品进行沉浸式的互动体验。例如，参观者将有机会从一个独特的近距离视角欣赏弗雷德里克·埃德温·丘奇（Frederic Edwin Church，1826-1900年）的杰作《北极光》，甚至仿佛被传送至冰岛一个偏远的山区，亲身体验那里的北极光，进而形成鲜明的教育对比。①

然而，这种技术高度依赖于其稳定性和持续更新，存在技术过时或不兼容的风险。此外，实施VR展览的成本相当昂贵，不仅初期开发需要大量技术和财务投入，日常维护亦需持续的技术支持。这可能限制了其在资源有限的博物馆中的应用。技术的复杂性也意味着构建和管理一个完整的技术平台需要专业的技术团队，可能增加运营的复杂性和难度。

图3　史密森尼美国艺术博物馆（VR）

---

① SMITHSONIAN. Beyond the walls: experience the smithsonian american art museum in virtual reality [EB/OL]. (2019-08-08) [2024-08-30]. https://americanart.si.edu/beyond-the-walls.

（二）故宫 VR 体验馆

故宫博物院推出了一款名为"VR 体验馆"的应用。该应用借助 AI、VR、AR 以及语音图像识别等前沿技术，为游客打造了一种独一无二的历史体验。通过这款应用，游客仿佛穿越时空，置身于栩栩如生的历史场景中，能够自由行走、触摸并亲身体验古人的生活方式。①VR 技术在这里发挥了至关重要的作用，它成功地解决了文物展示与保护之间的矛盾。通过构建数字展览，我们减少了对实体文物的直接触摸和可能的损害，使得文物能够以更加生动和互动的形式呈现给公众。

图 4　故宫 VR 体验馆

此外，通过运用 VR 技术，故宫开拓了全新的展览方式，不仅有效地保护了文物，还促进了文化遗产的传播和教育，提升了文化遗产的活力和公众的参与度。然而，这项技术也面临一些限制。首先，对于普通游客来说，VR 设备的操作可能需要一定的学习过程，尤其是老年人或对技术不太熟悉的儿童，这可能成为他们的障碍。其次，尽管虚拟展览能够提供丰富的视觉和听觉体验，但它缺少真实的触觉互动，加之设备数量有限导致的长时间排队，可能会降低部分游客的体验满意度。最后，VR 设备通常价格昂贵且较为笨重，长时间使用可能会引起用户的疲劳或不适。这些挑战需要通过技术革新和用户培训来解决，以确保技术得到更广泛的采纳和应用。

---

① 张鹏. 当博物馆遇见 VR：用数字科技让文物"活起来"［EB/OL］.（2019-03-20）［2024-08-30］. https://www.sohu.com/a/302621499_488812.

（三）中文梗博物馆

中文梗博物馆是一个 VR 虚拟博物馆，由视频博主四迹在 VRChat 平台上创立。该博物馆致力于收集和展示自 2000 年以来中文互联网上流行的网络热梗。在这里，用户可以创建自己的虚拟形象，在博物馆的虚拟空间中与其他用户互动，从而增进彼此间的交流与互动。该博物馆不仅是数字文化遗产的宝库，也是研究中文网络文化演变的关键资源。它通过按时间线划分的多个展区，展示了从早期的"网上冲浪"文化到近期的"鸡汤来喽"现象，生动反映了中文网络社区的幽默感和创造力。

图 5　中文梗博物馆的部分展品

中文梗博物馆在 2022 年荣获中国数字人文年会的优秀项目奖项，为互联网文化研究提供了新的视角和思路。① 此外，VR 虚拟博物馆的互动性和易于访问性，使其成为了解中文网络文化历史的窗口，为学者和普通观众提供了丰富的信息和体验。

五、研究结果与讨论

（一）技术融合的创新点

1. 互动技术的革新

利用 VR 和 AI 技术的结合，可以打造一个能够根据用户的互动和反馈进行自我调

---

① 杨泽坤，李少建，凯丽麦. 全景与远景：数字人文与国家文化数字化战略——2022 年中国数字人文年会综述[J]. 数字人文研究，2023，3（1）：3-17.

整的互动空间。AI 分析用户在虚拟展览中的逗留时间和关注点，能够即时更新展览内容，提供更加定制化的解说和互动体验。同时，AI 借助情绪识别技术，能够判断用户的情绪状态，并据此改变 VR 环境中的光线、声音等设置，以加深用户的情感投入。

2. 用户体验设计的革新

利用 AI 技术，结合用户过往的行为和偏好数据，系统能够推荐与个人兴趣相契合的展览内容，并在虚拟环境中打造个性化的教育路径。通过集成自然语言处理（NLP）技术，用户得以通过日常语言与虚拟导游进行互动，使对话过程更加自然和流畅。此外，大语言模型的创新应用还能够让用户体验到与历史人物跨越时空的对话，从而提升操作的便捷性并丰富体验的趣味性。

（二）实际应用前景

1. 扩大访问范围

VR 技术让全球的用户能够跨越地理和物理界限，自由地探索虚拟博物馆。这种全球性的可访问性极大地扩展了访问者的群体，并提升了博物馆的国际影响力。

2. 增加收入来源

通过虚拟门票、定制化体验包和虚拟纪念品销售等多种方式，虚拟博物馆可以开辟新的盈利渠道。这些创新的商业模式不仅能够提升博物馆的直接收益，还能吸引更多的合作伙伴和投资。

3. 提升品牌影响力

借助 VR 和 AI 技术，向公众生动展示文化遗产的独特魅力，有助于显著提升博物馆的品牌影响力和吸引力。卓越的虚拟现实体验能够吸引更多的赞助商和合作伙伴，进一步巩固博物馆在文化与科技交叉领域的地位。

（三）如何推动文化遗产的普及和教育的深化

1. 文化遗产的普及

在不久的将来，借助 VR 技术，学生无论处于何种地理或经济背景，都将能够接触到丰富多彩的文化资料和历史遗产。这种技术的应用有望实现教育的均等化和无障碍化。VR 技术能够提供沉浸式教学体验，例如，通过 AI 驱动的虚拟故事讲述和历史事件的再现，这些不仅生动有趣，而且更能吸引学生的注意力，从而提升教学效果。此类技术的应用使得复杂的历史事件和文化遗产以更加易于理解和互动的方式呈现给学生，极大地增强了学生学习的吸引力。

2. 深化文化教育

通过互动式展览，用户能够深入探索文物背后的故事和历史脉络。相较于传统的被动观赏，交互式学习更能有效地唤醒用户的探索欲望和深层理解。此外，借助 3D 重建技术和虚拟现实（VR）体验，用户不仅能够"目睹"历史，还能"亲临"历史现场。这种沉浸式的体验方式让用户能够从多个维度深入体验和学习文化遗产，仿佛亲身参与历史事件，极大地增强了文化教育的生动性和吸引力。

六、结论与展望

（一）学术贡献

本研究深入探讨了博物馆展示与教育功能的革新，通过整合虚拟现实（VR）与人工智能（AI）技术，实现了文化传播的动态化和互动性。这种技术融合突破了地理与物理界限，使得文化教育更加个性化、用户友好，并显著扩展了文化传播的广度与深度。此外，研究还揭示了 AI 和 VR 技术在博物馆及文化遗产保护领域的应用潜力，特别是在用户交互和个性化体验设计方面。这些技术的应用不仅为文化传播领域开辟了新的应用场景，还推动了技术本身的进步，例如 AI 的情感分析、个性化推荐系统以及自然语言处理（NLP）的提升。本研究为博物馆展示提供了一种创新的模式：结合 VR 和 AI 技术，克服了传统博物馆在物理空间和互动体验方面的限制，从而增强了展览的互动性和教育意义。

（二）未来的研究方向

在未来的探索中，研究者们可以进一步研究如何降低虚拟现实（VR）和人工智能（AI）技术的成本，以便它们能够更广泛地服务于中小型博物馆。同时，改进这些技术，使其更加用户友好，尤其是对老年人和技术新手。此外，研究应致力于将更多感官体验，例如嗅觉和味觉，融入 VR 环境，以丰富虚拟博物馆的体验，使之更加全面和生动，从而增强用户的沉浸感和满意度。随着个性化推荐和交互数据的累积，保护用户隐私和数据安全成为一项重要挑战。因此，未来的研究必须关注这些技术应用的安全性和伦理问题。同时，研究应考虑如何利用这些技术支持更多语言和文化的展示，以及如何通过 VR 和 AI 促进全球不同文化之间的理解和交流。最后，研究需要对这些技术在博物馆中的长期应用效果进行系统评估，包括用户学习效果的提升以及对博物馆运营和文化遗产传播的长期影响。

（作者单位：中国传媒大学）

📖 参考文献

【1】Wikipedia. Virtual reality [EB/OL]. (2024-05-07) [2024-08-30]. https://en.wikipedia.org/wiki/Virtual_reality.

【2】Wikipedia. Artificial intelligence [EB/OL]. (2024-05-07) [2024-08-30]. https://en.wikipedia.org/wiki/Artificial_intelligence.

【3】张新. 浅谈我国虚拟博物馆发展现状及趋势 [J]. 青年文学家, 2014 (36): 170-171, 173.

【4】刘卫华. 在伦敦, 虚拟现实把文物带入生活 [EB/OL]. (2015-08-10) [2024-08-30]. https://news.nweon.com/9802.

【5】奥曼迪. 智能讲解在国外的应用 [EB/OL]. (2015-08-10) [2024-08-30]. https://www.sohu.com/a/720780806_121059387.

【6】XI W.Research on application of artificial intelligence in VR games [M/OL]. IOP Publishing, 2000: 247-254. https://doi.org/10.3233/faia200704.

【7】SMITHSONIAN. Beyond the walls: experience the smithsonian american art museum in virtual reality [EB/OL]. (2019-08-08) [2024-08-30]. https://americanart.si.edu/beyond-the-walls.

【8】张鹏. 当博物馆遇见VR: 用数字科技让文物"活起来" [EB/OL]. (2019-03-20) [2024-08-30]. https://www.sohu.com/a/302621499_488812.

【9】杨泽坤, 李少建, 凯丽麦. 全景与远景: 数字人文与国家文化数字化战略——2022年中国数字人文年会综述 [J]. 数字人文研究, 2023, 3 (1): 3-17.

国内博物馆数字展项中知识图谱的应用研究

Research on the Application of Knowledge Graph in Digital Installations of Domestic Museums

常心怡
Chang Xinyi

摘要：随着智慧博物馆建设的不断发展，博物馆数字展项凭借其互动特性和沉浸体验，已逐渐成为博物馆展览的核心组成部分。知识图谱作为内容关系挖掘的知识组织工具，其应用已经从数据抽取、加工和融合扩展到智能化处理和可视化展示，为博物馆数字展项的艺术表达与教育传播提供了新思路。本文深入探讨了博物馆数字展项中实体类知识图谱可视化应用、文化类知识图谱可视化应用以及观众行为分析知识图谱可视化应用的现状。在数据质量抽取、多元关系加工与可视化处理方面，文章指出了数字展项中知识图谱应用的未来发展方向与面临的挑战，旨在为提升博物馆展陈质量、加强文物价值的阐释传播提供参考，激发博物馆创新活力，提高博物馆数字化服务水平与传播效能。

Abstract：With the continuous development of smart museum construction, digital installations have gradually become a core component of museum exhibitions with their interactive characteristics and immersive experiences. As a knowledge organization tool for content relationship mining, the application of knowledge graph has expanded from data extraction, processing and fusion to intelligent processing and visual display, providing a new idea for the artistic expression and educational communication of museum digital installations. This paper discusses the visualization application of entity knowledge graph, cultural knowledge graph and audience behavior analysis knowledge graph in museum digital exhibition installations, and points out the future development direction and challenge of knowledge graph application in digital installations in terms of data quality extraction, multiple relationship processing and visualization processing. The purpose of this paper is to provide reference for improving the exhibition quality of museums, strengthening the interpretation and communication of cultural relics value, stimulating the innovation vitality of museums, and improving the digital service level and communication efficiency of museums.

关键词：数字展项；知识图谱；可视化应用；教育传播

Keywords：Digital installation, Knowledge graph, Visual application, Educational communication

在博物馆数字化建设需求的不断驱动下，博物馆作为一个知识生产和传播的机构[①]，需要引入新的知识组织技术。知识图谱作为内容关系挖掘的知识组织工具，其应用已经从数据抽取、加工和融合扩展到智能化处理和可视化展示，为博物馆数字展项的艺术表达与教育传播提供了新思路。博物馆数字展项是指在展厅中利用各种数字技术，通过文字、声音、图片、视频及3D模型等多种形式展示藏品所承载的知识，注重观众互动体验，并具备多种技术优势和应用领域的展示项目。博物馆数字展项中文物知识图谱的可视化展示，能够将学术语言转化为展览语言，形成以传播为导向的艺术表达方法，以通俗生动的语言阐释深刻严肃的知识，让文物、数字展项与知识图谱之间的关系变得更加清晰且具有多维度的拓展性。

在博物馆的数字展项中，知识图谱的可视化应用巧妙地结合了"信息邂逅"与"搜索满足"[②]这两种传播模式。当观众在参观过程中无意间接触到藏品的基本信息时，数字展项通过集成多模态文物知识图谱和富媒体互动展示等先进技术，引导观众通过触摸等方式对特定知识点进行深入探索和挖掘。这种设计激发了观众主动探索信息的欲望，满足了他们深入了解藏品信息的需求，同时促进了展览内容跨学科的融合与高效传播。因此，知识图谱的可视化应用在博物馆数字化建设中扮演了关键角色，并在博物馆教育传播的智慧化进程中展现了其创新价值。

引　言

（一）知识图谱概述

知识图谱是数字人文研究中一项关键的知识组织技术，是一种结构化的语义知识网络[③]。它由节点（point，即"实体"）和边（edge，即"关系"）构成，用于描述物质

---

① 李峰.文物知识聚合与传播的初步研究：以上海博物馆"宋徽宗与他的时代数字人文专题"为例［J］.东南文化，2022，（3）：169-177，197-199，191-192.
② 舒咏平."信息邂逅"与"搜索满足"：广告传播模式的嬗变与实践自觉［J］.新闻大学，2011（2）：79-83，102.
③ 刘峤，李杨，段宏，等.知识图谱构建技术综述［J］.计算机研究与发展，2016，53（3）：582-600.

世界中的概念、实体及其相互关系。知识图谱通过挖掘实体数据以及与实体间的关联关系，从而以图的方式进行知识展示①，能够为博物馆数字展项提供数据支持与可视化创新。其中，文物知识图谱的构建及其可视化应用构成了博物馆数字展项设计与传播的核心基础。一方面，通过运用大数据分析和自然语言处理等技术手段，将来源多样、结构复杂、数量庞大的藏品数据整合成具有独特语义的网络，以满足对文物知识的供应需求；另一方面，利用多视图关联技术和虚拟现实技术等，对文物的关联信息进行可视化处理，以满足观众对深入探索文物知识的渴望。这使得博物馆能够智能推荐关于藏品的基础和扩展信息。随着知识图谱在博物馆应用中的语境不断丰富和多元化，它能够更全面地汇集藏品领域的知识信息，进一步丰富展览展示的知识表达。

（二）知识图谱在博物馆中的应用

在文物知识图谱的构建与应用领域，学术界的研究重点集中在本体模型的创新和平台化应用上。关于可移动文物的研究，李永卉等人借鉴了七步法和循环法，利用图数据库 Neo4j 构建并存储了丹阳陵墓石刻的本体模型②；高劲松等人以湖北省博物馆为例，使用 Protégé 软件完成了该馆可移动文物知识本体模型的构建③；胡汗林等人成功构建了青铜器知识图谱，并依托 Power BI 工具开发了一个青铜器可视化平台，为用户提供了系统化学习青铜器文化的途径④；叶祎珮则以 CIDOC-CRM 框架为基础，创新性地构建了"中国古代可移动文物概念参考模型"（CRM-ACA），为故宫博物院"数字文物库"线上藏品平台提供了数据服务。⑤ 在不可移动文物的研究方面，张强等人以黄河流域非物质文化遗产资源为研究对象，通过图数据库 Neo4j 以图形方式存储了这些资源，并设计了基于前后端交互的黄河流域非遗资源智能问答系统，以满足普通用户的查询和检索需求。⑥ 此外，关于北京古都文化⑦和上海记忆项目⑧的研究，都建立了领域知识数据库，并开发了相应的可视化平台。

---

① 张娜. 文物知识图谱构建关键技术研究与应用［D］. 杭州：浙江大学，2019.
② 李永卉，刘沁芃，卢章平. 基于知识图谱的南朝陵墓石刻信息资源开发研究［J］. 图书馆杂志，2023，42（9）：86–93，129–135.
③ 高劲松，张强，李帅珂. 可移动文物的知识图谱构建及关联数据存储：以湖北省博物馆为例［J］. 现代情报，2022，42（4）：88–98.
④ 胡汗林，邓三鸿. 知识图谱在青铜器数字馆藏建设中的应用［J］. 数字图书馆论坛，2023，19（4）：1–8.
⑤ 叶祎珮. "中国古代可移动文物概念参考模型"构建实践［J］. 数字人文研究，2023，3（3）：37–48.
⑥ 张强，吴艳飞，高颖，等. 基于知识图谱的黄河流域非遗资源智能问答研究［J］. 文献与数据学报，2023，5（3）：100–115.
⑦ BAI B，HOU W. The application of knowledge graphs in the Chinese cultural field: the ancient capital culture of Beijing［J］. Heritage science，2023，11（1）：77.
⑧ CUIJUAN X，LIHUA W，WEI L. Shanghai memory as a digital humanities platform to rebuild the history of the city［J］. Digital Scholarship in the Humanities，2021，36（4）：841–857.

因此，无论藏品的形式如何，学者们在文物知识图谱的构建及应用研究上，都倾向于以图形化的方式存储数据资源，并创新知识图谱的本体模型。这不仅为博物馆的线上和线下展览、教育传播提供了坚实的数据支持，还进一步拓展了博物馆知识图谱的可视化应用形式与内容。

在应用形式方面，我们注意到知识图谱可视化应用的线上平台和小程序种类繁多。例如，"大报恩寺遗址知识图谱"小程序、江西古代名人数字人文研究与服务平台、《永乐大典》高清影像数据库、《国家珍贵古籍名录》知识库以及景德镇古陶瓷基因知识图谱等。以知识图谱技术为核心展示方式的线上展览应用也相当丰富，如上海博物馆推出的"遗我双鲤鱼——馆藏明代吴门书画家书札精品展"和"丹青宝筏：董其昌书画艺术大展"，以及安徽博物院为"徽州古建筑专题知识展览"特别设立的"安博知识图谱"小程序。然而，知识图谱可视化在线下展览中的应用相对较少，主要以辅助线下展览的数字展项为载体，以文物知识图谱为展示内容的数据支持。受限于展示空间，其展示效果和传播效果相较于线上平台、小程序和线上展览来说较弱。

在应用内容方面，刘绍南、杨鸿波、侯霞指出，在博物馆场景下，知识图谱的构建主要体现在语义检索、推荐系统和问答系统这三大典型应用上[1]。仇开域[2]、张兆基[3]、阮光册[4]等人则专注于研究如何将文物知识图谱应用于语义检索、智能推荐、自动问答、文物阐释以及文物的活化利用等领域。特别是李峰和陈叙良[5]，他们对特定展览的数字展项应用文物知识图谱进行了深入分析，从知识聚合到检索推荐，形成了一条完整的展示传播链。

综合分析表明，国内知识图谱在博物馆数字化建设方面已经实现了垂直领域的知识聚合与集中检索推荐功能。通过构建本体模型，实现了与文物信息的有效关联，并通过平台和小程序等工具，使得文物知识的关联得以可视化展示。然而，关于知识图谱在实际线下展览中应用的可视化研究相对较少，缺乏对知识图谱可视化与数字展项融合的全面研究，现有研究多聚焦于个别案例。因此，对国内博物馆知识图谱可视化应用进行系统性分析具有重要的研究价值。鉴于文物知识图谱可视化应用中检索、推

---

[1] 刘绍南，杨鸿波，侯霞．文物知识图谱的构建与应用探讨［J］．中国博物馆，2019（4）：118-125．

[2] 仇开域，夏翠娟．碑帖知识库构建：从智慧化加工到智慧化服务［EB/OL］．（2024-06-12）［2024-08-30］．http://kns.cnki.net/kcms/detail/44.1306.G2.20231101.1033.006.html．

[3] 张兆基．唐蕃古道典型文物知识图谱构建及应用［J］．西藏民族大学学报（哲学社会科学版），2024，45（1）：80-87．

[4] 阮光册，樊宇航，夏磊．知识图谱在实体检索中的应用研究综述［J］．图书情报工作，2020，64（14）：126-135．

[5] 陈叙良．人文艺术"联姻"数字科技：让音乐文物"活起来"［J］．黄钟（武汉音乐学院学报），2022（4）：4-15，165．

荐等功能常常综合运用，知识图谱可视化应用所呈现的内容功能板块之间的界限并不十分清晰。接下来，本文将从展览和观众两个维度出发，对数字展项中知识图谱可视化应用的现状进行分类研究。

二、数字展项中知识图谱的可视化应用

在博物馆这一典型的空间叙事场所中，展览作为主要的传播媒介，构筑起文化与观众之间沟通的桥梁。基于知识图谱的藏品数据可视化展示能够在有限的展览空间内，提供丰富的关联历史背景、地理位置等多维度内容，通过图形化的方式展示知识之间的关联关系，为观众传播更直观易懂的知识学习。博物馆数字展项中知识图谱可视化应用在创新博物馆文物阐释以及与观众交互对话过程中发挥着重要作用。在博物馆数字展项实践的综合发现中，以展览为主体的方面分析，可划分为实体类知识图谱可视化应用与文化类知识图谱可视化应用；以观众为主体的方面分析，可划分为观众行为分析知识图谱应用。

（一）实体类知识图谱的可视化应用

在数字展项中，知识图谱的可视化应用最为广泛的是实体类知识图谱。这类图谱以特定的实体藏品为中心，将与该藏品相关的本体信息、环境背景、历史文献、考古资料以及相关作品等数据相互关联，构建起一个文物知识图谱。通过图形化的展示方式，观众能够更深入地理解藏品的内涵。目前，实体类知识图谱已经成为博物馆数字资产的重要组成部分，它能够革新博物馆的展览业务，增强传播效果，并在展览策划、展项设计、教育传播等多个环节中发挥优化作用。

其一，关于某实物展示应用，例如在故宫博物院举办的"钟鼓喤喤——故宫博物院藏宫廷乐器展"中，参观者可以在LED大屏幕上自行点击操作，深入体验音乐类文物的知识图谱，并在互动中探索学习礼乐文化的深层价值。湖南博物馆推出的"高山流水遇知音"湖湘音乐史展览，通过构建"解构—归类—关联"的链条，汇集了湖湘音乐相关的文物、人物、历史、文学等多元异构的文物数据。这一展览将音乐文物的个体信息与历史长河相联系，使观众能够对音乐藏品本身以及湖湘音乐文化的历史和时代意义有更深入的了解。展览旨在实现音乐文物信息资源的开放共享、活化传承和利用。雅昌文化集团以旅顺博物馆所藏的《全本红楼梦》为基础，举办了"红楼·幻境"展览。该展览通过解构书中的角色关系、民俗文化和故事场景等，对内容资源进行了素材梳理、元素拆解和信息整合。利用"红楼家谱"触控屏展项，将四大家族中

的78位人物纳入关联性知识图谱，实现了社会关系和亲缘关系的对应连接，以更贴近大众的通俗视角呈现。山西博物院的主馆中央大厅信息发布屏则以瀑布流的形式展示文物数字资源，观众可以多人同时操作，自由浏览任意文物。此外，观众还可以根据类别、年代、质地、资源类型等属性检索文物，对喜爱的文物进行点赞，或扫描文物专属二维码，将文物信息下载到手机。

其二，关于某人物展示应用，例如，上海博物馆推出的"董其昌数字人文"触摸屏墙展项，通过董其昌的生平大事年表、作品、交游、书画船、董陈交谊、学术探讨、鉴藏地图等多条人文脉络，构建了一个全面的董其昌人文数据图谱。这不仅为观众提供了全面的知识体系，还带来了形象的学习体验。南通博物苑的"张謇主题文物史料知识图谱"数字魔墙展项，运用人工智能技术和富媒体互动展示技术，从张謇相关实体数据中提取了50809条，关系数据42838条，形成了"实业肇基""矢志救国"等八大主题知识图谱。这些图谱通过不同的界面展示，内容相互关联，逻辑清晰，互动方式新颖。通过关联挖掘、智能检索等技术手段，形成了以张謇为主题的数字可视化平台，为观众带来了丰富直观的学习体验，传承了张謇的企业家精神。山东博物馆的"孔子的时代知识图谱"触摸屏展项，则以阐释孔子所处时代的社会形态为主题，联动儒家文化相关信息。文本依托学术研究成果，并进行了通俗化处理，为观众打造了一个既严肃又有趣的观展体验。

鉴于实体类藏品主题展览在博物馆整体展览中占据较大比例，实体类藏品知识图谱的可视化应用不仅丰富而且传播效果显著。在数字展项中，知识图谱技术能够深入挖掘藏品知识，并通过可视化手段展示，满足观众对特定实物或人物知识深度的探索需求，同时也能够扩展观众对知识广度的了解。基于知识图谱的藏品数据交换功能，提供了相似藏品的查询服务，观众可以通过点击检索等方式，利用已知的藏品信息查询到相似类型的藏品列表，从而扩展对藏品知识的认识。实体藏品的结构化数据易于提取并构建模型，内容清晰、直观且可读性强，为线下展览提供了有力支持。同时，实体藏品的非结构化数据作为重要组成部分，进一步增强了观众对藏品整体知识学习和历史演变的全面理解。

（二）文化类知识图谱的可视化应用

当前，文化类知识图谱的可视化应用，特别是那些由大量非结构化数据构成的，已成为博物馆展览和展项策划的核心关注点。通过将知识图谱可视化，文化类藏品能够帮助观众更深入地理解历史事件和文化内涵的发展脉络及其内在联系。例如，山东博物馆推出的"山东史前文化知识图谱"展项，以史前文化序列为主线，依次展示了从沂源猿人到沂水跋山，再到乌珠台人，以及山东地区细石器等文化的交织演变。观众可以清晰地追踪山东地区史前时期的环境、文化和社会发展概况。中国大运河博物馆的"大运河文化数字资源库"展项，整合了文献、地图、监测数据等多种数据资源，将从江南运河到会通河，从河道到城镇等众多知识点"串联成链"。在"时空地图"展项中，观众可以通过触屏点击地点、滑动时间轴等方式，查看"关系图谱"，从而更全面地学习中国大运河两千五百年来的历史知识。此外，上海图书馆依托"上海年华"项目组的研究成果，推出了"上海之源"系列展览中的"文化年谱"展项。观众触摸屏幕后，可以触发代表近代上海文化历史事件的关键词，从而展现一个包含新闻、戏剧、美术、建筑、文学等多个领域的年谱树，总计1074条事件信息，分为6个时段，形成298个关键交互点。这一展项以时间的视角重现了近代上海城市文化历史的演变，便于观众系统性地了解上海城市文化的历史信息。这也为博物馆在丰富文化类知识图谱的构建与可视化应用方面提供了宝贵的参考。

文化类知识图谱可视化构建，主要针对文化本身内涵和相关联事件等分别采取不同的方法完成内容提取。通过对数据的可视化处理，可以将深邃的历史文化内涵转化为简洁明了的知识体系；利用智能推荐系统，我们为观众提供易于接受且能加深理解的交互式历史文化数据展示服务。此外，匹配检索与扩展检索功能可以更好地满足广大观众的交互探索需求。在文化主题展览中，博物馆的数字展项扮演着至关重要的补充和阐释角色。通过将文化知识图谱与数字展项内容相结合，我们能够将复杂的信息简化。借助以传播为导向的艺术表达手法和生动形象的展览语言，数字展项不仅丰富了对文化藏品的展示和传播，还提升了知识服务水平，使得观众更容易理解和学习知识内容，从而增强了展览的质量和传播效果。

（三）观众行为分析知识图谱的可视化应用

数字展项通过分析观众的行为数据，构建观众行为分析知识图谱，一方面辅助博物馆更好地了解观众的参观偏好和需求，优化展览内容和形式；另一方面满足了参观者之间的对话需求，促进了彼此之间的交流与学习。例如，通过分析观众在展览中使用不同展项的频率和停留时间，我们可以洞察他们对特定文物的兴趣和关注点，进而调整展览布局和讲解内容。[①] 中国国家博物馆的"数说犀尊"展厅通过可视化大屏展项，实时展示观众与展项之间的互动、知识点获取效率以及满意度等数据，围绕观众实时位置、热力信息、参观轨迹等五个主题。这些展项实现了对展厅运营要素数据的感知、抽取、加工和智慧融合，为展厅的动态运维、观展环境优化、展览体验提升以

---

① 周亦，周明全，王学松，等. 大数据环境下历史人物知识图谱构建与实现［J］. 系统仿真学报，2016，28（10）：2560-2566.

及观众行为偏好的了解提供了有力的数据支持。山西博物院主馆一楼大厅的信息发布屏，通过整理、加工和融合观众客流数据与留言信息，展示了观众行为数据图，为监控馆内客流和分析观众反馈提供了数据支持。

博物馆的展览项目直接服务于展览本身，其内容主要聚焦于展览主题或藏品。这导致了目前基于观众主体内容的数字展览项目应用相对较少，且知识图谱技术尚未得到充分利用。在现有的数字展览项目中，关于观众行为分析的知识图谱可视化应用主要集中在展示性上，互动性较少。然而，这却是博物馆展览传播针对观众研究、与观众对话的创新性尝试。通过利用知识图谱技术，博物馆可以整合多种数据源，分析观众的参观偏好、习惯等信息，构建观众行为知识图谱。在数字展览项目中揭示观众在展览中的兴趣点、热点区域和互动习惯，这不仅是对展览策划与传播效果的实时反馈与直观评估，也为观众提供了偏好认同和留言对话等展项服务。此外，这还为博物馆提供了优化展览布局、提升观众体验的科学依据，以便调整展品陈列、优化导览服务，从而提升博物馆整体的知识服务水平与教育传播效果。

表 1　国内博物馆数字展项中知识图谱可视化应用信息表

时间	博物馆	展览名称	展项名称	知识图谱应用对象
2018年12月7日至2019年3月10日	上海博物馆	丹青宝筏——董其昌书画艺术大展	董其昌数字人文	依托董其昌及相关作品共计154件（组），从年表、行旅、交游、作品等角度融汇数据
2021年6月	扬州中国大运河博物馆	大运河——中国的世界文化遗产展	5G 大运河沉浸式体验区：大运河文化数字资源库、时空地图	依托《中国运河志》等资源，以大运河文化相关的文献、地图、资讯、监测数据、音视频等为研究对象
2022年7月28日至10月30日	湖南博物院	听·见湖湘——湖南音乐文物与故事	音乐文物知识图谱	依托音乐文物知识图谱平台，以湖南省境内170件音乐藏品为对象
2023年4月28日	故宫博物院	第六届数字中国建设成果展览会"数字故宫体验专区"	文物知识图谱展项	依托"中国古代可移动知识图谱"数据库，以故宫院藏110件藏品为对象
2023年5月30日	国家博物馆	数说犀尊	可视化综合运行工作平台	围绕实时位置、热力信息、参观轨迹等五个主题，抓取观众与各展项之间的互动、知识点获取效率以及满意度等数据，实现展厅运营要素数据的感知、分析和智慧融合

续表

时间	博物馆	展览名称	展项名称	知识图谱应用对象
2023年7月14日	雅昌文化集团，旅顺博物馆	《全本红楼梦》图册真迹展"红楼·幻境"数字展	红楼家谱	对四大家族中的78位人物、人物关系、民俗文化以及故事场景等资源进行素材梳理、元素拆解和信息整合
2023年9月	山东博物馆	海岱日新——山东历史文化陈列	"山东史前文化知识图谱"展项、"孔子的时代知识图谱"展项	依托藏品对山东史前文化及孔子本人的知识梳理
2024年1月20日至7月20日	故宫博物院	钟鼓喤喤——故宫博物院藏宫廷乐器展	故宫音乐类文物的知识图谱	在故宫博物院收藏的2000余件乐器类文物中，精选出44件（套）作为展品，通过LED大屏幕的自助点击操作，让参观者能够轻松探索"知识图谱"
2024年5月	南通博物苑	张謇主题文物史料展	张謇主题文物史料知识图谱	将张謇相关的文物史料进行整合梳理，提取相关实体数据50809条、关系数据42838条
常设展项	山西博物院	主馆一楼大厅	信息电子屏	山西博物院的12个展厅展出了近400件精选文物，这些文物蕴含了丰富的历史、文化、艺术和考古信息，同时，博物院还收集了观众的客流数据和留言信息

三、未来发展方向及面临的挑战

在知识图谱的可视化应用发展过程中，首要考虑的是数据问题，包括知识的抽取、加工和融合，以及图谱的存储和可视化展示。因此，博物馆数字展项中知识图谱的可视化应用是一个从数据点抽取、关系网络加工到可视化处理的全过程，其面临的未来发展挑战是多方面的，涉及数据、设计、技术、观众体验等多个层面，是一个由点到面的复杂过程。

（一）数据抽取的质量与非结构化数据融合技术

知识图谱的构建需要大量的数据支撑。从知识抽取方面来说，由于文物藏品来源的多样性、结构的复杂性以及数量的庞大，包括文本、视频、音频等多种形式的非结构化数据，使得数据抽取的质量标准难以统一。此外，博物馆藏品的知识壁垒较强，导致知识图谱本体模型的可复制性较弱，知识提取的自动化程度不高。目前，多依赖于人工筛选、提取和处理知识点，这降低了文物知识图谱的检索效率。因此，大多数知识图谱应用仅限于普通的图数据展示或辅助展览的藏品基本信息展示。与结构化数据相比，非结构化数据结构更为复杂，与实体间的关系也更为丰富。然而，非结构化数据的可访问性和可发现性受到限制，例如相关的历史事件、地域文化、社会风俗等，缺乏通用的模型。目前，博物馆面临的挑战是：如何将多样化的数据整合进知识图谱，并确保其准确性和高质量；如何提升数据处理能力和优化数据查询算法；如何有效地获取和融合结构化数据与非结构化数据。这些都是数字展项中知识图谱应用所面临的技术难题。

（二）面向多元关系的实体关系挖掘与加工

知识图谱中的节点与边象征着文物与展品之间的多种联系，包括时间序列、地理分布、文化影响等，这表明了不同类别实体间复杂多元关系的逻辑表达式结构。博物馆在构建针对不同类别藏品的知识图谱时，例如实体类和文化类，必须整合文物自身的资料以及相关联的事件、文化等信息。这要求将数据根据相应的关系类型进行排序，合理地处理这些多元关系，从而由点及面，尽可能清晰地简化实体间复杂关系的信息结构。由于博物馆的文物和展品通常包含大量历史、文化、事件等信息，知识图谱在处理这些数据时往往形成庞大且复杂的网络。因此，博物馆在构建某一类文物的知识图谱时，应特别注重模型的创新，深入挖掘特定类别文物领域的专业性研究和独有的隐性知识。在数字展项有限的空间内处理逻辑表达，关键在于如何准确而简洁地挖掘和加工深层关系，避免观众感到信息过载。这需要提升知识图谱的可视化呈现效果，关键在于技术的提升。

（三）优化检索推荐交互性能与可视化处理

在博物馆数字展项中，交互设计是提升观众体验的关键。根据"使用与满足"理论，观众在使用承载知识图谱的数字展项时，便表达出获得知识及相关联知识满足的需求。这也要求数字展项中使用多模态文物知识图谱需要提供高效的智能推荐、智能问答和扩展检索等交互，以便观众能够快速检索获得所需信息。从技术角度而言，系统的性能和响应速度对观众体验有着决定性的影响。因此，博物馆必须重视数字展项的系统性能，确保即便在高并发的使用场景下，系统依然能够保持稳定和迅速地响应。知识图谱的可视化效果直接关系到观众的体验和学习成效。在内容层面上，首要任务是平衡信息的知识性和艺术性。知识内容在保持其完整性和准确性的同时，应追求简洁而生动的设计。此外，还需在数字展项中平衡静态展示与动态交互，将静态的知识内容展示与动态的观众探索体验相结合，通过互动体验来促进教育传播。博物馆在选择数字技术应用于展项时，应考虑如何将技术特征与知识图谱中的文物知识——从基本属性到深层关系——相结合。借助一个功能强大的平台系统，我们能够将展项的艺术魅力与知识深度、展示方式与互动性完美结合，从而提升观众的体验，并加深他们对展品内容的学习和理解。

结　语

在博物馆的数字展项中，知识图谱的可视化应用作为一种以传播知识为目的的艺术表达方式，将深奥的学术术语转化为直观生动的展览语言。这使得观众能够从制造工艺、功能、造型以及文化背景等多个维度深入了解文物，从而对文物所处的历史环境有一个全面的认识。目前，在博物馆领域，知识图谱的可视化应用已经实现了包括语义检索、智能推荐和智能问答在内的内容整合，这些应用不仅支持数字展览的智能化创新，还在线上主题展览的开展和知识服务平台的构建方面展现了巨大的潜力。本文深入探讨了博物馆场景下知识图谱的综合应用研究，分析了三类数字展览项目中知识图谱的应用现状，并对知识图谱在数字展览项目中应用的未来发展和所面临的挑战进行了全面的总结。鉴于知识图谱的可视化应用在数字展览项目中是多层面、多维度的，博物馆必须在知识库构建、自然语言处理、大数据分析、文献计量学、可视化设计等多个研究领域进行深入探索，以共同推动该领域的研究与应用进步。

（作者单位：南开大学）

参考文献

【1】李峰.文物知识聚合与传播的初步研究：以上海博物馆"宋徽宗与他的时代数字人文专题"为例［J］.东南文化，2022（3）：169-177，197-199，191-192.

【2】舒咏平."信息邂逅"与"搜索满足"：广告传播模式的嬗变与实践自觉［J］.新闻大学，2011（2）：79-83，102.

【3】刘峤，李杨，段宏，等.知识图谱构建技术综述［J］.计算机研究与发展，2016，53（3）：582-600.

【4】张娜.文物知识图谱构建关键技术研究与应用［D］.杭州：浙江大学，2019.

【5】李永卉，刘沁芃，卢章平.基于知识图谱的南朝陵墓石刻信息资源开发研究［J］.图书馆杂志，2023，42（9）：86-93，129-135.

【6】高劲松，张强，李帅珂.可移动文物的知识图谱构建及关联数据存储：以湖北省博物馆为例［J］.现代情报，2022，42（4）：88-98.

【7】胡汗林，邓三鸿.知识图谱在青铜器数字馆藏建设中的应用［J］.数字图书馆论坛，2023，19（4）：1-8.

【8】叶祎珮."中国古代可移动文物概念参考模型"构建实践［J］.数字人文研究，2023，3（3）：37-48.

【9】张强，吴艳飞，高颖，等.基于知识图谱的黄河流域非遗资源智能问答研究［J］.文献与数据学报，2023，5（3）：100-115.

【10】BAI B，HOU W. The application of knowledge graphs in the Chinese cultural field：the ancient capital culture of Beijing［J］. Heritage science，2023，11（1）：77.

【11】CUIJUAN X，LIHUA W，WEI L. Shanghai memory as a digital humanities platform to rebuild the history of the city［J］. Digital Scholarship in the Humanities，2021，36（4）：841-857.

【12】刘绍南，杨鸿波，侯霞.文物知识图谱的构建与应用探讨［J］.中国博物馆，2019（4）：118-125.

【13】仇开域，夏翠娟.碑帖知识库构建：从智慧化加工到智慧化服务［EB/OL］.（2024-06-12）［2024-08-30］. http://kns.cnki.net/kcms/detail/44.1306.G2.20231101.1033.006.html.

【14】张兆基.唐蕃古道典型文物知识图谱构建及应用［J］.西藏民族大学学报（哲学社会科学版），2024，45（1）：80-87.

【15】阮光册，樊宇航，夏磊.知识图谱在实体检索中的应用研究综述［J］.图书情报工作，2020，64（14）：126-135.

【16】陈叙良.人文艺术"联姻"数字科技：让音乐文物"活起来"［J］.黄钟（武汉音乐学院学报），2022（4）：4-15，165.

【17】周亦，周明全，王学松，等.大数据环境下历史人物知识图谱构建与实现［J］.系统仿真学报，2016，28（10）：2560-2566.

多模态特征下文化遗产知识图谱的数据叙事

Exploring Data Storytelling for Cultural Heritage Knowledge Graph under Multimodal Characterization

胡宸歌
Hu Chenge

摘要：叙事是文化遗产知识聚合与传播的应用层核心环节。随着博物馆的数字化转型，大量馆藏文化遗产资源被转化为多模态数据。经过规范整序和结构化组织，知识得以从这些资源和数据中提取出来，供"数据叙事"分析和利用。本文从数据叙事研究的发展趋势出发，结合国内中外典型案例，探讨多模态数据如何推动文化遗产知识图谱革新传统叙事方式，在此基础上尝试在原料层、结构层、呈现层三个层面重塑基于多模态数据的文化遗产知识图谱叙事路径，旨在为数字人文和数据叙事的学术研究与实践探索提供参考。

Abstract: Storytelling is the core of the application layer of cultural heritage knowledge aggregation and dissemination. With the digital transformation of museums, a large number of cultural heritage resources have been transformed into multimodal data, and the knowledge that has been standardized and structurally organized has been extracted from the resources and data for the analysis and utilization of "data narratives". Based on the overview of the research and practice of "data narrative", this paper analyzes the deconstruction of traditional narrative by multimodal data-driven cultural heritage knowledge mapping with typical cases at home and abroad, and further tries to reshape the narrative path of cultural heritage knowledge graph based on multimodal data on the three levels of raw material layer, structural layer, and presentation layer, with a view to providing an opportunity for the academic research of digital humanities and data storytelling.

关键词：文化遗产；知识图谱；数据叙事；多模态
Keywords: Cultural Heritage, Knowledge Graph, Data Storytelling, Multimodality

引　言

随着国家文化数字化战略[①]的推行，以博物馆为代表的文化遗产机构置身于新的时代语境，不仅在馆藏资源的收集、保存上借助新型数字化手段，同时也更加重视以新的数字化方法和技术助力资源组织、知识传播和智慧服务。[②]知识图谱作为一种创新性的信息组织和表示方式[③]，以其强大的语义处理能力和开放组织能力，将各类信息、数据和连接关系聚合为知识，为数智时代呈现出多媒体、多格式、多粒度等多模态特征的文化遗产资源奠定了知识关联与智能应用基础。

与通用领域相比，垂直领域的知识图谱更加注重概念之间的逻辑结构[④]，因此专业性更强，对叙事有更高的要求。知识图谱技术与人文领域的深度互动进一步拓展了叙事理论、工具在文化遗产数字化保护与传播中的应用空间。[⑤]文化遗产资源的数字化与数据化为不同叙事语言的融合开辟了新的途径。当多模态数字内容在知识图谱中以可视化的方式关联呈现时，我们需探索创新的叙事逻辑与路径。这样，传统知识体系与数字化知识系统便能在博物馆内构建起一个多元、分层且系统化的知识结构，从而更好地满足公众对文化遗产知识的探索、学习与创新需求。

本文从数据叙事研究的发展趋势出发，结合国内中外典型案例，探讨多模态数据如何推动文化遗产知识图谱革新传统叙事方式，在此基础上尝试在原料层、结构层、呈现层三个层面重塑基于多模态数据的文化遗产知识图谱叙事路径，旨在为数字人文和数据叙事的学术研究与实践探索提供参考。

一、"数据叙事"概念源起与研究转向

在博物馆的知识生产与传播链条中，文化遗产数据呈现出巨量化、动态化和多模态的特征。只有赋予研究展示目标，并关联上下文的语义数据，才能更有效地参与文物叙事。如何将多模态数据从枯燥的数据转变为可传播的知识内容，已成为文化遗产机构近年来关注的焦点。知识图谱、可视化技术在应用层面的叙事研究和实践有所转向。

---

① 中共中央办公厅，国务院办公厅.关于推进实施国家文化数字化战略的意见[EB/OL].（2022-05-22）[2024-06-05］. https://www.gov.cn/zhengce/2022-05/22/content_5691759.htm.
② 铁钟，夏翠娟，黄薇，等.事件驱动的数据可视化交互设计：基于"数据叙事"的探索和实践[J].中国图书馆学报，2023，49（4）：72-87.
③ 刘峤，李杨，段宏，等.知识图谱构建技术综述[J].计算机研究与发展，2016，53（3）：582-600.
④ 刘芳，谢靖.以藏品为核心的知识图谱设计与应用[J].数字图书馆论坛，2020（6）：8-14.
⑤ 张斌，李子林.图档博机构"数字叙事驱动型"馆藏利用模型[J].图书馆论坛，2021，41（5）：30-39.

（一）数据叙事

叙事是一个在众多学科领域都经过深入探讨的概念，涉及从文学研究到认知科学的广泛范围。在多数情况下，叙事不仅作为一种文本类型或交际互动的工具，而且构成了我们认知结构和理解经验的一种方式。"数据叙事"作为学术研究的一个领域，其系统性研究始于大约2001年。最初，它以数字叙事（Digital Storytelling）、虚拟叙事（Virtual Storytelling）等形式出现[①]，随后逐渐演变为可视化叙事（Visual Storytelling）[②]、数据驱动叙事（Data-driven Storytelling）[③]等多种不同的概念表述。

国内外关于数据叙事的研究主要集中在数据科学、新闻学和商业实践等领域，重点探讨如何从数据中提取关键信息，并以恰当的方式传达给受众。近年来，在文化遗产领域的讨论中，数据叙事被广泛定义为一种处理和展示大体量、多模态文化遗产数据的方法，它涉及从抽象到具体、从分散到集中、从可计算到可视化的数据处理和展示技术。作为一种新兴的信息传递和故事叙述方式，数据叙事通过技术手段促进了文化遗产知识的关联、重构、发现、展示和传播。朝乐门与张晨提出了数据叙事或数据故事化的核心观点，认为这一过程的核心目的在于增强数据的可理解性、可记忆性和可体验性。研究指出，通过将"数据"还原或关联到具体情境，并以叙述的形式展现，可以达成这一目标。[④] 丁家友及其团队基于数据叙事的三大核心要素——数据科学理论基础平台、信息可视化产品或服务以及叙事学等价值实现途径，进一步将数据叙事界定为一种通过数据可视化辅助受众理解沟通要点的信息解读技术。他们还深入探讨了数据叙事在众多应用场景中的具体运用，并凸显了其在提升传播效果方面的重要作用。[⑤]

显而易见，数据叙事这一理念的核心在于如何巧妙地将叙事理论与数据可视化过程相结合，借助计算机技术的辅助，让数据对受众来说更加易于理解并具有说服力。随着文化遗产与数据科学等跨学科领域的不断进步，数据本身已经成为研究的热点，包括文本、结构化、非结构化以及语义化数据等多个维度。然而，研究往往落后于实

---

① BALETO, SUBSOL G, TORGUET P.Virtual storytelling: using virtual reality technologies for storytelling: international conference ICVS 2001 Avignon, France, September27-28, 2001Proceedings [M].[S.I.]: Springer, 2003.
② SEGEL E, HEER J.Narrative visualization: telling stories with data [J]. IEEE Transactions on Visualization &Computer Graphics, 2010, 16 (6): 1139-1148.
③ ECHEVERRIA V, MARTINEZ-MALDONADO R, GRANDA R, et al.Driving data storytelling from learning design [C] //Proceed-ings of the 8th international conference on learning analytics and knowledge.New York: Association for Computing Machinery, 2018: 131-140.
④ 张晨，朝乐门，孙智中.数据故事叙述的关键技术研究 [J]. 情报资料工作, 2021, 42 (2): 73-80.
⑤ 丁家友，唐馨雨.数字人文视角下的数据叙事及其应用研究 [J]. 情报理论与实践, 2022 (2): 121-128.

际应用，缺乏在应用层面的创新。因此，在博物馆数字技术的应用场景中，探讨数据叙事的改进策略和应用领域的扩展方向显得尤为必要，以便更有效地服务于文物知识的组织、整合与传播。

（二）文化遗产资源组织的数据叙事转向

在大数据时代，数字人文研究中的"数字"一词涵盖了数字化与数据化的双重含义，而"数据"则更侧重于资源的描述和内容的数据化。多模态文化遗产资源的数据化工作为构建多维度叙事路径提供了坚实的文化数据基础。通过运用知识图谱等先进技术，可以以更加亲和的方式为公众提供参观和访问的体验空间。正如冯惠玲所指出的，与传统线性叙事结构相比，非线性的数字叙事以及融入用户参与的互动交互，能够催生新的知识聚合与传播方式。① 宋新潮在其研究中指出，随着信息技术的迅猛发展，智慧博物馆的概念逐渐成型，其核心在于构建一种物、人、数据之间动态双向且多元的信息传递模式。这种智慧博物馆具有鲜明的特征模型，围绕四个关键维度展开：角色（Role）、对象（Object）、活动（Activity）和数据（Data）。具体而言，它强调了不同角色在博物馆活动中的互动、对象的数字化管理、活动的动态追踪，以及数据的实时分析与利用。② 张斌进一步提出了"数字叙事驱动型（DSD）"馆藏利用模型，该模型从核心特点、组成架构及实践案例三个维度进行了深入剖析。其目的在于通过该模型推动机构更有效地整合与利用馆藏资源，提升知识传播与服务效率，为数字环境下的图书馆、档案馆、博物馆等文化机构提供新的业务内容创新路径。③

在相关研究与实践中，叙事的符号载体呈现出从文本向数据转变的趋势。

例如，欧洲的 Europeana 项目采用了 EDM（Europeana Data Model）这一基于本体的跨图档博领域的知识模型。EDM 旨在提升数据内容查询的多样性和深度，通过整合第三方资源的丰富数据，并基于上下文实现数据之间的关联。这种模型鼓励用户从多样化的角度自主关联数据，从而赋予数据叙事以用户自身的视角。

在叙事主体和叙事结构上，体现出从单一到多元的转向。国内文化遗产数字化项目，如敦煌研究院与武汉大学携手打造的"基于 IIIF 的敦煌壁画数字叙事系统"，以莫高窟第61窟壁画的高清数字图像为核心样本，通过多维度的叙事手法，即"人—事—时—地—物"五个视角，深入剖析了图像中的丰富语义内涵。研究团队成功提取了五类共计185个细粒度的语义单元，并运用 IDAMS 技术对它们进行了语义标注。这不仅揭示了这些语义单元的元数据信息及其上下文关系，还通过链接到外部知识资

---

① 冯惠玲. 数字人文视角下的数字记忆：兼议数字记忆的方法特点［J］. 数字人文研究，2021，1（1）：87.
② 宋新潮. 关于智慧博物馆体系建设的思考［J］. 中国博物馆，2015，32（2）：12-15，41.
③ 张斌，李子林. 图档博机构"数字叙事驱动型"馆藏利用模型［J］. 图书馆论坛，2021，41（5）：30-39.

源，例如 AAT、敦煌壁画主题词表等，实现了图像语义的增强表示与深度组织。上海博物馆的董其昌数字人文图谱以可视化形式构建了"主体—表达—时代"的综合叙事维度①，目的在于全方位探索董其昌的多重身份及其艺术表达，实现了艺术审美、历史经典与学术研究的高度统一。这些项目不仅展示了叙事主体的多元化拓展，还通过复杂的叙事结构创新，为文化遗产的数字化保护与传承开辟了新路径。

在文化遗产的知识传播情境上，体现出从信息到知识的转向。威尼斯时光机（VTM）项目与威尔士文学地图集项目（Literary Atlas），作为两个跨领域合作的数字化典范，各自以其独特的方式丰富了文化遗产的数字化呈现与叙事。VTM项目深度挖掘威尼斯国家档案馆的丰富馆藏，通过多维重组手稿、专著、画作、信函、地图等多元文献，创新了数据叙事手法，生动再现了威尼斯的历史风貌与文化记忆。②而威尔士文学地图集项目则构建了一个交互式的在线平台，集成了12部以威尔士为背景的英语小说的深度数字地图，为用户提供了知识共享与多元交互的历史文化体验。

这些以跨领域合作为基础的数字化项目，致力于通过知识重构、场景再现以及用户参与的互动内容，从多维度对数据进行深度说明与诠释。文化遗产知识图谱本质上是一种语义网络，它一方面能够更新文化遗产元数据本体，以最大限度地提升数据叙事的互操作性；另一方面，它通过开源机制确保平台数据的活力，并提供众包接口，调用多种模型，允许用户构建自己的叙事。

二、多模态数据驱动文化遗产知识图谱对传统叙事的解构

数据化与可视化是构建知识图谱数据叙事的两个基本要素。前者聚焦于内容层面，作为知识内容生产的核心要素，数据在塑造多模态文化遗产资源的深度与广度上扮演了决定性角色。后者则专注于叙事形式，通过知识图谱的独特可视化表达，使数据叙事得以生动呈现。大数据与可视化技术的深度融合，不仅渗透于知识图谱的关联叙事之中，更引领了叙事主体、逻辑、方式及接受方式等经典叙事学核心概念的深刻变革，进而呈现出崭新的数据叙事特征，极大地丰富了文化遗产的传播与理解方式。

（一）多元异构文化遗产资源生成知识图谱关联数据

多模态文化遗产资源在数字化基础上向数据化深入。③文本类数据资源包括非结构

---

① 童茵.董其昌数字人文图谱设计与数据解析［J］.数字人文，2021（2）：142-157.
② 祁天娇.从历史档案到历史大数据：基于威尼斯时光机十年路径的探索［J］.中国图书馆学报，2022，48（5）：116-129.
③ 夏翠娟.多模态文化遗产资源的智慧化服务模式研究：从可获得到可循证和可体验［J］.信息资源管理学报，2023，13（5）：44-55.

化、半结构化、结构化三种类型，从结构化文本到语义化增强，已经总结了大量成熟可靠的数据处理方法与经验。[①] 除了文本类历史资料、新闻报道和研究成果外，还有由官方和大众提供的多载体的图像、音视频等非文本类数据，为高质量的文化遗产知识图谱构建提供了多模态语料。通过分析全球范围内的典型案例，我们梳理并总结了多源异构文化遗产资源从数字化逐步深化为知识图谱关联数据的叙事路径（见表1）。

表1 多模态文物遗产知识图谱部分案例

年份	项目名称	数据来源	数据模态	叙事路径
2011	追寻古代遗产的足迹（Sur la piste des œuvres antiques）	多模态文档集、跨媒体知识融合	文本、图像、音频、视频等	以藏品制造、发现、流转、收藏轨迹为线索，揭示法国及其他国家的收藏家、经销商和中介的活动，探索法国市场在欧洲范围内的影响
2012	Europeana 欧洲数字图书馆项目	多模态文档集、跨媒体知识融合	文本、图像、音频、视频等	无明显叙事设计，核心为丰富的数字资源和多样化数据格式
2016	中国图像志索引典（CIT）	多模态文档集、跨媒体知识融合	文本、图像等	叙事结构建立在自然、人类、社会与文化、宗教、神话与传说、历史与地理以及文学作品的分类体系之上
2018	董其昌数字人文综合展示系统	多模态文档集、跨媒体知识融合	文本、图像、视频等	以董其昌的生平大事年表、作品、交游、书画船、鉴藏地图等多条人文脉络为角度，融汇数据
2018	Inside the Decisive Network	多模态文档集、跨媒体知识融合	文本、图像、音频、视频等	以 Magnum（玛格南图片社）在欧洲的代理商网络的扩展为线索，可视化第二次世界大战后 Magnum 活动的广度
2019	威尔士文学地图集项目（Literary Atlas）	多模态文档集、跨媒体知识融合	文本、图像等	将威尔士的地理区划（包括地区、郡等）进行细致划分，并融入威尔士文学发展的历史脉络以及文学流派等多维度数据
2021	"赶上春：江南文化数字专题"线上展	多模态文档集、跨媒体知识融合	文本、图像、音频、视频等	乡土、风物、人物、生活这四个主题共同构筑了一个完整的江南文化叙事体系
2022	宋徽宗数字人文专题知识图谱	多模态文档集、跨媒体知识融合	文本、图像、音频、视频等	宋徽宗相关的数据通过"人""事""物"三个核心维度，实现了深度知识化、系统结构化以及可视化呈现

---

① 曾蕾，谭旭. 数据语义增强：解读图档博支持数字人文的新动向[J]. 数字人文研究，2021，1（1）：65-86.

续表

年份	项目名称	数据来源	数据模态	叙事路径
2022	游方——历代僧传僧人的出行叙述	多模态文档集、跨媒体知识融合	文本、图像、音频、视频等	通过梳理历代僧传和文献资料，整理出僧侣游方的动机、结果以及路线等关键信息，深入探究游方活动在僧侣生命历程中的作用以及在不同历史时期和地理环境下的变化
2023	上海市档案馆《跟着档案观上海》数字人文平台	多模态文档集、跨媒体知识融合	文本、图像、音频、视频等	聚焦"一江一河"交汇处及周边区域，展示了50余个重要历史建筑的变迁过程

（二）多模态数据驱动文化遗产知识图谱对传统叙事的解构

1."叙事主体"部分物化为"数据"

在知识图谱的数据叙事框架下，数据库与数据集作为新兴的无声叙述者，正逐步取代传统博物馆等文化遗产机构中的"权威叙事者"角色。这一过程伴随着数据采集与挖掘技术的兴起，挑战了原有的信息垄断。随着遗产机构数据开放程度的提升、数据获取途径的多样化以及数据分析开源工具的广泛应用，知识生产的边界被拓宽，非专业数字用户群体开始积极参与其中，与专业遗产工作者共同塑造知识生态。以意大利的"英国和爱尔兰旅行者词典1701—1800"项目为例，该项目通过挖掘档案原始数据，利用可视化技术再现特定历史时期的空间形态，揭示了新的历史事件关联与面貌。[1] 再比如，哈佛大学的"Mapping Color in History"（MCH）数字人文项目，从科学角度整合了亚洲绘画颜料分析数据，构建起一个知识共享平台，深入探索了特定地区艺术实践中颜色使用的历史变迁、方式及其动因。这一系列实践表明，大数据技术、可视化手段与遗产工作者、知识图谱平台用户之间正形成紧密的协作关系，共同推动着文化遗产的数字化叙事向更加多元、深入的方向发展。

2. 从二维叙事结构到三维立体叙事结构

文化遗产知识图谱的数据叙事着重于事件之间的连接原则与规律，突破了传统叙事中仅限于时间和空间二维框架的束缚，采用了更为复杂的三维立体式叙事结构。

这种三维立体叙事结构在信息结构的数字化创新方面表现得尤为明显，通过时间线、空间线以及超链接的交织，构建了一个具有强大传播能力的信息架构。用户不仅能在知识图谱中自由滑动时间滑块或点击时间节点，即时获取到简洁的信息概览或富有意指的图标，还能进一步深入探索全面相关的详细资料。例如，英国维多利亚和阿

---

[1] MIGNINI C, BARTOLINI V. Using formal narratives in digital libraries [J]. Digital Libraries and Archives, 2017 (733): 83-94.

尔伯特博物馆的"中国图像志索引典"项目，以自然界、人类、社会与文化、宗教、神话与传说、历史与地理及文学作品为基本分类，以树形图模式呈现多种层次及其语义联系①；上海博物馆的"宋徽宗数字人文专题"项目，通过"人""事""物"三个核心维度，实现了深度知识化、系统结构化以及可视化呈现。②

另一方面，这种立体叙事结构还体现在借助数据挖掘技术，揭示遗产保护状况的内在规律与发展趋势，从而对未来的变化进行前瞻性分析。法国国家艺术史研究所与卢浮宫博物馆合作开展的"19世纪法国古董拍卖图录"研究计划，通过对销售目录、档案资料的调查分析，收集藏品、卖家和买家信息并进行交叉引用，使得预测分析文物或艺术品的起源、价格演变、接受情况成为可能。希腊图书馆古籍收藏地图项目（Mapping Incunabula in Greek libraries）收集有关希腊图书馆幸存副本的所有数据，创建数字工具帮助研究16世纪以来希腊的文本流通、书籍商业网络。

3. 叙事接受的"全感化"与"个性化"转向

在文化遗产知识的传播与接受过程中，接受者的角色经历了显著的转变，他们不再仅仅是被动的接收者，而是变成了具有主动性的参与主体。在传统的叙事模式中，技术的限制通常使得叙事的接受者处于较为被动的位置，这使得满足大众化生产的需求变得困难。然而，随着数字时代媒介新技术的兴起，这种现象已经发生了根本性的改变，文化遗产的叙事接受形式迎来了新的变革。

一方面，可视化技术极大地丰富了知识图谱的叙事语言，使得抽象的文化遗产知识结构以更加直观、生动的形式展现，实现了多模态叙事资源的综合体验——视觉、听觉、触觉的全面融合。这种技术与数据的双重驱动，不仅保留了知识的深度与内涵，还推动了叙事接受向"全感化"方向发展。湖南博物院的"高山流水遇知音——湖湘音乐史"展项，通过多模态文物知识图谱与多感知通道的混合现实技术，提供了更加生动沉浸的虚实交互体验，探索文物知识的创新展示方式，以满足公众日益多元化的知识需求。

另一方面，新技术的赋能为叙事接受者带来了前所未有的选择自由，这种自由在外部表现为"个性化"。它引导文化遗产的学习者积极地参与到知识的聚合与传播中，根据个人的兴趣和需求构建独特的叙事逻辑，从而实现了数据叙事从"大众化"到"个性化"的深刻转变。

---

① 戴子喻."中图典"：海外中国图像志系统的一个范例——专访张弘星［EB/OL］.（2021-04-17）［2024-08-05］. https://www.sohu.com/a/461368530_649556.
② 李峰.文物知识聚合与传播的初步研究：以上海博物馆"宋徽宗与他的时代数字人文专题"为例［J］.东南文化，2022（3）：169-177，197-199，191-192.

三、基于多模态数据的文化遗产知识图谱叙事路径重塑

叙述性事件结构与语义事件描述在构建最终知识图谱应用程序时，发挥着关键作用，它们用于检索和关联文化遗产资源的多样化多模态数据内容。数据叙事在数字馆藏中的实体间建立联系，使用户能够查询系统，探索实体间的语义路径。随着数字时代的到来，新的叙事元素正在推动我们重新审视并创新文化遗产的叙事规则和审美体验，以构建适应新时代的文化遗产叙事框架。通过这种重构，我们能够更有效地运用数字技术和工具，以更具创意和吸引力的方式，向公众展示文化遗产的知识。

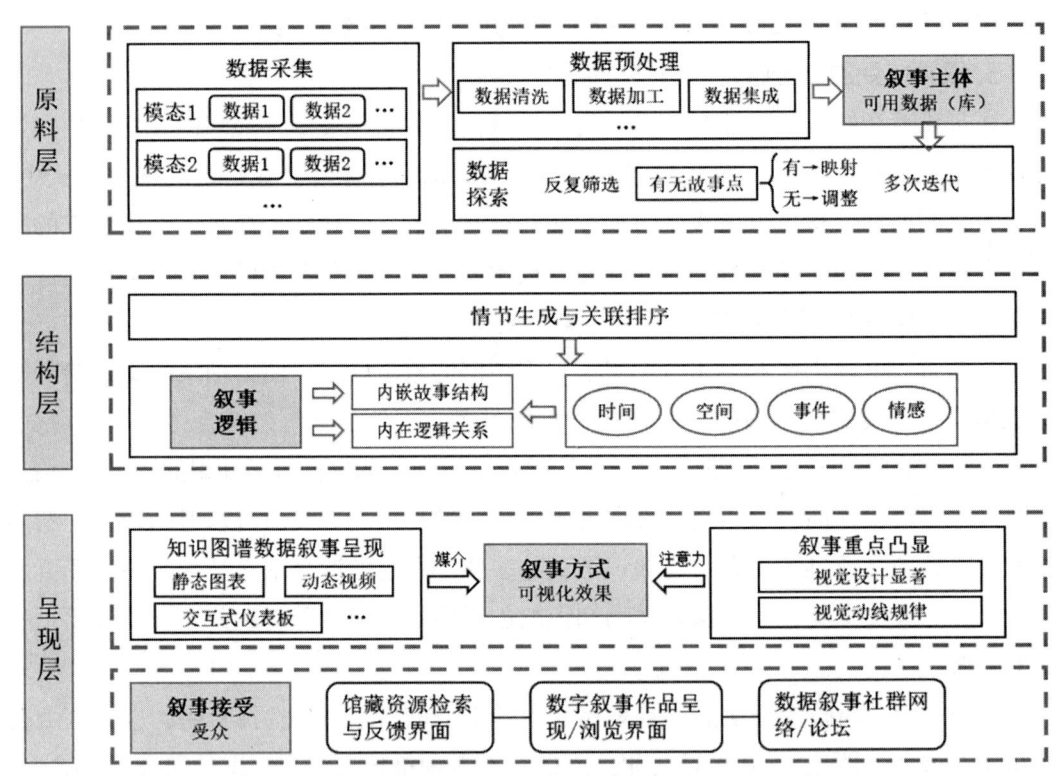

图1 基于多模态数据的文化遗产知识图谱叙事路径重塑

（一）原料层

多模态文化遗产数据是数据叙事的基础。原料层主要聚焦在数据源中洞察、分析数据，并结构化以获得故事点的过程，主要从数据采集与处理、数据探索两个方面切入。

在数据采集与处理方面，原料层负责提取不同模态的文化遗产数据。相同模态的数据揭示了知识关联叙事的特定片段或情节，而不同模态的数据则相互补充，这使得我们能够对知识图谱的关联叙事内容有更深入、更客观、更全面的理解。数据预处理主要涉及对缺失、重复、噪声数据以及不相关信息的清洗工作，还包括对数据进行语义语种的归一化处理和重名数据的区分。每个文化遗产数据源都独立提供了宝贵的信息，通过集成多个数据源，我们可以发现数据之间的显性或隐性联系，从而实现更大的关联价值。叙事主体，即可用数据，是那些可以直接探索的文化遗产数据，它们也是进行知识聚类与传播的基础。

在数据探索方面，数据探索的目的是发现文化遗产数据中包含的故事点，并在此阶段对数据状态的变化进行探索，如可借助时间序列分析探索数据的演化、借助对比分析探索数据之间的相关关系、借助回归分析探索数据之间的因果关系等，抽取数据项中的主体、时空等信息，并结合相关文献和政策文本进行背景信息的加工。数据探索是一个多次迭代的过程，可能需要对分析方法或数据进行多次调整，最后进行数据可视化映射。

（二）结构层

结构层在数据叙事中负责确立叙事内容的组织框架，紧密围绕时间、空间、事件、情感等核心维度来整合文化遗产知识。在将数据呈现给公众之前，必须深入考虑文化遗产数据的独特性质，编排构建出既合乎逻辑又兼具科学性的叙事故事。[①] 具体而言，内嵌故事结构意味着在数据叙事中，需要通过精心安排情节的先后顺序，将叙事内容编织成一个连贯的故事；内在逻辑关系则确保各个叙事节点通过特定的逻辑结构相互关联，从而形成一个清晰、有序的叙事脉络和结构。

数据叙事由若干情节构成，情节生成与排序直接影响受众对叙事逻辑的感知。[②] 在结构层的构建过程中，我们不仅需要关注时间轴上的历时性叙事，通过时间线串联起各类文本、音频、视频等文化遗产数据集，还需要在空间维度上进行拓展，解析文化遗产叙事场所的空间结构、时空线索及体验视角。此外，事件驱动的叙事和情感叙事也是不可或缺的组成部分，它们分别依据事理逻辑关系和情感认同，构建起多维度的数字叙事体验，使文化遗产知识图谱的叙事更加生动、立体。

---

① Chen S, Li J, Andrienko G, et al. Supporting story synthesis: bridging the gap between visual analytics and storytelling [J]. IEEE transactions on visualization and computer graphics, 2018, 26 (7): 2499-2516.
② HULLMAN J, DRUCKER S, RICHE N H, et al. A deeper understanding of sequence in narrative visualization [J]. IEEE transactions on visualization and computer graphics, 2013, 19 (12): 2406-2415.

（三）呈现层

呈现层主要是将结构层的结构化叙事以知识图谱可视化形式呈现给受众，数据叙事的视觉呈现媒介包括静态图表、动态视频、交互式仪表板等。目前，交互式仪表板是知识图谱数据叙事的流行方式，技术的高速更新发展，一方面能够满足博物馆展开叙事表达的需求；另一方面能够支持用户交互，有效地平衡用户驱动和叙事者驱动之间的关系。[①] 知识图谱数据叙事中的交互关系应当辩证看待，不可否认，交互设计确实会打断单一叙事的流程，但交互作为一种双向或多向交流的叙事行为，不仅促成叙事的交汇和碰撞，而且构成叙事的内在驱动力。重构数据叙事的任务之一就是发挥交互的功能，通过掌握用户在知识关联和交互叙事中的不确定性和生成性，赋予用户更多的互动性选择。

作为文化遗产知识图谱的最终展现阶段，呈现层与用户服务界面层相融合，构筑了观众与知识内容互动的桥梁。其主要关注三个核心要素：首先，它提供了全面检索馆藏文化遗产资源的能力，并能智能化地反馈搜索结果。这一功能的实现，依托于数字原料层和结构层对多模态资源的深度整合与优化。用户利用知识化检索手段，能够迅速且便捷地找到他们感兴趣的叙事主题，并获取相关素材。同时，系统会根据用户的检索行为和偏好，推送高度相关性的叙事主题，以进一步提升用户体验。其次，呈现层为用户个人数字叙事作品的展示提供了多样化的平台。用户可以自由创作个性化叙事作品，并通过用户服务界面进行展示，根据个人需求选择合适的呈现环境，从而实现数字叙事作品的广泛阅览与传播。最后，呈现层开设了文化遗产社交网络专区，为叙事参与者提供了一个交流互动的空间。这不仅促进了知识图谱关联叙事的文化和社会价值的进一步发挥，还通过持续的知识交流，实现了数字文化遗产知识的动态循环与创新。

结　语

博物馆的数字化与智慧化建设，其核心目的在于推动博物馆业务模式的革新，以更加高效地履行其作为知识生产与传播机构的重要职能。这意味着，博物馆必须积极探索利用最新的数字化技术和知识组织工具，开辟一条独特的知识聚合与传播路径，以适应未来文化遗产机构改革与发展的必然趋势。

在当前这个多模态数据日益丰富的时代，越来越多的人注意到，传统的叙事方式

---

① SEGEL E, HEER J. Narrative visualization: telling stories with data [J]. IEEE transactions on visualization and computer graphics, 2010, 16 (6): 1139-1148.

和习惯正逐渐被新的叙事策略和特征所取代。特别是在以数据驱动为主的叙事语境中，如何有效地从海量数据中提炼出文化遗产知识图谱的关键信息与知识，并通过创新的叙事手法与公众建立认知上的联系，已经成为博物馆数字人文项目应用与叙事研究的核心问题。因此，深入探讨数据叙事在文化遗产知识图谱中的应用，不仅有助于提升博物馆的服务质量，更将推动文化遗产知识的广泛传播与深入理解。

在过去的几年中，研究者们持续关注了一项基于深度学习和自然语言处理技术自动生成故事的人工智能应用。知识图谱，作为与链接开放数据、本体或大型模型驱动、深度学习技术紧密相关的研究热点，理应被引入文博领域。其目的是为了更好地展示文化遗产数据之间的联系，揭示文物数据所蕴含的价值和意义，共同构建一个供博物馆进行各种知识传播和应用的数字人文环境。

（作者单位：南开大学）

参考文献

【1】中共中央办公厅，国务院办公厅.关于推进实施国家文化数字化战略的意见［EB/OL］.（2022-05-22）［2024-06-05］. https://www.gov.cn/zhengce/2022/05/22/content_5691759.htm.

【2】铁钟，夏翠娟，黄薇，等.事件驱动的数据可视化交互设计：基于"数据叙事"的探索和实践［J］.中国图书馆学报，2023，49（4）：72-87.

【3】刘峤，李杨，段宏，等.知识图谱构建技术综述［J］.计算机研究与发展，2016，53（3）：582-600.

【4】刘芳，谢靖.以藏品为核心的知识图谱设计与应用［J］.数字图书馆论坛，2020（6）：8-14.

【5】张斌，李子林.图档博机构"数字叙事驱动型"馆藏利用模型［J］.图书馆论坛，2021，41（5）：30-39.

【6】BALETO, SUBSOL G, TORGUET P.Virtual storytelling: using virtual reality technologies for storytelling: international conference ICVS 2001 Avignon, France, September27-28, 2001Proceedings［M］.［S.I.］: Springer, 2003.

【7】SEGEL E, HEER J.Narrative visualization: telling stories with data［J］. IEEE Transactions on Visualization &Computer Graphics, 2010, 16（6）: 1139-1148.

【8】ECHEVERRIA V, MARTINEZ-MALDONADO R, GRANDA R, et al.Driving data storytelling from learning design［C］//Proceed-ings of the 8th international conference on learning analytics and knowledge.New York：Association for Computing Machinery，2018：131-140.

【9】张晨，朝乐门，孙智中.数据故事叙述的关键技术研究［J］.情报资料工作，2021，42（2）：73-80.

【10】丁家友，唐馨雨.数字人文视角下的数据叙事及其应用研究［J］.情报理论与实践，2022（2）：121-128）.

【11】冯惠玲.数字人文视角下的数字记忆：兼议数字记忆的方法特点［J］.数字人文研究，2021，1（1）：87

【12】宋新潮.关于智慧博物馆体系建设的思考［J］.中国博物馆，2015，32（2）：12-15，41.

【13】张斌，李子林.图档博机构"数字叙事驱动型"馆藏利用模型［J］.图书馆论坛，2021，41（5）：30-39.

【14】童茵.董其昌数字人文图谱设计与数据解析［J］.数字人文，2021（2）：142-157.

【15】祁天娇.从历史档案到历史大数据：基于威尼斯时光机十年路径的探索［J］.中国图书馆学报，2022，48（5）：116-129.

【16】夏翠娟.多模态文化遗产资源的智慧化服务模式研究：从可获得到可循证和可体验［J］.信息资源管理学报，2023，13（5）：44-55.

【17】曾蕾，谭旭.数据语义增强：解读图档博支持数字人文的新动向［J］.数字人文研究，2021，1（1）：65-86.

【18】MIGNINI C，BARTOLINI V. Using formal narratives in digital libraries［J］. Digital Libraries and Archives，2017（733）：83-94.

【19】戴子喻."中图典"：海外中国图像志系统的一个范例——专访张弘星［EB/OL］.（2021-04-17）［2024-08-05］. https://www.sohu.com/a/461368530_649556.

【20】李峰.文物知识聚合与传播的初步研究：以上海博物馆"宋徽宗与他的时代数字人文专题"为例［J］.东南文化，2022（3）：169-177，197-199，191-192.

【21】Chen S，Li J，Andrienko G，et al. Supporting story synthesis：bridging the gap between visual analytics and storytelling［J］. IEEE transactions on visualization and computer graphics，2018，26（7）：2499-2516.

【22】HULLMAN J，DRUCKER S，RICHE N H，et al. A deeper understanding of sequence in narrative visualization［J］. IEEE transactions on visualization and computer graphics，2013，19（12）：2406-2415.

【23】SEGEL E，HEER J. Narrative visualization：telling stories with data［J］. IEEE transactions on visualization and computer graphics，2010，16（6）：1139-1148.

人工智能背景下博物馆公众参与的机遇与挑战
Opportunities and Challenges of Museum Public Participation under the Background of Artificial Intelligence

沈雨萌
Shen Yumeng

摘要：本文将博物馆中的公众参与分为体验式参与和构建式参与两大类别，并深入探讨了这两种参与方式的特点及其潜在问题。同时，本文针对性地阐释了人工智能在提升公众参与度方面所发挥的核心作用。在体验式参与方面，人工智能技术能够辅助构建智能导览系统，以促进博物馆中个性化学习效果的提升；而在构建式参与方面，人工智能技术能够优化众包平台的运行与管理，并对众包成果进行有效识读与整理。尽管人工智能在博物馆的应用前景广阔，但目前仍存在一些阻碍，例如元数据标准的不统一、数据资源库建设的不成熟，以及在处理多模态信息和自然语言处理方面的能力有限等。为了克服这些挑战，博物馆需要与科研机构和科技企业加强合作与沟通，共同促进人工智能技术在博物馆领域的深入应用和创新发展，从而为公众提供更加丰富和多元化的知识服务与体验。

Abstract: This paper divides public participation in museums into two major categories: experiential participation and constructive participation. It analyzes the characteristics and existing problems of these two modes of participation and proposes the significant role that artificial intelligence (AI) plays in improving public participation. In experiential participation, AI technology can assist in building intelligent navigation systems to facilitate personalized learning in museums. In constructive participation, AI technology can optimize the operation and management of crowdsourcing platforms and recognize, organize, and analyze the results of crowdsourcing. However, the application of AI in museums still faces many challenges, such as imperfect metadata standards, low levels of data resource library construction, limitations in multi-modal information processing capabilities, and natural language processing capabilities. In this process, museums should also strengthen cooperation and exchanges with scientific research institutions, technology enterprises, and other partners to jointly promote the application and innovation of AI technology in the museum field, providing the public with richer and more diverse knowledge services and experiences.

关键词：博物馆；公众参与；博物馆智慧化

Keywords：Museum，Public Participation，Museum Digitization

引　言

"人工智能"这一术语的起源，最早可追溯至1956年，在美国达特茅斯学院举办的夏季学术研讨会上，约翰·麦卡锡（John McCarthy）首次提出了"人工智能"（Artificial Intelligence，AI）的概念。随着移动互联网、大数据、超级计算、传感网、脑科学等前沿科技的不断突破，人工智能技术飞速发展，逐渐渗透到日常生活的各个领域，深刻地改变着人们的工作与生活方式。

近年来，人工智能迎来了飞速发展的黄金时代。为了更有效地掌握这一科技力量，我国于2017年7月8日由国务院颁布了《新一代人工智能发展规划》。该规划明确描绘了我国人工智能发展的宏伟蓝图，确立了未来的发展战略、总体要求和核心任务，为技术创新指明了方向。规划强调，未来将集中力量攻克知识计算引擎与知识服务、群体智能、虚拟现实智能建模技术以及自然语言处理技术等关键技术领域。这不仅为人工智能在民用领域的广泛运用打下了坚实的基础，使人工智能更有效地服务于社会生活，同时也为人工智能在博物馆环境中的应用开辟了新的道路。

2019年，科技部等六部门联合发布了《关于促进文化和科技深度融合的指导意见》，旨在通过数字化、网络化、智能化的技术手段，推动文物的保护利用以及非物质文化遗产的传承发展。该意见鼓励开发可视化、互动化、沉浸式的文化体验平台与产品，同时优化文化数据的提取、存储与利用技术，①以更好地满足公众对高质量文化体验的需求。

在此背景下，博物馆作为传承历史、弘扬文化的重要载体，面临着前所未有的发展机遇与挑战。博物馆作为社会教育的重要阵地，应顺应时代浪潮，以积极主动的态度和前瞻性的视角，探索人工智能技术在文博领域的应用模式，促进技术与文化的深度融合，为博物馆的发展注入新的活力与动力。

---

① 中华人民共和国科学技术部.国家文物局关于推进博物馆改革发展的指导意见[EB/OL].(2019-08-26)[2024-06-26]. https://www.most.gov.cn/xxgk/xinxifenlei/fdzdgknr/fgzc/gfxwj/gfxwj2019/201908/t20190826_148424.html.

二、博物馆与公众关系的转向

（一）博物馆关注重心的转变

随着新博物馆学理念的提出及其广泛传播，博物馆领域经历了一场深刻的范式转变，以藏品的建档、保存、陈列为重心的传统博物馆学理念逐渐被打破，博物馆的关注焦点开始从静态的"物（藏品）"转移至动态的"人（观众）"。[①]

2022年6月10日，国际博物馆协会对博物馆进行了重新定义："博物馆是为社会服务的非营利性常设机构，它研究、收藏、保护、阐释和展示物质与非物质遗产。它向公众开放，具有可及性和包容性，促进多样性和可持续性。博物馆以专业、道德的方式，在社区的参与下进行运营和交流，为教育、欣赏、反思和知识共享提供多种体验。"新定义不仅重新诠释了博物馆的核心本质，还为未来的发展方向提供了明确的蓝图。它特别强调了博物馆的"可及性"和"包容性"，这表明博物馆应致力于消除障碍，确保所有社会成员，不论背景如何，都能接触并享受博物馆的资源和服务。这也促使博物馆进一步思考如何使每一位访问者都能在参观中获得价值。此外，新定义鼓励博物馆超越文化遗产展示的传统角色，深度参与社会文化的构建和传播。这种转变实际上扩展并深化了博物馆的职能，从为个体提供服务，转变为满足群体的社会需求，进一步凸显了博物馆作为社会服务机构的核心角色。

在这样的背景下，博物馆与公众之间的互动正在经历微妙的转变。观众的角色已从单纯的旁观者或参观者演变为社区的积极参与者和构建者；与之相应，博物馆的角色也从传统的知识储藏库转变为一个促进交流、激发思考的平台，成为观众与藏品、环境以及其他观众之间对话的桥梁。在博物馆内部，策展人或策展部门的角色也发生了转变，从内容的"组织者"变成了主题的"发起人"，引导观众从多角度深入探索文化、历史和社会的变迁。这一系列的转变凸显了公众在博物馆展览活动中的主体地位，博物馆正在逐渐转变为一个社会教育和知识传播的重要媒介。

（二）博物馆中的公众参与

根据公众参与博物馆活动的方式，博物馆中的公众参与可以划分为两大类别：体验式参与和构建式参与。

1. 体验式参与

体验式参与是指公众在博物馆学习过程中的参与方式，它可以根据参与形式的不

[①] 甄朔南.什么是新博物馆学[J].中国博物馆，2001（1）：25-28，32.

同，进一步细分为态度式参与、行为式参与，以及融合了这两种方式的混合式参与。①态度式参与体现在观众在参观过程中，积极地对展览内容进行探索和思考，并在这一过程中，将从博物馆中获取的信息与自己已有的认知进行融合，从而形成新的感悟和理解。行为式参与则涵盖了观众在参观过程中，通过积极参与互动设计，或与博物馆环境、交互装置进行互动等行为。在混合式参与中，上述两种参与形式均有所体现。

体验式参与的形成，首先源于策展团队对展示主题的深刻理解和阐释。通过巧妙的问题引导或互动装置的设计，观众的思绪被引入展览的核心内容。同时，通过营造与主题相契合的环境，观众得以在感官上沉浸其中，建立起情感的纽带，从而在思维和情感上与展览产生共鸣，实现意义的构建。

目前，体验式参与的研究广泛采用跨学科的视角，从理论上分析影响观众学习效果的各种因素，并尝试构建更适宜观众参观的环境。研究的另一个焦点在于探讨数字技术如何辅助和提升展览效果，以及实现这些效果的途径。在实际操作中，借助数字技术，展示的可视化形式得到了创新，观众获得了新鲜的参观体验，从而提高了参与度；此外，数字技术亦被运用于增强观众在参观过程中的多感官体验，通过提升沉浸感的手段来加深观众的情感参与，协助观众构建更为持久的观展记忆。

2. 构建式参与

在博物馆中，构建式参与意味着公众以"协作者"的角色，积极参与到博物馆的文化建设活动中。鉴于我国文化遗产的丰富多样，它们分布广泛、地域分散，并且保存状况各不相同，因此在文化遗产数据的收集与标注过程中，始终存在挑战大、任务繁重的问题。近年来，一些学者开始将商业领域的众包理念应用于文化遗产保护，以期解决这一难题。"文化遗产众包是指公众群体（志愿者）与文化遗产相关的公共文化服务机构及非营利组织建立合作关系（通常由组织发起并主导，公众参与及配合），协作完成工作量大且难以自动实现的任务，以践行文化遗产资源保护、传承和有效利用的共同目标，并达成供需两侧价值共创的一种开放协作模式。"②这种协作模式，尤其适用于需要广大用户参与、知识背景多元化以及地理位置差异大的主题，③它不仅有助于项目发起组织有效动员公众参与，促进文化遗产数据的集中采集、上传或捐赠，从而提升资源整合的效率，而且还能让公众直接参与到文化遗产保护的实践中，加深对文化遗产的理解和认知。目前国内外已有大量图书馆、档案馆、美术馆和博物馆进行了众包尝试，志愿者们从增加数据价值、提高数据质量、补充数据内容、扩展数据内

---

① 常丹婧.博物馆学习中的观众参与：概念、特点与对策[J].东南文化，2021（5）：169-175.
② 赵宇翔，练靖雯.数字人文视域下文化遗产众包研究综述[J].数据分析与知识发现，2021，5（1）：36-55.
③ 练靖雯，张轩慧，赵宇翔.国外数字人文领域公众科学项目的案例分析及经验启示[J].情报资料工作，2018（5）：32-40.

涵等角度对馆藏资源的建设提供了帮助。①

三、人工智能技术为博物馆公众参与带来的新机遇

（一）人工智能促进体验式公众参与

在体验式参与中，目前面临的核心挑战是参观过程中观众参与的低效性。所谓低效参与，指的是观众尽管参与了各种互动活动，却未能实现认知上的实质性增长。这种情况通常由两个原因引起：一是互动内容的设计可能超出了观众的理解范围，使得他们难以把握其深层意义；二是观众可能对互动方式存在误解，从而使得参与行为与预期的学习目标背道而驰。

为了降低博物馆中低效参与的发生，博物馆应努力帮助观众在参观或社会教育活动中构建新的"体验"，从而赋予博物馆参观行为以深远的意义。这种体验的形成与观众的个人生活背景、认知水平、学习习惯等因素息息相关。因此，设计个性化的参观方案，以满足不同观众群体的知识需求，是至关重要的。

尽管人工智能在博物馆领域的应用尚不广泛，但在教育领域，其运用却有着悠久的历史。其中一个重要的应用形式就是"智能导师系统（Intelligent Tutoring System，ITS）"。"智能导师系统"这一概念首次提出于1982年，可被定义为"利用人工智能技术模仿人类教师在教学中所承担的角色，为学习者提供个性化学习指导，帮助不同需求和特征的学习者获得知识和技能的一种智能化的计算机辅助教学系统"②。系统主要由"领域模型""学习者模型""教师模型"三部分构成。"领域模型"，亦称作"专家知识模型"，是ITS系统中教学内容的核心来源，其质量直接决定了系统的教学效果。"学习者模型"顾名思义，主要保存学习者的个人资料，记录学生的学习风格、认知能力、知识水平和情感状态等信息，构成了ITS系统实现个性化教学的基石。"教师模型"则依据教学内容的特性，结合学生模型中存储的信息，遵循教育学原则，制定适合学生的个性化教学策略，是ITS系统中的决策核心。

博物馆内的社会教育活动与传统学校教育在某些方面具有相似之处，然而，它们在学习内容、学习者（即观众）的特点、学习目标、方法以及环境等方面存在显著差异。鉴于这些独特性，我们可以借鉴ITS的设计理念，对现有的三个模型进行适当调整。通过利用人工智能技术，我们可以开发出一套专为博物馆环境量身定制的智能导览系统。

---

① 赵宇翔，练靖雯.数字人文视域下文化遗产众包研究综述[J].数据分析与知识发现，2021，5（1）：36-55.
② 刘清堂，吴林静，刘嫚，等.智能导师系统研究现状与发展趋势[J].中国电化教育，2016（10）：39-44.

以馆藏文物信息为核心的知识模型构成了导览系统的核心。首先，必须对馆藏文物进行数字化信息的采集与标注，从而形成一个多模态的馆藏文物数据库。为了确保文物数据的存储井然有序，便于内部调用和跨馆共享，应依据领域内通用的元数据标准对采集到的文物数据进行标准化处理。最终，基于这些资源，可以构建一个知识图谱，将馆藏文物以网络形式连接起来，使文物相关的知识形成一个系统化的结构。通过知识推理，可以实现文物之间的关联和推导。为了满足专业人士深入学习的需求，应不断将博物馆的相关研究成果整合进知识模型中，保持模型的动态更新，以此来扩展文物知识的深度和广度，并实现研究成果的实时展示和应用。

接下来，我们基于观众的大数据构建参观者模型。这个模型与教育领域的学习者模型相对应，也是智能导览系统提供个性化服务的基础。博物馆通过收集和分析观众的大数据，包括身份数据和行为数据，来构建这一模型。身份数据涵盖了观众的基本信息，例如性别、年龄、职业和居住地等，而行为数据则记录了观众在博物馆内的参观行为和活动参与情况。通过对这些数据的深入分析，我们能够构建出博物馆的参观者模型，这不仅有助于博物馆更好地了解观众构成并收集参观反馈，从而提供更精确的观众服务，同时也为智能导览系统制定个性化学习方案提供了重要参考。

最后，我们探讨适用于博物馆学习环境的导学模型。在博物馆中，学习活动通常以非正式的形式发生，这意味着学习的时间、地点、内容、目的以及学习成果都带有一定的随机性和偶然性。在这种背景下，学习者难以像在传统学习环境中那样构建一个完整的学习体系。他们所追求的，往往是能够"自主地建立知识点之间有价值、有意义、有趣的联系"。此外，不同学习者对学习内容和方式的需求各异，这些信息将被参观者模型所记录，并反馈给导览系统。针对博物馆环境构建的导览模型，应当能够结合博物馆学习的特点，充分考虑参观者的兴趣和偏好，以决定最终的参观路线和讲解深度，从而提供满足个性化需求的知识服务。

（二）人工智能辅助构建式公众参与

构建式公众参与在实际操作中，涵盖了以下关键环节：招募并培训参与者，编辑、修改和整理项目内容，审核和评估工作成果，以及公布和共享项目成果。人工智能在此过程中扮演着至关重要的角色，它负责精准地推送项目信息，并处理众包过程中产生的多模态数据。

鉴于文化遗产众包项目的参与者分布广泛，众包活动通常通过网络平台来完成招募、联络以及成果共享等环节。因此，网络平台的构建、日常运维管理以及平台的可持续发展，成为该领域内备受关注的问题。

作为核心组成部分的众包平台，承担着志愿者招募、管理，任务发布、匹配，成果公布、分享的职责。目前普遍采用的任务匹配方式包括志愿者通过关键词检索自主选择，或是平台随机匹配，但这些方法往往导致部分任务因难以检索而无人问津，或匹配到的任务与志愿者的意愿或能力不匹配，从而降低了公众参与的积极性与效率。

突破困境的关键在于实现面向平台用户的精准推送，通过对志愿者档案中的兴趣意向、专业技能和过往志愿经历等信息进行读取、分析，对平台记录在册的志愿者个人信息进行梳理，与众包任务要求进行匹配，实现个性化的信息推送或任务匹配，有助于提高任务的接取率和完成率，提高平台的运行效率，并改善志愿者的平台使用体验，提升满意度，以增强参与意愿，促进志愿者与文化机构通过平台形成良性互动。

组织众包获得的文化遗产知识，也是数字人文研究的核心议题之一。鉴于文化遗产的独特性，相关数字资源可以划分为结构化数据和以图片、音视频为主的非结构化数据两大类。研究的关键在于如何高效地将大量非结构化数据转化为结构化或半结构化数据，并对这些数据进行详细描述与关联，以便与现有的领域知识整合，从而激活并有效利用这些知识。

通过众包方式获得的文化遗产数据资源，其形成过程可以划分为三个阶段：首先是数据资源的采集，其次是数据资源的组织，最后是数据资源的共享。文化遗产大数据在大数据的一般特征上，又具有文化性、历史传承性、分散性、繁杂性和传播性5个独有特征。[①] 这些特征决定了文化遗产信息在采集与组织的过程中，通常需要投入大量时间和精力对所收集的内容进行细致梳理，以确保数据的精确性和完整性，这在一定程度上降低了知识内容转化和传递的效率。然而，人工智能技术通过初步识别文本、图像、音频和视频，辅助将采集到的多模态、非结构化数据转化为机器可识别和可读取的数据，便于后续进行深入分析和挖掘。同时，它能在多模态数据之间建立局部关联，有效提高信息提炼与整理的效率。

四、人工智能技术在博物馆应用中所面临的挑战

（一）文物元数据标准尚不完善

博物馆内汇聚了众多珍贵的藏品资源，这些藏品是博物馆核心知识内容的基石。随着博物馆向智能化转型迈进，元数据作为连接人工智能技术与专家学者的"通用语言"，在构建藏品数字化资源数据库方面发挥着至关重要的作用。它不仅确立了标准化的信息表达框架，还保障了知识传递的精确性和效率，为人工智能技术的识别、深度

---

① 曾熙，谭旭，王晓光. 文化遗产大数据二维分类框架研究［J］. 图书情报知识，2020（1）：84-93.

学习以及加工处理提供了坚实基础。这使得跨机构的数字资源共享成为现实，其重要性显而易见。

然而，文化遗产领域在元数据标准的研究与应用方面，目前仍面临诸多挑战。特别是对于有形文物的元数据标准，其研究进展相较于非物质文化遗产领域，显得相对滞后。对文物数据资源进行描述的元数据标准，国际上虽已存在盖蒂基金会（J.Paul Getty Trust）资助研发的《艺术品描述目录》（Categories for the Description of Works of Art，CDWA）、国际博协登记著录委员会（CIDOC）发布的CIDOC-CRM模型、Europeana项目构建并使用的元数据模型EDM（Europeana Data Model）等[①]较为成熟的元数据模型，但这些标准往往难以完全满足国内文物资源的特殊特性和需求，使得它们在实际应用中的匹配度并不理想。同时，国内在文物元数据标准的研究方面尚处于起步阶段，相关成果有由北京大学承担，故宫博物院等多家文博机构、元数据领域研究机构合作研究发布的《文物核心元数据标准》，此外也有多家博物馆基于馆藏试构建元数据标准及领域本体。总体上看，国内现有元数据标准呈现出领域内知识表达的细粒度不足、应用广泛性差等多方面的问题，难以应对数据的深入挖掘与检索分析。此外，由于不同机构间采用的元数据标准各异，形成了数据孤岛，严重阻碍了知识数据的再利用和跨机构共享，也增加了文物资源数据整合与分析的难度。

因此，在推进博物馆藏品资源"数据化"的进程中，迫切需要建立一个行业内通用、统一的元数据标准。这一任务要求博物馆、科研机构、技术企业等多方携手合作，依据国内文物资源的具体状况以及文博单位的实际工作需求，深入探讨并制定一个既符合国际标准又贴合本土实际的元数据规范。此外，还需推动标准的实施，对采集的数据和元数据进行标准化处理，以确保数据的一致性和高效利用。

（二）博物馆智能化进程中仍面临诸多技术挑战

博物馆的知识体系持续经历着变化，新藏品的纳入或现有藏品的移出，以及研究成果的不断刷新，都要求人工智能系统能够迅速适应和学习。这需要人工智能精确地捕捉并快速解析知识之间的深层联系。然而，动态知识的识别、分析、抽取和评估技术尚未成熟，相关技术与算法的研究迫切需要取得突破。

博物馆的数据资源中包含了大量多模态数据，如文物图像、视频、解说音频、文字介绍以及游客的互动行为等。这些数据类型多样，格式各异，为人工智能的识别和处理带来了巨大的挑战。如何有效地整合这些多模态数据，确保信息的准确提取，是当前亟须解决的难题之一。同时，实时处理这些多模态数据对计算能力和存储资源提出了更高的要求。

---

① 刘绍南，杨鸿波，侯霞. 文物知识图谱的构建与应用探讨［J］. 中国博物馆，2019（4）：118-125.

此外，人工智能技术在应对自然语言处理以及复杂社会文化语境时，不可避免地暴露出其固有的局限性。在自然语言处理的领域，挑战主要源自两个方面：一方面，自然语言的丰富多样和灵活性往往使得信息处理变得复杂。为了应对冗余信息和特定的表达需求，人工智能系统必须具备强大的信息识别和筛选能力，能够精确地合并或剔除重复内容，从而避免信息过载。另一方面，由于语言背后蕴含着不同的文化背景，一些特定的表达方式或隐喻可能不易被直接理解。这可能会导致人工智能在获取知识的过程中出现遗漏或误解，进而引发知识缺失的问题。

作为文化交流的关键平台，博物馆的社会职能意味着其技术应用场景中自然蕴含着丰富的文化元素。然而，当人工智能遭遇复杂文化因素时，可能无法准确识别并作出相应反应。此外，在处理涉及人类情感的复杂交流时，人工智能技术可能难以精确捕捉并作出适当的回应，这在一定程度上限制了其在教育等互动场合的表现。因此，促进人工智能更好地适应并融入人文领域，已成为技术发展的核心议题之一。鉴于博物馆在文化传播和社会教育方面的独特作用，人工智能在应用过程中必须审慎地平衡文化传承与伦理保护的关系，确保技术能够服务于博物馆的文化价值，同时在保护文化遗产的基础上实现和谐共生。

在人工智能技术飞速发展的背景下，博物馆作为文化传承和社会教育的关键场所，正经历着从数字化到智能化的深刻转变。人工智能技术在博物馆的文化传播和阐释方面已经显示出巨大的潜力。借助人工智能技术，博物馆能够利用科技的力量，提升资源管理的效率，激活博物馆藏品资源；进一步实现知识内容的智能化展示和推荐，增强观众的参观体验；利用数据模型，精确掌握观众的兴趣和需求，为观众提供更加个性化的服务；构建智能化平台，加强公众与文博机构的联系。在这一过程中，博物馆还应加强与科研机构、科技企业的合作与交流，共同攻克人工智能在人文领域应用的技术难题，推动人工智能技术在博物馆领域的应用和创新。通过文化与科技的深度交融，我们能够拓宽公众参与的范围和层次，创新博物馆的展示手段，有效提高博物馆的文化传播效力，增强博物馆的社会服务职能，为公众提供更加丰富和多元化的知识服务与体验。

（作者单位：南开大学）

参考文献

【1】中华人民共和国科学技术部.国家文物局关于推进博物馆改革发展的指导意见［EB/OL］.（2019-08-26）［2024-06-26］. https://www.most.gov.cn/xxgk/xinxifenlei/

fdzdgknr/fgzc/gfxwj/gfxwj2019/201908/t20190826_148424.html.

【2】甄朔南. 什么是新博物馆学［J］. 中国博物馆，2001（1）：25-28，32.

【3】常丹婧. 博物馆学习中的观众参与：概念、特点与对策［J］. 东南文化，2021（5）：169-175.

【4】赵宇翔，练靖雯. 数字人文视域下文化遗产众包研究综述［J］. 数据分析与知识发现，2021，5（1）：36-55.

【5】练靖雯，张轩慧，赵宇翔. 国外数字人文领域公众科学项目的案例分析及经验启示［J］. 情报资料工作，2018（5）：32-40.

【6】赵宇翔，练靖雯. 数字人文视域下文化遗产众包研究综述［J］. 数据分析与知识发现，2021，5（1）：36-55.

【7】刘清堂，吴林静，刘嫚，等. 智能导师系统研究现状与发展趋势［J］. 中国电化教育，2016（10）：39-44.

【8】曾熙，谭旭，王晓光. 文化遗产大数据二维分类框架研究［J］. 图书情报知识，2020（1）：84-93.

【9】刘绍南，杨鸿波，侯霞. 文物知识图谱的构建与应用探讨［J］. 中国博物馆，2019（4）：118-125.

具身、沉浸、参与：严肃游戏作用于博物馆传播

Embodiment, Immersion, and Engagement: The Role of Serious Games in Museum Communication

朱 彤

Zhu Tong

摘要：随着博物馆的发展理念由以物为主向以人为主的转变，以及公众对优质文化需求的不断提升，博物馆传播在数字技术的推动下，呈现出双向性、互动性、参与性等新特征。近年来，游戏化学习的积极效果在理论和实证层面均得到了相关验证，证明其能够作为一种激发用户好奇心并提升内在动机的有效传播方式。博物馆严肃游戏通过游戏化的互动手段，能够激发观众对博物馆探索的浓厚兴趣，提升博物馆的教育传播效果和观众的参与体验，从而促进对文化遗产的深入理解和认同感。本文基于具身认知理论和沉浸体验理论，构建了一个以情景环境、游戏设计、使用效益为核心的博物馆严肃游戏应用框架。同时，本文尝试探讨在实际开发博物馆严肃游戏的过程中，开发者应关注的关键问题，旨在为博物馆严肃游戏的持续优化提供有益的思路。

Abstract: With the change of the development concept of museums from object-based to people-based, and the continuous improvement of the public's demand for high-quality culture, museum communication, driven by digital technology, presents new characteristics such as bidirectional, interactive and participatory. In recent years, the positive effects of gamified learning have been validated both theoretically and empirically, proving that it can be used as an effective communication method to stimulate user curiosity and enhance intrinsic motivation. Through the interactive means of gamification, museum serious games can stimulate the audience's strong interest in museum exploration, improve the educational communication effect of museums and the audience's participation experience, and thus promote the in-depth understanding and identity of cultural heritage. Based on embodied cognition theory and immersive experience theory, this paper constructs a framework for the application of museum serious games, which takes situational environment, game design and use benefit as the core. At the same time, this paper attempts to discuss the key issues that developers should pay attention to during the actual development of museum serious games, aiming at providing useful ideas for the continuous optimization of museum serious games.

关键词：博物馆传播；严肃游戏；具身认知；沉浸体验

Keywords：Museum Communication, Serious Games, Embodied Cognition, Immersive Experience

引 言

（一）数字时代博物馆传播的发展趋向

作为公共文化机构的博物馆，其重要的社会文化职能之一是，在收藏和研究藏品的基础上，对这些藏品的内涵信息进行阐释和传播。博物馆的传播活动以其内容的丰富性、方式的轻松性、时间的灵活性以及发生的随机性而著称。在这一过程中，它为观众提供了丰富的文物知识体验，促进了个体在身体、情感和认知上的全面参与。博物馆重视个体的经验和参与度，通过增进个体与文物及场馆之间的互动，在建立联系的同时，促进了信息的获取和知识经验的创造。

在博物馆的成立和发展初期，其传播活动主要由博物馆自身主导，主要向观众单向传递知识和信息。然而，随着现代博物馆将工作重点从物品转向人，对观众的关注度逐渐提升，博物馆的传播方式变得日益丰富和多样化。传播目标不再局限于传递知识和信息，而是更加注重引导观众解读文物信息，以及对知识内容的重新构建，致力于打造一个动态的、多维度的、以满足公众社会文化需求为核心的传播体系。博物馆通过举办互动性强的活动，为观众营造沉浸式的情境体验，使得文物知识在寓教于乐的过程中得到更有效的传播和吸收。

得益于新时期以来数字科技的快速发展，作为传播主体的博物馆正逐步向数字化和智能化迈进，传播模式和传播介质也更加多样化。随着社会经济的发展和信息传播方式的改变，数字技术在博物馆工作中扮演着越来越重要的角色，为记录、存储和传播文化遗产提供了新的视角与方法，不断推动博物馆理念革新与实践发展。在数字时代的宏大背景下，面对公众不断增长的优质文化体验需求，博物馆必须在深化文物研究和加强数字资源建设的同时，积极运用先进的数字技术来增强公共文化内容的提供能力，并创新文物展示与传播的方式，以及文化体验的形式。

（二）严肃游戏作用于博物馆传播

随着非正式学习理念的更新与现代教育技术的发展，现代学习理论认为当学习者处于主动参与、高度集中状态时，能够实现最佳的学习效果[①]，实现相关内容的传播目标。近年来，游戏化学习作为一种高效的内容传播策略，受到了广泛关注。它为参观者提供了一种社会化的媒介和文化适应的途径。凭借其体验的趣味性和丰富的互动性，游戏化能够促进对博物馆等真实场所的理解，并激发场所依恋感。因此，游戏化逐渐被广泛应用于促进观众参与博物馆活动，推动观众与文物藏品、展览以及机构之间构建独特且有意义的联系。

进入21世纪以来，文化遗产知识传播已经成为严肃游戏的重要应用领域之一。得益于各类数字技术对电子游戏真实感的提升，诞生于虚拟遗产浪潮中的文化遗产严肃游戏，将现代游戏的沉浸交互技术应用于文化遗产体验中，已成为博物馆阐释和传播文化遗产的创新途径和有效方式。作用于博物馆传播的严肃游戏可以分为场景重建类、技艺传承类和意识传播类，通过挖掘游戏在传递信息知识、促进社交、增强互动等方面的巨大潜力，利用游戏形式激发用户对未知事物的好奇心，提升观众的参与状态并丰富参观体验。因此，无论从博物馆角色转变和传播职能拓展的目标出发，还是基于观众对文化体验的深度需求，严肃游戏已逐渐成为博物馆传播知识、开展社会教育的重要方式之一。

严肃游戏是整合了文化内容、游戏机制、数字技术的新型应用。发展博物馆严肃游戏不仅可以在坚守内容严谨性的原则下，利用游戏元素构建新的文化传播形式，在潜移默化中提升公众的文化素养，培养文化传承的主人翁意识，更能为博物馆藏品的活化利用提供新的思路和途径，有助于改善目前国内博物馆展示传播手段趋同性强、内涵挖掘程度低、公众参与体验感弱的困境。因此，本文尝试提出一个基于具身认知理论和沉浸体验理论的博物馆严肃游戏应用模型。该模型从影响博物馆观众体验的两大理论视角出发，深入分析情景环境与游戏设计对观众体验的影响。通过借鉴关于博物馆严肃游戏使用效益的现有研究成果，本文旨在为严肃游戏的进一步优化和持续发展提供实际操作建议，以期最大化地发挥严肃游戏在提升博物馆观众的知识技能、促进社会互动、培养意识等方面的积极作用。

二、博物馆严肃游戏应用模型的理论基础

（一）具身认知理论

具身认知是建立在批判传统离身认知基础之上的一种新型研究范式，兴起于20世

[①] CHENG M T, CHEN J H, CHU S J, et al. The use of serious games in science education: a review of selected empirical research from 2002 to 2013 [J/OL]. Journal of computers in education, 2015, 2 (3): 353-375. https://doi.org/10.1007/s40692-015-0039-9.

纪 90 年代。具身认知理论认为认知过程根植于身体与世界的交互中[1]，依赖于有着特定知觉和运动系统的身体体验。具身认知理论吸引了心理学、哲学、生物学以及脑科学等多个学科领域的广泛关注，并在这些相关领域中得到了广泛应用。[2] 具身认知理论提出认知具有涉身性、体验性和环境性，相关研究者强调身体结构对认知方式和心智成长的影响，鼓励身体感知运动系统的参与，重视身体与环境之间的动态交互，尝试重新阐释依赖于具身认知的活动。具身认知强调认知、身体、环境三者间的相互作用，当个体处于高参与度、强沉浸性场景时能够获得更好的身体体验，进而促进认知的形成。

近年来，随着博物馆社会角色的转变，博物馆在文化内容传播和社教活动开展等方面越来越重视以观众为中心，采用更亲民的传播形式。博物馆依托其藏品和实体机构，巧妙融合实体空间与虚拟环境，为访客呈现丰富而真实的文化体验。具身认知理论，作为一种认知科学的视角，能够有效地指导博物馆的教育和展示活动。该理论主张认知过程是与身体经验紧密相连，并且在特定情境中形成的，它强调观众的主体性以及环境对认知过程的塑造作用。具身认知理论特别强调情境性在博物馆参观体验中的重要性，认为这种体验是通过个人、物理环境以及社会文化背景之间不断互动而形成的。个人情境解释了为何不同个体在参观时会有不同的体验和偏好，物理环境则突出了博物馆以实物展示为核心的重要性，而社会文化情境则强调了博物馆作为社会文化教育重要场所的角色。

（二）沉浸理论

沉浸理论最初由芝加哥大学的心理学教授米哈伊·契克森特米哈伊于 1975 年提出，旨在描述和解释人们在活动中的参与状态和投入程度。[3] 当个人沉浸在特定活动中并且个人技能与任务挑战匹配时，心流体验就会发生，即在执行一项任务时通过完全集中精力而产生的愉快体验。[4] 20 世纪 90 年代末，随着学者首次将沉浸理论应用到在线环境中，沉浸理论的应用场景得到进一步拓展。[5] 游戏，作为一种融合了趣味体验、任务挑战和反馈信息等元素的应用，在平衡挑战难度和技能水平方面具有独特优

---

[1] WILSON M. Six views of embodied cognition [J/OL]. Psychonomic bulletin & review, 2002, 9（4）: 625-636. https://doi.org/10.3758/BF03196322.
[2] THELEN E, SCHONER G, SCHEIE C, et al. The dynamics of embodiment: a field theory of infant perseverative reaching [J]. Behavioral and brain sciences, 2001, 24（1）: 1-34.
[3] CSIKSZENTMIHALYI M. Play and Intrinsic Rewards [M]. Dordrecht: Springer Netherlands, 2014.
[4] CSIKSZENTMIHALYI M. Creativity: flow and the psychology of discovery and invention [M]. New York, NY, US: HarperCollins Publishers, 1997: viii, 456.
[5] HOFFMAN D, NOVAK T. Marketing in Hypermedia Computer-Mediated Environments: conceptual foundations [J/OL]. Journal of marketing, 1997（60）. https://doi.org/10.1177/002224299606000304

势。在数字时代，它充分利用了多种可视化技术，创造出更为丰富的沉浸式体验场景。这种场景能够在多个方面促进心流状态的产生。心流状态为个体带来了愉悦感、趣味性和新鲜感，这不仅有助于提升用户的参与度，帮助他们更好地理解传播内容和文化信息，而且在吸引用户、提高用户忠诚度方面也具有积极作用。这能有效支持博物馆发挥其作为公共文化机构的传播职能。因此，沉浸理论对于探索博物馆严肃游戏中用户的使用感受、内在动机和传播效果具有重要的价值。

随着各种可视化技术的成熟应用，以及游戏化学习的有效性得到证实，数字时代的博物馆积极采纳严肃游戏这一形式，可以最大限度地发挥游戏在视觉信息表达、提供个性化体验、实时交互反馈、社群交流协作等方面的优势。通过将文化内容与游戏机制有机融合，观众在沉浸式参与过程中加深了对知识的理解，实现了真实藏品、实体空间与虚拟环境的无缝对接，观众获得了多感官的沉浸式体验。在这个过程中，观众与内容之间建立了更有效的联系，促进了情感共鸣的产生。

三、基于具身认知理论和沉浸理论的博物馆严肃游戏应用模型构建

（一）情境环境

在具身认知理论中，认知、身体、环境处于动态变化的耦合系统中，认知包含在身体中，身体处于环境内。[①]情境环境作为认知产生的重要因素，从外部影响着身体的感受和认知的发生。身体是认知形成的基础，为能力不同、兴趣不同的人创造理解的最佳方式是让他们与具体对象产生互动。[②]与环境的互动有助于个体更深入地理解情境中的知识信息，而技术可以作为一种有效的工具，可以帮助用户建立起认知、身体和环境三者之间的联系。

1. 实体物理空间

藏品和机构本身的实物性决定了实体物理空间是博物馆体验中不可或缺的重要部分。在进行交互形式的比较研究时，我们发现实物的真实性在观众的认知和思考过程中扮演着至关重要的角色。在观众体验了真实物品的触觉、视觉，以及通过二维图片、三维数字重建和3D打印技术呈现的五种不同展示方式后，他们对真实物品的感知程

---

① NOT E, PETRELLI D. Blending customisation, context-awareness and adaptivity for personalised tangible interaction in cultural heritage [J]. International Journal of Human-Computer Studies, 2018 (114): 3-19. https://doi.org/10.1016/j.ijhcs.2018.01.001.

② CHAMPION E M. Otherness of place: game-based interaction and learning in Virtual Heritage Projects [J/OL]. International journal of heritage studies, 2008, 14 (3): 210-228. https://doi.org/10.1080/13527250801953686.

度最为深刻。① 随着数字技术的不断进步和可视化展示技术的显著提升，博物馆开始探索将实物、实体空间与数字技术相结合的新途径，以增强真实体验并丰富交互形式。一方面将观众在实体空间的亲身体验、实体物品资源与机构在线数据库相结合，为观众提供了有形的、具体的、拓展式的博物馆参观体验②；一方面在真实遗址和实体展览空间等物理场景上叠加数字资产，用户不仅可以近距离接触文化遗产，感受真实遗址的氛围，同时还能在特定空间内获得多感官、多样化和身临其境的学习体验，从而在此过程中加深对文化内容的理解与记忆。

2. 虚拟数字空间

丰富的数字技术能为博物馆观众构建视觉表达、信息传递、互动交流、交互娱乐的体验空间，让观众与文化遗产之间形成更为紧密的联系。近年来，随着实时计算机图形、三维重建、虚拟现实、增强现实以及人工智能等技术的持续进步和广泛应用，博物馆得以构建起关于文化遗产的虚拟体验环境，为公众提供了更加丰富和沉浸式的体验情境。有些博物馆在专业研究基础上，对遗产场景进行高精度的重建或复原，让用户在身临其境中完成与文化遗产交互的游戏任务。③ 例如，在意大利开发的虚拟水下考古体验 VISAS 项目中，研究人员利用 VR 技术为用户提供了完整的水下生物和历史遗迹等文化场景信息，弥补了由于潜水技术的限制和水下文物的保存需求，公众无法接触水下文化遗产资源的遗憾。④ 有些则通过将叙事元素融入虚拟环境并提高应用的体验性⑤，使用户通过与文化内容相关的游戏故事的即时互动⑥，获得更深层次的参与感并形成个人的见解。⑦ 例如，由那不勒斯国家考古博物馆开发的 2D 叙事游戏"Father and Son"，讲述了一位考古学家的儿子以三件标志性馆藏穿越时空，在追溯父亲过往

---

① DI FRANCO P., MATTHEWS L, MATLOCK T. Framing the past: how virtual experience affects bodily description of artefacts [J/OL]. Journal of cultural heritage. 2016（17）: 179–187. https://doi.org/10.1016/j.culher.2015.04.006

② DANIELA P, NOT E, DAMALA A, etc. Digital Heritage. Progress in cultural heritage: documentation, preservation, and protection [M]. Springer, Berlin, 2014: 536–545.

③ FERDANI D, FANINI B, PICCIOLI M C, etc. 3D reconstruction and validation of historical background for immersive VR applications and games: the case study of the Forum of Augustus in Rome [J/OL]. Journal of cultural heritage, 2020（43）: 129–143. https://doi.org/10.1016/j.culher.2019.12.004.

④ BRUNO F., BARBIERI L., LAGUDI A.Virtual dives into the underwater archaeological treasures of South Italy [J/OL]. Virtual reality, 2018, 22（2）: 91–102. https://doi.org/10.1007/s10055-017-0318-z.

⑤ RIZVIĆ S.How to breathe life into cultural heritage 3D reconstructions [J]. European review, 2017, 25（1）: 39–50.

⑥ STREITZ N, KONOMI S. Distributed, ambient and pervasive interactions: understanding humans [M]. Heidelberg: Springer International Publishing, 2018.

⑦ BONACINI E, GIACCONE S C. Gamification and cultural institutions in cultural heritage promotion: a successful example from Italy. Cultural Trends [J/OL]. 2022, 31（1）: 3–22. https://doi.org/10.1080/09548963.2021.1910490.

的考古旅程中，感受古埃及、古罗马和现代那不勒斯的文化遗产。① 总之，利用现代数字技术为用户提供沉浸式的文化体验场景，不仅有助于丰富用户个体的参观体验，使其高度集中的注意力和多感官参与能够和藏品、机构、文化背景形成深层次连结，激发内在参与动机并促进学习行为的持续进行②，同时也有助于扩大文化遗产的传播范围，提升文化遗产在当代社会的传播效果，使在更大范围内开展教育活动成为可能。

3. 社会文化背景

博物馆严肃游戏的公共属性使得游戏中展示的文化内容和来自不同社会文化背景的用户的行为选择本身具有可讨论性。博物馆作为一种社会文化机构，其视觉展示和传播效果在一定程度上依赖于用户对遗产内容的先验知识，社会文化背景则在整体上影响着用户的理解和认知。就个体用户而言，拥有不同文化背景的用户会对他者文化有着不同的理解，而妥善处理个体差异和公共议题之间的关系是博物馆传播在社会层面的职责之一。就用户之间的交流而言，博物馆严肃游戏为不同文化背景的用户提供分享交流的平台和场所，不仅有助于用户在与他人交流中深化自身感知，进一步整理、思考自身收获，也将通过传播分享他们的体验感受，对集体记忆的构建产生显著影响。例如，包含社交机制和开放性沙盒机制的游戏能够促进用户之间、用户与开发者之间的双向交流，为用户构建文化体验提供更广泛的人际互动和社会情境。③

（二）游戏设计

作为一种交流互动和参与体验的新方法，博物馆利用游戏为观众创造了与真实场所深层接触的机会，并在交流互动过程中实现对文化内容的理解与感知。借助于那些视觉效果丰富、能够提供沉浸式体验并具有趣味性互动的严肃游戏，博物馆观众能够在参观和互动的过程中，进入一种积极主动的知识吸收状态。根据实际的情景环境和具体的学习目标，博物馆等设计主体通过精选合适的游戏类型、设定与能力相匹配的任务挑战、运用可视化技术进行辅助、构建即时反馈机制等方法，在提高接触的基础上，引导用户将游戏内容与文化遗产相联系，从而促进用户对文化遗产意义的深层认知。

1. 游戏元素选择

情景环境的营造和传播目标的设定决定着博物馆严肃游戏设计中的基础元素选择，包括游戏的进行背景、故事情节、机制规则、叙事方式以及游戏类型。游戏背景与需

---

① 参见：https://www.fatherandsongame.com.
② YONGGU W, TING Z, WEI L, etc. Elements of educational game designing framework based on flow theory: a case study of the speech learning games for exceptional children [J] Journal of distance education, 2014（3）: 97-104.
③ BONACINI E, GIACCONE S C. Gamification and cultural institutions in cultural heritage promotion: a successful example from Italy. Cultural Trends [J/OL]. 2022, 31（1）: 3-22. https://doi.org/10.1080/09548963.2021.1910490

要传递的知识或传授的技能联系密切，奠定了游戏的主题和风格基调；故事情节贯穿于整个游戏，使其具有完整性和连续性，对进行过程起到基本的引导和推动作用；游戏机制控制过程中的特定功能，是用户产生交互体验的基础；规则是重要的游戏元素，通过确立虚拟游戏空间内用户应遵循的规则，以保证行为的可预测性，确保游戏终极目标的实现。叙事方式是将学习任务与游戏过程相结合的有效方式，通过多角度、非线性的叙事方法，让教育内容和趣味互动的故事场景相互融合。[①] 博物馆严肃游戏通过与目标相契合的叙事内容、开放式的体验机制以及综合性的游戏类型等元素，为用户提供了一个在建构过程中深化理解认知的机会。它重视用户在游戏体验中的中心地位和主动创造，使用户在获得更好的互动体验的同时，实现不同维度的传播目标。

2. 任务挑战设置

用户对游戏的整体感受和最终效果与任务挑战设置的合理性联系密切。游戏化的核心特征之一便是为用户提供了循序渐进的挑战，使用户能够在完成入门难度、与自身能力相匹配、具有挑战性等不同层级的任务过程中，深化对游戏内容的理解与思考。当挑战的难易度与用户能力相匹配时，用户最容易进入心流状态。[②] 在此状态下，用户集中于目标驱动的活动，从而短暂地失去了对现实时空和身份的认知，完全进入具体的、愉悦的体验环境，从而获得了绝佳的体验效果。在渐进式游戏任务的指引下，用户能将玩游戏本身视作奖励，利用心流激发内在的认知动力，从而有效地、持续地激发了解和认知的意愿。

3. 反馈机制建立

作为游戏化的重要构成，反馈机制能实时地为用户提供在游戏内容和情境叙述中的位置，利于用户根据反馈信息及时调整游戏行为，从而在之后任务中取得成功。[③] 反馈机制一方面通过系统针对用户行为做出的清晰性、严谨性、即时性的回应和指引，促进用户对自身行为的反思；一方面也通过灵活的容错机制扩展游戏内容，将游戏结果从单一的答案对错向多元的开放体验转化，用户可以根据自身的兴趣选择合适的文化内容。可调整、可协调的游戏空间为用户提供了创造个性化游戏的机会，有利于用户将自身的反思及时外化为游戏行为，从而提升对游戏内容和文化体验的记忆。

---

① MALEGIANNAKI I A, DARADOUMIS T, RRTALIS S. Teaching cultural heritage through a narrative–based Game [J/OL]. Journal on computing and cultural heritage，2020，13（4）：27. https://doi.org/10.1145/3414833.
② CSIKSZENTMIHALYI M. Flow：the psychology of optimal experience [M]. Global Learning Communities，2000.
③ HSU T Y, LIANG H Y. Museum engagement visits with a universal game–based blended museum learning service for different age groups [J/OL]. Library Hi Tech，2021. https://doi.org/10.1108/LHT-08-2020-0198.

(三)应用效益

1. 习得知识技能

博物馆严肃游戏能够促进用户在互动体验中自主学习文物知识,对知识传播和丰富参观体验具有积极影响。沉浸式的虚拟环境可作为一种有效的工具,为非专业用户提供清晰的历史文化场景和考古研究成果信息。借助数字增强技术和探索性活动,用户能够以富有意义的方式探索物理环境,并通过发现体验构建知识。此外,通过设定具体情境,用户在学习过程中能够更直接地接触文化内容,在心流状态下提高情感投入、批判性思维和协作学习的可能性。

2. 促进社会互动

与以往的单人游戏体验相比,越来越多的博物馆开始在其基于真实遗产构建的数字场景中融入社交元素和协作共享机制。这不仅顺应了数字时代公众的社交偏好,而且极大地增强了博物馆在知识传播方面的影响力。在这些融合了社交机制的体验中,物理空间与数字技术的结合让用户能够直接接触历史文物,深入了解其背后的故事,从而激发对文化遗产的共鸣。同时,这种互动方式也助于小组成员在与他人交流的过程中定位自己的思维,建立共同的兴趣,并在讨论中加深对复杂概念的理解。

3. 丰富情感体验

在掌握和应用专业知识与技能的同时,博物馆严肃游戏还能对用户的情感产生积极影响。就参观者个体而言,游戏应用能够丰富用户的多元情感体验,通过游戏的趣味性激发内在参观动机,进而提升学习主动性。[①] 在虚拟空间中进行的游戏活动能够增强用户对现实世界内容的共鸣,使用户在积极构建参观体验和进行交流的同时,赋予其更深层的意义。与真实环境和实体物品的互动可以加深用户对某个地方的依恋感,即在感知物体的基础上,进一步塑造和调整对文化的理解和参与,有助于在用户与特定文化之间建立情感纽带。这种体验在不知不觉中培养了用户的文化主动性,使他们逐渐从被动的文化观察者转变为积极的文化互动者和创造者。

四、模型应用启示

(一)重视个性化的游戏内容设计

关注个性差异、理解学生在游戏化过程中的主体性体验是优化游戏化设计的重要

---

① ANNETTA L A. The "I's" Have it: a framework for serious educational game design [J]. Review of General Psychology, 2010, 14 (2): 105–113.

前提。具有不同个体经验的用户在认知能力和个人兴趣等方面展现出不同的倾向性，先前经验的差异带来特定的游戏体验，从而对游戏感受和效果产生重要影响。具身认知理论的涉身性凸显个体身体感受和认知的独特性，根据个人的能力和兴趣进行定制化设计，能够为用户提供量身打造的知识内容。为了提供个性化的体验，博物馆严肃游戏在开发设计阶段必须重视根据不同用户类型的需求，提供定制化的内容和自适应的游戏机制，从而实现利用游戏化激发用户的好奇心、挑战欲、竞争力和学习热情等深层动机的效果。

（二）创造虚实结合的体验空间

在博物馆文物阐释和传播过程中，观众所处的情境空间包括物理空间情境、个体心理情境、社交人际情境、社会文化情境等。博物馆应充分利用其物理空间和丰富的馆藏资源，结合传播目标和文化内容，精心挑选恰当的数字技术，为观众打造身临其境、沉浸式的体验环境。在博物馆的实体空间中，观众通过身体的物理感知与场所互动，通过与实物展品的直接接触，获得深刻的体验，从而构建个人的参观记忆和认知体验。在虚拟的游戏空间里，博物馆依据传播目标、类型和内容，运用适宜的数字技术，为用户提供全方位的沉浸式体验。用户在特定的游戏情境中设定目标、做出选择，并根据游戏的反馈进行自我反思，逐步加深对文化的理解和认知。

（三）引入交流共享的社交机制

作为公共文化机构的一部分，博物馆严肃游戏在开发设计阶段应更加注重游戏过程中的合作交流以及游戏结束后的公共传播，以促进知识的内化和持续的多次传播。因此，在博物馆游戏化学习平台中构建社交机制，有助于加强观众之间的合作探讨和互助交流，从而在一定程度上减少游戏竞争动机可能带来的负面影响。通过有形和具体的互动，创造协同效应，促进用户与参观同伴实时分享和交流体验。博物馆利用数字技术为观众提供具身体验，创造观众之间的协作体验环境，帮助构建集体记忆，更好地发挥博物馆作为公共文化机构在多元文化传播、促进社会理解、形成思想交流等方面的积极作用。

（四）构建多维全面的评价体系

博物馆严肃游戏的开发必须重视构建一个多维度的评估体系，以确保对用户的使用体验进行详尽的反馈收集，为未来相关应用的改进提供宝贵参考。在用户体验方面，针对目标用户群体的小规模评估，应将认知特征等个性化因素作为核心考量。通过问卷调查和深度访谈等手段收集用户反馈，博物馆能够更准确地评估不同展示方式在传播文化知识方面的效能，并根据用户反馈及时调整游戏设计，从而进一步提升用户的参观体验，确保用户的文化学习成效，最终增强用户的文化访问兴趣。同时，针对更广泛、不同类型用户的调查能够揭示应用的总体受欢迎程度。例如，MUSETECH 模型从文化遗产专业人员、文化遗产机构、博物馆参观者等不同主体的角度出发，关注任务完成度、挑战成功率、应用参与度等用户体验指标，在数字资源使用前、使用中、使用后进行反思评估，以探究应用的实际效果，为应用的持续改进提供有力依据。

结　语

具身认知理论认为知识是在认知主体、认知对象、环境三者的互动过程中逐渐建构的，习得知识和技能的过程具有鲜明的涉身性、情境性与生成性特征。认知、身体、环境三者处于动态变化的耦合系统中，具有强沉浸性的体验环境能有效提高个体的内在动机和参与程度，从而促进认知的构建和发展。因此，传播主体应重视创建知识传播所需要的环境，利用感官参与、心身统一与身体力行等因素，促使有效的传播行为发生。随着博物馆在向公众传播知识时理念和角色的演变，它们开始运用先进的数字技术来优化和扩展文化遗产的传播方式。在确保传播内容的准确性的同时，博物馆提升了传播的沉浸感、体验性和互动性，激发了观众对知识内容的好奇心，增强了观众的内在认知动机，并促进了持续参观行为的发生。将严肃游戏融入博物馆场景，正符合博物馆在传播重要性上的提升以及角色转变的趋势，有助于发挥博物馆和观众双方在文化遗产知识及文化意识传播中的积极作用。

在开发严肃游戏应用的过程中，一方面，博物馆应充分利用其丰富的馆藏实物和数字展示技术，为参观者提供实体物理空间与虚拟沉浸环境相结合的体验，扩展博物馆展示传播的方式，提升机构吸引力并挖掘社会潜在观众；另一方面，博物馆在利用数字技术开发严肃游戏时也需警惕其潜在风险。例如，虚拟环境可能面临精确度不足、可访问性差、系统维护成本高昂以及用户在构建意义时可能遇到的困难。此外，部分观众可能对数字技术不适应，而数字技术本身也可能导致额外的精力消耗，这些因素都可能对体验文化遗产内容产生负面影响。因此，在开发过程中，博物馆需要与来自不同学科领域的专家合作，包括博物馆学、文物保护、计算机科学、教育学等，以多学科的视角共同构建严肃游戏。在合作中，应平衡各学科的侧重点，综合各领域的专业意见来设计博物馆的严肃游戏，以充分挖掘并发挥游戏在提供具身感受、创造沉浸体验、促进博物馆传播方面的积极作用。

（作者单位：南开大学）

参考文献

【1】CHENG M T, CHEN J H, CHU S J, et al. The use of serious games in science education: a review of selected empirical research from 2002 to 2013 [J/OL]. Journal of computers in education, 2015, 2(3): 353-375. https://doi.org/10.1007/s40692-015-0039-9.

【2】WILSON M. Six views of embodied cognition [J/OL]. Psychonomic bulletin & review, 2002, 9(4): 625-636. https://doi.org/10.3758/BF03196322.

【3】THELEN E, SCHONER G, SCHEIE C, et al. The dynamics of embodiment: a field theory of infant perseverative reaching [J]. Behavioral and brain sciences, 2001, 24(1): 1-34.

【4】CSIKSZENTMIHALYI M. Play and Intrinsic Rewards [M]. Dordrecht: Springer Netherlands, 2014.

【5】CSIKSZENTMIHALYI M. Creativity: flow and the psychology of discovery and invention [M]. New York, NY, US: HarperCollins Publishers, 1997: viii, 456.

【6】HOFFMAN D, NOVAK T. Marketing in Hypermedia Computer-Mediated Environments: Conceptual Foundations [J/OL]. Journal of marketing, 1997(60). https://doi.org/10.1177/002224299606000304

【7】NOT E, PETRELLI D. Blending customisation, context-awareness and adaptivity for personalised tangible interaction in cultural heritage [J]. International Journal of Human-Computer Studies, 2018(114):3-19. https://doi.org/10.1016/j.ijhcs.2018.01.001.

【8】CHAMPION E M. Otherness of place: game-based interaction and learning in Virtual Heritage Projects [J/OL]. International journal of heritage studies, 2008, 14(3): 210-228. https://doi.org/10.1080/13527250801953686.

【9】DI FRANCO P., MATTHEWS L, MATLOCK T. Framing the past: how virtual experience affects bodily description of artefacts [J/OL]. Journal of cultural heritage. 2016(17): 179-187. https://doi.org/10.1016/j.culher.2015.04.006

【10】DANIELA P, NOT E, DAMALA A, etc. Digital Heritage. Progress in cultural heritage: documentation, preservation, and protection [M]. Springer, Berlin, 2014: 536-545.

【11】FERDANI D, FANINI B, PICCIOLI M C, etc. 3D reconstruction and validation of historical background for immersive VR applications and games: the case study of the Forum of Augustus in Rome［J/OL］. Journal of cultural heritage, 2020（43）: 129–143. https://doi.org/10.1016/j.culher.2019.12.004.

【12】BRUNO F, BARBIERI L, LAGUDI A.Virtual dives into the underwater archaeological treasures of South Italy［J/OL］. Virtual reality, 2018, 22（2）: 91–102. https://doi.org/10.1007/s10055-017-0318-z.

【13】RIZVIĆ S.How to breathe life into cultural heritage 3D reconstructions［J］. European review, 2017, 25（1）: 39–50.

【14】STREITZ N, KONOMI S. Distributed, ambient and pervasive interactions: understanding humans［M］. Heidelberg: Springer International Publishing, 2018.

【15】BONACINI E, GIACCONE S C. Gamification and cultural institutions in cultural heritage promotion: a successful example from Italy［J/OL］. Cultural trends, 2022, 31（1）: 3–22. https://doi.org/10.1080/09548963.2021.1910490.

【16】参见: https://www.fatherandsongame.com.

【17】YONGGU W, TING Z, WEI L, etc. Elements of educational game designing framework based on flow theory: a case study of the speech learning games for exceptional children［J］Journal of distance education, 2014（3）: 97–104.

【18】BONACINI E, GIACCONE S C. Gamification and cultural institutions in cultural heritage promotion: a successful example from Italy. Cultural Trends［J/OL］. 2022, 31（1）: 3–22. https://doi.org/10.1080/09548963.2021.1910490

【19】MALEGIANNAKI I A, DARADOUMIS T, RRTALIS S. Teaching cultural heritage through a narrative-based Game［J/OL］. Journal on computing and cultural heritage, 2020, 13（4）: 27. https://doi.org/10.1145/3414833.

【20】CSIKSZENTMIHALYI M. Flow: the psychology of optimal experience［M］. Global Learning Communities, 2000.

【21】HSU T Y, LIANG H Y. Museum engagement visits with a universal game-based blended museum learning service for different age groups［J/OL］. Library Hi Tech, 2021. https://doi.org/10.1108/LHT-08-2020-0198.

【22】ANNETTA L A. The "I's" Have it: a framework for serious educational game design［J］. Review of General Psychology, 2010, 14（2）: 105–113.

中英博物馆数字化面临的挑战：以线上展览为例

任雪玮
Ren Xuewei

摘要：本文旨在探讨大英博物馆与故宫博物院在文化遗产数字化进程中遭遇的核心挑战。随着虚拟现实（VR）和增强现实（AR）技术的不断进步，博物馆通过线上展览向全球观众呈现其珍贵藏品。尽管如此，技术基础设施的不足、观众互动体验的局限性以及文化认同感的传播障碍等问题依然迫切需要解决。本文通过剖析两大博物馆的线上展览项目，揭示了大英博物馆虽然展览自由度较高，但缺乏足够的互动性和沉浸感；故宫博物院则在向国际观众传递中国文化时遭遇挑战。基于此，本文提出了一系列策略，包括增强互动性、强化跨文化交流和加强知识产权保护，旨在促进博物馆线上展览的可持续发展。

Abstract: This paper aims to explore the main challenges faced by the British Museum and the Palace Museum in the digitization of cultural heritage. With the development of virtual reality (VR) and augmented reality (AR) technologies, museums are able to showcase their collections to a global audience through online exhibitions. However, issues such as insufficient technical infrastructure, limited audience interactivity, and obstacles in cultural identity transmission remain pressing concerns. By analyzing the online exhibition projects of the two museums, the paper highlights that while the British Museum offers greater exhibition flexibility, it lacks interactivity and immersion. On the other hand, the Palace Museum faces challenges in effectively communicating Chinese culture to an international audience. To address these issues, the paper proposes strategies to enhance interactivity, strengthen cross-cultural communication, and protect intellectual property rights, thereby promoting the sustainable development of online museum exhibitions.

关键词：博物馆传播；线上展览；技术挑战；文化挑战；知识产权

Keywords: Museum Communication, Online Exhibition, Technological Challenges, Cultural Challenges, Intellectual Property

引 言

近年来,全球范围内的博物馆正积极寻求数字化转型之路,线上展览逐渐成为传播文化遗产的新途径。通过运用虚拟现实技术,博物馆得以跨越地理和时间的界限,向全世界的观众提供接触和体验文化遗产的可能性。例如,大英博物馆和故宫博物院这两所国际知名的博物馆,利用高分辨率图像和互动技术,向公众展示了它们丰富的文化收藏。然而,线上展览的发展并非一帆风顺,技术、文化传播和法律问题都对其带来了诸多挑战。[①]

首先,在技术层面,虚拟现实(VR)和增强现实(AR)技术虽然增强了展览的体验,但其复杂性往往让观众的参与感和沉浸感大打折扣。[②]大英博物馆的展览虽然在内容丰富度上占有优势,但互动性不足,导致观众无法获得深度沉浸的体验。[③]同时,故宫博物院在展览内容的本土化传播中也面临如何有效传递中国文化的挑战。[④]此外,文化认同感的差异以及技术操作能力的不同也影响了观众对展览的接受度。[⑤]

法律与伦理问题在虚拟展览领域同样显得尤为重要。特别是数字化文物的知识产权保护以及文化归属问题,正受到广泛关注。大英博物馆的展品中涉及殖民历史的物品,引发了关于文化归属的广泛争议。[⑥]如何在全球化的数字环境中确保文物的版权保护,并尊重文化原产地的归属感,成为博物馆在数字化转型中必须正视的问题。[⑦]

本文通过分析大英博物馆与故宫博物院的线上展览,探讨了它们在数字化转型过程中所面临的挑战,并提出了相应的应对策略,旨在为未来博物馆线上展览的发展提供理论依据和实践指导。

[①⑦] FLAVIÁN C, IBÁÑEZ-SÁNCHEZ S, ORÚS C. The impact of virtual, augmented and mixed reality technologies on the customer experience [J]. Journal of business research, 2019 (100): 547-560.

[②] TRUNFIO M, LUCIA M D, CAMPANA S, et al. Innovating the cultural heritage museum service model through virtual reality and augmented reality: The effects on the overall visitor experience and satisfaction [J]. Journal of Heritage Tourism, 2022, 17 (1): 1-19.

[③⑥] KAMARIOTOU V, KAMARIOTOU M, KITSIOS F. Strategic planning for virtual exhibitions and visitors' experience: a multidisciplinary approach for museums in the digital age [J]. Digital applications in archaeology and cultural heritage, 2021 (21): e00183.

[④] BEKELE M K, PIERDICCA R, FRONTONI E, et al. A survey of augmented, virtual, and mixed reality for cultural heritage [J]. Journal on computing and cultural heritage (JOCCH), 2018, 11 (2): 1-36.

[⑤] SCHAPER M M, SANTOS M, MALINVERNI L, et al. Learning about the past through situatedness, embodied exploration and digital augmentation of cultural heritage sites [J]. International Journal of human-computer studies, 2018 (114): 36-50.

一、博物馆线上展览概述

随着博物馆线上展览的兴起，我们见证了传统展览对物理空间依赖性的突破，这使得全球观众得以通过数字平台接触并体验文化遗产。与传统展览相比，线上展览突破了时间和地理的限制，为博物馆提供了更广泛的受众基础。① 通过高分辨率图像、三维模型、虚拟导览等技术，博物馆可以在保持藏品原始状态的同时，实现数字化的沉浸式展示。② 这种展示方式特别适合无法亲自参观博物馆的观众，扩大了博物馆的教育和文化传播功能。③ 大英博物馆和故宫博物院的线上展览就是这类展览的典型代表，通过运用最新的数字技术，他们将传统文化遗产以虚拟方式呈现给全球观众，极大地提升了观众的参与感和体验。④

然而，尽管线上展览在扩大文化传播的广度和提升观众参与度方面具有显著优势，但与传统展览相比，它依然面临若干挑战。线上展览缺少物理空间的临场感和观众与展品之间的直接互动，这使得观众的沉浸感在某种程度上受到限制。⑤ 此外，线上展览对技术的依赖也带来了数字鸿沟的问题，部分观众可能因设备或网络问题无法获得理想的体验。⑥ 因此，尽管线上展览在文化传播中的作用日益增强，传统展览仍在提供独特的、无法通过数字方式完全替代的体验方面具有不可忽视的价值。⑦

（一）大英博物馆

1. 博物馆概述

大英博物馆成立于 1753 年，是全球历史最悠久、最具影响力的文博机构之一。其馆藏超过 800 万件文物，横跨世界各地文明的宝贵遗产。该博物馆不仅肩负着保护这些文化遗产的使命，还致力于通过国际性的学术研究和展览活动，推动文化的传播与

---

① SYLAIOU S, KASAPAKIS V, DZARDANOVA E, et al. Assessment of virtual guides' credibility in virtual museum environments [C] //Augmented reality, virtual reality, and computer graphics: 6th international conference, AVR 2019, Santa Maria al Bagno, Italy, June 24-27, 2019, Proceedings, Part II 6. Springer International Publishing, 2019: 230-238.
②⑦ DANIELA L. Virtual museums as learning agents [J]. Sustainability, 2020, 12 (7): 2698.
③⑥ KIOURT C, KOUTSOUDIS A, PAVLIDIS G. DynaMus: a fully dynamic 3D virtual museum framework [J]. Journal of cultural heritage, 2016 (22): 984-991.
④ SCHAPER M M, SANTOS M, MALINVERNI L, et al. Learning about the past through situatedness, embodied exploration and digital augmentation of cultural heritage sites [J]. International Journal of human-computer studies, 2018 (114): 36-50.
⑤ SYLAIOU S, MANIA K, KAROULIS A, et al. Exploring the relationship between presence and enjoyment in a virtual museum [J]. International journal of human-computer studies, 2010, 68 (5): 243-253.

交流。通过这些不懈的努力，博物馆不仅在保护全球文明的遗产方面扮演着重要角色，还在全球范围内促进了跨文化理解。大英博物馆的广泛馆藏和深入的学术研究对全球学者和公众都有极大的贡献，其展览和馆藏资源推动了世界范围内的文化对话和知识传播。① 这种文化对话的持续发展使博物馆成为全球学术研究和文化交流的关键平台。

2. 线上展览项目

为应对数字化时代的需求，大英博物馆与谷歌艺术与文化（Google Arts & Culture）平台合作②，推出了多个线上展览项目，使全球观众可以在线探索博物馆的多个展厅。③ 这些展览利用高清晰度图像和360度全景视角，生动呈现了诸如《罗塞塔石碑》和《帕台农神庙雕塑》等著名文物。线上展览不仅为无法亲临现场的观众提供了沉浸式的文化体验，也使文化机构能够在数字化时代保持与观众的紧密联系。特别是在全球疫情期间，这些虚拟展览为观众提供了替代的体验渠道，并帮助博物馆扩大了其文化传播的影响力（见图1）。线上展览的成功开展彰显了数字技术在文化遗产传播领域的巨大潜力，并为未来线上文化内容的深入发展积累了宝贵的经验。观众能够借助互动模块深入了解文物的背景细节，从而进一步增强了文化参与感和互动性。这种互动性的提升，使得观众与文化遗产之间的联系更加紧密。

图1　Google Arts & Culture 截图

---

① GREFFE X, KREBS A, PFLIEGER S. The future of the museum in the twenty-first century: recent clues from France [J]. Museum management and curatorship, 2017, 32（4）: 319-334.
② Google arts & culture. British Museum Virtual Tour [EB/OL].（2024-06-10）[2024-08-30]. https://artsandculture.google.com/streetview/british-museum/AwEp68JO4NECkQ?sv_h=56.47925320001611&sv_p=-4.963411574878222&sv_pid=yMfDTnu4EsqOp9aVV6GmlA&sv_lid=35820097577104443819&sv_lng=-0.12805432943844153&sv_lat=51.51962547186196&sv_z=0.15746257502029792.
③ IOANNIDES M, ATHANASIOU V, CHATZIGRIGORIOU P, et al. Immersive digital heritage experience with the use of interactive technology [C] //Digital Heritage. Progress in Cultural Heritage: Documentation, Preservation, and Protection: 6th International Conference, EuroMed 2016, Nicosia, Cyprus, October 31-November 5, 2016, Proceedings, Part II 6. Springer International Publishing, 2016: 265-271.

3. 数字化现状

大英博物馆的数字化项目取得了显著成就，迄今为止，已有超过 200 万件藏品完成数字化工作，并可通过博物馆的官方网站以及合作平台进行在线浏览。博物馆利用虚拟现实（VR）和增强现实（AR）技术，使观众能够以沉浸式的方式体验文化遗产。[①] 这些数字化工作不仅为学者提供了更为便捷的研究手段，还通过创新的展示方式，拓宽了公众获取文化的渠道。这种技术创新为数字文化体验带来了新的视角，但同时也对技术基础设施和持续创新提出了更高的要求。尽管数字化进程仍然面临资金、技术以及知识产权保护等挑战[②]，但博物馆不断尝试克服这些困难，推动数字化的进一步发展。尽管如此，数字化和线上展览为文化遗产的传播提供了新的途径，进一步拓展了博物馆的全球影响力。[③] 未来，博物馆在这些领域的持续探索将决定其在文化传播中的长期影响力。

（二）故宫博物院

1. 博物院概述

故宫博物院，坐落于中国北京的心脏地带，是全球最重要的文化遗产博物馆之一。其占地规模超过 72 万平方米，馆藏文物逾 180 万件，涵盖了珍贵的明清宫廷文物、书画、陶瓷、青铜器以及钟表等，生动展现了中国数千年的历史与文化遗产。作为中国国家级的博物馆，故宫博物院不仅肩负着保护和展示文物的使命，而且在国际文化交流中扮演着举足轻重的角色。故宫在维护和传承中国文化遗产的同时，也致力于国际文化交流与合作，进一步提升了中国文化在世界舞台上的影响力。近年来，故宫博物院积极推行数字化转型，利用现代科技手段，拓宽了文化传播的范围和深度。这种创新的数字化转型不仅增强了观众的文化体验，还使得文物保护和展示工作更加高效和现代化。

2. 线上展览项目

故宫博物院的线上展览是其数字化战略的重要组成部分。观众可以通过故宫博物院的官方网站虚拟游览故宫的主要宫殿和展厅（见图 2）。线上展览通过高清全景展示、虚拟导览功能，观众可以在互联网上身临其境地体验故宫的历史文化。[④] 故宫的

[①] POULOPOULOS V, WALLACE M. Digital technologies and the role of data in cultural heritage: the past, the present, and the future [J]. Big data and cognitive computing, 2022, 6 (3): 73.

[②] KING L, STARK J F, COOKE P. Experiencing the digital world: the cultural value of digital engagement with heritage [J]. Heritage & Society, 2016, 9 (1): 76-101.

[③] GARVIN K M. Reclaiming our domain: digitization of museum collections and copyright overreach [J]. IDEA, 2018 (59): 455.

[④] 李伟, 肖佳欣. 数字博物馆用户体验研究：以北京故宫博物院为例 [J]. 计算机科学与应用, 2021, 41 (3): 65-72.

线上展览在弥合地理距离的同时,也使观众得以在数字空间中探索丰富的历史遗产。故宫线上展览不仅限于展示文物,还融合了增强现实(AR)技术,观众可以与文物互动,并获取详尽的文物背景信息。这一数字化展示技术为全球观众提供了一个了解中国文化和故宫历史的机会,特别是在全球疫情期间,线上展览成为观众主要的文化体验方式。[1] 线上展览的普及不仅拓展了文化的传播渠道,还使博物院的文化资源能够持续吸引全球受众的关注。

图 2 故宫全景截图

3. 数字化现状

故宫博物院的数字化转型亦涵盖了文物的高清晰度数字化工程。目前,众多文物已通过高分辨率扫描技术完成了数字化转换,并被存储于故宫的数字文物数据库内。这些数字化的文物不仅为学者和公众提供了便捷的在线访问途径,还为故宫的文物保护工作提供了重要的技术支持。故宫的数字化进程不仅增强了文物的保护力度,还显著提升了文物展示的普及性。通过虚拟现实(VR)和增强现实(AR)技术,观众能够从不同的角度观察文物,甚至在虚拟环境中"触摸"这些文物,这极大地提升了观众的参与感和体验感。[2] 尽管数字化技术显著提升了文化遗产的传播和保存能力,故宫博物院仍面临着资金、技术复杂性及知识产权保护等挑战,这些问题限制了其数字化项目的进一步扩展。尽管数字化发展取得了显著成果,故宫博物院仍需持续克服这些挑战,以确保其数字化战略能够顺利推进并实现更广泛的文化传播。未来,故宫博

---

[1] 故宫博物院. 全景故宫 [EB/OL]. (2024-06-10) [2024-08-30]. https://pano.dpm.org.cn/#/panorama?panorama_id=20&scene_id=2806&scene_name=scene_2806_summer.

[2] 王旭东. 故宫数字化项目发展历程 [J]. 文物保护与考古科学, 2020, 32 (1): 25-31.

物院计划继续推动数字化项目的发展，特别是在提升观众参与度和文物展示效果方面，进一步加强技术创新。

二、技术挑战

在推进数字化展览的过程中，博物馆遭遇了多方面的技术挑战，这些挑战包括技术基础设施的建设、数字化内容的处理、满足观众互动需求以及缩小数字鸿沟等方面。首先，数字展览的顺畅进行依赖于先进的技术基础设施，这包括高速的互联网连接、大容量的服务器以及强大的数据处理能力。对于资金和技术资源有限的博物馆来说，这是一个尤为严峻的挑战。其次，数字化处理的复杂性主要表现在高分辨率图像和虚拟现实内容的创建与维护上，博物馆必须持续投入资源以保证展示内容的精确性和互动性。此外，观众对于沉浸式互动体验的期望日益增长，这要求博物馆不仅要提供静态展示，还需利用增强现实（AR）和虚拟现实（VR）等技术手段，以提升观众的参与度。最后，数字鸿沟问题加剧了全球文化传播的不均衡现象，尤其是在网络基础设施欠发达的地区，观众往往难以接触到这些线上展览，这进一步加剧了全球文化获取的不平等。

（一）技术基础设施的局限性

博物馆的线上展览依赖于强大的技术基础设施，包括高性能的服务器、充足的带宽以及庞大的数据处理能力。然而，众多中小型博物馆因资金和技术资源的匮乏，难以维护这些基础设施。这不仅限制了展览的运行速度，还会导致高峰期的访问不稳定，进一步影响观众的体验。[1]并且随着数字技术的不断发展，基础设施的需求也在不断提高，博物馆面临的设备更新压力日益增加，影响了其长期的数字化转型进程。[2]、

（二）数字化处理与资源管理

数字化展示依赖于大量高分辨率图像、多媒体内容以及虚拟现实技术的支撑，这无疑对博物馆的技术人员和资源管理能力提出了严峻挑战。众多文物的高精度扫描和数字化工作，进一步加剧了数据存储、处理和管理的复杂性。此外，资源的缺乏也导致博物馆在维持和更新这些数字资源方面面临困难。[3]为了确保线上展览的持续发展，

---

[1] 张璐. 文化遗产的数字化保护：故宫博物院的实践与挑战［J］. 文化遗产，2022，36（2）：89-95.

[2] NIKOLAOU P. Museums and the post-digital: revisiting challenges in the digital transformation of museums［J］. Heritage, 2024, 7（3）: 1784-1800.

[3] BURY S J. Museum libraries and archives in the digital 21st century［J］. Museums and digital culture: new perspectives and research, 2019: 483-490.

博物馆必须不断强化技术支持，并在资源管理方面进行长期规划，从而规避短期内资源枯竭的风险。

（三）观众互动需求的挑战

当代观众对博物馆展览的期待已经超越了单纯的静态展示，他们渴望通过虚拟展览与文物进行互动。尽管大英博物馆和故宫博物院等大型博物馆提供了丰富的视觉体验，但其互动性仍有待提升。例如，用户无法完全自由选择参观路径，部分观众的设备也无法支持增强现实或虚拟现实的内容，这大大限制了观众的参与深度和体验质量。① 因此，未来的展览平台必须更加灵活且兼容，以便适应不断变化的观众需求，并提升他们的参与度。

（四）数字鸿沟问题

尽管博物馆的数字化展览为全球观众带来了更多接触文化的机遇，数字鸿沟的问题依然存在。发展中国家或偏远地区由于基础设施的不足，观众难以顺畅地访问这些高质量的展览。与此同时，技术能力较低或年龄较大的观众在使用这些数字平台时面临技术障碍，进一步加剧了全球文化传播的不平等现象。② 由此可见，解决数字鸿沟问题需要全球范围内更大力度的基础设施改善和技术普及，确保数字化展览能够真正惠及广泛的观众群体。

（五）优化方向

未来，博物馆可以通过增加资金投入来优化基础设施，确保其平台能够承载更多用户访问和处理复杂的多媒体数据。③ 此外，博物馆可以与技术公司合作，开发跨平台的应用程序，以确保不同设备的观众都能获得一致的高质量体验。④ 通过为观众提供数字教育和培训，尤其是针对技术不熟练的群体，博物馆可以减少数字鸿沟带来的文化不平等问题。⑤ 这些优化措施将有助于增强博物馆的技术实力，确保其数字化展览在未来能够持续成长和壮大。

---

① KAMARIOTOU V, KAMARIOTOU M, KITSIOS F. Strategic planning for virtual exhibitions and visitors' experience: a multidisciplinary approach for museums in the digital age [J]. Digital applications in archaeology and cultural heritage, 2021 (21): e00183.
② LEE H, JUNG T H, TOM DIECK M C, et al. Experiencing immersive virtual reality in museums [J]. Information & Management, 2020, 57 (5): 103229.
③ DANIELA L. Virtual museums as learning agents [J]. Sustainability, 2020, 12 (7): 2698.
④ VISHNU S, TENGLI M B, RAMADAS S, et al. Bridging the divide: assessing digital infrastructure for higher education online learning [J]. TechTrends, 2024: 1–10.
⑤ FLAVIÁN C, IBÁÑEZ-SÁNCHEZ S, ORÚS C. The impact of virtual, augmented and mixed reality technologies on the customer experience [J]. Journal of business research, 2019, 100: 547–560.

三、文化与社会因素的挑战

博物馆的线上展览在全球文化传播中起到了重要作用,但也面临着一系列文化与社会挑战。首先,线上展览打破了物理边界,使全球观众能够接触到不同的文化遗产。① 然而,鉴于文化背景的多样性,观众在阐释展览内容时可能会产生不同的理解。例如,来自不同国家的观众可能对展品的历史背景、艺术风格或文化意义持有不同的观点,这导致了阐释方式的差异。因此,博物馆需要思考如何通过采用多语言和多文化的展示策略来增进全球观众对展览内容的理解。其次,尽管线上展览扩大了文化传播的范围,但社会阶层的差异导致一些观众可能因缺少技术设备或网络连接而无法完全参与其中。这种技术障碍限制了部分观众的参与机会,尤其是在经济欠发达地区,文化获取的不平等现象尤为明显。最后,缺乏文化认同感也是线上展览面临的一个重要挑战。观众是否能够与展品建立情感联系,往往决定了他们对展览的兴趣和参与度。因此,博物馆在设计线上展览时,不仅要注重展品的视觉展示,还需通过互动设计和个性化体验,增强观众的参与感和文化认同感,从而提高线上展览的整体影响力。

(一)文化差异的影响

博物馆的线上展览跨越了国界,向全球观众敞开大门。然而,文化差异导致的解读方式各异,为展览带来了新的挑战。大英博物馆和故宫博物院展示的文化内容各具特色,但由于观众的文化背景不同,其对展览的理解也不尽相同。例如,大英博物馆展示了大量具有殖民背景的文物,对西方观众来说,这些展品可能更多被视为艺术与历史的象征,而对于原产国观众,则常引发文化归属与历史正义的讨论。② 同样,故宫博物院的展览深植于中国文化,这使得国际观众在理解其文化背景和展品意义时可能存在障碍。这表明,博物馆在展览设计时必须考虑如何展现多元化的解读视角,以防止单一叙事引发的文化误解。同时,针对不同文化背景的观众,博物馆应提供更丰富的本地化内容解读,从而增强观众的文化参与度。展览策划还应进一步思考如何在保持各自文化特色的基础上,促进全球文化的共鸣与相互理解。

---

① WAGNER A, DE CLIPPELE M S. Safeguarding cultural heritage in the digital era: a critical challenge [J]. International journal for the semiotics of law-revue internationale de sémiotique juridique, 2023, 36 (5): 1915-1923.

② FAN X, JIANG X, DENG N. Immersive technology: a meta-analysis of augmented/virtual reality applications and their impact on tourism experience [J]. Tourism management, 2022 (91): 104534.

（二）社交互动的缺失

线上展览的社交互动性较弱，与传统博物馆的参观体验不同，观众的体验更多是个性化和孤立的。博物馆不仅是展示文化的空间，更是社交和互动的场所。在虚拟展览中，这种面对面的互动被限制，观众之间的讨论和情感交流变少，导致文化体验的深度减少。[①] 尽管部分博物馆努力通过在线平台提供互动体验，但其效果依然有限，特别是在面向全球观众时，与实体展览相比，这种社交性明显不足。线上展览可以通过开发实时互动功能、虚拟导览以及观众评论区等手段，来增强观众之间的互动体验。此外，借助社交媒体平台，观众能够分享和讨论展览内容，这有助于进一步弥补在线互动的不足。展望未来，技术创新有望将虚拟展览与社交功能更紧密地融合，从而进一步提升整体的体验感。

（三）观众的参与度与文化认同

观众的文化认同和参与度直接影响他们对展览的接受程度。大英博物馆的展品大多基于西方的叙事结构，这导致一些非西方背景的观众在参与过程中感到疏离，难以产生深刻的文化认同。[②] 同样，故宫博物院虽然展示了中国的文化自豪感，但如何让国际观众在这种文化中产生情感认同仍是一个挑战。线上展览需要设计更多能够引发不同文化背景观众共鸣的展示方式，以弥合文化理解的差距。为此，博物馆可以通过多语言、多文化背景的叙事，促进不同文化的观众对展览内容的理解与接受。通过提供个性化推荐和互动体验，博物馆还能进一步提升观众的参与感，使他们在展览中找到自身文化认同的空间。

（四）文化鸿沟

尽管数字展览为全球观众提供了接触文化遗产的新途径，但文化鸿沟依然显著。文化鸿沟指的是不同文化背景下的观众由于对展品背后的文化内涵和历史背景理解不足[③]，从而无法深入体验展览。这种文化差异使得观众在解读展览内容时，产生了多样化的理解。例如，故宫博物院的线上展览展示了大量与中国历史相关的文物，对国际

---

① GIANNINI T，BOWEN J P. Global cultural conflict and digital identity：transforming museums［J］. Heritage，2023，6（2）：1986-2005.
② BARADARAN R F，BOYD J E，EISERMAN J R，et al. Museum beyond physical walls：an exploration of virtual reality-enhanced experience in an exhibition-like space［J］. Virtual reality，2022，26（4）：1471-1488.
③ HARACKIEWICZ J M，KNOGLER M. Theory and application［J］. Handbook of competence and motivation：theory and application，2017：334.

观众而言，由于对中国文化的了解有限，可能难以理解展品背后的深层次意义。①在大英博物馆的展览中，那些源自殖民历史的展品在原产国的观众与西方观众之间激发了截然不同的情感反应，进而导致了对展品归属和历史意义的不同诠释。文化差异不仅在理解层面造成了隔阂，还影响了观众的参与体验。面对那些带有鲜明地方特色的展品，不同文化背景的观众可能会因为文化差异而感到隔阂，难以与展品产生情感上的共鸣。这种由文化差异引起的疏离感，阻碍了观众与展览之间的互动，影响了观众参与的深度。

（五）优化方向

未来，博物馆需在文化内容与互动设计方面进行更深层次的优化。通过提升互动技术、提供个性化服务以及增强文化适应性，我们能够显著提高观众的参与度和文化认同感。博物馆的线上展览应更加关注跨文化交流的复杂性，并通过数字化平台促进全球文化的有效传播与理解。②此外，利用人工智能和大数据分析，博物馆能够洞察观众行为，进而提供个性化的展览内容。与科技公司携手，开发虚拟现实、增强现实等创新技术，将有效提升参观者的沉浸体验和互动乐趣。这些技术的整合与内容的精细化，将有助于博物馆持续增强数字化展览的吸引力，拓展其文化传播的广度。

四、法律与伦理的挑战

在博物馆的数字化展览进程中，法律和伦理问题成为不可忽视的核心挑战。随着全球范围内文物数字化展示的推广，博物馆不仅需要面对传统实体展览中的版权问题，还要应对新兴的数字版权纠纷。知识产权问题尤为突出，特别是在跨国展示平台（如 Google Arts & Culture）中，博物馆需要确保数字资产的合法性，并采取相应措施防止未经授权的复制和商业用途。同时，文化归属问题也引发了广泛的伦理争议。尤其是那些带有殖民历史背景的文物，如何在全球范围内展示这些文化遗产时，尊重原住民和原产国的文化权益，成为博物馆必须谨慎处理的问题。此外，数据隐私问题伴随着虚拟展览的推广而变得更加复杂。观众在参与虚拟展览时，往往需要提供个人信息，博物馆需要确保这些数据的收集、处理和存储符合国际隐私法规（如 GDPR）。这不仅关乎法律合规性，还直接影响公众对虚拟展览的信任与支持。在全球化的大背景下，

---

① GIANNINI T, BOWEN J P. Museums, art, identity, and the digital ecosystem: a paradigm shift [J]. Museums and digital culture: new perspectives and research, 2019: 63-90.
② FAN X, JIANG X, DENG N. Immersive technology: a meta-analysis of augmented/virtual reality applications and their impact on tourism experience [J]. Tourism management, 2022 (91): 104534.

博物馆需要构建一个更加均衡的法律与伦理框架，旨在保护文化遗产的价值和权益，同时促进其在全球数字化进程中的合法与伦理传播。

（一）知识产权保护

随着博物馆广泛使用数字技术来展示其文化藏品，知识产权保护变得尤为重要。博物馆在展示高分辨率图像、3D 建模及其他数字内容时，必须确保版权的合法性，以防止未经授权的复制、使用或商业化。[①] 特别是在全球平台上（如 Google Arts & Culture），博物馆需要采取技术手段来追踪和保护这些文化资。[②] 为此，博物馆可以采取数字水印、加密存储等技术手段，以防止知识产权被侵犯。除了技术措施外，博物馆还应与艺术家及其原产国的相关机构携手合作，确保文化遗产得到合理利用和传播。通过明确版权责任和使用权限，博物馆不仅能够维护自身权益，还能尊重并支持文化创作者及其祖国的利益。

（二）文化归属与伦理责任

文化归属问题在虚拟展览中显得尤为敏感，特别是当涉及具有殖民历史背景的文物展示时。例如，大英博物馆等机构展出的殖民时期文物，已经引发了关于文化归还与文化保护的广泛争议。博物馆必须在全球展示这些文物时，慎重处理原住民和原产国的文化权益，确保展示过程中的文化尊重。[③] 与之类似，故宫博物院展示少数民族文化时，也需要确保展示方式的准确性与文化敏感性，避免错误解读或文化刻板印象。[④] 为了避免误解，博物馆应与原住民团体或文物原产地建立合作关系，以确保文化内容的准确性和尊重性。此外，博物馆需在文化展示与归还文物的伦理责任之间找到平衡，特别是在涉及历史正义和殖民主义遗产的问题时，如何处理这些文物的归属权和展示权是重要的道德考量。

（三）数据安全与隐私问题

随着虚拟展览的广泛普及，数据安全和隐私问题变得越发重要。观众在参与虚拟展览时，可能需要提供个人信息，博物馆必须制定并执行严格的隐私保护政策，确

[①] HARACKIEWICZ J M, SMITH J L, PRINISKI S J. Interest matters: the importance of promoting interest in education [J]. Policy insights from the behavioral and brain sciences, 2016, 3 (2): 220–227.

[②] KLINOWSKI M, SZAFAROWICZ K. Digitisation and sharing of collections: museum practices and copyright during the COVID-19 pandemic [J]. International journal for the semiotics of law–revue internationale de sémiotique juridique, 2023, 36 (5): 1991–2019.

[③] GARVIN K M. Reclaiming our domain: digitization of museum collections and copyright overreach [J]. IDEA, 2018 (59): 455.

[④] MAREK H M. Navigating intellectual property in the landscape of digital cultural heritage sites [J]. International journal of cultural property, 2022, 29 (1): 1–21.

保这些数据不会被滥用或泄露，尤其是依赖第三方平台展示时，数据安全风险更加突出。为了保障数据安全，博物馆应采用加密技术、限制数据访问权限，并定期审查和更新安全措施。博物馆还需要遵守如《通用数据保护条例》（General Data Protection Regulation，GDPR）等国际隐私法规，确保观众的隐私得到充分保护。① 此外，博物馆应增强观众对数据使用的透明度，明确告知如何使用其个人信息，以建立信任感。数据的安全不仅涉及博物馆的声誉，还关乎公众对虚拟展览参与度的信任和持续性支持。

（四）优化方向

在推进数字化展览的过程中，博物馆可以在知识产权和隐私保护等领域进行优化。首先，博物馆应与知识产权机构及法律专家合作，确保所有数字内容符合法律规定，并防止未经授权的复制和滥用。② 其次，博物馆应致力于推进文化敏感性教育，确保全球观众在解读文化展品时能够尊重多元的文化背景与历史脉络，从而避免误解或滋生偏见。通过与文化学者、社区代表和其他利益相关者的合作，博物馆可以提升展览的文化准确性和共鸣性。最后，博物馆还应加强数据安全技术的应用，确保观众的个人隐私得到有效保护，同时利用先进的加密和追踪技术保障数据安全。③ 未来的展览应进一步探索创新的互动形式，利用技术革新促进观众与文化内容之间的互动，从而提升他们的参与度。通过实施这些优化策略，博物馆将能够在全球文化传播中扮演更加主动的角色，并确保遵守法律和伦理标准。这将有助于博物馆在国际文化交流领域树立持久的信任和声誉。

结论与展望

博物馆的数字化转型，尤其是通过线上展览来展示和传播文化遗产，已经为全球文化传播开辟了新的途径。这不仅带来了前所未有的文化展示形式，也为观众提供了更加多元化的参与途径。然而，随着技术的飞速发展和全球化的深入，博物馆在文化传播的道路上也遭遇了众多技术、法律和伦理方面的挑战。大英博物馆和故宫博物院，作为全球著名的文化机构，正在通过线上展览探索数字化时代的文化传播新途径，但

---

① MANŽUCH Z. Ethical issues in digitization of cultural heritage [J]. Journal of contemporary archival studies，2017，4（2）：4.
② HALLINAN D. Data protection oversight in artificial intelligence：conflict and complexity [J]. International data privacy law，2024，14（2）：106-127.［2024-06-19］. https://academic.oup.com/idpl/article/14/2/106/7590329.
③ DEAKIN T. Museums responsible data management [EB/OL].（2022-08-16）［2024-06-20］. https://www.museumnext.com/article/museums-responsible-data-management/.

它们所面临的挑战同样不容小觑。

首先，虚拟展览在技术层面为观众带来了新的文化体验，但其在互动性和自由度方面仍有很大的提升空间。大英博物馆通过 Google Arts & Culture 平台提供的展览，虽然允许观众自由浏览不同展区，但其互动性和个性化探索的局限性依然存在，观众无法在虚拟环境中实现真正的沉浸式体验。同样，故宫博物院的线上展览虽然为观众提供了全景视图和音效背景，但其预设的参观路线限制了观众的自由选择，难以满足观众深入探索的需求。因此，未来的虚拟展览需要进一步增强技术支持，提升互动性、自由度和沉浸感，才能真正实现文化传播的效果。

其次，文化认同与文化传播构成了博物馆在数字化转型过程中必须正视的核心议题。博物馆的藏品通常蕴含着丰富的历史和文化内涵，但全球观众的文化多样性意味着他们对展览内容的理解存在差异。以大英博物馆为例，其藏品特别是那些源自殖民时期的文物，在原产国观众与西方观众之间的解读差异显著，前者可能感受到其文化权益受到侵害，而后者则可能更多地关注展品的艺术和历史价值。同样，故宫博物院的展览虽然着重于展示中国传统文化，但在吸引和满足国际观众的需求方面，仍然面临着文化差异和认知障碍的挑战。如何在同一个虚拟展览空间内激发不同文化背景观众的文化共鸣，依然是博物馆界亟须攻克的难题。

在法律与伦理方面，数字化展览的兴起引发了关于知识产权保护、文化归属和数据隐私的广泛讨论。随着博物馆展品的数字化，如何确保这些文化资产的知识产权不被侵犯，成为博物馆的重要责任。大英博物馆和故宫博物院的线上展览展示了大量珍贵的文化遗产，包括高分辨率图像和三维建模，这些数字资产的使用和再创作需要严格的版权管理。同时，随着全球范围内数字内容的传播，博物馆需要应对不同国家法律的差异，确保线上展览的合法性。此外，观众在参与虚拟展览时提供的个人数据如何得到妥善处理，也是博物馆在数字化时代必须重点关注的隐私问题。无论是依托于第三方平台，还是自主开发线上平台，博物馆都必须建立健全的数据保护机制，确保观众的隐私不被侵犯。

面向未来，博物馆的线上展览不仅要在技术上继续突破，还需要在文化传播、法律保护和观众互动等方面找到新的平衡。随着虚拟现实（VR）和增强现实（AR）技术的发展，博物馆可以为观众提供更加沉浸式的互动体验，增强他们对文化内容的理解和兴趣。此外，博物馆在全球观众面前展示展品时，必须更加注重文化的包容性，确保不同文化背景的观众能够平等地参与和理解展览内容。在法律层面，博物馆需要继续加强知识产权保护，防止数字资产被非法使用，同时也要确保观众的数据隐私得到充分的保护。

总的来说，博物馆的线上展览为文化遗产的展示与传播提供了新的机遇，但也带来了不可忽视的挑战。大英博物馆与故宫博物院通过线上展览拓展了文化传播的疆界，然而，为了实现可持续的数字化发展，博物馆必须在技术创新、文化认同、法律保护以及伦理考量等多个方面持续进行优化与提升。展望未来，博物馆应借助技术革新和政策优化，寻求文化传播与法律保护之间的平衡，确保线上展览既能为全球观众带来丰富的文化体验，又能保障文化遗产的完整性和合法性。

（作者单位：中国传媒大学）

参考文献

【1】FLAVIÁN C，IBÁÑEZ-SÁNCHEZ S，ORÚS C. The impact of virtual, augmented and mixed reality technologies on the customer experience［J］. Journal of business research，2019（100）：547-560.

【2】TRUNFIO M，LUCIA M D，CAMPANA S，et al. Innovating the cultural heritage museum service model through virtual reality and augmented reality：The effects on the overall visitor experience and satisfaction［J］. Journal of Heritage Tourism，2022，17(1)：1-19.

【3】KAMARIOTOU V，KAMARIOTOU M，KITSIOS F. Strategic planning for virtual exhibitions and visitors' experience：a multidisciplinary approach for museums in the digital age［J］. Digital applications in archaeology and cultural heritage，2021（21）：e00183.

【4】BEKELE M K，PIERDICCA R，FRONTONI E，et al. A survey of augmented, virtual, and mixed reality for cultural heritage［J］. Journal on computing and cultural heritage（JOCCH），2018，11（2）：1-36.

【5】SCHAPER M M，SANTOS M，MALINVERNI L，et al. Learning about the past through situatedness, embodied exploration and digital augmentation of cultural heritage sites［J］. International Journal of human-computer studies，2018（114）：36-50.

【6】SYLAIOU S，KASAPAKIS V，DZARDANOVA E，et al. Assessment of virtual guides' credibility in virtual museum environments［C］//Augmented reality, virtual reality, and computer graphics：6th international conference, AVR 2019, Santa Maria al Bagno, Italy, June 24-27, 2019, Proceedings, Part II 6. Springer International Publishing，2019：230-238.

【7】DANIELA L. Virtual museums as learning agents［J］. Sustainability，2020，12

（7）：2698.

【8】KIOURT C, KOUTSOUDIS A, PAVLIDIS G. DynaMus: a fully dynamic 3D virtual museum framework［J］. Journal of cultural heritage, 2016（22）：984-991.

【9】SCHAPER M M, SANTOS M, MALINVERNI L, et al. Learning about the past through situatedness, embodied exploration and digital augmentation of cultural heritage sites［J］. International Journal of human-computer studies, 2018（114）：36-50.

【10】SYLAIOU S, MANIA K, KAROULIS A, et al. Exploring the relationship between presence and enjoyment in a virtual museum［J］. International journal of human-computer studies, 2010, 68（5）：243-253..

【11】GREFFE X, KREBS A, PFLIEGER S. The future of the museum in the twenty-first century: recent clues from France［J］. Museum management and curatorship, 2017, 32（4）：319-334.

【12】Google arts & culture. British Museum Virtual Tour［EB/OL］.（2024-06-10）［2024-08-30］. https://artsandculture.google.com/streetview/british-museum/AwEp68JO4NECkQ?sv_h=56.47925320001611&sv_p=-4.963411574878222&sv_pid=yMfDTnu4EsqOp9aVV6GmlA&sv_lid=35820097577710443819&sv_lng=-0.12805432943844153&sv_lat=51.51962547186196&sv_z=0.15746257502029792.

【13】IOANNIDES M, ATHANASIOU V, CHATZIGRIGORIOU P, et al. Immersive digital heritage experience with the use of interactive technology［C］//Digital Heritage. Progress in Cultural Heritage: Documentation, Preservation, and Protection: 6th International Conference, EuroMed 2016, Nicosia, Cyprus, October 31-November 5, 2016, Proceedings, Part II 6. Springer International Publishing, 2016：265-271.

【14】POULOPOULOS V, WALLACE M. Digital technologies and the role of data in cultural heritage: the past, the present, and the future［J］. Big data and cognitive computing, 2022, 6（3）：73.

【15】KING L, STARK J F, COOKE P. Experiencing the digital world: the cultural value of digital engagement with heritage［J］. Heritage & Society, 2016, 9（1）：76-101.

【16】GARVIN K M. Reclaiming our domain: digitization of museum collections and copyright overreach［J］. IDEA, 2018（59）：455.

【17】李伟, 肖佳欣. 数字博物馆用户体验研究：以北京故宫博物院为例［J］. 计算机科学与应用, 2021, 41（3）：65-72.

【18】故宫博物院. 全景故宫［EB/OL］.（2024-06-10）［2024-08-30］. https://

pano.dpm.org.cn/#/panorama?panorama_id=20&scene_id=2806&scene_name=scene_2806_summer.

【19】王旭东. 故宫数字化项目发展历程［J］. 文物保护与考古科学，2020，32（1）：25-31.

【20】张璐. 文化遗产的数字化保护：故宫博物院的实践与挑战［J］. 文化遗产，2022，36（2）：89-95.

【21】NIKOLAOU P. Museums and the post-digital: revisiting challenges in the digital transformation of museums［J］. Heritage, 2024, 7（3）: 1784-1800.

【22】BURY S J. Museum libraries and archives in the digital 21st century［J］. Museums and digital culture: new perspectives and research, 2019: 483-490.

【23】LEE H, JUNG T H, TOM DIECK M C, et al. Experiencing immersive virtual reality in museums［J］. Information & Management, 2020, 57（5）: 103229.

【24】DANIELA L. Virtual museums as learning agents［J］. Sustainability, 2020, 12（7）: 2698.

【25】VISHNU S, TENGLI M B, RAMADAS S, et al. Bridging the divide: assessing digital infrastructure for higher education online learning［J］. TechTrends, 2024: 1-10.

【26】FLAVIÁN C, IBÁÑEZ-SÁNCHEZ S, ORÚS C. The impact of virtual, augmented and mixed reality technologies on the customer experience［J］. Journal of business research, 2019, 100: 547-560.

【27】WAGNER A, DE CLIPPELE M S. Safeguarding cultural heritage in the digital era: a critical challenge［J］. International journal for the semiotics of law-revue internationale de sémiotique juridique, 2023, 36（5）: 1915-1923.

【28】FAN X, JIANG X, DENG N. Immersive technology: a meta-analysis of augmented/virtual reality applications and their impact on tourism experience［J］. Tourism management, 2022（91）: 104534.

【29】GIANNINI T, BOWEN J P. Global cultural conflict and digital identity: transforming museums［J］. Heritage, 2023, 6（2）: 1986-2005.

【30】BARADARAN R F, BOYD J E, EISERMAN J R, et al. Museum beyond physical walls: an exploration of virtual reality-enhanced experience in an exhibition-like space［J］. Virtual reality, 2022, 26（4）: 1471-1488.

【31】HARACKIEWICZ J M, KNOGLER M. Theory and application［J］. Handbook of competence and motivation: theory and application, 2017: 334.

【32】GIANNINI T, BOWEN J P. Museums, art, identity, and the digital ecosystem: a paradigm shift [J]. Museums and digital culture: new perspectives and research, 2019: 63-90.

【33】FAN X, JIANG X, DENG N. Immersive technology: a meta-analysis of augmented/virtual reality applications and their impact on tourism experience [J]. Tourism management, 2022 (91): 104534.

【34】HARACKIEWICZ J M, SMITH J L, PRINISKI S J. Interest matters: the importance of promoting interest in education [J]. Policy insights from the behavioral and brain sciences, 2016, 3 (2): 220-227.

【35】KLINOWSKI M, SZAFAROWICZ K. Digitisation and sharing of collections: museum practices and copyright during the COVID-19 pandemic [J]. International journal for the semiotics of law-revue internationale de sémiotique juridique, 2023, 36 (5): 1991-2019.

【36】GARVIN K M. Reclaiming our domain: digitization of museum collections and copyright overreach [J]. IDEA, 2018 (59): 455.

【37】MAREK H M. Navigating intellectual property in the landscape of digital cultural heritage sites [J]. International journal of cultural property, 2022, 29 (1): 1-21.

【38】MANŽUCH Z. Ethical issues in digitization of cultural heritage [J]. Journal of contemporary archival studies, 2017, 4 (2): 4.

【39】HALLINAN D. Data protection oversight in artificial intelligence: conflict and complexity [J/OL]. International data privacy law, 2024, 14 (2):106-127. [2024-06-19]. https://academic.oup.com/idpl/article/14/2/106/7590329.

【40】DEAKIN T. Museums responsible data management [EB/OL]. (2022-08-16) [2024-06-20]. https://www.museumnext.com/article/museums-responsible-data-management/.

博物馆传播与艺术

被"凝视"的卢浮宫：视觉现代性视角下的传统视觉媒体叙事*

The "Gazed-Upon" Louvre Museum: Traditional Visual Media Narratives from the Perspective of Visual Modernity

沈述宜

Shen Shuyi

摘要：现代公共博物馆是"视觉现代性"的产物，同时也是具有传播功能的视觉媒体和"文化装置"，其核心功能之一在于展示可供人们欣赏的物质文化遗产。本研究以法国"卢浮宫博物馆"为焦点，运用视觉文本分析方法，从视觉现代性的角度深入探讨绘画、摄影、电影等传统视觉媒体如何展现其形态及其表征意义。研究揭示，卢浮宫在传统视觉媒体叙事中展现了从精英化向大众化叙事主体视角的转变：艺术品通过大众媒体的不断"复制"和传播，其代表高雅和严肃艺术的"光韵"逐渐消解，博物馆文本被置于通俗文化的框架内，被新闻媒体和电影行业的"生产者"解构和重构。这一过程在提升博物馆知名度、扩大潜在观众群体的同时，也对博物馆文本的固有内涵造成了概念性的破坏，使其成为具有商业价值的大众文化符号。

Abstract：As the product of "visual modernity", modern public museum plays the role of both visual media and cultural installation, and one of its core functions is to display the material cultural heritage for people to appreciate. Focusing on the Louvre Museum in France, this study uses the visual text analysis method to deeply explore how traditional visual media such as painting, photography and film present their forms and representational meanings from the perspective of visual modernity. The research reveals that the Louvre in the traditional visual media narrative shows a shift from the elite to the popular narrative subject perspective: through the continuous "reproduction" and dissemination of artworks through mass media, the "light charm" representing elegant and serious art is gradually

---

* 本文系北京航空航天大学2024年敢为行动计划文科基本科研业务费支持项目"中国国家博物馆传播的视觉现代性考察"（KG16318101）成果。

dissolved, and the museum text is placed in the framework of popular culture, deconstructed and reconstructed by the "producers" of the news media and the film industry. This process, while enhancing the visibility of the museum and expanding the potential audience, has also caused conceptual damage to the inherent connotation of the museum text, making it a mass cultural symbol with commercial value.

关键词：博物馆；文化装置；视觉媒体；视觉现代性；游客凝视

Keywords：Museum, Cultural Apparatus, Visual Media, Visual Modernity, Visitor Gaze

引　言

现代公共博物馆是"视觉现代性"的产物，同时也是具有传播功能的视觉媒体和"文化装置"，其核心功能之一在于展示可供人们欣赏的物质文化遗产。① 博物馆是展示"奇观"的空间，博物馆中的物品被组合起来形成视觉陈述，这些视觉陈述结合起来产生视觉叙事。② 博物馆中陈列的各种文物代表着历史的"真实"，它们的存在是为了被公众所"凝视"③。视觉是自主和自由的，然而在视觉文化的讨论中，"视觉"是被社会建构出来的。

具体而言，在博物馆领域，博物馆规范的制定者通过赋予不同来源和不同时期的藏品、人物、思想、问题、话语策略和历史叙述权威来创造"秩序"，因此在博物馆的参观中，观众所见的是博物馆描绘出的"真实"。从更广泛的角度来看，博物馆及其藏品都可以被视为"视觉媒体"，它们作为潜在或实际的符号，或作为视觉交流和学习的资源，在构建视觉意义的复杂过程中扮演着重要角色，因此需要将其纳入视觉文化的框架中进行深入分析。

中世纪的绘画作品既是博物馆的藏品，也是记录博物馆诞生发展的最早的视觉媒介——博物馆的建造者和拥有者通过绘画记录博物馆的外观、建造过程和观众参观的瞬间。然而，随着19世纪摄影和电影等大众视觉媒体的诞生与兴起，观众数量显著增加。博物馆不得不适应这一变化，接受来自世界各地游客相机镜头的"凝视"。同时，博物馆逐渐成为地标和"景点"，被纳入旅游业的重要组成部分。另一方面，博物馆开始主动与电影产业展开合作，通过让渡解释权，博物馆的内容得以融入好莱坞电影工业体系，这不仅提升了博物馆的曝光度，还将电影观众转变为潜在的博物馆访客。

本研究聚焦于世界四大博物馆之一，拥有悠久历史的公共博物馆——法国"卢浮

---

① Hooper-Greenhill E. Museums and the interpretation of visual culture [M]. New York: Routledge, 2020: 14.
② Hooper-Greenhill E. Museums and the interpretation of visual culture [M]. New York: Routledge, 2020: 3.
③ 福柯认为，知识引导凝视的目标，原本不可见的方面变得可见。当认识论调节、变形或破裂时，词语和事物之间会形成新的联盟，以描述知识和权力之间存在的耦合关系。

宫博物馆",并以其作为核心案例进行视觉文本分析。研究将采用视觉现代性的分析框架,深入剖析绘画、摄影、电影等传统视觉媒体的叙事特点及其象征意义。

一、视觉现代性:"凝视"与"被凝视"

现代性代表着从农业文明向工业文明社会的转变,是人类从"黑暗洞穴"走向光明的过程,而这种描述本身就带有视觉性的转变。"视觉性是现代性的产物,是其组成部分"[①]和表现形式,现代性的本质在于推动社会普遍"视觉化"的进程。

乔纳森·克拉里(Jonathan Crary)在其著作《观察者的技术》中深入探讨了"视觉现代性",他认为现代性与19世纪资产阶级政治革命所带来的"观察者"(observer)的重塑密不可分——人权和人性得到了解放,刚从苦难中解脱出来的人们渴望通过"可观测性"和"可度量性"来证明眼前自由平等和幸福的生活是真实存在的,因此他们从社会的"旁观者"(spectator)成为"游移的观察者"(ambulatory observer),在工业化的城市中,"观看"博物馆、庭院、钢筋建筑等技术革命的产物,大量新兴"符号"(signs)与"物"(objects)在此期间不断涌现——"现代世界作为一幅图像出现了"。[②]

然而,在福柯的眼中,视觉并不总意味着主动的"观看",也代表着被他人"凝视"甚至"监视"——视觉与权力之间有着极为密切的联系。在其著作《规训与惩罚》中,福柯认为人们所处的社会并非"奇观社会",而是一个"监视社会",人们时刻生活在"全景敞视"机器的监视之下,通过被他人"注视"实现了对自我的"规训",因此"观看"也成了社会规训的一种手段,"可见性成为一个捕捉器"[③]。

由此可见,视觉现代性是具有其两面性的:一方面,主动的"观察者"能够欣赏到视觉"奇观"所带来的感官和精神刺激,正如本雅明眼中如"梦幻空间"般的19世纪的艺术博物馆、拱廊和百货公司[④]。另一方面,"被观察者"在被注视和凝视的过程中会不自觉地受到"规则和纪律"的约束和规训,最终实现对自我的驯化。

然而,在现代公开的社会场景中,"观察者"和"被观察者"的身份是可以相互转换的,一个人既可以观看他人,也可以被他人观看,谁掌握更强大的"视觉复制"能力,谁就拥有更多的权力。权力和视觉之间的关系同样体现在视觉媒体的演进过程中。正如本雅明认为宗教艺术通过被"机械复制"变为能够被展示和传播的文化产品,"神学"不再具有特殊的权威,同样,博物馆中的"神圣遗物"在图画复制时代也成为可

---

① 唐宏峰.视觉性、现代性与媒介考古:视觉文化研究的界别与逻辑[J].学术研究,2020(6):36-43,177.
② 克拉里.观察者的技术[M].蔡佩君,译.上海:华东师范大学出版社,2017:20.
③ 福柯.规训与惩罚:监狱的诞生[M].刘北成,杨远婴,译.上海:三联书店,2012:225.
④ 本雅明.巴黎,19世纪的首都[M].刘北成,译.上海人民出版社,2006.

以被传送的"信息"。信息意味着可以被剪辑和拼贴，因此当卢浮宫展出的达·芬奇名作《蒙娜丽莎的微笑》第一次被摄影机"复制"时，它就已经成为电影制作的素材，电影摄制者通过对影像连续地播放强调了其"不可逆转的意见陈述"，引导观众走向其设定的结局，这体现出"绘画—摄影—电影"对于"视觉"权威的让渡过程。①

二、绘画叙事中的卢浮宫②：统治阶层的意识形态缩影

卢浮宫始建于1190年，当时的法国国王腓力二世·奥古斯都（Philippe II Auguste）决定加强对其新首都巴黎的防卫，因此下令在城市周围建造围墙并在塞纳河右岸修建一座王室城堡，这也成为卢浮宫的雏形。《巴黎议会的耶稣受难像》（*La Crucifixion du Parlement de Paris*）是一幅创作于1452年的油画作品（见图1），作者是法国皇家官员德勒克斯·布德（Dreux Budé）。这幅画最初是应巴黎议会的委托而创作的，随后在法国大革命的动荡中几经易手。最终，在1904年，它被卢浮宫收藏，并一直展出至今，成为卢浮宫收藏中最古老的绘画作品之一。这幅以"耶稣受难"为主题的画作最初被陈列于巴黎议会的主会议厅内，以表示对法官保持谦卑和正直的提醒，同时在教堂和司法机构之间确保一种连续性。③

（a）全图　　　　　　　　　　　　（b）"卢浮宫"局部图

图1　《巴黎议会的耶稣受难像》④

---

① 伯格. 观看之道［M］. 戴行钺，译. 桂林：广西师范大学出版社，2005：20-23.
② 本节内容选用的卢浮宫画作图片皆源自卢浮宫官网—藏品页面，为公开下载资源，不涉及版权。
③ HUSSEY A.Treasures of the Louvre.［OL］.（2013-03-05）［2024-02-14］. https://www.bilibili.com/video/BV18b411P7rB/?spm_id_from=333.337.search-card.all.click&vd_source=48fc447a35e7a4d3e4fb36155f8dcd75
④ 参见 https://collections.louvre.fr/en/ark/53355/cl010061369。

在这幅以人物为主中心的画作中,背景中那座酷似军事要塞的堡垒式建筑,正是中世纪时期的"卢浮宫"。其三十米高的瞭望塔向西凝视,见证了与英格兰长达百年的对抗。尽管当时的卢浮宫还未以博物馆的身份出现,但作为巴黎的地标性建筑之一,画中的"卢浮宫"被塑造成了一个具有政治威慑力的视觉符号,象征着中世纪法国王国在政治与宗教领域间的斗争。

而在1500年左右创作的《圣母哀子图–圣日尔曼德佩区》(*La Pietà de Saint-Germain-des-Prés*)中,卢浮宫也同样出现在"耶稣之死"这一宗教经典故事的视觉背景中。与《巴黎议会的耶稣受难像》在空间布局上不同的是,这幅画作中的城堡距离人物更近,在放大的局部图中,城堡门前高高在上的王公贵族和卑躬屈膝的奴隶清晰可见,形成强烈对比。画家将故事的发生地设定在了庞大宫殿门前的小径之上,仿佛是在影射这一悲剧诞生的原因与王室有关,也代表了在文艺复兴盛行时期宗教和王室之间权力斗争的愈演愈烈。

(a)全图　　　　　　　　　　　　　(b)"卢浮宫"局部图

图 2 《圣母哀子图》

由此可见,中世纪的基督教通过绘画向教徒传递《圣经》故事,并植入了强烈的意识形态——对"邪恶"王权的批判。卢浮宫在中世纪的画作中代表着符号化的"王权",被当时的创作者巧妙地融入艺术作品的创作中,并被赋予了强烈的主观情感色彩。直至1530年弗朗索瓦一世下令拆除堡垒并建立宫殿,"卢浮宫"才真正作为王权象征得以建立。

16世纪中叶到17世纪初,巴黎成为法国的政治文化中心,亨利四世国王制订了卢浮宫庞大的扩建计划,名为"大设计"(Grand Dessein),自那时起,为王室工作的艺术家们居住在卢浮宫;路易十四将美术学校、雕刻学校以及建筑学校迁入宫内;路易十六首次提出以"博物馆"形式向公众展示王室的藏品。①

---

① 卢浮宫. 卢浮宫不容错过的300件典藏精品 [M]. 巴黎:卢浮宫出版社,2006:9–10.

图 3 《卢浮宫皇家绘画与雕塑学院会议》（1777—1778）①

然而，1792年9月22日，法兰西第一共和国宣告成立，路易十六在随后的1793年被送上断头台。正是在1793年8月10日，卢浮宫以"卢浮宫博物馆"的名义重新出现在公众面前。彼时如日中天的拿破仑把在德国、比利时、意大利战争中所缴获的战利品、王朝复辟的考古挖掘和收购以及"新大陆"带回的物品统统收入卢浮宫中，卢浮宫的馆藏得到了极大丰富，成为拥有建筑实体的"百科全书"②。此时期的卢浮宫博物馆成为帝国主义强权向外扩张的集中象征，展陈建构的叙事逻辑基于法国作为战争胜利者书写的历史，卢浮宫所代表的政治意象也从"王权"走向了全球化的"霸权"。

图 4 《拿破仑参观卢浮宫沙龙并向艺术家分发十字军团荣誉勋章》（1808—1825）③

---

① 卢浮宫. 卢浮宫皇家绘画与雕塑学院会议［EB/OL］.（2024-02-14）［2024-08-30］. https://collections.louvre.fr/ark:/53355/cl010067051
② HOOPER-GREENHILL E. Museums and the interpretation of visual culture［M］. New York：Routledge，2020：163.
③ 参见：https://collections.louvre.fr/en/ark:/53355/cl010241535。

从 18 世纪末到 20 世纪初，大批卢浮宫的艺术家通过绘画的形式来记录卢浮宫的藏品、建筑、内部展陈、学习/艺术活动等内容，仅卢浮宫博物馆内所藏的油画作品数量便高达 170 幅左右。值得注意的是，超过一半的作品中都出现了"人"的身影，无论是参观者、艺术家、收藏家，还是博物馆的工作人员，都被视为卢浮宫不可或缺的一部分，并被画笔永久地捕捉下来。画作中的男性通常身着笔挺的西装，举止文雅，而女性则穿着华丽的礼裙，头戴精美的网纱帽，展现出他们优雅而尊贵的气质，彰显了良好的道德修养和风度。

在以"参观卢浮宫"为主题的画作中，神态端庄的人物和珍贵的馆藏被组合在一起，成为新的"展品"和所有博物馆参观者"凝视"的对象（见图 5）。18 世纪末法国大革命中诞生的数量庞大的工人阶级观众是卢浮宫博物馆的参观主体人群，通过观看这些被"上流社会"认可为"正确"和"理性"的事物，他们会不自觉地模仿画中人的穿着和姿态，把他们当作"榜样"进行学习，以实现对自我的规训和教化，并建立符合博物馆参观要求的礼仪规范。

（a）《卢浮宫阿波罗画廊》（1880）①

（b）《卢浮宫大画廊》（1801—1805）②

图 5　以"参观卢浮宫"为主题的画作

乔治·布朗·古德（George Brown Goode）在其 1895 年的著作《博物馆管理原则》（The Principles of Museum Administration）中提到，博物馆应当成为一个"思想的苗圃"，"利用文物来增加知识，以促进人民的文化和启蒙"。也就是说，博物馆可以为公众提供一个模仿的空间，在这个空间中，人们可以学习更具有现代文明特征的行为模式，从而通过社会机构更广泛地传播。③ 然而，只通过观看画作来培养公众的现代

---

① 参见：https://collections.louvre.fr/en/ark:/53355/cl010059226。
② 参见：https://collections.louvre.fr/ark:/53355/cl010065669。
③ BROWN G G. The principles of museum administration [M]. York：Coultas & Volans，1895：3.

性意识是远远不够的，博物馆需要将这种示范性的物体教学主义与人物的示范性教学联系起来，而卢浮宫的艺术沙龙为公众的交流互动提供了契机。

（a）《卢浮宫沙龙》
（1779）①

（b）《下午四点，沙龙，卢浮宫闭馆》
（1825）②

图 6　以"卢浮宫沙龙"为主题的画作

如哈贝马斯所说，在封建和君主制的政府制度下，艺术和文化成为领主或君主的"代表性公共性"的一部分，那么，资产阶级公共领域的形成就与新的制度和实践的发展密切相关，这些制度和实践将艺术和文化从这一职能中分离出来，并将其用于社会和政治批判的事业。在这个过程中，艺术和文学作品被塑造成对国家法令进行理性批判的工具，博物馆、文化沙龙、美术馆、学校这类文化机构为资产阶级公众提供了理性交流和辩论的机会，即是一种理想化的"公共领域"的形成。

观察以"卢浮宫沙龙"为主题的两幅画作，可以看出，参与卢浮宫文化沙龙的人群数量庞大，类型繁杂，既有神态冷峻矜持的贵族绅士，也有动作粗鲁、表情浮夸、衣着普通的商贩走卒（见图 6）。而与英国的咖啡厅的核心区域将女性群体排除在外不同，法国卢浮宫的文化沙龙鼓励女性的加入，这为女性参与公共领域的政治讨论提供了机会，然而，这种参与仍是有限的——只有在男性陪同的情况下才能得以实现。③

综上，在以"卢浮宫"为文本的早期绘画作品中，卢浮宫作为从王室宫殿发展而来的博物馆，往往被赋予强大的政治属性，画作主题展现了法国不同时期引领社会变革阶层的意识形态导向，包括"宗教与王权对抗→王权的专制压迫→霸权的全球扩张→社会规范的驯化→公共领域的诞生"这样几个发展阶段。其中，前三个阶段的主导阶层分别是宗教人员、王室贵族、新资产阶级，而在后两个阶段，资产阶级和工人阶级处于互相博弈的状态。尽管公共领域仅是一个理想范本，但一定程度上仍促进了不

---

① 参见：https://collections.louvre.fr/en/ark：/53355/cl010066125。
② 参见：https://collections.louvre.fr/en/ark：/53355/cl010063164。
③ MAHOOD L. The Magdalenes：prostitutes in the nineteenth century［M］. London：Routledge，1990.

同阶层之间的流动。

三、摄影叙事中的博物馆:"凝视客体"与人本主义表征

以 1839 年 8 月 19 日,法国科学院正式向全世界公布由法国发明家路易·达盖尔(Louis Daguerre)发明的"银板摄影法"为标志,摄影便作为一种"灵活"的媒介,紧跟时代潮流的变化,不断更新迭代。在 19 世纪,许多摄影作品的创作灵感源自绘画和铜版画,而众多摄影领域的先驱者们,出于对新兴市场的追求,也从绘画领域转向了摄影。直至 19 世纪 80 年代,"以照片作为实体"已经成为人们习以为常的观念,照片的主要功能仍是对于现实的识别与记录。[①]

在某种程度上,摄影可被视为绘画艺术的一种延伸。摄影的诞生受到了笛卡尔"透视法"(透视主义)思想的启发——它不再以画家的主观视角为中心,而是以画作"观察者"的视觉中心为基准来构建整个画面。因此,照片的"中心点"实际上就是"拍摄者"通过相机进行"观看"的视觉焦点。在人口快速流动的工业革命时期,摄影相较于绘画,更适合作为记录社会快速变迁的工具。可以说,社会形态的变革也催生了摄影技术的发展。同时,摄影技术已经成为人们家庭生活中不可或缺的一部分,物理世界的人际关系也因技术的进步而发生了变化。即便相隔千里,亲友们也能通过照片直观地了解彼此的生活状态。摄影作为维系亲情的重要纽带,深受普通民众的喜爱,它实际上是第一个真正意义上进入民众日常生活的"大众媒体",在视觉层面上产生了深远的影响。

此外,摄影技术的进步催生了新闻媒体行业的重大变革,特别是图片新闻报道的兴起。1880 年 3 月 4 日,第一张铜板照片复制品出现在纽约《每日画报》(*Daily Graphic*)上;1883 年 10 月 13 日,《莱比锡画报》(*Illustrierte Zeitung*)首次刊登了彩色照相的印刷品;1903 年 11 月在伦敦创刊的《每日镜报》成为首份广泛使用照片插图的日报,标志着图片新闻刊物时代的到来。[②] 而在一个世纪之后,随着两次世界大战的落幕,美国和苏联以压倒性的力量取代了英、法、德等欧洲国家,成为新世界秩序的两极。得益于摄影技术的革新和经济实力的支撑,美国的文化产业和新闻行业迅速崛起。在以卢浮宫等欧洲博物馆为主题的纪实摄影作品中,美国新闻媒体展现了更加娱乐化和大众化的视觉风格。

1953 年,美国《生活》(*Life*)杂志委派摄影师德米特里·凯塞尔(Dmitri Kessel)前往巴黎,捕捉卢浮宫博物馆的风采。在这近 30 张珍贵的照片中,观众不仅目睹了欧

---

① 威廉姆斯. 电视:科技与文化形式 [M]. 冯建三,译. 台北:远流出版社,1992:28.
② 杰夫里. 摄影简史 [M]. 晓征,筱果,译. 北京:生活·读书·新知三联书店,2002:242.

洲第一所国家级现代博物馆内令人叹为观止的精美藏品，还见证了观众、博物馆工作人员与象征着高雅艺术、严肃历史的文物之间所碰撞出的奇妙火花。

（a）一家三口在欣赏卢浮宫展品　　（b）模仿雕像动作的博物馆工作者

图 7　美国《生活》杂志拍摄的卢浮宫系列照片（一）[①]

美国《生活》杂志由美国时代出版集团创始人之一亨利·卢斯于 1936 年在美国纽约创刊，内容以专题照片、人物特写为主，主要用"大幅图片＋文字新闻"的形式反映美国人的生活及世界上发生的重大事件。[②] 从图 7 的两张照片可以看出，在 20 世纪 50 年代美国新闻媒体的镜头下，"人性"是最为突出的特征：参观博物馆既是对学校教育内容的实践补充，也成为普通家庭日常休闲娱乐的一种方式；博物馆工作者也不都是高高在上、不食人间烟火的专家学者，也有喜欢模仿博物馆雕塑动作造型拍照的、亲切可爱的"守馆人"。

由此，以卢浮宫为代表的博物馆，其天然带有的历史文化的严肃性被美国新闻媒体摄影作品生活化的视角表达所削弱，博物馆与商场、游乐场以及其他地标性建筑物一样，成为人们日常生活中的"背景"。通过新闻杂志等大众传媒出版物对艺术作品的不断"复制"，博物馆从抽象的历史符号转变成了大众眼中的"真实"。而正如这些照片向大众所传达的那样——"人们不可能拥有现实，但可以拥有影像"[③]，文物被博物馆的玻璃柜笼罩在观众触不可及的地方，但是通过照片的拍摄，大众可以堂而皇之地、永恒地"占有"它们，而不需要付出违反法律的代价。

---

① COSGROVE B. Life goes to the Louvre, 1953［EB/OL］.（2024-02-25）［2024-08-30］. https://www.life.com/destinations/life-goes-to-the-louvre-1953/.
② 滑明达，仓尕措吉. 两落三起的美国《生活》杂志［J］. 传媒，2005（4）：61-62.
③ 桑塔格. 论摄影［M］. 艾红华，毛建雄，译. 长沙：湖南美术出版社，1999：180.

（a）参观卢浮宫的华人观众　　（b）购买卢浮宫纪念品的观众

图8　美国《生活》杂志拍摄的卢浮宫系列照片（二）

随着摄影技术的普及，博物馆行业经历了更深层次的变化：它们逐渐成为公众眼中具有地域文化象征意义的旅游"打卡"胜地。以卢浮宫为代表的欧美现代博物馆，其受众群体已不再局限于那些主动接受现代性文化"规训"的学习者和资产阶级公共领域的参与者。随着全球化进程的推进，博物馆的观众群体已经扩展至世界各地、拥有不同文化背景的"游客"，他们成为博物馆建筑和藏品的"凝视主体"。"凝视"通过符号的消费和收集得以建构，具有大众化、浪漫化、多元化的符号特征，而摄影在游客的凝视中占有至关重要的地位——"旅游中的拍摄是社会建构的观察和记录方式，两者互为因果、相互促进，旅游和摄影相互塑造"①。博物馆通过和旅游产业的结合成为后福特消费主义的一环，并被纳入欧美文化产业的结构当中，也为"博物馆"这一文化机构进入更为商业化的好莱坞电影市场打下了基础。

四、电影叙事中的卢浮宫：民族主义符号与视觉"奇观"

在以现代公共博物馆为母本创作的好莱坞"IP"中，最具代表性并造成21世纪第一次全球性"博物馆热"的大众文化作品，便是美国作家丹·布朗以卢浮宫为主要故事场景所创作的长篇小说《达·芬奇密码》（2003），三年后，基于小说改编发行的同名电影更是将这一"IP"的影响力扩展至全球。然而，真正使得《达·芬奇密码》在全球范围内形成如此热度的，是作者丹·布朗将这一被基督教徒称为"异端邪说"的观点与世界上最著名的且充满谜团的画作——达·芬奇的《蒙娜丽莎的微笑》紧密联

---

① URRY J.游客凝视［M］.杨慧，等译.桂林：广西师范大学出版社，2009：5-8.

系在了一起。

《蒙娜丽莎的微笑》是 1506 年由意大利艺术家、"文艺复兴三杰"之一的列奥纳多·达·芬奇（Leonardo da Vinci）为一位佛罗伦萨商人的妻子所创作的半身肖像画。在达·芬奇逝世后，这幅画作被法国国王弗朗西斯一世购得，并一直收藏于卢浮宫至今。《蒙娜丽莎的微笑》展现了文艺复兴时期人们对"人性美"的追求，打破了中世纪以来对人的束缚，具有深远的历史意义。在艺术价值层面，令人捉摸不定的"神秘微笑"，以及达·芬奇的"渐隐法"所创造出的生动、轻逸的氛围，都使这幅画作在艺术史上占据不可撼动的地位。① 此外，研究者通过显微镜观察，发现蒙娜丽莎绿褐色的右眼球上画有象征作者身份的黑色"LV"字样，但其左眼球上的字符尚未辨明（目前的说法包括 CE、B 或 S），画作背景桥拱上也有隐藏的字符（有说法是数字 72、2 或字母 L），更增添了这幅画的神秘。

除了画作本身独特的艺术价值外，1911 年震惊全球的"蒙娜丽莎失窃案"更是将其全球知名度推向了顶峰，同时这一事件所引发的社会影响也是复杂且深远的。1911 年 8 月 21 日，意大利人文森佐·佩鲁贾（Vincenzo Peruggia）在守卫巡视间隙偷盗走了放置在玻璃盒中的世界名画《蒙娜丽莎的微笑》。直至第二天，来绘制素描的艺术家发现这幅画不在原处，卢浮宫才得知画作失窃的事实。卢浮宫向警方报案后两年寻求未果，直到 1913 年佩鲁贾本人以达·芬奇之名"Leonardo"寄给了意大利古董商一封信试图交易画作，而信中提及他盗窃的原因之一："它似乎属于意大利，因为它的画家是意大利人。"② 古董商联系了佛罗伦萨的乌菲兹美术馆，之后佩鲁贾被顺利抓获。《蒙娜丽莎的微笑》开启了在意大利为期三个月的巡展，以一种奇妙的形式"回归"了祖国，但最终意大利政府仍慷慨地将其"归还"给了卢浮宫。事实上，卢浮宫和法国警方从未披露过佩鲁贾在审讯中交代的真正的盗窃原因，但是许多人通过他寄给古董商的那封信，推测佩鲁贾是一位"激进的民族主义者"，而从他 1912 年寄给亲人的一封信中称"巴黎会让自己发家致富"来看，或许金钱是其更主要的动机。

《纽约时报》在 1911 年报道的头条标题中，特意使用了《蒙娜丽莎的微笑》的意大利名称"La Gioconda"，以凸显达·芬奇意大利人的身份，并影射作品归属地，这种对于欧洲帝国主义国家充满讽刺意味的叙事得到了继承发展。在《纽约时报》2022 年 10 月 7 日刊登的专题文章"蒙娜丽莎失窃案"中，将"祝偷走蒙娜丽莎并将其带回意大利的人生日快乐"作为主标题，并称佩鲁贾为意大利人心中"'堂吉诃德'式的民族英雄"。在文章的结尾部分，作者特别指出，在《蒙娜丽莎的微笑》对面的卢浮宫中，摆放着一幅尺寸巨大的画作——委罗内塞（Veronese）的《卡纳的婚礼盛宴》

---

① 李民. 一画一世界：对蒙娜丽莎的解读 [J]. 艺术百家，2006（6）：124–129.
② SCOTTI R A. Vanished smile: the mysterious theft of the Mona Lisa [M]. New York: Vintage, 2010.

（*The Wedding Feast at Cana*）。这幅画作是拿破仑一世在1791年从意大利掠夺的，至今仍未归还。无论盗窃案的真相如何，在《纽约时报》等美国新闻媒体的持续渲染和再三强调下，《蒙娜丽莎的微笑》的象征意义被增添了浓墨重彩的一笔——被法国"掠夺"的意大利"国宝"。

（a）1911年《纽约时报》头条报道失窃案　　（b）1914年"蒙娜丽莎"回归卢浮宫

图9　《纽约时报》报道"蒙娜丽莎失窃案"照片①

在此次卢浮宫盗窃事件中，失职的卢浮宫工作人员、无能的法国警方、"被害"的美丽且神秘的女性、强调"人文主义"的文艺复兴艺术家达·芬奇、作为"幕后黑手"的意大利人和作为"文明强盗"的法国，都成为以《纽约时报》为代表的美国新闻媒体建构出深入人心的民族主义符号，并被应用于《达·芬奇密码》的小说及电影叙事之中。

与叙事结构更为复杂的小说不同，《达·芬奇密码》电影所使用的仍然是好莱坞电影中最经典的"线性"叙事模式——遵循单一时间向度的线性原则和因果逻辑，保证叙事结构的完整性，按照开端、发展、高潮、结局的时间顺序进行叙事②。《达·芬奇密码》的故事开始于卢浮宫，卢浮宫博物馆馆长在死前将身体摆放成达·芬奇名作《维特鲁威人》的形态，同时留下五角星图案和一串数字，这构成了故事的主要三个谜题和三条叙事线——达·芬奇、圣杯和斐波那契数列。观众跟随主角的视角进入了一场"蒙太奇"式叙事③的"解谜游戏"，卢浮宫成为这场游戏的主要场景地点、卢浮宫所

---

① ROBERTS S.Happy birthday to the man who stole the Mona Lisa and took it to Italy［N/OL］. New York Times, 2022-10-07. https://www.nytimes.com/2022/10/07/arts/design/mona-lisa-vincenzo-peruggia.html
② 游飞.电影叙事结构：线性与逻辑［J］.北京电影学院学报，2010（2）：75-81.
③ 周宪.论奇观电影与视觉文化［J］.文艺研究，2005（3）：18-26，158.

藏的《岩间圣母》、米兰圣玛利亚感恩教堂壁画上的《最后的晚餐》等等都成为游戏的文本和关卡，电影带来的"游戏化"体验极大激发了观众观看的兴趣。电影制作组更是与卢浮宫的管理者达成合作，来到卢浮宫现场进行取景拍摄，以争取最大程度还原小说原著场景。

可以说，卢浮宫中的著名藏品《蒙娜丽莎的微笑》为《达·芬奇密码》的论点提供了素材支撑，画作本身的珍贵性、神秘性、争议性带来的高知名度，为小说的大众传播打下了坚实的基础。同时，《达·芬奇密码》脱离了画作《蒙娜丽莎的微笑》真实的历史背景故事及其艺术价值本身，而是将其放置在通俗文化的语境下，基于新闻媒体在大众传播过程中赋予其的"符号"和"标签"创造出符合大众审美取向的文本，以完全不同于博物馆策展人和研究者历史叙事的角度，重构了《蒙娜丽莎的微笑》的文本内涵及作画者达·芬奇本人的故事，在大众传播层面成为与卢浮宫博物馆争夺藏品解释权的"一级媒介"。

由此可观，卢浮宫的博物馆文本在电影（尤其是好莱坞电影）这一大众传媒的解构和传播下，彻底沦为娱乐化、通俗化和商业化的"奇观"——即一种由各种"符号"所组成的，已经被"物化"的世界观①。在此过程中，博物馆将其对藏品的阐释权让渡给电影制作方，博物馆藏品真实的历史文化背景在电影符号化的叙事中被扭曲，对于文物造成了概念性的破坏。然而，从博物馆运营的现实层面来讲，博物馆藏品及博物馆本身知名度、国际影响力、经济收益等方面都通过跨媒介实践获得极大提升。同属于消费主义影响范畴的小说及电影观众甚至"粉丝"（消费者），与追寻"文化符号"的"游客"群体实现"融合"，以《蒙娜丽莎的微笑》为代表的博物馆"明星藏品"成为游客"集体凝视"的对象②，博物馆观众的数量大幅增长，类型也更为复杂多样。

五、卢浮宫博物馆的传统视觉媒体叙事特征：从精英化到大众化

本研究发现，卢浮宫的传统视觉媒体叙事实践体现了博物馆文本从精英化向大众化的叙事主体视角转移：艺术品通过被大众媒体不断"复制"和传播，其代表高雅和严肃艺术的"光韵"得以消解，博物馆文本被放置在通俗文化的框架内被大众文化的"生产者"——新闻媒体和电影行业从业者进行解构和重构。大众文化的"观看者"——电影观众与"游客"成为了博物馆潜在的观众群体，他们通过对电影进行评论和主动到博物馆现场参观来对于大众媒体所阐述的"博物馆"进行回应和反馈，进一步扩大了博物馆的世界影响力。

---

① 德波.景观社会［M］.王昭凤，译.南京：南京大学出版社，2006：3-4.
② URRY J.游客凝视［M］.杨慧，等译.桂林：广西师范大学出版社，2009：64.

以卢浮宫为主题的早期绘画作品多是基于统治阶级的需求创作的，因此此类画作中的博物馆被赋予极为强大的政治属性。卢浮宫相关的画作反映了法国社会变革阶层的意识形态导向和社会演变的过程：包括宗教与王权对抗、王权的专制压迫、霸权的全球扩张、对公众进行社会规范的驯化以及公共领域的诞生。绘画作品扮演了双重角色——既是博物馆的藏品，又是传播媒介。然而，早期绘画受到技术和成本的限制，无法真正成为"大众媒介"，更多仅是传达统治阶层意识和审美的手段。

而伴随着19世纪摄影技术的诞生，以卢浮宫为主题的摄影作品呈现出"观看"主体从精英阶层向普通民众的转变，"人性化"成为其突出的特征。摄影技术的大众化普及使得博物馆在观众使用摄影机对其"凝视"的过程中成为具有地域文化代表性的"景点"。"凝视"通过符号的消费和收集得以建构，具有大众化、浪漫化、多元化的符号特征。博物馆观众也不再局限于主动的"学习者"，而是吸引了来自全球各地、不同文化背景的游客，这使得以卢浮宫为代表的西方博物馆成为具有国际影响力的文化机构。旅游中的拍摄成为社会建构的观察和记录方式，博物馆通过与旅游产业的结合成为后福特消费主义的一环得以进入欧美文化产业结构，也为博物馆走向更为商业化的文化市场奠定了基础。

以卢浮宫藏品为主题的电影呈现出娱乐化、通俗化和商业化的特征。电影中对于卢浮宫和故宫的叙事重新组织了新闻媒体中分散的"文化符号"，并将其重组为视觉"奇观"。这一过程中，博物馆将对藏品的阐释权让渡给电影制作方，导致博物馆藏品真实历史文化背景在电影中被扭曲，在扩大博物馆潜在观众群体的同时也对于博物馆文本固有内涵形成了概念性破坏。然而，博物馆在现实层面通过跨媒介实践获得了知名度、国际影响力和经济收益，并打造出"明星藏品"（如《蒙娜丽莎的微笑》）使之成为游客"集体凝视"的对象，成为具有商业价值的大众文化符号，这促使博物馆观众数量大幅增长，观众类型也更为复杂多样。

然而，电影和博物馆展览对于博物馆文本的理解和阐述是并行的，电影从业者可以影响观众对艺术品的理解和评判，但无法真正影响博物馆从业者对于博物馆文本的价值评估。即便是影视媒体催生了大量博物馆的"新观众"，也并未从实质意义上改变博物馆从业者在其线下展览中所使用的严谨、完整的"线性"叙事逻辑，而以"碎片化"为叙事特征的新媒体平台却从事实层面对博物馆传统的叙事逻辑形成了冲击，并且加速了博物馆叙事视角从精英化向大众化转移的趋势，这在后续的研究中值得进一步探讨。

（作者单位：北京航空航天大学）

参考文献

【1】Hooper-Greenhill E. Museums and the interpretation of visual culture [M]. New York: Routledge, 2020.

【2】唐宏峰.视觉性、现代性与媒介考古：视觉文化研究的界别与逻辑[J].学术研究, 2020 (6): 36-43, 177.

【3】克拉里.观察者的技术[M].蔡佩君,译.上海：华东师范大学出版社, 2017: 20.

【4】福柯.规训与惩罚：监狱的诞生[M].刘北成,杨远婴,译.上海：三联书店, 2012: 225.

【5】本雅明.巴黎,19世纪的首都[M].刘北成,译.上海人民出版社, 2006.

【6】伯格.观看之道[M].戴行钺,译.桂林：广西师范大学出版社, 2005: 20-23.

【7】HUSSEY A.Treasures of the Louvre. [OL].(2013-03-05) [2024-02-14]. https://www.bilibili.com/video/BV18b411P7rB/?spm_id_from=333.337.search-card.all.click&vd_source=48fc447a35e7a4d3e4fb36155f8dcd75

【8】卢浮宫.卢浮宫不容错过的300件典藏精品[M].巴黎：卢浮宫出版社, 2006: 9-10.

【9】HOOPER-GREENHILL E. Museums and the interpretation of visual culture [M]. New York: Routledge, 2020: 163.

【10】BROWN G G. The principles of museum administration [M]. York: Coultas &Volans, 1895: 3.

【11】MAHOOD L. The Magdalenes: prostitutes in the nineteenth century [M]. London: Routledge, 1990.

【12】威廉姆斯.电视：科技与文化形式[M].冯建三,译.台北：远流出版社, 1992: 28.

【13】杰夫里.摄影简史[M].晓征,筱果,译.北京：生活·读书·新知三联书店, 2002: 242.

【14】COSGROVE B. Life goes to the Louvre, 1953 [EB/OL].(2024-02-25) [2024-08-30]. https://www.life.com/destinations/life-goes-to-the-louvre-1953/

【15】滑明达,仓尕措吉.两落三起的美国《生活》杂志[J].传媒, 2005 (4): 61-62.

【16】桑塔格.论摄影[M].艾红华,毛建雄,译.长沙:湖南美术出版社,1999:180.

【17】URRY J.游客凝视[M].杨慧,等译.桂林:广西师范大学出版社,2009:5-8.

【18】李民.一画一世界:对蒙娜丽莎的解读[J].艺术百家,2006(6):124-129.

【19】SCOTTI R A. Vanished smile: the mysterious theft of the Mona Lisa[M]. New York: Vintage, 2010.

【20】ROBERTS S. Happy birthday to the man who stole the Mona Lisa and took it to Italy[N/OL]. New York Times, 2022-10-07. https://www.nytimes.com/2022/10/07/arts/design/mona-lisa-vincenzo-peruggia.html

【21】游飞.电影叙事结构:线性与逻辑[J].北京电影学院学报,2010(2):75-81.

【22】周宪.论奇观电影与视觉文化[J].文艺研究,2005(3):18-26,158.

【23】德波.景观社会[M].王昭凤,译.南京:南京大学出版社,2006:3-4.

【24】URRY J.游客凝视[M].杨慧,等译.桂林:广西师范大学出版社,2009:64.

当下纪录片中博物馆文物的影像传播研究

A Study on the Image Communication of Museum Cultural Relics in Current Documentary Films

李子龙

Li Zilong

摘要：博物馆学、传播学与媒介学之间存在着紧密的联系，为我们认识当下博物馆文物的影像传播提供了新的视角。博物馆中的文物本身承载着深厚的文化内涵和历史积淀，它们是博物馆文化传播的物质媒介和核心议题。在传播技术飞速发展的当下，纪录片已经成为博物馆文物传播的关键媒介平台。它不仅为馆藏文物的传播提供了丰富的视觉想象空间，还通过传统的情景再现与现代数字技术等多种方式，构建起生动的文物影像。本文通过剖析《当法老遇见三星堆》《寻古中国》《中国的宝藏》《从长安到罗马》等纪录片，探究这些影片在时空叙事、符号美学、集体记忆等方面如何创新博物馆文物的影像表达，为馆藏文物的影像传播提供新的思路。

Abstract: The fields of museology, communication studies, and media studies are closely intertwined, offering new perspectives for understanding the current image communication of museum cultural relics. Museum artifacts contain rich cultural connotations and historical depth, serving as the material carriers and core topics in museum communication. In an era where communication technology is rapidly advancing, documentaries have become an essential medium for the dissemination of museum cultural relics. They not only provide a rich cinematic imagination for the spread of collection artifacts but also construct images of cultural relics through traditional reconstructions and modern digital technologies. This paper analyzes documentaries such as "Treasures and Masks" "In Search of Ancient China" "China's Greatest Treasures" "From Chang'an to Rome", exploring how these films innovate the visual expression of museum artifacts in terms of spatial-temporal narrative, symbolic aesthetics, and collective memory, providing new ideas for the visual communication of collection artifacts.

关键词：影像传播；博物馆；文物；纪录片

Keywords: Image Communication, Museums, Artifacts, Documentaries

国际博物馆协会于2022年更新了对博物馆的定义，认为博物馆是为社会服务的非营利性常设机构并研究、收藏、保护、阐释和展示物质与非物质遗产。[①]这一定义再次强调进一步凸显了博物馆文物展示与阐释的重要性，传达了博物馆自诞生以来就承担着文物传承与文化传播的使命。随着传播技术的更新迭代，博物馆文物逐渐以影像化形式出现并被广泛传播，各类馆藏文物的影视想象与纪实影像的现实实践相呼应[②]，为文物的影像传播提供了新的媒介机遇。如何在纪实影像中凸显博物馆文物的历史价值和时代意义，是相关题材纪录片需要解答的核心问题。近年来，一系列杰出的纪录片如《当法老遇见三星堆》《寻古中国》《中国的宝藏》《从长安到罗马》等相继问世。这些作品通过博物馆藏品的时空叙事、文物影像的美学展现以及全球范围内的传播，创新性地表达了历史文物的现代意义，阐释了博物馆藏品的当代价值和集体记忆，为馆藏文物的影像传播带来了新的启示。

一、时间与空间：博物馆文物的影像媒介建构

（一）纪录片作为文物跨时空传播的媒介载体

传播学者英尼斯最早提出传播的偏向理论，将媒介区分为时间偏向的媒介和空间偏向的媒介。[③]在他看来，时间偏向的媒介以石头、黏土等为代表，这种形式的媒介耐久性较强、易于时间维度的保存，但不利于空间上的传播；以莎草纸为代表的空间偏向的媒介则方便携带与传播，但不利于长期保存与传承。随着新媒体传播技术的出现，诸如纪录片这样的现代传播媒介打破了过去时间与空间偏向的严格区分。纪录片不仅能够进行跨区域、跨国别的空间传播，也具有可储存、可下载的时间偏向优势，这种时空偏向的制衡将会增强其传播效果和能力，使纪录片在博物馆文物的跨时空传播中扮演着不可或缺的角色。[④]纪录片能够真实地记录文物的现状和细节，通过高清摄影技术，将文物的纹理、色彩、形态等直观地展现给观众，使观众能够如同亲临其境般地欣赏和研究文物。例如，《如果国宝会说话》系列纪录片就通过精心的拍摄和制作，让国宝"活"起来，与观众进行超越时空的对话，让文化得到了生动而有效的传承。

由此，纪录片作为一种视听艺术形式，以其真实记录和展现历史、文化、社会事件等特点，成为文物跨时空传播的重要媒介载体。它通过影像和声音，将文物的背景、

[①] International Council of Museum：Museum Definition [EB/OL]. (2022-08-24) [2024-08-30]. https://icom.museum/en/resources/standards-guidelines/museum-definition/.
[②] 王蕾.博物馆"情景化"：理念、影像与未来 [J]. 中国博物馆，2021 (3)：39-43, 142.
[③] 哈罗德.传播的偏向 [M]. 北京：中国人民大学出版社，2003：27.
[④] 高启光.中国纪录片国际传播实践的变迁与发展路径 [J]. 艺术百家，2015, 31 (2)：65-69, 44.

历史、艺术价值以及与之相关的故事生动地呈现给观众，使观众能够跨越时间和空间的限制，直观地感受到文物的魅力和历史的温度。譬如，纪录片《当法老遇见三星堆》塑造了跨国沟通场景，为三星堆博物馆和埃及国家博物馆的文物创造跨越时空的交流对话。在第一集《太阳与河流》中，影片想象性营造出图坦卡蒙黄金面具与三星堆金面具的对话。画面中，图坦卡蒙黄金面具问道："你能否听到大河的流动？"三星堆金面具则答"我听见它流于我的血脉之中"。这种影像塑造的跨时空交流与对话代表了埃及文物与中国文物的交流，并以此构建起两个古老文明的互鉴互通。

（二）时空影像中的文物真实与历史交流

时间与空间是构成世界的两个基本维度，同时也是影视艺术等叙事形式中不可或缺的元素。影像媒介融合了视听艺术、时空叙事，在呈现博物馆文物时发挥着形象塑造的作用，能够将文物的"物品真实"传达给观众。这种"物品真实"不仅是现代博物馆展览的"真实"性的表现，更代表着博物馆作为文化实践活动和主体身份建构的本质。[①] 由此，纪录片在文物影像呈现中扮演着媒介角色，通过真实的时空叙事展现文物的历史内涵与博物馆的当代价值。《不止考古·我与三星堆》拍摄记录了三星堆遗址的文物发掘过程，注重不同文物发掘场景的时间节点与空间叙事。在影片中，不同的考古学者在高校、考古工地、聚餐场地等多个时空场域中"穿梭"，以他们各自不同的时间为线索讲述了大口尊、方罍、象牙等文物的发掘过程。在大口尊的发掘镜头中，现场考古人员身着防护服，为这些排列紧密甚至相互粘连的遗址文物绞尽脑汁，小心翼翼地为大口尊清理周围渣土，最终用木条与纱布缠绕器身的方式成功将文物一点点挖掘出来，这种空间细节的镜头向观众展示了三星堆博物馆文物的勘探细节与出土场景，体现了这一历史文物的"发掘真实"和"物品真实"。

纪录片中的空间叙事通过营造历史情境、对话场景，以再现历史景观，甚至实现跨时空的历史交流。特别是在历史纪录片中，文物、景观、图像等空间性存在物成为激发历史叙事、再现历史空间的重要媒介形式。[②] 例如，纪录片《中华》通过古代和现代之间时空情景的跳转来展现历史文物，影片第1集《陶火》将当今普通人的生活场景与中华先民的生活场景交织起来，借助观众熟悉的炊烟、捕鱼、登山等空间来塑造穿越历史的影像空间。影片多次出现同一演员在古代和现代情境中的不同影像演绎，在时空跳跃中介绍陕西历史博物馆的人面鱼纹盆、中国国家博物馆的彩绘陶缸等文物，以馆藏文物的"前世今生"勾勒出华夏先民的起源故事。

---

① 宋厚鹏.从原真的物品到现实的展示：关于现代博物馆传播秩序的景观幻象[J].云南社会科学，2020（3）：158-165，189.
② 龙迪勇.空间叙事研究[M].北京：生活·读书·新知三联书店，2014：362.

二、符号与美学：文物影像的表征塑造

从本质上，纪录片是一种以真实为原则的视听媒介，纪录片的文物叙事就是以影像做媒介对中华文物的视觉呈现，然而，影像中的历史不同于教科书的历史，其传播的内容并非冷冰冰的知识，而是带有情感温度的生活事件。在此意义上，当下纪录片对中华文物的叙事过程就是一种用符号与美学唤醒中华民族共同体记忆的过程。

（一）文物符号传递历史价值

文物作为言说历史的符号，其背后暗含着历史文脉的线索。文物不仅是人类的创造物，又是能指（外在表征）与所指（内涵寓意）相结合的符号物。[①] 文物符号在纪录片中表征着文物背后的价值，通过影像建构了独特的历史意义。《如果国宝会说话》系列纪录片每集都会选取一个文物符号，其中四部作品以历史顺序为时间线，分别讲述了从史前到战国、从战国到秦汉、从魏晋到隋唐、从宋元到明清数千年中华文明的代表文物，通过影像呈现将文物符号以拟人化、具体化、生动化的形象展现给观众，构建起人们对传统文化、历史文物的内涵认知。

文物符号本身作为一种重要的表征能指，与形象塑造过程密切相关，不仅能够生动地塑造博物馆形象，甚至可以形塑城市形象以及国家形象。《寻古中国》中《古蜀记·璀璨金沙》以太阳神鸟金饰作为贯穿影片的文物符号，围绕由外层四只鸟和内层十二芒纹组成的"太阳神鸟"图案展开叙事。从金沙遗址博物馆的代表性标志到成都街巷随处可见的"四鸟绕日"，再到中国文化遗产图标，在镜头的切换中，太阳神鸟这一文物符号不止传递了金沙遗址博物馆的文化符号象征，更代表着成都城市形象以及中华文明形象的精神标识。由此，这一文物符号不仅表现了古蜀人的太阳崇拜与宗教思想，更蕴含了中华民族自强不息、昂扬向上的精神风貌，成为构建中华文明的符号标识。

纪录片中的文物影像之所以能够传递历史价值，是因为它们直观地展示了文物的外观和细节，还原了文物的真实面貌。这些影像不仅具有教育意义，帮助观众了解文物的历史背景和文化意义，还能够作为珍贵的历史资料保存下来。它们传播速度快，能够广泛地让更多人接触到文物，增强文化遗产保护意识。同时，影像能够激发情感共鸣，促进跨文化交流，讲述文物背后的故事，让观众更深入地理解历史。因此，纪录片中的文物影像成为传递历史价值的重要符号。

（二）叙事美学讲述华夏历史

叙事是人们理解外部世界和表达自身体验的一种基本方式，用时间线索和因果逻

[①] 杨盼盼.文物符号解读与文创产品设计方法研究［J］.中国博物馆，2017（3）：45-49.

辑串联起一系列片段事件，意义随之被注入所讲述的故事中。① 不难发现，叙事在一定程度上包含叙事者对外部世界的主观理解，但在纪实影像叙事中这一主观理解要以客观现实为基础，通过基于史实的故事想象来讲述历史。纪录片在讲述中华文明历史中运用各种文物故事将遥远的历史变得亲切易懂，用叙事美学下的历史想象表征华夏历史。譬如，《何以中国》第1集《秦汉》就赋予了湖北云梦睡虎地秦简以独特的历史故事，影片将秦军士兵黑夫和惊兄弟二人的家书作为叙事线索，通过二人书写的木牍家书来叙述秦统一六国前夕的故事。在故事最后，画面展现出在湖北云梦睡虎地考古发掘出的黑夫和惊木牍家书的真实面貌，使观众形象化地体会到秦朝大一统过程中个体命运与家国命运的紧密关联。

纪录片的故事化最重要的要素就是情节化的叙事②，这种情节化叙事又依托文物故事或历史事件得以体现。纪录片《敦煌：生而传奇》就情节化、剧情化地讲述了大汉到晚唐众多历史人物的传奇故事，通过剧情演绎班超出使西域、沮渠蒙逊统治敦煌、敦煌阴氏营造女弥勒像等故事，展现了莫高窟佛像文物背后的历史情节，并叙述了敦煌如何从偏僻小镇发展为世界遗产名城的历史轨迹。又如，《如果国宝会说话》第三季运用了多人称视角的情节化叙事讲述文物故事，在第9集中创新性地使用第二人称视角介绍陕西历史博物馆的唐代仕女俑，将各式各样的仕女俑与大唐女性的多彩生活联系在一起，借助女俑表现出的唐代女性发髻样式、服饰穿着、马球娱乐等内容展现了大唐时期开放包容的时代特征。

纪录片中的文物影像之所以能够通过叙事美学讲述华夏历史，是因为它们不仅仅是历史的静默见证者，更是跨越时空的叙事者。通过高清的摄影技术、数字特效和三维重建等现代影像技术，纪录片能够将文物的细节和历史背景生动地展现出来，让观众能够直观地感受到文物所承载的历史信息和文化价值。例如，在纪录片《马王堆·岁月不朽》中，通过实拍镜头和数字技术，不仅还原了汉代文物的物质真实，还通过文物的组合拍摄和生活化还原，强化了文物的叙事作用，使观众能够窥见古人生活的一隅，感知汉初的饮食文化和社会风貌，从而在历史的真实中寻找到华夏儿女共同的文化记忆。此外，纪录片还通过建立多重叙事空间，如考古空间、展览空间及建筑空间，为观众带来全方位的真实感知，使观众能够在影像的美学建构中连接过去与现实，实现对中华文化的认知真实。这种叙事美学的运用，使得纪录片成为一种强有力的文化传递工具，让文物"活起来"，在观众心中构建起对华夏历史的深刻理解和情感共鸣。

---

① 傅修延. 中国叙事学 [M]. 北京：北京大学出版社，2021：11.
② 付春苗，李超. 浅析电视纪录片叙事艺术的"故事化"理念 [J]. 新闻界，2010（1）：156-157.

（三）技术美学塑造文物影像

随着数字技术的进步，文物的呈现形式也逐渐从单纯的博物馆展览陈列逐渐转向当下与数字化样态的融合，文物以数字化、虚拟化的形式出现在短视频、电影、纪录片等影像媒介之中。特别是在纪录片呈现历史文物的过程中，数字技术不仅能复原馆藏文物的考古场景、历史情境，更可以通过构建数字化、沉浸式的场景来激活观众的"在场"体验。《寻古中国》使用大场景3D扫描、虚拟现实、扩展现实等新技术展现文物考古场景和文物全景，《古滇记·走向融合》借助虚拟现实技术全面呈现了云南省博物馆滇王之印的细节特征，通过印章文字的数字画面配合解说词讲述汉王朝授予古滇国国王印章的真实历史，在技术美学中展现中华文明"多元一体"的交融历程。此外，《如果国宝爱说话》系列纪录片也使用了数字技术进行文物展演，第三季第20集用数字动画的形式展现新疆维吾尔自治区博物馆的阿斯塔纳伏羲女娲图，画面中伏羲与女娲不时眨眼、浮动，二者双螺旋的身体诉说着人类的遗传形式，使观众生动体会到文物画作中描绘的中国神话人物形象，展现了长久以来辐射西域文化的中华神话基因。

纪录片中能够通过技术美学塑造文物影像，主要是因为现代纪录片在创作过程中，充分利用了各种先进的数字技术与特效，这些技术不仅增强了纪录片的艺术表现力，也使得文物的细节和历史背景得以更加生动和真实地呈现。此外，技术美学在纪录片中的应用，如高清摄影、CG动画、三维重建等，不仅提升了画面的品质，还创造了陌生化的视觉效果，为观众带来了新的审美体验。这些技术手段的运用，使得纪录片中的文物影像不仅仅是历史的记录，更成为艺术的再创造，通过技术美学的塑造，纪录片能够将文物的美学价值和文化内涵深刻地展现出来，增强了观众的观看体验和情感共鸣。

三、记忆与认同：文物影像的全球传播

（一）文物影像唤醒集体记忆

全球博物馆的发展史是一种从实行"教诲"到惠及公众的化私为公的历史。[①] 在传统时代博物馆文物的全球传播大多通过文物藏品的出境展览来完成，这些早期的文物跨国交流一定程度上实现了文物及其代表的文明、文化的对外传播，构建了以精英群体为基础的受众对文物所承载文化的记忆。但这种传播过程囿于接触人群的阶级性问题，难以触达广泛的国际公众。随着影像时代的到来，馆藏文物的影像化为博物馆文物的全球传播提供了更多可能性，延展并丰富了文物影像的内涵。其中，纪录片承

---

① 周婧景.守正与创新：社会博物馆学及其中国适用性思考［J］.东南文化，2024（2）：129-138.

载着一代人甚至是一个民族的文化印记，它通过重现历史，赋予文化新的活力，从而构成新代际的集体记忆，最终通过影像语言唤起观众对世界各民族文化的认识需求。①例如，在英国广播公司（BBC）拍摄的纪录片《文明》第1集中，以博物馆中与"公牛"相关的文物作为影像文本，从原始社会岩画到不同文明对公牛的"崇拜"，影片将乌尔牛头竖琴、毕加索的画作《公牛》、米诺陶诺斯牛头像等隶属不同时期、不同文明的文物影像联系起来，唤醒了不同文化背景的观众对公牛相关文物的集体记忆，通过纪实影像向观众展现了公牛象征的王权统治意义，推动了这些博物馆文物的共情传播与跨文化记忆建构。

对于中华文明而言，文物影像的全球传播具体表现为中华文物对海内外观众共有的记忆建构。华夏文物不仅是传承中华文明史的重要载体，其蕴含的中华优秀文化要素也是中华文化全球传播的核心。中外合拍纪录片《从长安到罗马》在《我要飞得更高》一集中选取了中国传统文化中的"龙"作为文物影像文本。影片中，镜头在历史学者蒙曼的带领下，逐一向观众展示了陕西历史博物馆中秦朝的青铜龙和唐朝的鎏金铁芯铜龙。一方面，影片激活了外国观众对"中国龙"这一标志性形象的已有认知；另一方面，影片借助文物影像对比向国际观众呈现了中国传统"龙"的造型演变，从秦国崇尚力量的似蛇爬行到大唐昂扬自信的冲天腾飞，"中国龙"的造型变迁在纪实影像中向世界展现了中华文物所蕴含的文化魅力。正如美国学者凯文·林奇提及："人人都熟悉的有名有姓的物品或环境，成为大家共同的记忆和符号的源泉，人们因此被联合起来，并得以相互交流。"②由此，博物馆中的知名文物也因其标志性的外形或特殊性的表征成为联系不同文明的纽带，并且在纪录片的影像表达中建构观众对目标文化的集体记忆。

（二）跨文化编码完成文物影像"转译"

博物馆文物作为历史发展的物品实证，其自身携带着独特且丰富的文化价值与文明基因。对于文物影像的全球传播而言，文物蕴含的文化要素则不可避免地需要经历跨文化传播的"转译"过程。英国社会学教授斯图亚特·霍尔指出，不同文化群体对信息的"编码"和"解码"存在差异在③，"编码"是从传播者的角度考察文化的"他塑"与"自塑"问题；"解码"则体现为接收者对文化的解读。在纪录片进行文物影像的跨文化传播过程中，"编码转译"过程至关重要，是文物全球传播的关键。纪录片《中国的宝藏》使用外国主持人的"他者"视角对中国文物进行探索与解读，在英国记者阿拉斯泰尔·苏克的带领下寻访中国各地的历史博物馆，中间穿插着阿拉斯泰尔与中国博物馆

---

① 高晓芳. 故宫文化遗产的影像传播研究 [J]. 文艺争鸣，2019（10）: 187-189.
② 林奇. 城市意象 [M]. 北京: 华夏出版社，2001: 95.
③ 霍尔，肖爽. 电视话语中的编码与解码 [J]. 上海文化，2018（2）: 33-45，106，125-126.

研究员就馆藏文物展开的对话,在外国主持人的"他塑"与国内学者的"自塑"交织中完成文物影像的"转译"。例如,第一集《家族与祖先》在介绍上海博物馆的大克鼎时,阿拉斯泰尔首先从外国"他者"的视角进行解读,认为大克鼎的鼎耳纹饰可能会让西方观众联想到凯尔特纹样,激发起外国观众对这一中国纹饰的认知联想;随后,上博研究员韦心莹从中国视角对大克鼎进行"自塑",在与阿拉斯泰尔的对话中向观众解释了大克鼎铭文的真实含义。在大克鼎的影像建构中,对这一文物的"他塑"与"自塑"共同组成跨文化编码,将中国文物的文化表征与文明内涵传递给国内外观众。

(三)文物影像构建国际文化认同

文物影像的全球传播不仅需要传播层面的策略方法,更需要考虑观众在接受层面与影像文本所代表文化的"对话交流"。在接受美学视域中,受众在接受文化传播内容之前会受到基于世界观、人生观、审美价值、固有经验等形成的"先在结构"的影响,生成独特的"期待视野"。[①] 只有当受众的这种期待得到预先满足时,才能更好地建构文化认同。纪录片在呈现文物影像的过程中通过选取具有跨文化性、共情价值的内容,呈现满足国际受众喜好的文物影像,进而建构观众的国际文化认同。譬如,纪录片《见证香港故宫》第2集《文脉》围绕香港故宫文物的策展历程,立足于中国香港的国际化大都市定位,通过纪实影像呈现了故宫文物如何连接北京与香港、中国与世界。影片展现了香港故宫文化博物馆工作团队的国际化构成,详细介绍了九个展厅文物的策展过程,用影像讲述了香港故宫文物陈列的数字化设计、中外学者参与和中华文化理念。通过发挥香港故宫在弘扬中华优秀传统文化、促进中外文化交流上的天然优势,唤醒海内外观众的情感共鸣,尤其使具有不同文化背景和民族记忆的外国受众也能理解中国的文化传统和中国人的精神世界。[②]

作为一种视觉语言,文物影像具有强烈的感染力和传播力。通过纪录片、展览、数字媒体等多种形式,文物影像能够生动地讲述文化故事,传递文化情感,促进不同文化背景的人们产生共鸣。一个国家或民族愿意将自己的文物和文化以影像的形式展示给世界,本身就是对自身文化价值的肯定和自信的展现。文物影像赋能下的国际传播,可以提升国家文化软实力,增强民族自豪感和文化自信心。

此外,文物影像的全球传播也需要纪录片进行多语种的音影译制与传播,在文物画面与外语字幕、外语配音的视听结合中实现博物馆文物的跨文化传播,通过多语种纪录片来切实增强各国观众对馆藏文物的文化认同,在影像传播中促进世界文明的对话交流。

---

① 陈长利.期待视野:接受美学方法论的反思与重构[J].中国社会科学评价,2015(4):82-92,128.
② 陈比隆,唐宁,居慧琳.中国纪录片跨文化传播策略探析[J].中国电视,2022(4):70-76.

结　语

当下博物馆文物的传播环境正处于以影像为中心的视觉符号体系之中，相较于传统的文字传播或展览传播，影像可以更充分地展现文物所代表历史的复杂、多维。[①]"视觉文化""影像史学"等理论为文物影像的传播提供了现代化的理解，对于旨在用文物影像还原真实历史的纪录片而言，这种理论视角也展现了通过纪实影像彰显馆藏文物的历史价值与时代内涵的新路径。

立足于影像传播研究，本文从各类纪录片的文物影像视角出发，提出了博物馆文物的影像传播策略。首先，秉持"以影为媒"，在纪录片的纪实影像传播中构建文物的跨时空表达，同时也可以借助短视频、电视节目、AR 和 VR 数字技术等媒介形式进一步拓展文物的影像建构。纪录片作为文物跨时空传播的媒介载体，不仅记录和展示了文物的外在形态，更传递了文物的内在价值和背后的故事，使文物的生命力得以延续和扩展。

其次，注重文物影像的表征建构，利用文化符号、故事叙事等形式赋予历史文物以当代价值。影像符号是纪录片用以实现意义表征的载体，在表征不同文化、不同文明的精神内涵时也调动着观众对历史信息的感知与理解。纪实影像借助符号进行意义建构，最终完成对目标对象的意义生产。

最后，要重视文物影像的全球传播，通过中外合拍纪录片或影像的视听创新来实现博物馆文物的跨文化传播，构建起全球受众对博物馆文物的集体记忆与文化认同。在新媒介环境下，纪录片的全球传播要重视结合多元化的主体进行传播，借助国际性的传统媒体、新媒体实现对外传播。例如，通过与国际知名纪录片生产机构联合摄制，可以扩大纪录片的国际影响力，如央视纪录频道与英国广播公司、美国国家地理频道等合拍的《中国的宝藏》正是文物影像跨文化传播的范例。

未来，博物馆文物的影像传播仍有更广阔的实践领域，特别是随着中华文明探源工程的推进，将来仍会涌现出更多亟需借助影像进行传播的重大考古成果。博物馆、电视台、影视研究员、自媒体创作者等主体仍需要深入探索文物影像的创新表达，与国内外受众建立更紧密的传播关系，提升博物馆的文化传播效能，真正实现"让文物活起来"的历史使命。

（作者单位：上海外国语大学）

[①] 吴琼.影像史学概论［M］.北京：华夏出版社有限责任公司，2021：3-4.

参考文献

【1】International Council of Museum: Museum Definition [EB/OL]. (2022-08-24) [2024-08-30]. https://icom.museum/en/resources/standards-guidelines/museum-definition/.

【2】王蕾. 博物馆"情景化": 理念、影像与未来 [J]. 中国博物馆, 2021 (3): 39-43, 142.

【3】哈罗德. 传播的偏向 [M]. 北京: 中国人民大学出版社, 2003: 27.

【4】高启光. 中国纪录片国际传播实践的变迁与发展路径 [J]. 艺术百家, 2015, 31 (2): 65-69, 44.

【5】宋厚鹏. 从原真的物品到现实的展示: 关于现代博物馆传播秩序的景观幻象 [J]. 云南社会科学, 2020 (3): 158-165, 189.

【6】龙迪勇. 空间叙事研究 [M]. 北京: 生活·读书·新知三联书店, 2014: 362.

【7】杨盼盼. 文物符号解读与文创产品设计方法研究 [J]. 中国博物馆, 2017 (3): 45-49.

【8】傅修延. 中国叙事学 [M]. 北京: 北京大学出版社, 2021: 11.

【9】付春苗, 李超. 浅析电视纪录片叙事艺术的"故事化"理念 [J]. 新闻界, 2010 (1): 156-157.

【10】周婧景. 守正与创新: 社会博物馆学及其中国适用性思考 [J]. 东南文化, 2024 (2): 129-138.

【11】高晓芳. 故宫文化遗产的影像传播研究 [J]. 文艺争鸣, 2019 (10): 187-189.

【12】林奇. 城市意象 [M]. 北京: 华夏出版社, 2001: 95.

【13】霍尔, 肖爽. 电视话语中的编码与解码 [J]. 上海文化, 2018 (2): 33-45, 106, 125-126.

【14】陈长利. 期待视野: 接受美学方法论的反思与重构 [J]. 中国社会科学评价, 2015 (4): 82-92, 128.

【15】陈比隆, 唐宁, 居慧琳. 中国纪录片跨文化传播策略探析 [J]. 中国电视, 2022 (4): 70-76.

【16】吴琼. 影像史学概论 [M]. 北京: 华夏出版社有限责任公司, 2021: 3-4.

跨媒介叙事与文化认同构建
——基于《何以中国》的叙事策略分析及传播路径研究

侯怡青
Hou Yiqing

摘要：随着数字化时代的到来，多媒体已经深入我们生活的各个领域，人们逐渐适应了碎片化的信息消费模式。在这样的趋势下，如何结合书籍和纪录片的优势，创新性地讲述故事，以增强文化的传播力，是我们必须面对和解决的挑战。叙事者在叙述过程中所采用的多样化技巧，比如人格化、提问、语调转换等，这些策略不仅能够提升故事的吸引力，还能让作品更具艺术魅力和创新精神，进而提升观众的体验感，激发他们的兴趣。本文以许宏教授的著作《何以中国》及同名纪录片为例，深入剖析其叙事策略和技巧，探讨跨媒介叙事在文化传播中的作用，以及如何通过叙事手段更有效地推动文化的传播。

Abstract: With the advent of the digital age, multimedia has penetrated into every field of our life, and people have gradually adapted to the fragmented information consumption pattern. Under such a trend, how to combine the advantages of books and documentaries and creatively tell stories to enhance the transmission of culture is a challenge we must face and solve. The various techniques used by the narrator in the narrative process, such as personalization, questioning, intonation change, etc., can not only enhance the appeal of the story, but also make the work more artistic charm and innovative spirit, thus enhancing the audience's sense of experience and stimulating their interest. Taking Professor Xu Hong's book Why China and the documentary of the same name as examples, this paper makes an in-depth analysis of his narrative strategies and techniques, discusses the role of cross-media narration in cultural communication, and how to promote cultural communication more effectively through narrative means.

关键词：叙事方式；设问；文化传播；吸引力；历史文化

Keywords: Narrative, Question, Cultural Transmission, Attraction, History and Culture

引 言

中华优秀传统文化是中华民族的精神命脉，是滋养社会主义现代化的源泉，也是我国在世界文化交流立足的根基。[①] 文化传播不仅是必要的，而且是不可或缺的。我国的历史文化博大精深，作为华夏子孙，我们应当具备深厚的文化自信，并致力于继承和发扬中华优秀传统文化。在进行文化传播的过程中，为了适应社会发展的需求，我们必须创新传播方式，摒弃传统的文化传播模式。

叙事是文学与影视作品的核心要素，它通过多样化的手法，赋予作品独特的艺术魅力和创造力。在叙事传播的框架内，新闻、历史和文化内容必须忠于事实和真相，避免过度的艺术加工。然而，在一定程度上，叙事可以巧妙地留白，以激发观众的想象力和兴趣。通常，人们对世界的认识很大程度上源自叙事，例如广泛传播的民间传说、寓言、历史故事、说书以及历史小说等，这些叙事形式深刻影响着人们对世界的理解。

文化传播的媒介可以是小说和影视作品，其传播的对象是人，无论是个体还是群体，都会受到感性或理性的影响。不同的叙事方式可以改变受众的判断，影响大众的情感和偏好，进而影响大众的决策。随着数字化时代的到来，多媒体技术已经渗透至生活的各个领域，大众也逐渐习惯了碎片化地接收信息。我们可以利用书籍与纪录片的互补性，创新叙事手法，发挥更广泛的文化传播作用。例如，在叙事过程中，叙事者可以采用拟人化、设问、变调等多种技巧，以提高故事的吸引力，使作品更具艺术性和创造力，从而提升受众的体验，激发他们的兴趣。以许宏教授的《何以中国》为例，该书通过设问和留白的技巧丰富了内容的层次，并改变了叙事的视角。它从大众熟悉的内容入手，使原本晦涩难懂的历史故事变得更加朴实易懂，从而吸引了读者的注意力，并通过叙事更好地促进了文化传播。

一、中华文化的传播与历史发展

文化是国家繁荣昌盛的根基。一个国家、一个民族要想发展壮大，首先就要发展和传承优秀的传统文化。文化是根基，一个民族若失去了自己的文化，便失去了立足之本，在历史的洪流中面临同化，甚至灭绝。传统文化是中华民族的身份象征，它维

[①] 付贤会. 新时代马克思主义与中华优秀传统文化的辩证发展[J]. 广西社会主义学院学报, 2019, 30(1): 11-15.

系着中华民族的发展，并在历史的长河中逐渐繁荣昌盛。自古以来，作为华夏的子孙，我们不应妄自菲薄。先民们创造了源远流长的中华历史，其丰富的文化遗产至今仍滋养着十多亿中国人。优秀的传统文化是我们的骄傲，我们应当理性地发展传统文化，以促进其更广泛地传播。

（一）中华文化的传播基石

在中华民族五千多年的文明发展史中，得天独厚的地理环境、广袤的疆域以及庞大的人口基数，构成了中华文化传播与发展的外部条件。作为文化符号的汉字，自古沿用至今，以其深邃的内涵、组词的辩证性、形音义的丰富变化，承载着中华文化的演进，记录了历史长河中不断变迁的时代，留下了珍贵的文化遗产。

（二）古代中华文化的传播与发展

儒家、道家、法家等众多思想学派的繁荣发展，为文化的兴盛和繁荣奠定了基础，不仅丰富了教育体系的层次，同时也确保了文化的传承与发展。丝绸、瓷器以及茶叶等商品通过丝绸之路传播至世界各地，千百年来在各国留下了深刻的中华文化印记，构建了各国关于中国的文化记忆，对全球产生了深远的影响。

（三）近现代中华文化的传播发展

然而，近代的闭关自守导致了社会秩序的一定程度混乱，文化传承遭遇了停滞。在这一时期，大众主要面临着外来文化的冲击，同时也经历了外来文化与本土传统文化的激烈碰撞。随着马克思主义在我国的广泛传播以及中国共产党的成立，文化传承开启了新的篇章。自中华人民共和国成立以来，作为一个文化底蕴深厚的国家，我国的传统文化在外交领域赋予了我们极大的自信，并取得了显著的成就。这不仅引发了中华文化热潮，还推动了文化合作与发展的进程。近年来，国家领导人也从党和国家发展全局战略高度，对中华文化传承发展的一系列重大理论和现实问题作了全面、系统、深入地阐述，具有很强的政治性、思想性、战略性、指导性[①]。

二、中华文化传播存在的问题

（一）叙事能力弱

审视《何以中国》的叙述方式，可以明显看出，该书并未采用任何带有说教性质

---

① 人民论坛"特别策划"组. 深入理解中华文明的突出特性[J]. 人民论坛, 2023（14）: 6-7.

的语言,而是凭借强大的叙事能力和生动的文字表达,为读者提供了良好的阅读体验。然而,长期以来,我国的文化传播往往依赖于意识形态的灌输,采用冗长而枯燥的文字,居高临下地传达特定内容,叙事技巧相对薄弱。此外,多数历史文献的记载视角单一,聚焦于少数历史人物,正如常言道:"历史是胜利者的笔录",只有成功者的故事得以流传这种缺乏多元视角和叙事深度的记录方式,导致历史故事的完整性受损,既难以复原历史的全貌,也难以捕捉到历史中那些生动的瞬间,从而在一定程度上限制了文化的广泛传播。

(二)共情能力差

由于文献史料的稀缺性以及其他问题,很少有作品能够追溯到夏商周乃至更为遥远的上古时代。传统史书往往更多地记载了王侯将相的传奇,而许多小人物的故事则在历史的尘埃中湮没无闻,这导致了公众难以产生共鸣。王侯将相始终是历史中的少数,而大多数人都是平凡的个体。期望普通人对王侯将相的故事产生共鸣,实际上并不切实际,这也影响了故事的传播效果。

许宏教授所著的《何以中国》一书,采用了创新的叙事手法,采取了"考古写史"的独特方式:以考古遗址和出土文物为参照,结合相关历史资料和照片,追溯中华文明的根基、起源以及早期的形成和发展过程,还原物质面貌和文化图景,展现了一个真实、生动、更值得信赖的历史画卷。其独特之处在于,叙事手法巧妙地将宏观场景与微观人物相融合,专注于那些常被忽视的细节,以及那些被遗忘的人物和事物。通过书中丰富的考古图片资料,溯源千年前的生活痕迹,令读者为之触动。同时,这更清晰地表明,历史并非仅属于少数人,历史中所有曾经鲜活的生命共同诠释了"何以中国"。

(三)表现效果不佳

以纪录片为例,依托数字化多媒体技术,由文字、声音、图片、视频等多种元素构成的纪录片已成为文化传播的重要途径。它们结合动画与实拍手法,创造出引人入胜的内容,并通过主流媒体平台呈现给观众,从而激发观众的文化认同感。然而,由于对视觉叙事分析的理论研究相对匮乏,研究方法亦不够完善,导致这些理论难以有效地被应用于文化传播实践。因此,许多纪录片的评价并不理想,它们在文化传播方面所发挥的作用也有限。

许多纪录片在视觉叙事上的表现不尽如人意,原因在于它们未能从整体概念、视觉美感以及观众互动等多个维度构建框架。这些作品往往主题不明确,内容缺乏完整性,并且忽视了观众的视觉体验,过度依赖特效的堆砌。此外,许多纪录片在旁白的运用上存在不足或不当的设计,未能通过文字旁白有效地加强情感的传递,激发观众的共鸣，进而深化主题。

（四）缺少市场调研

中国的文化传播在市场调研方面存在不足，难以满足市场需求。以书籍为例，相较于视频传播，文字传播在信息承载量和视觉吸引力方面存在劣势。大量书籍在发行前后往往缺乏深入的市场调研，同时，读者反馈机制也往往形同虚设，这导致了许多纯文字科普书籍的出现。这些书籍阅读起来颇为费劲，使得读者难以持续阅读。无论是文字还是视频传播，观众最关注的是悬念的解开过程。只有充分激发观众的好奇心和关注，传播效果才能达到最佳。然而，由于缺乏市场调研，许多传播者忽视了观众的实际需求。

在国际舞台上，中国文化传播的深度和广度尚显不足，对海外市场的深入研究和理解亟待加强。国外受众通常对直接的道德教导持保留态度，他们更倾向于通过实际的展示来发现真理，这也是为何实验性视频内容会在海外如此受欢迎。同时，作为国际上公认的难学语言之一，中文的翻译往往只能传达基本含义，难以完整地表达中文的美学和情感。例如，中文特有的量词如"盏"和"尊"，在海外难以被充分理解，也难以被记忆，这在一定程度上限制了文化传播的影响力。

（五）缺少有针对性的传播策略

在数字化媒体迅猛发展的当下，信息呈现碎片化趋势，大众的注意力也变得日益分散，信息的接收呈现出"短、频、快"的特征。文化传播在数字化时代面临诸多挑战，缺乏有效的传播策略。在这样的背景下，《何以中国》一书以区区两百多页的篇幅，在众多厚重的历史书籍中脱颖而出。它以简洁明快的叙事风格取得了卓越的传播效果。然而，像这样既简洁又生动，能够清晰表达观点、明确传达信息，并且令读者记忆深刻的书籍却寥寥无几。

三、不同叙事手法对作品文化传播的影响

不同的叙事手法对作品的文化传播具有深远的影响。在众多雷同的作品中，唯有那些独具特色的创作能够脱颖而出，广为流传。本文将从书籍和纪录片两个领域出发，简要分析不同的叙事手法如何影响作品的传播，并探讨其对文化传播的潜在影响。

（一）书籍的叙事手法对文化传播的影响

书籍采用多种多样的叙事手法，每一种手法都能揭示出世界的不同侧面。这些手

法是叙事主体经过深思熟虑后的选择，旨在有意识地引导和影响读者的思考与偏好。

1. 幽默化的叙事手法

许多小说作品倾向于采用幽默化的叙事手法，一方面与现实形成对比，描绘出真实的历史背景和社会文化；另一方面，它们聚焦于普通人的生活，通过风趣诙谐的叙述降低阅读难度，吸引更多读者。例如，《活着》《骆驼祥子》《平凡的世界》等作品，它们以平易近人的笔触书写小人物的故事，从这些小人物的视角展开对社会剧变的描绘。将小人物置于叙事的中心，从他们的角度出发，使故事显得更加真实，便于读者与现实进行对照，产生共鸣。通过主人公的视角进行叙述，读者能产生强烈的代入感，感受到一种特别的真实，这有助于读者深入分析人物的心理特征，并进一步探索其他角色的内心世界。

当小说所描绘的社会背景过于沉重时，幽默类叙事手法可以有效地缓和气氛，使读者在感受到社会的艰辛的同时，不至于被苦难所压倒。在小说整体氛围偏向沉重的情境下，恰到好处的反讽和幽默显得格外关键，它们能够有效地为小说注入生机，活跃气氛。读者所偏爱的往往不是那些严肃刻板的"老古董"，而是那些充满幽默感、积极向上的角色。尽管严肃的现实主义文学具有其独特的价值，但它的受众群体相对较小，对于文化的普及和推广作用也相对有限。相比之下，幽默类叙事小说拥有更广泛的受众基础，在阐释文化、推动文化传播和接受方面，显得更为有效。

2. 朴实的叙事语言

历史典籍和历史类书籍常常让普通读者感到遥不可及，认为这些内容仅适合学者研究，而不适合大众去探索历史和传播文化。许多历史书籍的阅读门槛设置得过高，内容艰涩难懂，这不仅限制了书籍的普及，也制约了文化的广泛传播。而许宏教授的《何以中国》一书就跳出了历史书籍的古板，用另一种更容易被大众接受的叙事方式展开了关于华夏早期文明的介绍。许教授借助考古资料勾勒出历史的轮廓，在书中嵌入了丰富的图片，图文并茂的叙事方式使阅读变得轻松愉快。读者可以借助图片展开想象，缓解了文字可能带来的枯燥感，同时，与考古相关的图片也从侧面印证了文字内容的可靠性。[1] 实际上，读者对那一段历史的理解和感知，很大程度上是通过电影、电视节目以及教科书等媒介形成的，通常这种理解是片面的。许多人通过阅读这本书，对那段时间的历史有了全新的、颠覆性的认识。

3. 设问式的叙事手法

在多数人的印象中，夏朝的形象显得模糊不清，对它的了解也相对有限。毕竟，关于夏朝的历史记载稀少，大部分信息源自神话传说。在这些神话故事中，夏朝往往

---

[1] 许宏.何以中国：公元前2000年的中原图景［M］.北京：生活·读书·新知三联书店，2014.

被描绘成一个不同于秦帝国的王朝，其管理体系似乎更多地依赖于神灵，呈现出一种原始社会的特征。然而，许宏教授的著作通过考古学的发现，彻底颠覆了这一传统认知。书中揭示了一个与以往不同的夏朝，在四千年前的中国大地上，已经存在着明确的社会阶级。

作为故事的讲述者，许宏教授拥有比读者更丰富的知识储备，他以包容性的叙事手法，使得文字描述既平易近人又充满吸引力，让阅读者在轻松的氛围中吸收历史知识，同时传递文化精髓。读者只需持续翻阅，便能全面掌握那个时代的故事。许教授巧妙地运用设问式的叙述方法，引导读者深入思考，更深入地融入书籍世界。这本书最突出的特点是其广阔的视野和极强的延展性，这极大地提升了作品的感染力。该书的叙述风格简洁明了，为读者带来了轻松的阅读体验。同时，借助考古资料，许教授为这段历史的叙述确立了清晰的时空框架，避免了过度的臆测，使读者能够轻松地跟随叙述者的思路，吸收知识。在书的结尾，许教授借助提问的形式提出了引人深思的问题，激励读者深入挖掘历史的细节。本书深入历史的纹理，挖掘华夏民族的根源，详尽地叙述了华夏文明的发端，并且展示了考古学家在历史编纂领域的一次创新性尝试。书中利用丰富的图片和文字资料，生动地勾勒出往昔时代的轮廓，促进了历史文化的传播。

4. 留白的叙事技巧

《何以中国》这本书在叙述手法上与其他历史类著作截然不同。它在每次叙述的起始，都巧妙地留出了空间，一幅幅生动的历史画面跃然纸上，使读者仿佛置身于那个时代，与历史场景紧密相连。无论是与累累白骨的共鸣，还是与破碎器物的共感，作者通过变换视角，引领读者深入故事核心，为读者提供了一种强烈的沉浸体验。此外，书中朴素而平实的语言有效地吸引了读者，在与作者的交流中，读者感到平等，情感得以共鸣。阅读这本书，仿佛与一位老友进行对话，读者能够轻松地沉浸在故事中。

（二）纪录片的叙事手法对文化传播的影响

借助数字化多媒体技术，由文字、声音、图片、视频等多种元素构成的纪录片已成为文化传播的重要途径。通过动画与实拍的结合，创作者们完成了富有创意的作品，这些作品通过主流媒体平台呈现给观众，激发了观众的文化共鸣。由于叙事手法的差异，不同类型的纪录片在文化传播效果上也各有千秋。

1. 拟人化叙事

《如果国宝会说话》和《逃出大英博物馆》等作品，通过拟人化的叙事手法，成功唤起了公众的共鸣，极大地激发了人们对我国历史文化遗产的保护热情，同时增强了中华民族的文化自信。《如果国宝会说话》以"你有一条来自国宝的留言请查收"作为开场白，极大地增强了互动感，这也是文物类节目"拟人化"的开始，褪去了冰冷的学术叙事，走下神坛，兼具文化深度和幽默化的表达，提升了文物类节目的趣味性。①《逃出大英博物馆》则是扩大了拟人化的叙事表达，将中华缠枝纹薄胎玉壶化为真实的人形，让其活过来，拥有了人的感情，充分营造出文物思乡的情感氛围。文物之间的关系被比拟成家人，更呼应了拟人化塑造的叙事手法，让观众在生动的画面中唤醒对历史的记忆，与历史文物产生共鸣。此外在视频的最后，小女孩替其他文物传递"家书"，让所有的文物瞬间活了过来，借助我国情感寄托最为深厚的家书意象，让观众深刻体会到国内外文物之间的亲情纽带。通过拟人化的叙事手法，观众得以深入体验剧情，情感氛围被烘托得恰到好处。在讲好中国故事的同时，也实现了中华传统文化的传承与创新。

2. 真实性叙事

当纪录片无法回溯至远古岁月时，则会采用戏剧化的手法，用真人或者动漫人物予以呈现。以纪录片《何以中国》为例，尽管采用了真人拍摄，但几乎每一幕场景都有考古实证，通过演绎来构建影像，利用考古资料保障严谨性。例如，在纪录片《秦汉》中，胡歌饰演的悬泉置啬夫弘这一角色，虽然只是个小人物，却给人留下深刻的印象。其全身装束都按西汉陶俑制作，所使用的毛笔、书刀、研墨石等器具均按照考古实物一比一复原。②通过考古实证复原的细节，观众得以接触到栩栩如生、触手可及的历史，这不仅吸引了众多考古爱好者前来解密，同时也承载了丰富的教育价值。

四、对策与建议

（一）数字化赋能和叙事方式优化双管齐下

在数字化时代，文化传播必须顺应潮流，借助新技术的力量，以实现更有效地传播。首先，我们应注重智能化、生动化、故事化的特点，利用数字化手段为文化传播注入新活力，寻找适合中华文化的传播媒介和形式。叙事内容应注重内涵，以人为本，深化公众的文化理解，增强文化自信，营造氛围，提升观众体验，以最大化实现文化传播的目标。其次，视觉叙事应构建一个完整的框架，深入挖掘并整合各部分的内在含义，注重真实感、感染力、故事性和趣味性，让镜头和故事本身成为传播的主角。通过这种叙事方式，文化传播将变得更加生动化、具体化、社交化，从而从多个维度

---

① 裘艳芳. 历史类微纪录片的历史叙事研究［D］. 石家庄：河北大学，2019.
② 东方卫视：穿越时光告诉你"何以中国"［EB/OL］.（2023-12-20）［2024-08-30］., https://whlyj.sh.gov.cn/gbds/20231220/138b6185c5e641069e377879ccef625d.html.

提升了传统文化传播的核心价值和效果。

（二）充分激发受众的情感共鸣

所谓叙事，就是通过情节、场景、来龙去脉等故事要素有目的地说事。① 叙事的力量感很强，能够很容易让人信服，而且叙事是叙事主体和读者双向交流的过程，运用叙事技巧可以为读者带来独特的阅读体验。叙事主体若要有效传递信息并产生影响，必须深入分析读者的心理状态，并运用恰当的技巧，以激发读者的情感共鸣，从而实现理想的传播效果。

从叙事技巧来说，要激发观众的情感共鸣，就要在叙事中强调情感价值，增加叙事的感染力。② 以情感人的故事艺术感染力极强，将历史的真实情感融入叙事结构，讲述真实、真诚、充满情感的人物故事，能够最大限度地激发观众的情感共鸣，引起观众的情感共振，使观众更加认同，从而达到更好的传播效果。

（三）叙事内容上传统与现实相契合

在叙事内容上，我们需寻找传统与现实的交汇点，强调与现实的兼容性，将历史与现实紧密联系起来，同时凸显传统文化的独特魅力，并为其注入新时代的意义。至于叙事视角，宏大的叙事视角往往与观众的实际生活脱节，导致接受度不高。因此，我们应从宏观叙事转向微观叙事，从小处着眼，从细节着手，关注普通人的生活，充分挖掘历史素材，讲述一系列生动的故事。

中华传统文化博大精深，拥有深厚的历史底蕴和沉淀。在传播中国文化的过程中，我们不能摒弃东方的叙事风格。历史上，众多思想学派的涌现，带来了丰富多样的叙事手法和传播途径，为后世留下了宝贵的参考。文化的传播应当植根于东方文化，坚定文化自信，同时在叙事内容上展现出中国特有的风格，创造出具有中国特色的文化产品。通过数字化技术和国际化的表达方式，我们能够将深邃的中华文化转化为易于传播的形态，引领国内外人士体验中华文化的独特魅力。

（四）增强趣味性和互动性

为了增强文化传播的影响力，我们必须善于讲述故事，要富于创造性地将枯燥的事实转化为生动有趣的视听享受。同时，我们应积极运用多样化的叙事手法，塑造一个可信、可爱、可敬的中国形象，并巧妙地将中华传统文化融入故事之中，以此增强中华传统文化的趣味性和吸引力。

---

① 聂晓阳. 叙事传播的崛起及其对国际传播工作的启发［J］. 中国记者，2023（1）：102-104.
② 吴飞. 共情传播的理论基础与实践路径探索［J］. 新闻与传播研究，2019，26（5）：59-76，127.

此外，文化传播并非仅仅是将深奥的历史知识和概念传播出去，而是需要进行内容的转化和翻译。运用各种生动有趣的表现手法，将历史知识深入浅出地呈现，使之成为引人入胜的历史故事。只有这样，才能符合新媒体时代年轻观众的审美需求，吸引更广泛的受众群体，从而实现更好的传播效果。

随着时代的演进，传统的文物解说模式已逐渐淡出人们的视野。现今，历史文化类纪录片正转向采用更加引人入胜的叙事手法，将过去晦涩难懂的历史知识转化为易于理解的生动故事。借助数字化技术，文物、历史和汉字等元素仿佛被赋予了新的生命，它们以第一人称的视角讲述自己的故事。这些纪录片在剪辑和表现手法上都展现出鲜明的个性，为文物和汉字注入了情感，赢得了年轻观众的青睐，并成功塑造了许多受欢迎的文化IP。动画、漫画、简笔画等多种艺术形式被广泛应用于文化传播，它们将静态元素转化为生动直观的形象，并结合趣味化、拟人化的叙事策略，以轻松幽默的方式，使得传播效果事半功倍。

在纪实叙事中，为了提升互动性，可以运用大篇幅的纪实报道、实地考察以及场景重现，有效缩短与观众之间的距离，增强文化传播的影响力。此外，借助VR技术和游戏平台，可以将历史、文化、地理、美食等中国元素巧妙融合，为观众提供沉浸式的体验。

（五）制定有针对性的传播策略

中国拥有丰富的非物质文化遗产，这些都是创作中国故事的绝佳素材，但要想取得好的传播效果，需要制定针对性的传播策略。[①]古人讲究"谋定而后动"，策略在文化传播中非常重要。

一是策划一系列多样化、分层次、合规且统一管理的文化传播活动至关重要。充分利用书籍、纪录片、电影、电视和媒体的优势，对内采用第一人称叙事，对外则运用他者视角叙事，以此来提升文化传播的效果。二是重塑团队职能，打造专业化团队，针对文化传播的不同职能方向进行强化，例如市场调研、数据分析、团队培训、效果评估、方案优化等。三是完善保障政策，不能忽视对非物质文化遗产的保护。借助于纪实和纪录片这种具有强烈视觉冲击力和感染力的传播手段，可以有效地保护和传承非物质文化遗产，同时传播传统技艺。此外，鼓励非物质文化遗产的传承者通过短视频平台宣传和记录非遗文化，通过场景剪辑和时间压缩，迅速传播非遗技艺的核心内容。四是利用数字化工具，简化操作步骤，提高互动性、趣味性，增强传播效果。[②]

综上所述，叙事对于文化传播有着重要的意义，多样化的叙事视角、多维度的叙

---

① 段志沙. 新媒体环境下博物馆文化传播的思考[J]. 文化产业，2022（27）.
② 刘琼. 探究融媒体时代传统文化的传播与传承[J]. 传媒论坛，2020，3（20）：132-133.

事方式，能够增强趣味性和互动性，激发观众的兴趣，达到更好的传播效果，增进新时代文化传播的多样性。①中华优秀传统文化博大精深，源远流长，其传承与发展是每个人义不容辞的责任。借助数字化赋能和叙事方式的优化，在叙事内容上将传统与现实相结合，同时提升趣味性和互动性，并制定有针对性的传播策略，能够更好地促进文化传播。

（作者单位：郑州市郑东新区教育文化体育局）

参考文献

【1】付贤会.新时代马克思主义与中华优秀传统文化的辩证发展［J］.广西社会主义学院学报，2019，30（1）：11-15.

【2】人民论坛"特别策划"组.深入理解中华文明的突出特性［J］.人民论坛，2023（14）：6-7.

【3】许宏.何以中国：公元前2000年的中原图景［M］.北京：生活·读书·新知三联书店，2014.

【4】裘艳芳.历史类微纪录片的历史叙事研究［D］.石家庄：河北大学，2019.

【5】东方卫视：穿越时光告诉你"何以中国"［EB/OL］.（2023-12-20）［2024-08-30］.https://whlyj.sh.gov.cn/gbds/20231220/138b6185c5e641069e377879ccef625d.html.

【6】聂晓阳.叙事传播的崛起及其对国际传播工作的启发［J］.中国记者，2023（1）：102-104.

【7】吴飞.共情传播的理论基础与实践路径探索［J］.新闻与传播研究，2019，26（5）：59-76，127.

【8】段志沙.新媒体环境下博物馆文化传播的思考［J］.文化产业，2022（27）.

【9】刘琼.探究融媒体时代传统文化的传播与传承［J］.传媒论坛，2020，3（20）：132-133.

【10】陈先红，宋发枝.讲好中国故事的融合叙事策略［J］.新闻与写作，2019（5）：43-47.

---

① 陈先红，宋发枝.讲好中国故事的融合叙事策略［J］.新闻与写作，2019（5）：43-47.

图书在版编目（CIP）数据

源起与共识：博物馆传播理论体系构建与探索 / 吴志勇，张遵璐主编；李明斌，张婧文副主编 . -- 北京：中国传媒大学出版社，2025.6.

（博物馆传播书系 / 吴志勇主编）.

ISBN 978-7-5657-3949-1

Ⅰ . G269.23

中国国家版本馆 CIP 数据核字第 2025E2A234 号

源起与共识：博物馆传播理论体系构建与探索
YUANQI YU GONGSHI：BOWUGUAN CHUANBO LILUN TIXI GOUJIAN YU TANSUO

主　　编	吴志勇　张遵璐
副 主 编	李明斌　张婧文
策划编辑	周　娜
责任编辑	欧丽娜
责任印制	秦　英
封面设计	郭　琳
出版发行	中国传媒大学出版社
社　　址	北京市朝阳区定福庄东街1号　　邮　编　100024
电　　话	86-10-65450528　65450532　　传　真　65779405
网　　址	http://cucp.cuc.edu.cn
经　　销	全国新华书店
印　　刷	唐山玺诚印务有限公司
开　　本	787mm×1092mm　1/16
印　　张	25.5
字　　数	512 千字
版　　次	2025 年 6 月第 1 版
印　　次	2025 年 6 月第 1 次印刷
书　　号	ISBN 978-7-5657-3949-1　　　　定　价　98.00元

本社法律顾问：北京嘉润律师事务所　郭建平